Ellen Johann · Hildegard Michely · Monika Springer

Interkulturelle Pädagogik

Methodenhandbuch für sozialpädagogische Berufe

Mit einer Einführung
von Prof. Otto Filtzinger

Cornelsen

Titelfoto: Peter Wirtz, Dormagen

Die Deutsche Bibliothek – CIP-Einheitsaufnahme

Johann, Ellen:
Interkulturelle Pädagogik : Methodenhandbuch für sozialpädagogische
Berufe / Ellen Johann ; Hildegard Michely ; Monika Springer. –
1. Aufl., 1. Dr. – Berlin : Cornelsen, 1998
  ISBN 3-464-49155-2

Verlagsredaktion: Erich Schmidt-Dransfeld
Technische Umsetzung: Text & Form, Düsseldorf

 http://www.cornelsen.de

1. Auflage ✓   Druck 5 4 3 2   Jahr 04 03 02 01

© 1998 Cornelsen Verlag, Berlin
Das Werk und seine Teile sind urheberrechtlich geschützt.
Jede Verwertung in anderen als den gesetzlich zugelassenen Fällen
bedarf deshalb der vorherigen schriftlichen Einwilligung des Verlages.

Druck: CS-Druck Cornelsen Stürtz, Berlin

ISBN 3-464-49155-2

Bestellnummer 491552

 gedruckt auf säurefreiem Papier, umweltschonend hergestellt aus chlorfrei gebleichten Faserstoffen

Inhaltsverzeichnis

	Vorwort	7
	Einführung: Interkulturelles Lernen und interkulturelle Kompetenz in sozialpädagogischen Berufen...	9
	Teil I: Interkulturelle Kompetenz erfordert Persönlichkeitsbildung	22
1	Sensibilität für interkulturelle Lernsituationen als grundlegende Voraussetzung interkulturellen pädagogischen Handelns...	23
2	Problemstellungen des interkulturellen Handelns in der pädagogischen Praxis...........	35
3	Persönlichkeitsqualifikationen im interkulturellen Lernprozess............................	41
3.1	Fähigkeit zur Selbstreflexion	42
3.2	Fähigkeit zur interkulturellen Kommunikation	43
3.2.1	Kennzeichen echter Kommunikation	43
3.2.2	Konflikte überlagern die interkulturelle Kommunikation	44
3.3	Fähigkeit zur Reflexion und Toleranz von kulturspezifischen Normen und Werten	48
	Teil II: Wissen aneignen, Erfahrungen analysieren und Verhalten reflektieren	51
4	Dem eigenen Rassismus begegnen – *Sensibilisierung für Vorurteile und Stereotypisierungen*	52
4.1	Beispiel einer Sensibilisierungsübung aus einer Lehrerfortbildung	56
4.2	Antirassistische Arbeit mit multiethnischen, multinationalen jugendlichen Gruppen in der Schule (Abschnitte 4.2 und 4.3 verfasst von Bärbel Kampmann)	58
4.3	Darstellung der Arbeit mit einem Philosophiekurs der Oberstufe einer Gesamtschule (gut übertragbar auf eine Klasse angehender Erzieher/innen).................	62
4.4	Das Thema „Vorurteil und Rassismus" im Rahmen einer Erzieherfortbildung...........	69
4.4.1	Wahrnehmungsübung: Positive und negative Bildaussagen (Material: Auswahl an ausgeschnittenen Zeitungsbildern)	69
4.4.2	Theoretischer Input zu Vorurteil und Stereotyp	69
4.4.3	Übung: Erinnerungen an Diskriminierung in der Kindheit	70
4.4.4	Trennübung: „Wenn du ... dann gehe auf die andere Seite!"	70
4.4.5	Input zur Definition von Rassismus: Ebenen und Formen	72
4.4.6	Gruppenarbeit	74
4.4.7	Dramatisierung und Erarbeitung möglicher Reaktionen auf den alltäglichen Rassismus	76

5	Wahrnehmen lernen	77
5.1	Protokollieren und Reflektieren von Handlungssituationen	77
5.2	Simulieren und Reflektieren von Problembereichen	82

6 Das eigene Verhalten reflektieren:
   Ein interkulturelles Sensibilisierungstraining in der Aus- und Fortbildung 84
   (Teil 1 eines Trainingsprogramms)
   Überblick zum interkulturellen Sensibilisierungstraining 86
   Trainingsfolge 87

7	Erfahrungen mit Fremdheit sammeln im Auslandspraktikum	105
7.1	Zielsetzung eines Auslandspraktikums	107
7.2	Vorbereitung und Auswertung der Lernerfahrungen	110

8 Auf interkulturelle Konflikte reagieren 112
   (Teil 2 eines Trainingsprogramms)

9	Wissen aneignen	144
9.1	Ethnologische Betrachtung unterschiedlicher kultureller Lebensformen	144
9.2	Identitätsbildung und kulturelle Identität	145
9.3	Zweisprachigkeit	147
9.4	Migrationsprozess und Ausländerpolitik	148
10	Kreative Methoden nutzen	153
10.1	Werkstattbericht: Tanz, Pantomime, Theater	153
10.2	Werkstattbericht: Interkulturelles Kindertheater in der Erzieher(innen)fortbildung	155
10.3	Werkstattbericht: Musical in der Grundschule – Das Musical „... und jetzt bist du hier"	169
10.4	Werkstattbericht: Erproben von Identität durch Theaterspielen	178
10.4.1	Ungestört, unbeachtet – die Suche nach dem Ich	178
10.4.2	Die Rolle der Animateurin	179
10.4.3	Die Erwartungen der anderen als Verhaltensdruck	180
10.4.4	Die Dominanz der Mehrheit verwehrt das Einbringen der Sichtweise der Minderheit	182
10.4.5	Die Eigenreflexion des Pädagogen	185

Teil III:
Konzepte zum Erwerb interkultureller Kompetenz 187

11	Interkulturelle Erziehung in der Erzieherausbildung	188
11.1	Kritische Betrachtung der Erzieherausbildung im Hinblick auf interkulturelles Lernen	188
11.2	Interkulturelle Erziehung als integrativer Bestandteil in der Erzieherausbildung des Sophie-Scholl-Berufskollegs	190
11.2.1	Einbindung des interkulturellen Erziehungsgedankens in das Schulprogramm	190
11.2.2	Förderung von Migrantenschülerinnen und -schülern	192
11.2.3	Konzeption einer besonderen Akzentuierung „Interkulturelle Erziehung" im Bildungsgang Erzieher/Allgemeine Hochschulreife	193

11.2.4	Praxispapier für Schülerinnen und Schüler im Rahmen einer Akzentuierung interkulturelle Erziehung	195
11.2.5	Vernetzung der Lernorte Praxis und Schule	201
11.2.6	Interkulturelles Lernen in der Regelausbildung zur Erzieherin/zum Erzieher am Sophie-Scholl-Berufskolleg	201
11.2.7	Interkulturelle Thematik in den Unterrichtsfächern	206
11.2.8	Eine Migrantensprache im Lehrangebot	207
11.2.9	Auslandspraktikum	208
11.2.10	Interkulturelles Projektthema	208
12	Fortbildungskonzept Interkulturelle Erziehung im Elementarbereich	209
12.1	Modulkurs „Europe Active" des ECCE/IPE, Rheinland-Pfalz	209
12.1.1	Situation Ausbildung	210
12.1.2	Situation in der Fortbildung	210
12.1.3	Entwicklung eines Curriculums durch das IPE	210
12.2	Zertifikatskurs „Europe Active"	211
12.2.1	Ziele des Zertifikatskurses	211
12.2.2	Zielgruppe	212
12.2.3	Inhalte der Module	212
12.2.4	Kursaufbau	212
12.3	Zwischenauswertung nach vier Jahren Erprobung	216
13	Bausteine der RAA zur Aus- und Fortbildung von Erzieherinnen und Erziehern für eine interkulturelle Arbeit	218
13.1	Die RAA	218
13.2	Der Schwerpunkt der Arbeit in der Elementarerziehung	218
13.3	Interkulturelles Lernen im Elementarbereich	219
13.4	Bausteine zum Erwerb interkultureller pädagogischer Kompetenz	222
13.5	Exemplarische Darstellung von Bausteinen	225

Übersicht der Übungen

Kapitel 4
Selbstwahrnehmungsübung 56

Kapitel 6
Übung   1:   Das Eisbrecherspiel 87
Übung   2:   Das Assimilierungsspiel 90
Übung   3:   Mein Lebensbaum 96
Übung   4:   Die Podiumsdiskussion 97
Übung   5:   Dienstschluss in der Kindertagesstätte 98
Übung   6:   Die Identität der Kartoffel 100
Übung   7:   Triff mich am Flughafen 101
Übung   8:   Ich bin stolz auf mich 102
Übung   9:   Was mir an meiner ethnischen Gruppe gefällt 102
Übung 10:   Sozialisation, Wertesystem, Vorurteile 103

Kapitel 8
Übung 11:   Unterschiede 113
Übung 12:   Stille Post 117
Übung 13:   Vorurteile 124
Übung 14:   Problemlandkarte 125
Übung 15:   Gleichheiten – Ungleichheiten 129
Übung 16:   Meine Herkunft 130
Übung 17:   Das Netz der persönlichen Beziehungen 132
Übung 18:   Sensibilisierung für Konfliktlösungsstrategien 132
Übung 19:   Aktives Zuhören 137
Übung 20:   Paraphrasieren 138
Übung 21:   Ich-Aussagen 138
Übung 22:   Nonverbale Kommunikation 139
Übung 23:   Offene Fragen 140
Übung 24:   Der gemeinsame Nenner 140
Übung 25:   Verborgene Themen 141
Übung 26:   Mediation üben im Rollenspiel 141

Kapitel 10
Gruppenpantomime (Vorübung) 153

Praktikumsanleitung

Praktikumspapier in Form eines Briefes an die Praktikant(inn)en 195

Modellcurricula

Fortbildung durch Zertifikatskurs „Europe Active" 211
Fortbildung mit Bausteinen der RAA 222

Vorwort

Das vorliegende Buch möchte Erzieherinnen und Erzieher, Sozialpädagoginnen und Sozialpädagogen für interkulturelle Fragestellungen sensibilisieren, Lösungsansätze zur Diskussion stellen und Bausteine zum Erwerb konkreter Kompetenzen anbieten. Es wendet sich dabei sowohl an die Ausbildung und Fortbildung als auch an die berufliche Praxis. Diese Anliegen werden in der Einführung noch näher begründet und genauer beschrieben. Dabei wird auch deutlich, dass sich Pädagoginnen und Pädagogen in anderen multikulturellen Arbeitsfeldern keinesfalls als Leser ausgeschlossen zu fühlen brauchen.

Ein besonderer Ansatz des Buches liegt darin, konkrete Erfahrungen mit interkulturellem Kompetenzerwerb einzubeziehen, die in verschiedenen Arbeitszusammenhängen gesammelt werden konnten, und zwar weitestgehend in der Praxis von Erziehungsberufen und Sozialpädagogik.

Diese Erfahrungen und die dahinter liegende Aufarbeitung der Thematik haben einen gemeinsamen Ausgangspunkt. Von 1991 bis 1993 trafen sich unter dem Namen **Agora** Bildungseinrichtungen aus neun von damals zwölf Mitgliedsstaaten der EU, um ein gemeinsames pädagogisches Konzept für die Ausbildung eines Interkulturellen Pädagogen zu erarbeiten. Die Zusammenarbeit auf europäischer Ebene endete mit einem gemeinsamen Grundgerüst für ein interkulturelles Curriculum. Die unterschiedlichen Voraussetzungen in den beteiligten EU-Staaten verhinderten die Verwirklichung des ursprünglichen Planes, einen abgestimmten, gemeinsamen Ausbildungsgang zu verwirklichen.

Das Projekt Agora führte aber dazu, dass die drei beteiligten deutschen Institutionen weiter zusammen arbeiteten und schließlich in einem Synergieeffekt ihre Ansätze aufeinander bezogen und miteinander koordinierten. Ein Ergebnis dieses Zusammenschlusses ist die vorliegende Veröffentlichung:

An der Sophie-Scholl-Kollegschule in Duisburg (heute Berufskolleg) wird seit 1992 der Bildungsgang „Interkulturelle Erzieher" in der Verbindung mit der allgemeinen Hochschulreife durchgeführt. Ein Schuljahr wurde dem alleinigen Schwerpunkt der interkulturellen Erziehung gewidmet. Die Arbeit hat sich in der Zwischenzeit so weiter entwickelt, dass interkulturelle Erziehung auch in der Regelausbildung zum Erzieher/zur Erzieherin Berücksichtigung findet.

Das Projekt „Interkulturelle Pädagogik im Elementarbereich" (IPE), das in der Europäischen Trägerschaft des European Centre for Community Education (ECCE) in Mainz arbeitet, hat ein Konzept für die Fortbildung von einheimischen und zugezogenen Mitarbeiterinnen und Mitarbeitern im Bereich der interkulturellen Elementarpädagogik entwickelt.

Die Regionalen Arbeitsstellen zur Förderung von Kindern und Jugendlichen aus Zuwandererfamilien (RAA) in NRW setzen mit ihrer Arbeit an den Schnittstellen der Bildungssysteme an, um zugewanderten Schülerinnen und Schülern einen erfolgreichen Schulbesuch und Übergang in die Berufswelt zu ermöglichen. Interkulturelle Erziehung ist eine Leitlinie ihrer Arbeit und bezogen auf die Arbeitsbereiche der beiden anderen Partner ergab sich die Schnittmenge der Ansätze in der interkulturellen Arbeit im vorschulischen und schulischen Bereich und der Aus- und Fortbildung der beteiligten Pädagogen.

Das vorliegende Buch ist durch die Zuarbeit durch weitere Expertinnen und Experten bereichert worden, denen wir unseren aufrichtigen Dank schulden: Bärbel Kampmann stellt ihren antirassistischen Trainingsansatz mit multiethnischen und multinationalen Jugendlichen vor. Prof. Otto Filtzinger schrieb die Einführung für diesen Band. Bärbel Sump ergänzt unsere Darstellung der Verwirklichung eines interkulturellen Musicals in einer Grundschule aus der Sicht der beteiligten Lehrerin. Anna Steegmann, einer Therapeutin aus New York, verdanken wir einen Beitrag mit einem Blick über den Zaun auf die multikulturelle Gesellschaft als Mosaik unterschiedlicher Werte und Verhaltensweisen in den USA. Ihr danken wir auch für viele Anregungen und das Kennenlernen von Übungen, die wir in den vorgestellten Sensibilisierungs- und Konfliktlösetrainings für die interkulturelle Arbeit in Deutschland bearbeitet haben. Inhaltliche Anregungen erhielten wir von Elke Schlösser. Die Bausteine zur Aus- und Fortbildung von interkulturellen Erziehern und Erzieherinnen wurden gemeinsam durch die Mitarbeiterinnen des RAA-Arbeitskreises IKEEP erarbeitet. Das Buch wäre nicht zustande gekommen ohne die engagierte, immer freundliche und liebenswürdige Arbeit von Güllü Mentese, der wir das Schreiben und geduldige Korrigieren des Manuskriptes verdanken.

Das Ausgangsprojekt war die Agora. Wir würden uns freuen, wenn sich die Agora auch auf die Rezeption des vorliegenden Buches beziehen würde: Wir wünschen uns eine lebendige Auseinandersetzung und Anregungen für eine Weiterentwicklung unserer Ansätze.

Mainz, Duisburg und Essen, im März 1998

Ellen Johann
Hildegard Michely-Weirich
Monika Springer

Einführung:
Interkulturelles Lernen und interkulturelle Kompetenz in sozialpädagogischen Berufen

Von Otto Filtzinger

Multikulturalität in sozialpädagogischen Arbeitsfeldern

Sozialpädagogen haben es in ihren Arbeitsfeldern immer mehr mit Menschen zu tun, die einen anderen kulturellen Hintergrund haben als den der einheimischen Mehrheit. In Kindertageseinrichtungen, Heimen, Jugendzentren, Beratungsstellen trifft man in zunehmenden Maß auf Kinder, Jugendliche und Erwachsene aus einer Vielfalt von Ländern, aus verschiedenen Volksgruppen, mit verschiedener Nationalität, mit verschiedener Religion, mit verschiedenen Muttersprachen. Diese Situation ist eine Folge der Migration, die in den letzten Jahrzehnten stetig zugenommen hat. Durch die Europäisierung und Internationalisierung sind aber auch sozialpädagogische Arbeitsbereiche entstanden, die nicht durch die Migration bedingt sind, zum Beispiel die durch EU-Programme geförderten Austauschprogramme für Jugendliche, Schülerinnen und Schüler und Studierende.

Um in multikulturellen Situationen professionell arbeiten zu können, bedarf es entsprechender Kompetenzen. Schulische Ausbildungen und auch Hochschulstudiengänge haben ihre Lehr- und Studienpläne noch gar nicht oder nur unzureichend an die veränderte gesellschaftliche Situation, die von Multikulturalität geprägt ist, angepasst. Obwohl diese Entwicklung das alltägliche Leben und die beruflichen Tätigkeiten bereits nachhaltig beeinflusst, hat die Bildungspolitik darauf bisher nur zaghaft reagiert. Im Zeitalter der Nationalstaaten war der Schule die Aufgabe zugedacht, den nationalen Bürger zu formen, der sich mit einem Staatsgebilde identifizieren sollte, das von hoher kultureller Homogenität geprägt war. Erziehungs- und Bildungseinrichtungen sind auch heute noch stärker von solchen Zielvorstellungen geprägt, als man gemeinhin wahrhaben möchte. Der Vorbereitung auf das Leben in einem demokratischen Europa der Bürger wird seitens der Bildungseinrichtungen viel zu wenig Aufmerksamkeit geschenkt. Die schulischen Ausbildungen und auch die Hochschulstudien setzen sich zudem noch viel zu wenig damit auseinander, dass die Internationalisierung/Globalisierung immer stärker unsere unmittelbare Lebenswelt schon heute beeinflusst und sie erst recht in Zukunft nachhaltig bestimmen wird. Die multikulturelle, multiethnische, multinationale, multilinguale und multireligiöse Gesellschaft wird immer präsenter, ohne dass entsprechende Bildungsziele formuliert werden, um diesen Veränderungen offensiv und beherzt Rechnung zu tragen.

> Dieses Buch möchte einen konkreten und vor allem praxisbezogenen Beitrag leisten, interkulturelle Kompetenz als Schlüsselqualifikation in die Aus- und Fortbildung der Erzieher/innen und Sozialpädagog(inn)en einzubringen. In der Einleitung werden Lernziele formuliert und Vorschläge zu deren Integrierung in Aus- und Forbildung gemacht. **Ferner wird ein Überblick gegeben, wie das Buch mit informierenden Bestandteilen, Beispielen, Übungen und Projektberichten das Thema erschließt.**

Zuvor soll für alle, die sich für einen umfassenderen Zusammenhang interessieren, der Frage nachgegangen werden, welchen Stellenwert die interkulturelle Dimension in unserem Bildungssystem hat. Wer sich nicht in diese Reflexion hineinvertiefen möchte, kann die Seiten 10 und 11 überblättern oder sie erst später lesen, wenn sich aus der weiteren Nutzung des Buches entsprechende Fragen ergeben.

Exkurs: Der bildungstheoretische Standort

Interkulturelle Kompetenz wird noch vernachlässigt

Interkulturelle Kompetenz wird noch längst nicht als wichtiges Element der Allgemeinbildung angesehen. Die Bildungsziele der Ausbildungen bieten kaum kohärente Orientierungen und Perspektiven für das Leben in der heutigen Gesellschaft, für die die Multikulturalität ein konstitutives Merkmal geworden ist. So geschieht selbst in der Aus- und Fortbildung von Fachkräften, die im Berufsalltag mit der Multikulturalität und ihren neuen Anforderungen konfrontiert sind, noch viel zu wenig, um interkulturelle Kompetenzen zu fördern, geschweige denn sie als unerlässliche, zum Ausbildungsstandard gehörende Schlüsselqualifikationen zu fordern.

Die gesellschaftliche Realität hat die sozialpädagogische Ausbildung überholt. Die Fortbildung kann die Defizite der Ausbildung nicht mehr einholen, zumal sie selbst hinter den neuen Anforderungen hinterherhinkt. Das interkulturelle Fortbildungsangebot für Erzieher/innen und Sozialpädagog(inn)en ist viel zu gering, zu sporadisch und zu inkohärent.

Die multikulturelle Gesellschaft wird noch nicht als Normalität erkannt und anerkannt. Es herrscht noch eher ein traditonelles, nationalstaatlich orientiertes Gesellschaftsbild vor. Die unzureichende Auseinandersetzung mit der neuen gesellschaftlichen Normalität führt dazu, dass Einheimische und Zugewanderte viel zu wenig auf das Leben in einer neuen politischen, sozialen, ökonomischen und kulturellen Situation vorbereitet werden. Die Zuwanderer stehen zudem unter einem starken Anpassungsdruck an die gesellschaftlichen Wunschvorstellungen der einheimischen Mehrheit.

Programmatik hinkt Realität hinterher

Um den Herausforderungen der multikulturellen Gesellschaft gerecht zu werden, bedarf es in allen Bereichen von Erziehung und Bildung einer Umorientierung, die deshalb nur sehr schleppend vorankommt, weil die offizielle politische Programmatik mit den Entwicklungen der gesellschaftlichen Realität nicht Schritt hält. Vorurteile, Angst vor Ungewohntem und Fremden, rigide Strukturen und geringe Reformbereitschaft sind Bremsklötze bei der Fahrt zu neuen Zielen. Reformen können erst erfolgen und greifen, wenn sich das Bewusstsein zu verändern beginnt und dadurch Bereitschaft zur Veränderung aufkommt.

In Erziehungs-, Ausbildungs- und Bildungseinrichtungen herrscht bei der Einschätzung vor allem der Identitäts- und Sprachentwicklung von Migrantenkindern und -jugendlichen noch eine Defizitoptik vor. Das heißt, es werden aus der Selbstsicherheit über die Stimmigkeit des eigenen Kompetenzprofils heraus einseitig Mängel bei den Migrantenkindern festgestellt. Eigene Fähigkeiten und Kompetenzen werden überbewertet und eigene Mängel sowie strukturelle Defizite der Bildungseinrichtungen werden dadurch kaschiert. Dieser Bildungsnotstand lässt dann die Neuangekommenen als Zurückgebliebene erscheinen. Kompensatorisches Lernen tritt in den Vordergrund. Dabei werden vorhandene Humanressourcen von Migranten und „außerschulische" Qualifikationen allzu leicht übersehen oder unterschätzt. Sie bleiben in Bildungs- und Lernprozessen weithin ungenutzt. Wichtige, von anderen Kulturen geprägte biografische und berufliche Erfahrungen sowie das Wissen über andere Kulturen, die erweiterte kulturelle Kompetenz und die Fähigkeit auch in anderen Sprachen zu kommunizieren werden kaum als Qualifikationen gesehen und anerkannt. Dabei könnten diese gut eingesetzt werden, um interkulturelle Lernprozesse in direkter Interaktion in Gang zu setzen oder um multiperspektivischem Lernen gegenüber universellem Lehren und Lernen mehr Raum zu geben.

Die Lernsituation in den Bildungseinrichtungen wird sich nur schwer ändern lassen, wenn die bisherigen Lehr- und Lernvorgaben nicht revidiert werden. Eine Veränderung in der Vermittlung von Lerninhalten wird zusätzlich dadurch erschwert, dass in Schulen und Hochschulen autoritäre Lernstrukturen sowie die Einwegkommunikation überwiegen. Sie lassen für multiperspektivisches, diskursives und experimentelles Lernen zu wenig Raum. Die stark kognitiv und formal orientierte Leistungsbewertung in den Schulen tut ein Übriges, in diesem System nicht erfasste Leistungen und Qualifikationen auszublenden. Die autoritäre Struktur der Bildungseinrichtungen wird auch dadurch verstetigt, dass Anregungen und Hilfen zur Selbsteinschätzung eigener Leistungen durch die Lernenden selbst weitgehend fehlen.

Ist-Situationen in Bildungseinrichtungen zu unflexibel

Bei dem immer stärkeren Trend, schulisches Lernen an wissenschaftlichen Kriterien zu messen, wird versäumt genauer nachzufragen, ob Wissenschaftlichkeit als Prinzip für die gesamte schulische Bildung so vorrangig ist. Dass der in schulisches Lernen, aber auch in anwendungsbezogene und berufsorientierte Studiengänge eingegangene Wissenschafts- und Leistungsbegriff auch kritisch hinterfragt werden müsste, wird gerade heute wichtig, da seine kulturbedingte Relativität dazu führt, Lehr- und Lerntraditionen anderer Kulturen zu übersehen oder unterzubewerten. In einer zusammenwachsenden Welt, in den pluralistischen und multikulturellen Gesellschaften wird es jedoch immer bedeutsamer, die Anschlussfähigkeit und Kommunikation zwischen verschiedenen Kultur- und Bildungstraditionen herzustellen und aufrechtzuerhalten.

Einseitiger Leistungsbegriff verstellt Perspektiven

Es ist ein Nachteil für den Erwerb von Handlungskompetenz in einer pluralistischen, hoch differenzierten und offenen Gesellschaft, wenn Lehren und Lernen in den Bildungseinrichtungen vorwiegend davon ausgehen, dass die Theorie in die Praxis transferiert wird. Lernformen, die von einer praktischen Erfahrung ausgehend auch Handlungskompetenz vermitteln und über Reflexion und Evaluation zu praxisorientierter Theoriebildung und Systematisierung von Lernerfahrungen kommen, haben noch einen zu geringen Stellenwert. Eine Verbesserung dieser Situation könnte sicherlich dadurch erreicht werden, dass Formen des kooperativen Projektlernens einen größeren Raum im Lernangebot einnähmen. Sie sind wesentlich besser dazu geeignet, interkulturelle Lernprozesse anzustoßen.

Lernen ist noch zu wenig praxisgeleitet

Die bisherigen Anlässe und Ansätze interkulturellen Lernens in sozialpädagogischen Ausbildungsgängen sind viel zu punktuell, als dass sie dazu führen könnten, interkulturelle Kompetenzen zu entwickeln. Es bleibt noch viel zu tun, um die interkulturelle und europäische Dimension in einem der gesellschaftlichen und beruflichen Realität angemessenen Umfang und in didaktisch adäquaten Formen in die sozialpädagogischen Curricula einzuführen.

Was jedoch interkulturelles Lernen fast absurd oder zu einem Widerspruch in sich macht, ist die Tatsache, dass solche Lernprozesse in den Bildungsinstitutionen – wenn überhaupt – faktisch fast ausschließlich von Professor/innen, Leh-

Zu wenige Migranten als Lehrende

rer/innen, Erzieher/innen initiiert werden, die der national und regional geprägten Einheimischenkultur angehören. Dadurch fehlt interkulturellem Lernen die ständige Stimulanz direkter Interaktion zwischen Lehrenden, die von verschiedenen Kulturen geprägt sind. In gleicher Weise wirkt sich dieser Nachteil auch auf die der kulturellen Mehrheitskultur angehörenden einheimischen Schüler/innen und Studierenden aus. Die personale interkulturelle Herausforderung und die sich dadurch unmittelbar aufdrängende Multiperspektivität als grundlegende Elemente interkulturellen Lernens kommen viel zu kurz, weil in den Teams und Kollegien die kulturelle Mischung fehlt.

Interkulturelle Kompetenz als sozialpädagogische Berufsqualifikation

Interkulturelle Kompetenz ist Schlüsselqualifikation

Zur beruflichen Schlüsselqualifikation von Sozialpädagogen und -pädagoginnen gehört heute unabdingbar die interkulturelle Kompetenz.

Was heißt interkulturelle Kompetenz? Sie meint die Fähigkeit
- multikulturelle Situationen mit ihren Problemen und Chancen erfassen zu können,
- sich als Person in multikulturellen Kontexten zurechtzufinden,
- als Fachkraft in multikulturellen Arbeitssituationen angemessen handeln zu können,
- sich selbst auf interkulturelle Lernprozesse einzulassen sowie
- interkulturelle Lernprozesse zwischen anderen Personen anzustoßen und zu begleiten.

Kompetenzfaktoren

Zum Erwerb **interkultureller Kompetenz** braucht man einschlägiges Grundlagenwissen, entsprechende persönliche Fähigkeiten und Einstellungen, ein Repertoire an Methoden und Fertigkeiten, praktische Erfahrungen in einem anderen Land und Sprachkenntnisse. (*Vgl. Filtzinger/Johann 1993, 32-46*). In vielen Veröffentlichungen, aber auch in der Konzeption von Lern- und Trainingseinheiten in der Aus- und Fortbildung wurde die interkulturelle Kompetenz weiter differenziert. Die wichtigsten dieser Kompetenzen sollen im Folgenden angeführt werden:

Kommunikative Kompetenz

In multikulturellen Kommunikationssituationen sind die Botschaft, ihr Verstehen sowie ihre Deutung anfällig für Missverständnisse. Für den interaktiven Umgang mit Menschen, die andere Kommunikationsformen und Kommunikationsstile haben als die eigenen, bedarf es der Erweiterung der eigenen passiven und aktiven Kommunikationsfähigkeit. Gemeint ist damit einmal die generelle Fähigkeit interpersonale Kontakte herzustellen sowie die verbale Ausdrucksfähigkeit. Zwei- und Mehrsprachigkeit gehören zum kommunikativen Standard. Gestik und Körpersprache sind eine für interkulturelle Kontakt- und Lernsituationen wichtige Erweiterung der Wahrnehmungs- und Ausdrucksfähigkeit.

Empathie
Die kulturelle Herkunfts- und Erfahrungswelt von Menschen, mit denen Sozialpädagog(inn)en es in ihren Arbeitsfeldern zu tun haben, wird immer vielfältiger. Professionelles Handeln setzt deshalb die Fähigkeit voraus, sich in andere Menschen und ihre Lage hineinversetzen zu können.

Offenheit
In multikulturellen beruflichen Sitituationen wird es immer wichtiger, nicht nur auf gelernte und gewohnte Deutungsmuster und Handlungskonzepte zurückzugreifen, sondern sich mit neuen Situationen unvoreingenommen auseinander zu setzen. Offenheit besagt, unbekannten „fremden" Menschen nicht nur mit den eigenen Vorurteilen oder gar Stereotypen zu begegnen, sondern sich auf sie einzulassen, um zu erfahren, wer und wie sie sind. Sie setzt auch eine eigene Einstellung voraus, die für andere Kulturen Interesse zeigt und ihnen Respekt entgegen bringt.

Respekt vor einer anderen Kultur heißt natürlich nicht, alle Äußerungen und Normierungen einer anderen Kultur kritiklos zu akzeptieren. In interkulturellen Kontexten wird das Suchen und das Sich-Verständigen auf gemeinsame übergreifende Beurteilungs- und Bewertungskriterien immer wichtiger. So könnten zum Beispiel die Menschenrechte solche übergreifenden Kriterien liefern. Aber auch ein Zurückgreifen auf derartige Kriterien enthebt nicht der Mühe des kritischen und interkulturellen Dialogs über das jeweils implizierte kulturelle Vorverständnis und die handlungsorientierten Folgerungen, die daraus abgeleitet werden.

Flexibilität
Angesichts sich rasch wandelnder sozialer Situationen und in der Pluralität von Meinungen und Wertvorstellungen braucht man die Fähigkeit, sich flexibel darauf einzustellen und sich selbst zu verändern, ohne sich selbst aufzugeben und in eine permanente Unverbindlichkeit und Verunsicherung zu geraten.

Ambiguitätstoleranz
Der Kontakt und die Zusammenarbeit mit Menschen aus anderen Kulturen führen auch in Situationen, die einem ungereimt und auch nicht akzeptabel vorkommen. Nur wer ein gewisses Maß an Frustrationstoleranz entwickelt hat, ist in der Lage, Widersprüchlichkeiten nicht gleich auflösen zu wollen, sondern sie auszuhalten.

Konfliktfähigkeit
Interkulturelle Arbeit wird leicht mit der exotischen Faszination fremder Kulturen oder mit interessanten Begegnungsmöglichkeiten in Verbindung gebracht. Interkulturelle Alltagsarbeit bringt aber auch Konflikte mit sich. Manchmal werden sie in falsch verstandener Toleranz vertuscht oder sie führen zu trennenden Auseinandersetzungen. Fair streiten, mit Konflikten umgehen, zu Konfliktlösungen beitragen zu können sind unabdingbare Qualifikationen für interkulturelle Arbeit.

Selbstreflexion
In multikulturellen Situationen wird man mit anderen Verhaltensweisen, anderen Wertvorstellungen und Verhaltensnormen, anderen Einstellungen konfrontiert. Sie können einem interessant oder fremd vorkommen, sie können Abwehr oder gar Ablehnung hervorrufen. Um andere und anderes besser verstehen zu können, braucht man die Fähigkeit, sich selbst und sein eigenes Verhalten, seine eigenen Werte und Einstellungen kritisch zu reflektieren und in Frage zu stellen beziehungsweise zu relativieren, das heißt zu erkennen, dass sie einem zwar im eigenen Bedingungs-, Bezugs- und Wertesystem stimmig vorkommen, daraus aber kein allgemeiner Geltungsanspruch abgeleitet werden kann. In diesem Reflexionsprozess geht es jedoch nicht darum, seine von der Eigenkultur geprägte Identität aufzugeben. Ein Mensch, der aus sich herausgeht, muss auch wieder zu sich kommen. Dieser gedankliche Wanderungsprozess erschließt neue Denk-, Empfindungs- und Verhaltensmöglichkeiten.

Kreativität
Der Kontakt verschiedener Kulturen löst zwar häufiger Dominanzprozesse der Mehrheitskultur und Anpassungsprozesse der Minderheitenkultur aus. Das bedeutet Stagnation. Interkulturelle Kontakte können aber auch kreative Prozesse in Gang bringen, die aus Elementen verschiedener Kulturen neue Kultur entstehen lassen. Gegensätzliche, faszinierende, schockierende neue kulturelle Erfahrungen bieten Anlass, Motivation und Material, schöpferisch zu werden. Aus unvoreingenommenen, reflektierten interkulturellen Kontakten können transkulturelle Handlungsalternativen und neue Gestaltungsmöglichkeiten entstehen. In multikulturellen beruflichen Situationen bedarf es dieser kreativen Fähigkeit.

Elemente interkulturellen Lernens

Interkulturelles Lernen als mehrdimensionaler Prozess

Unter interkulturellem Lernen versteht man einen Lernprozess, der **mehrdimensional** angelegt ist, das heißt, dass er sich nicht einseitig auf kognitives, inhaltliches Lernen konzentriert, sondern auch die emotional-affektive Dimension einbezieht. Durch einen solchen integrativen Lernprozess können sich auch Einstellungen verändern und Fähigkeiten als Grundlage für Handlungskompetenz entwickelt werden.

Die pragmatische oder psychomotorische Lerndimension erstreckt sich auf die Einübung von methodisch-praktischen Fertigkeiten zur konkreten Organisation und Anregung von interkulturellen Lernprozessen.

Interkulturelles Lernen ist am intensivsten möglich **in direkter Interaktion** zwischen Personen, die von unterschiedlichen Kulturen geprägt sind. Beim interkulturellen Lernen geht es darum, Denkperspektiven, Wertvorstellungen, Verhaltensweisen der von anderen Kulturen geprägten Menschen kennen zu lernen, eigene zu reflektieren und gegebenenfalls Elemente anderer Kulturen in die eigene kulturelle Identität zu integrieren. Für interkulturelles Lernen ist die direkte Konfrontation und Interaktion ein unverzichtbares Element. Sie kann nicht einfach durch Simulation und Rollenspiel ersetzt, wohl aber durch sie ergänzt werden.

Der Prozess interkulturellen Lernens kann auch beschrieben werden als die Veränderung einer hierarchischen Denkweise („pensiero gerarchico") zu einer **Wanderungsdenkweise** („pensiero migratorio") (*vgl. Pinto Minerva 1992, 65-74*). Damit ist gemeint, dass eine Einstellung, die vom eigenen Denksystem als dem überlegenen ausgeht, eine Wanderung antreten muss, bei der man erst einmal aus der eigenen Denkweise völlig herausgeht, sozusagen aus ihr auswandert, und sich in eine andere Gedankenwelt hineinbegibt, sozusagen in sie einwandert. Dieses Eintauchen in eine andere Kultur bringt Verunsicherungen, Faszination und Abwehr mit sich, aber auch neue Erkenntnisse und Erfahrungen.

Nach dieser Auswanderung in eine andere kulturelle Welt sollte man zurückkehren in die eigene. Man wird aber nicht mehr so zurückkommen, wie man aus ihr ausgewandert ist, sondern mit dem Gepäck aus einer anderen Kultur, dessen man sich nun kaum wieder völlig entledigen kann und möchte. Die eigene Welt wird sich dadurch verändern, die eigene kulturelle Identität kann sich erweitern. Durch diesen Wanderungsprozess kann eine Integration von Elementen verschiedener Kulturen erfolgen. Es ist ein interkultureller Lernprozess, der nicht aus einer dominanten oder ethnozentrischen okzidentalen Warte auf andere Kulturen analysierend herabschaut, sondern sich auf gleicher Ebene denkend und erfahrend bewegt.

Interkulturelles Lernen lässt sich am besten dort organisieren, wo es kein starr festgelegtes, sondern ein **offenes Curriculum** gibt, das Raum lässt für neue Erkenntnisse, Sichtweisen und Schwerpunktsetzungen. Da es in den Kindergärten in Deutschland kein festgelegtes Curriculum gibt und damit die Lernprozesse offener gestaltet werden können, bestehen dort wesentlich mehr Chancen einer offenen interkulturellen Arbeit als in den Schulen. Die curricularen Vorstellungen des situationsorientierten Ansatzes, der nur im Kindergarten und nicht in der Grundschule Eingang gefunden hat, lassen sich gut mit Formen des interkulturellen Lernens verbinden (*vgl. Filtzinger 1997, 28-33*).

Interkulturelles Lernen als situationsbezogenes Lernen vollzieht sich in einem Kreislauf, der von der Lebenssituation der Kinder ausgeht und aus der Analyse der Situation zur Formulierung von Zielen kommt, die umgesetzt und dann reflektiert werden, um dann wieder erneut bei der Situation der Kinder anzusetzen. Da der sich immer wiederholende Kreislauf dieses Lernprozesses nicht eine schematische und rein kumulative Wiederholung darstellt, sondern qualitativ einen Lernzuwachs bewirkt, kann man sich diesen interkulturellen Lernprozess auch als nach oben führende Spirale vorstellen.

Wenn interkulturelles Lernen eine Wanderungsdenkweise und offene Lernprozesse voraussetzt, dann ist es auch notwendigerweise ein zeitlich unabgeschlossenes **lebenslanges Lernen**. Das bedeutet natürlich auch, dass interkulturelles Lernen nicht mit dem Ende der Ausbildung abgeschlossen ist. Daraus ergibt sich, dass in der Fortbildung für sozialpädagogische Berufe interkulturelle Kompetenz als professionelle Qualifikation einen festen Platz haben sollte.

Interkulturelles Lernen, das sich in multikulturellen, besonders durch Einwan-

---

Auflösen hierarchischen Denkens

Offenes Curriculum

Lebenslanges Lernen

derung geprägten Gesellschaften entwickelt hat, ist etwas anderes als eine kognitive Komparatistik, die einen an systematischen Kriterien orientierten Vergleich verschiedener Kulturen versucht. Interkulturelles Lernen ist verortet im

Erfahrungsraum des Zusammenlebens Erfahrungsraum des Zusammenlebens von Menschen, die aus verschiedenen Kulturen stammen beziehungsweise von anderen Kulturen geprägt sind, das heißt, interkulturelles Lernen ist ein **lebensweltorientierter** oder ein **sozialökologischer Ansatz**.

Als ein lebensweltorientierter Ansatz bezieht sich interkulturelles Lernen nicht so sehr auf eine abstrakte, akademische, künstlerische, stilisierte, folkloristische oder nationale Kultur, sondern ist an den gestaltenden Vollzügen des Alltags orientiert,

Alltagskultur also an der **Alltagskultur**, das heißt an dem, was Menschen aus ihrem Alltag machen. In den Alltagsbedingungen der Migrantenfamilien verändert sich ihre Herkunftskultur. Leider geschieht dies oft unter dem Anpassungsdruck der Aufnahmekultur. Die Herkunftskultur verändert sich aber auch aufgrund eigener Bedürfnisse und Entscheidungen von Migranten.

Interkulturelles Lernen kann sich besonders gut ereignen in Formen des **ex-**

Expressives Lernen **pressiven Lernens**, da dort am ehesten eigenkulturelle Elemente einfließen und interaktiv erfahrbar werden. Dies ist eine gute Voraussetzung für erweiterte Wahrnehmung und Veränderung. Sie fördert interkulturelle Ästhetik und Kommunikation. In diesem Zusammenhang soll nur auf die Möglichkeiten interkulturellen Lernens durch Rollenspiel, Simulationsübungen, Theater, Pantomime, Erzählen, künstlerisches Gestalten, Tanz, Musik, Video etc. hingewiesen werden.

Vorschläge zur Einführung interkulturellen Lernens in die sozialpädagogische Aus- und Fortbildung

Kontinuierliches Lernen Wenn die Ausbildung und Fortbildung interkulturelle Kompetenz entwickeln soll, kann dies nur gelingen wenn interkulturelles Lernen nicht nur sporadisch, etwa in gelegentlichen Projekttagen oder vereinzelten Praxisbesuchen, angeregt wird. Interkulturelle Lernangebote müssen kontinuierlich sein. Sie sollten auch nicht beliebig und zufällig, sondern in sich kohärent sein, das heißt, sie bedürfen klarer Lernzielformulierungen und adäquater didaktisch-methodischer Vorstellungen.

Übergreifendes Prinzip Ein eigenes Unterrichtsfach „Interkulturelle Pädagogik" oder „Interkulturelles Lernen" ist überflüssig. Es wäre aber zu begrüßen, wenn einzelne **Inhalte** in bestehende Fächer aufgenommen würden. So könnte zum Beispiel im Fach Psychologie im Rahmen der Behandlung der Sprachentwicklung auch explizit auf die Sprachentwicklung und Sprachförderung bei zwei- oder mehsprachig aufwachsenden Kindern eingegangen werden. In diesem Fach könnten auch die Themen Vorurteil und Stereotyp (Entstehung, Funktion, Abbau), Rassismus, Fremdenangst und Fremdenfeindlichkeit Lerngegenstand sein. Das Fach Kinder- und Jugendliteratur könnte Beispiele und Hinweise geben auf anderssprachige Kinder- und Jugendbücher. Spielerziehung, Kunsterziehung und Musikerziehung sind besonders geeignet den eigenen kulturellen Hintergrund zu erweitern. Auch im Fach Religion sollte der interreligöse Dialog größeren Raum einnehmen.

Insgesamt wäre es natürlich leichter, wichtige interkulturelle Inhalte in den Lehrplan einzubringen, wenn dieser stärker themenorientiert und interdisziplinär aufgebaut wäre. Dann könnten zum Beispiel die **Themenkreise** Sprachentwicklung/Sprachförderung oder Ausgrenzung und Einschluss, Kommunikation und Kooperation, um nur einige zu nennen, wesentlich besser auf interkulturell bedeutsame Aspekte eingehen. Ein im Curriculum fest verankertes handlungsorientiertes Projektlernen hätte ähnliche Vorteile.

Interkulturelles Lernen ist vor allem ein **didaktisches Prinzip**. Die angebotenen Fächer und Inhalte sind danach zu überprüfen, ob sie auch unter interkulturellen Aspekten relevant sind und wie diese Aspekte in den einzelnen Inhalten oder Fächern verdeutlicht werden könnten.

Für interkulturelles Lernen kommt dem **multiperspektivischen Lernen** eine große Bedeutung zu (*vgl. Auernheimer 1995, 186-194*). Zu lehrende Inhalte werden unter einer anderen kulturellen Perspektive betrachtet, indem auch Texte, Bilder, Filme, Videos, Spiele, die aus anderen Kulturen kommen, verwendet werden. In diesem Zusammenhang soll auch noch einmal darauf hingewiesen werden, wie wichtig und nützlich es ist, in dieses Lernen Schüler/innen und Lehrer/innen aus anderen Kulturen einzubeziehen.

Perspektive weitern

In der Ausbildung und Fortbildung ist mehr Gewicht zu legen auf die Förderung von **Zwei- und Mehrsprachigkeit**. In vielen Fachschulen wird das Erlernen anderer Sprachen nur als Wahlfach angeboten. Das Sprachangebot überhaupt beschränkt sich oft auf Englisch und Französisch. Das Angebot sollte sich aber nicht nur auf in der Kulturhierarchie anerkannte Sprachen beschränken, sondern auch Sprachen mit geringerem Status und Minderheitensprachen Aufmerksamkeit schenken, um einem Sprachimperialismus entgegenzuwirken, um kulturelle Vielfalt zu pflegen und um direkte Kommunikation im konkreten Kommunikationsumfeld und in der sozialpädagogischen Praxis zu ermöglichen. Anzustreben ist das Erlernen einer weit verbreiteten Sprache, das heißt einer so genannten Weltsprache (dazu zählen nicht nur Englisch und Französisch, sondern u.a. auch Spanisch, Russisch, Arabisch) und das Erlernen einer Nachbarsprache (z.B. eines angrenzenden Landes) sowie das Erlernen von Begegnungssprachen, das heißt von Sprachen, die in multikulturellen Kontexten zum Beispiel in den Kindertagesstätten) gesprochen und verstanden werden.

Bedeutung der Sprachen

Nachbar- und Begegnungssprachen

Das Erlernen anderer Sprachen sollte nicht in erster Linie an einer Sprachdidaktik orientiert sein, die sich zu intensiv, und dies vor allem am Anfang, mit grammatischen und syntaktischen Gesetz- und Unregelmäßigkeiten herumschlägt oder auch auf Feinheiten der (manchmal vermeintlich korrekten) Aussprache zu großen Wert legt. Das ganzheitliche Eintauchen in eine andere Sprache beschleunigt den Erwerb der Fähigkeit, in einer anderen Sprache zu kommunizieren. Auf der Kommunikation sollte das Hauptaugenmerk liegen. Die wichtigste Lernkontrolle sollte darin bestehen, ob die in einer anderen Sprache gesendeten Botschaften auch ankommen und verstanden werden.

Ganzheitliches Sprachenlernen

Einen hohen Stellenwert beim Sprachenlernen sollten auch die Kontaktsprachen, das heißt die arbeitsfeldbezogenen Umgangssprachen, haben. Es ist zum Beispiel für die Kindertagesstätte wichtig, wie man anderssprachige Kinder begrüßen, einen Kontakt herstellen, mit den anderen Kindern und den Alltagsdingen der Anfangssituation vertraut machen kann. Es ist wichtig, dass man die geäußerten Bedürfnisse der Kinder verstehen und danach fragen kann. Es ist sehr nützlich, wenn Erzieher/innen in der Lage sind, mit anderssprachigen Eltern in einen sprachlichen Kontakt zu kommen. Für das Erlernen einer anderen Sprache ist es – gerade unter interkulturellem Aspekt – von großem Vorteil, wenn in den Lernprozess auch Lernsituationen integriert sind, in denen die Sprache auch im kulturellen Kontext, also in dem Land, in dem die Sprache gesprochen wird, erlernt wird. Das Lernen einer Sprache in ihrem kulturellen Kontext erhöht nicht nur die Motivation, sondern erleichtert und beschleunigt auch den Lernvorgang, da er das Wahrnehmen von mit der Sprache verbundener Mimik und Gestik einschließt. Das Sprachenlernen bekommt dabei auch eine besondere interkulturelle Qualität, da es sich im kulturellen Milieu der zu erlernenden Sprache abspielt und dieses erschließt.

Beim Sprachenlernen ist es günstig, wenn die Lehrkraft für die entsprechende Sprache diese auch selbst als Muttersprache beziehungsweise Erstsprache spricht. Leider wird dieser Vorteil in der Ausbildung noch viel zu wenig genutzt. Fort- und Weiterbildung haben sich dieses Prinzip schon häufiger zu eigen gemacht.

Rollentausch bei der Vermittlung

Interkulturelle und multiperspektivische Lernprozesse können durch größere **Rollenflexibilität** in Lernsituationen erleichtert werden. In vielen Situationen bietet es sich an, dass der Lehrer zeitweise zum Schüler und der Schüler zum Lehrer wird, zum Beispiel beim Sprachenlernen, vor allem in der Form der Begegnung mit anderen Sprachen. Oder beim multiperspektivischen Lernen, wo eine Foto- oder Bilddokumentation oder der Erlebnisbericht eines Migrantenschülers aus den Ferien in der Heimat den Erdkunde- oder Lebenskundeunterricht bereichern kann. Das Erzählen, wie der Ramadan in verschiedenen muslimischen Familien in Deutschland gehalten wird, kann darüber informieren, wie die eigene Kultur und Religion gelebt wird. Interkulturelles Lernen bleibt ein Torso, wenn Menschen, die aus anderen Kulturen stammen, nur als Objekte für das Erlernen unserer kulturellen Vorstellungen betrachtet und nicht auch als Subjekte ihrer eigenen Kultur aktiv in interkulturelle Lernsituationen einbezogen werden.

Interkulturelles Materialangebot

In der Bibliothek der Einrichtung sollten **Bücher, Zeitschriften, Trainingsmaterial, Spiele mit interkulturellen Inhalten** vorhanden sein und im Unterricht auch Verwendung finden. Das Gleiche gilt für Literatur und Materialien **in verschiedenen Sprachen,** und zwar auch in Migrantensprachen.

In der Ausbildung sollte viel mehr die Möglichkeit eröffnet werden, **Praktika mit interkultureller Dimension** zu machen, das heißt in Einrichtungen, in denen Menschen aus anderen Kulturen arbeiten oder die von Migranten genutzt werden, wo also die Möglichkeit interkulturellen Lernens in direkter Interaktion gegeben ist. Eine besonders wirksame Möglichkeit für interkulturelles Lernen sind Auslandspraktika. Die Ausbildungsstätten bemühen sich noch viel zu wenig, Auslandspraktika zu organisieren.

Multikulturelle Lerngruppen

Multikulturelle Lerngruppen in den Ausbildungsstätten bieten viele Möglichkeiten interkulturellen Lernens. Wegen der chronischen Benachteiligung von Migrantenkindern und -jugendlichen im deutschen Schulsystem (die Zahlen, wie sie in den verschiedenen Schularten repräsentiert sind, sprechen da für sich) sind in sozialpädagogischen Ausbildungsgängen immer noch viel zu wenige Migrantinnen und Migranten präsent. In manchen Fällen führt die „Gleichbehandlung" (euphemistisch oft auch „Vermeidung positiver Diskriminierung" genannt) von Migranten dazu, dass schulische Ausbildungsgänge noch zu häufig abgebrochen oder ohne formalen Abschluss beendet werden. Wann wird die Bildungspolitik endlich darauf wirksam reagieren?

Die Anwesenheit von Migrantinnen und Migranten in deutschen Schulen führt natürlich nicht automatisch zu einem interkulturellen Lernprozess, vor allem dann nicht, wenn das einheimische Schul- und Lernsystem einen starken Anpassungsdruck ausübt und wenn wenig Offenheit oder nur deklamatorische Bereitschaft besteht, sich mit anderen, durch Migranten vertretene Kulturen auseinander zu setzen.

Die Interkulturalität wird zunehmend als wichtige Dimension für sozialpädagogische Ausbildungen angesehen. Zur interkulturellen Öffnung von Ausbildungsstätten gehören aber unabdingbar **multikulturelle Dozententeams**. Warum erscheint diese Forderung so weltfremd, obwohl sie eigentlich unserer heutigen gesellschaftlichen Situation, die von Multikulturalität geprägt ist, entspräche? Ohne gezielte Förderprogramme für junge Migrantinnen und Migranten wird das freilich nicht schnell zu machen sein. Aber warum gibt es so wenig Förderung? Ein Anfang könnte sicher über vertragsmäßige Lehr- oder Beschäftigungsaufträge für Sprachen, für Projekte, für interdisziplinäre Teilbereiche interkulturellen Lernens sofort gemacht werden. **Multikulturelle Dozententeams**

Die Leiter/innen, Dozent/innen und Mitarbeiter/innen von Ausbildungs- und Fortbildungsinstitutionen sollten zu ihrer **eigenen Qualifikation** an **interkulturellen Fortbildungen** teilnehmen oder selbst solche Fortbildungsmaßnahmen organisieren. Denkbar wäre auch eine interkulturelle Team- oder Organisationsberatung der Einrichtung. **Interkulturelle Fortbildung**

Die Realisierung der in diesem Abschnitt gemachten Vorschläge würde zu einer noch weithin fehlenden **interkulturellen Öffnung** von sozialpädagogischen Ausbildungs- und Fortbildungseinrichtungen führen. **Interkulturelle Öffnung**

Anstöße aus der Praxis sozialpädagogischer Aus- und Fortbildung

Die Beiträge des vorliegenden Bandes „Interkulturelle Pädagogik" beziehen sich vorwiegend auf die Aus- und Fortbildung von Erzieherinnen und Erziehern. Sie berichten von interkulturellen Erfahrungen und Arbeitsansätzen in solchen sozialpädagogischen Arbeitsfeldern, in denen Erzieher und Erzieherinnen als Fachkräfte eingesetzt werden, also auf Kindertageseinrichtungen, Grundschulen und Jugendfreizeiteinrichtungen. Die Praxiserfahrungen, Reflexionen und Vorschläge für die Lehrplan- oder Curriculumrevision sind aber auch dazu geeignet, Anstöße und Anregungen für andere pädagogische Ausbildungen und Praxisfelder zu geben.

Alle Beiträge beschreiben Modelle und Projekte, die in der sozialpädagogischen Ausbildungs- und Fortbildungspraxis entwickelt und erprobt wurden bezie-

Intention des vorliegenden Buches

hungsweise noch in der Erprobung sind. Ihre Veröffentlichung soll dazu dienen, Anstöße für die Praxis zu geben, den Austausch von Praxiserfahrungen zu fördern. Diese Publikation möchte aber auch die Erfahrungen interkultureller Praxis für die wissenschaftliche Reflexion, Kritik und Systematisierung zur Weiterentwicklung und Begründung des interkulturellen Ansatzes zur Verfügung stellen.

Aufbau des Buches

Teil I dieser Veröffentlichung befasst sich mit der interkulturellen Kompetenz unter besonderer Berücksichtigung des Aspektes der Persönlichkeitsbildung, der in vielen schulischen, vor allem aber in akademischen Ausbildungsgängen wegen ihrer starken Orientierung an der Aneignung und Überprüfung von inhaltlichem Wissen und methodischem Können vernachlässigt wird.

Teil II setzt sich mit Elementen auseinander, die Bestandteil der Aus- und Fortbildung von Erziehern und Erzieherinnen sein müssten. Bei diesen Elementen geht es nicht nur um die Vermittlung neuer Inhalte, sondern auch um schwieriger in die bestehende Lernorganisation einzugliedernde Lerneinheiten, in denen praktische Erfahrungen interkulturell analysiert und Verhaltensweisen interkulturell reflektiert werden können.

Im **Teil III** werden drei Konzepte zum Erwerb interkultureller Kompetenz vorgestellt. Das erste basiert auf den Erfahrungen der Sophie-Scholl-Kollegschule in Duisburg (jetzt Berufskolleg), welche die interkulturelle Dimension als einen Schwerpunkt in der Erzieherinnen-bzw. Erzieherausbildung eingeführt hat. Das zweite Konzept wurde von dem ECCE-Projekt Interkulturelle Pädagogik im Elementarbereich in Mainz entwickelt und wird in Zusammenarbeit mit dem Sozialpädagogischen Fortbildungszentrum des Landes Rheinland-Pfalz als Zertifikatskurs in der Forbildung für Erzieher(innen) angeboten. Das dritte Konzept hat ein Arbeitskreis der RAA Nordrhein-Westfalen erstellt. Es stellt Bausteine für die Aus- und Fortbildung von Erzieherinnen und Erziehern vor.

Die in diesem Band gesammelten Beiträge sind Schritte zur interkulturellen Öffnung von Ausbildungs- und Fortbildungseinrichtungen. Sie bieten Beispiele, wie die interkulturelle Dimension in diese Institutionen eingeführt werden kann. Da es sich um konkrete Schritte handelt, heißt dies, dass sie gangbare Wege aufzeigen und Mut machen wollen ähnliche Schritte zu unternehmen, um den Erwerb interkultureller Kompetenz durch interkulturelles Lernen zu ermöglichen.

LITERATURVERZEICHNIS ZUR EINFÜHRUNG

AUERNHEIMER, Georg: Einführung in die interkulturelle Erziehung. Darmstadt 2. Aufl. 1995

FILTZINGER, Otto: Interkulturalität in der Ausbildung von Sozialpädagog/inn/en. In: INTERKULTURELLES BÜRO ZUR GLEICHSTELLUNG VON AUSLÄNDERN UND DEUTSCHEN (Hg.): Interkulturelle Kompetenz in der sozialen Arbeit. Mainz 1996, 42-48

FILTZINGER, Otto: Elementarerziehung interkulturell. In: RAA (Regionale Arbeitsstellen zur Förderung ausländischer Kinder und Jugendlicher) in NRW. Essen 1997, 26-41

FILTZINGER, Otto/JOHANN, Ellen: Interkulturelle Pädagogik im Elementarbereich. Koblenz 1992

HINZ-ROMMEL, Wolfgang: Interkulturelle Kompetenz. Ein neues Anforderungsprofil für die soziale Arbeit. Münster/New York 1994.

PINTO MINERVA, Franca: Costruire l'interculturalità. Dal pensiero gerarchico al pensiero migrante. In: SCHÄFER, Helmut/SEIBEL, Friedrich W. (Hg.): Vielfalt leben. Beiträge zu einer Interkulturellen und Internationalen Sozialen Arbeit. Koblenz 1992, 65-74

Teil I:
Interkulturelle Kompetenz erfordert Persönlichkeitsbildung

Als Voraussetzung für interkulturelle Erziehung im Elementarbereich definiert eine Kindertagesstätte in ihrem Konzept für die Arbeit mit einem multikulturell gemischten Adressatenkreis die Rolle und Aufgabe einer pädagogischen Fachkraft: „Gerade in der interkulturellen Erziehung muss (die Erzieherin) die eigene Haltung und Einstellung überprüfen. Sie muss Unterschiede zulassen und als Bereicherung erleben. Sie muss Lernende bleiben, Dinge hinterfragen (...)".
(Quelle: unveröffentlichter Konzeptentwurf der städt. Kindertageseinrichtung Johanniterstraße, Duisburg).

- Wie gelingt es den Ausbildungsstätten, diese gestandene Erzieherpersönlichkeit heranzubilden?
- Welche Persönlichkeitsmerkmale sind ganz besonders wesentlich?
- In welchen Situationen und wie dokumentiert sich das Vorhandensein solcher Persönlichkeitsmerkmale?
- Welche Problemstellungen innerhalb der Ausbildung sind geeignet eine solche Persönlichkeitsqualifikation zu erreichen?

Im Teil I des Buches befassen wir uns mit diesen Fragen. Im 1. Kapitel dieses Teils werden wir anhand einiger Beispiele illustrieren, mit welchen Problemen in interkulturellen Situationen Lernende in der Sozialpädagogik zu kämpfen haben.
Die Auswahl der interkulturellen Lernsituationen folgt keiner speziellen Systematik, vielmehr soll gerade die Vielfältigkeit der pädagogischen Aspekte und der persönlichen Reaktionsweisen dargestellt werden.
Wir wollen in diesem Kapitel aufzeigen und fragen: Wo steht der Auszubildende/die Auszubildende in der Sozialpädagogik in Bezug auf die Wahrnehmungsfähigkeit interkultureller Lernsituationen, welchen Interpretationsmustern folgt er/sie, um sich Situationen zu erklären, welche Handlungsweisen praktiziert er/sie, um mit diesen Problemsituationen umgehen zu können?

Interkulturelles pädagogisches Handeln wirft aber nicht nur für „Anfänger" und Auszubildende, sondern auch für pädagogische Profis völlig neue Fragen auf, stellt sie vor Probleme, auf die in der pädagogischen Ausbildung in der Regel nicht vorbereitet wurde.
Entsprechende Problemstellungen aus dem multikulturellen Alltag in der Sozialpädagogik stellen wir im 2. Kapitel vor und umreißen damit gleichzeitig das Anforderungsprofil, welches von einer interkulturell kompetenten pädagogischen Fachkraft erwartet wird.

Das 3. Kapitel im Teil I geht schließlich auf einige grundlegende Persönlichkeitsqualifikationen ein, die eine sozialpädagogische Fachkraft besitzen muss, um fachkompetent im interkulturellen Kontext agieren und reagieren zu können. Die Förderung solcher Persönlichkeitsmerkmale im Rahmen der Ausbildung erfordert (im optimalen Falle) interkulturelle Lernkonstellationen, z.B. multikulturell gemischte Lerngruppen. Die zur Verfügung stehenden Methoden, z.B. Simulationen, Rollenspiele, reichen oft alleine nicht aus, um alle Lernzieldimensionen zu erfassen. Andererseits garantiert die multikulturelle Mischung der Gruppe noch nicht den interkulturellen Lerneffekt. Hinzu kommt als wesentlicher Bestandteil die Reflexion der eigenen Erfahrungen.

1 Sensibilität für interkulturelle Lernsituationen als grundlegende Voraussetzung interkulturellen pädagogischen Handelns

Im multikulturellen Alltag der pädagogischen Einrichtungen für Kinder- und Jugendarbeit sehen sich Auszubildende der Sozialpädagogik während ihrer Praktika in Kindergärten und Jugendzentren häufig mit Verhaltensweisen von Kindern und Jugendlichen konfrontiert, die sie als unverständlich, irritierend oder faszinierend wahrnehmen und bewerten. Sie sehen sich in Interaktionen mit Adressaten verwickelt, in denen sie sich als pädagogisch handlungsunfähig erleben oder in denen sie spontan Reaktionen zeigen, die mit ihrem pädagogischen Grundverständnis nicht in Einklang stehen. Aufgrund des noch nicht vorhandenen theoretischen Hintergrundwissens sind die Praktikantinnen und Praktikanten zu Beginn der Ausbildung ihren unreflektierten Orientierungsmustern ausgesetzt. Deshalb stellt das unbefangene Berichten der Erlebnisse in Praxisberichten oder -geschichten anfangs eine große Entlastung dar. „Geschichten" sind Teiles eines umfassenden Ausbildungskonzepts, das in Abschnitt 11.2.6 näher erläutert wird; auch im 3. Kapitel wird darauf eingegangen. Das Reflektieren der Erlebnisse wird im Verlaufe der Ausbildung nach und nach aufgebaut. Einige Geschichten, die nachstehend zitiert werden, sind auch bereits mehr oder weniger ausführlich reflektiert.

Unreflektierte Orientierungsmuster überwinden

Im Folgenden dokumentieren wir eine Reihe von Alltagssituationen, anhand derer die Vielfalt der persönlichen Verunsicherungen und Reaktionsformen deutlich wird. Wir erleben völlige Handlungsunfähigkeit, große Irritation, aber auch Neugierde und Herausforderung zur Selbstreflexion bei den Protokollanten der Situationen.

Ansatzpunkt: Alltagssituationen

Die ersten Szenen schildern die zu Beginn der Ausbildung häufig noch vorkommende Handlungsunfähigkeit, wenn die Praktikantinnen und Praktikanten mit ausländerfeindlichen Äußerungen von Kindern in der sozialpädagogischen Praxis konfrontiert werden. Zusätzlich stellt sich auch eine verständliche Verunsicherung ein, wie das Verhalten der Kinder zu interpretieren sei. In diesem irritierenden Kontext ist dann eine überzogene Interpretation, möglicherweise auch aufgrund einer überhöhten Sensibilität, wie im ersten Fallbeispiel, nicht ausgeschlossen.

Beispiel 1: Aus dem Kindergarten

Denise (5 Jahre alt) und ich spielten gerade ein Tischspiel, als Christian (4 Jahre) sich neben uns setzte und allerlei erzählte. Mitspielen wollte er nicht. Er erzählte u.a., dass er gerne mal essen gehen würde. Ich fragte ihn, ob er mit seinen Eltern essen gehen wolle und wo, ob in einem Restaurant. Bei der Frage nach dem „Wo" schaute mich Denise entgeistert und belustigt an und meinte zu mir: „Meinst du vielleicht, beim Türken auf dem Kopf?"
Ich war geschockt! Ich dachte zuerst, ich hätte mich verhört. Ich fragte noch mal nach; doch dem war nicht so. Ich wusste nicht, was ich davon halten bzw. sagen sollte. Ich weiß nicht, ob dies nun offene Ausländerfeindlichkeit war oder nur eine unbewusste Aussage, mit der sie einen Witz machen wollte. Ich muss sie wohl ziemlich „doof" angeschaut haben, denn sie fragte mich dann, ob ich das denn nicht verstehen würde. Und nachdem ich verneinte, meinte sie, dass ich doch ganz schön komisch sei, dass ich das nicht verstehe. Ich war sprachlos und wusste nicht, an welcher Stelle ich einhaken sollte. Irgendwie wurde die Situation dann abgelenkt.

Die Schockiertheit und Handlungsunfähigkeit des Praktikanten im Beispiel 1 resultiert zum einen aus der mangelnden Wahrnehmung der begrifflichen Spielerei des Mädchens, andererseits aber auch aus einer übersteigerten Sensibilität gegenüber einer möglichen Ausländerfeindlichkeit.

In den in Beispiel 2 dargestellten Situationen handelt es sich um eine sprachlich eindeutige Äußerung, die die Praktikantin jedoch nicht weniger handlungsunfähig sein lässt.

Beispiel 2: Aus dem Kindergarten

Ich erlebte in meinem Praktikum auch, wie feindlich sich die verschiedenen Kulturen gegenüberstehen. In der Blitzrunde (Blitzrunde im offenen Kindergarten: Kinder ordnen sich einem Angebot zu) machte Pierre (5 Jahre) eine Bemerkung („Ich hasse Türken!"), die mich völlig aus der Fassung brachte. Auf mein „Warum" hin antwortete er nur: „Weil ich die nicht verstehen kann." Ich hätte dieses Gespräch gerne weitergeführt, doch durch den Beginn der Blitzrunde kam es leider nicht mehr dazu.

Eine andere Aussage von Rebecca (6 Jahre), kurz vor der Blitzrunde, hat mich ziemlich verblüfft. Sie meinte plötzlich, während einige der Jungen türkischer Herkunft miteinander redeten: „Die Türken muss man immer auseinander setzen, sonst quatschen sie immer!" Worauf hin jedoch die Erzieherin nur antwortete, dass dies doch nichts mit der Nationalität zu tun hätte. Trotz der interkulturellen Erziehung in der Einrichtung bestehen teilweise schon recht große Ressentiments gegenüber Kindern anderer Herkunft.

Wahrnehmungsschulung hilft Idealisierung zu vermeiden

Bei älteren Kindern und Jugendlichen treten Vorurteile und Abgrenzungen nicht mehr so deutlich zutage, sodass sie häufig von den Praktikantinnen und Praktikanten auch nicht wahrgenommen werden. Dieser unauffällige multikulturelle Alltag wird dann möglicherweise idyllisiert und als völlig frei von interkulturellen Problemen idealisiert: „Bei uns in der Einrichtung gibt es keine Konflikte zwischen ausländischen und deutschen Kindern." Auszubildende mit einer geschulteren Wahrnehmungsfähigkeit interpretieren die pädagogische Praxis jedoch nicht entsprechend ihrer Erwartungshaltung um, sondern sehen durchaus, dass nicht immer ein gleichberechtigtes Miteinander der Kulturen vorhanden ist.

Sensibilität für interkulturelle Lernsituationen zeigt die folgende Berichterstatterin, die sich persönlich zwar durch das Verhalten der Jugendlichen provoziert fühlt und dieses ablehnt, die aber durch grundlegende Offenheit und auch Neugierde zu einer interessanten Lernerfahrung kommt.

Beispiel 3: Aus dem Jugendzentrum

Unsympathisch und auch teilweise bedrohlich fand ich eine große Gruppe türkischer Jugendlicher, die meist freitags vollzählig zur Disco erschien. Die Gruppe besteht aus hauptsächlich 13–16-jährigen Jungen und umfasst etwa 20 Personen. Untereinander sind sie noch mal gesondert in Untergruppen strukturiert, doch konnte ich das nur oberflächlich beobachten. Zu zwei Türken hatte ich einen näheren Kontakt durchs Rommé-spielen bekommen, sodass ich diese beiden nicht mehr als bedrohlich empfand. Es ist auch eher dieses Homogene der Großgruppe, was mich verunsichert.

Die meisten türkischen Jungen kommen aus der näheren Umgebung des Jugendzentrums, einige aber auch aus den „türkischen Hochburgen" der Stadt. Hochburgen deshalb, weil dort eben ausgesprochen viele türkische Familien leben.

Was die Jungen motiviert so zahlreich zur Disco zu kommen ist mir nicht ganz klar. Die meisten sind in der pubertären bzw. nachpubertären Phase und versuchen sich die Mädchen an Land zu ziehen. Und das eben verstehe ich nicht, denn zur Disco erscheinen durchschnittlich nur fünf Mädchen, von denen drei täglich im Haus sind.
Was weiterhin interessant war zu beobachten, ist das „Herdenverhalten" der Jungen. Einer geht draußen eine Zigarette rauchen, alle folgen. Erst habe ich nur das ständige Rein und Raus wahrgenommen und als ich die Erzieherin danach fragte, meinte diese nur: „Uns geht das auch total auf die Nerven. Vielleicht haben sie ja Hemmungen alleine in der Disco zurückzubleiben oder sie erzählen sich draußen wichtige Dinge – frag sie doch mal."
Am miesesten jedoch fand ich die Situationen, wenn mir im Gang eine Gruppe aus sechs Leuten entgegenkam und ich an ihnen vorbeimusste. Anfangs tat ich dann schon mal so, als hätte ich etwas vergessen, und drehte mich auf dem Absatz um oder ich ließ den Schlüssel fallen, damit sie vor mir abbiegen konnten. Das konnte ich natürlich nicht ständig bringen. Die Jungen sollten meine Unsicherheit ja nicht merken, denn dann hätten sie mich in der Hand. Also ging ich dazu über, die Selbstsichere zu spielen, mit erhobenem Kopf, energischem Schritt und festem Blick. Ich zwang mich ihrem Blick nicht auszuweichen, damit sie keine Ängstlichkeit feststellten. Manchmal grinste ich auch einfach nur. Wenn wir uns dann fast gegenüber standen, machten sie mir Platz und versuchten nicht mir den Weg zu versperren, was man bei deutschen Jungen in dem Alter oft antrifft. Trotzdem rechnete ich oft noch mit einer Gemeinheit, wie Beinchen stellen oder einem Klaps auf den Po, was mich dazu brachte, innerlich angespannt an ihnen vorbeizugehen. An dem ersten Disco-Freitag forderte mich Turan, ein türkischer Junge, den ich vom Rommé-spielen her kannte, zum Blues-Tanzen auf. Okay, dachte ich mir, das bringste jetzt, allein um den anderen zu zeigen, dass man durchaus auf mich zugehen kann, und um zu zeigen, dass ich keine Vorurteile habe. Während ich mit ihm tanzte, ging auch glatt das Getuschel unter den anderen Jungen los.

Reflexion
Tja, woraus resultiert nun meine Antipathie und Ängstlichkeit?
Aus meiner eigenen Sozialisation. Seit 24 Jahren wohne ich im gleichen Haus. In unserer Umgebung wohnen keine Ausländer und haben auch nie gewohnt. Es kamen höchstens mal Zigeuner (Begriff „Zigeuner" aus der Originalgeschichte umgangssprachlich belassen), die ich als Kind exotisch und geheimnisvoll fand. In meinem Wohnumfeld jedenfalls, wie auch in der Grundschule, gab es keine Ausländer. Innerhalb meines Wohnfeldes gab es nur zwei große Cliquen: die meines Alters und die der meist vier bis fünf Jahre älteren Geschwister. Auf dem Gymnasium waren ebenfalls so gut wie keine Ausländer, in dem Jugendheim, welches ich ab und zu besuchte, kann ich mich auch an keine erinnern. Erst mit 16, 17 kam ich flüchtig mit ihnen in Kontakt. Es ergab sich einfach nicht anders. Die Feindlichkeit gegenüber Ausländern konnte ich deshalb auch nicht nachvollziehen. Ich hatte nie Erfahrungen mit ihnen gemacht, also auch keine negativen. So blieben sie mir immer fremd und ich konnte sie nur aus der Distanz beobachten. Durch Zufall sah ich vor Jahren im Eschhaus den Film „Yol", der mir einiges über türkische Lebensgewohnheiten, Alltag und Kultur nahe brachte. Vielleicht habe ich auch Angst, mich falsch zu verhalten, denkt man an die Rolle der Frau in der türkischen Familie und an die Vorurteile mancher Türken gegenüber deutschen Frauen. All das beschäftigt mich nur wieder verstärkt. Aus meinem Mangel an Erfahrungen im Umgang mit Türken neige ich auch dazu, Verhaltensweisen deutscher Jugendlicher auf türkische zu projizieren. Dabei habe ich im Nachhinein festgestellt, dass ich überhaupt nichts zu befürchten habe. Wenn ich jetzt so die Szene im Gang vor Augen habe, so ist es vielleicht eine Art „Urangst", Panik dem männlichen Geschlecht gegenüber. Die Angst, sich nicht wehren zu können, ausgelie-

fert, handlungsunfähig zu sein. Was für ein Quatsch! Sieht man die Sache objektiv, so ist meine Angst echt unbegründet, denn was sollten die Jungen im Jugendheim schon mit mir machen?! Da ist die S-Bahn-Haltestelle wesentlich gefährlicher, und da überkommt mich keine Panik.

Veränderung während des Praktikums
Letzten Samstag war von 17.00 bis 20.00 Uhr Disco für die 13–15-jährigen. Die fünf Mädels waren wieder da, fünf deutsche Jungen (sie haben Angst, von den Türken verprügelt zu werden weshalb sie auch nicht mehr erscheinen) und etwa zweiundzwanzig Ausländer. Monika hatte sich mit der Basisgruppe Tanzspiele ausgedacht und wollte diese in die Disco integrieren. Anfangs gab es auch wieder das übliche Gerenne nach draußen. Ich hielt mich vorne an der Kasse auf und kam dadurch mit einigen Jungen ins Gespräch. Es waren nur kurze Wortwechsel und Fragen nach meinen Aufgaben im Jugendheim, doch beseitigten sie Unklarheiten bei den Besuchern und mir fiel es nachher leichter, ihnen zu begegnen. Man lächelte sich an, wenn man sich begegnete. Als Monika mit dem Spielen begann, hörte das Gerenne nach draußen tatsächlich auf und ich wurde häufiger von den Jungen angesprochen, weil sie erfahren wollten, was als Nächstes passiert. Ich nutzte ihre Fragen, um sie gleichzeitig zum Mitspielen zu motivieren. Was ich immer wieder erstaunlich finde, ist, dass ich von den türkischen Jungen mit „Sie" angesprochen werde. In so eine Anrede lässt sich gut eine Art Respekt mir gegenüber hinein interpretieren, was wiederum dem Selbstbewusstsein gut tut. Ich habe mir vorgenommen, mehr auf die Gruppe einzugehen, um sie und die Strukturen, die sie umgeben, besser kennen zu lernen. Das wird bestimmt nicht einfach sein, doch fänd' ich es toll, wenn ich sie motivieren könnte mal selbst etwas zu machen oder zu planen und nicht nur zu konsumieren.

Selbstreflexion hilft, sich nicht angegriffen zu fühlen

Ihrer persönlichen Betroffenheit, aber auch ihrer Couragiertheit hat es die nächste Praktikantin – in Beispiel 4 – zu verdanken, dass sie aus ihren Beobachtungen viel lernen konnte über Handlungsmotive anderer und kulturspezifische Normen und Werte.

Bei weiter gehender Kommunikationskompetenz und Selbstreflexion brächte sie die notwendige Toleranz für das Verhalten der Jugendlichen auf statt sich persönlich angegriffen zu fühlen.

Beispiel 4: Aus dem Jugendzentrum
Während einer Kickerrunde, an der zwei Türken, ein Marokkaner und ein Deutscher beteiligt waren, schleuderten sich die ausländischen Spieler gegenseitig Schimpfworte an den Kopf. Z.B.: „Du verdammter Hurensohn, ich mache dich fertig, Türke!", „Halt's Maul, Marok (Abk. für Marokkaner)!" etc.
Sie pöbelten sich lauthals an und zogen sich gegenseitig mit Klischees ihrer Kulturen auf und fanden es offensichtlich lustig.
Während ich diese Szene beobachtete, wurde mein Unverständnis immer größer. Meine Abneigung war jedoch nicht gegen die Personen an sich, sondern gegen ihr Verhalten gerichtet. Ich kann es nicht leiden, wenn jemand mit seiner Nationalität aufgezogen bzw. beschimpft wird. Wenn ich solches Verhalten erlebe, werde ich immer sofort wütend. Aber in dieser Situation war ich doch eher erstaunt. Ich stellte fest, dass der Deutsche bei dieser „Unterhaltung" ausgeschlossen war. Er lächelte nur, als wäre er so etwas schon gewöhnt. Die drei bildeten eine scheinbare Einheit. Ich war versucht dazwischen zu fahren, aber ich traute mich nicht. Ich wollte sie fragen, warum sie sich auf dieses Niveau herabließen, doch ich tat es nicht. Ausländer werden an allen Ecken angefeindet, ich begriff nicht, warum sie sich als Betroffene genauso dumm benahmen. Langsam wurde ich wütend, denn plötzlich sah ich die Situation aus einem

anderen Blickwinkel: Es schien mir, als ob sie mit ihrem Verhalten provozieren wollten: „Seht her, so behandelt ihr uns!" Ich fühlte mich, als ob ich für etwas bestraft werden sollte, das ich nicht getan habe. Ich fand ihr Verhalten ziemlich traurig und unerträglich. Ich wollte ihnen meine Meinung sagen, doch wieder traute ich mich nicht. Ich hatte Angst etwas Falsches zu sagen, denn ich glaubte ihre Situation nicht richtig nachvollziehen zu können. Mir war, als würden sie das Gleiche denken. Ich hatte das Gefühl zu platzen. Immer wollte ich etwas dazu sagen, aber es schien mir angebrachter, es nicht zu tun. Deshalb ging ich in den Veranstaltungsraum zurück.

Reflexion:
Ich war völlig irritiert über dieses Verhalten. Warum hat es mich aus der Fassung gebracht? Weil ich solches Verhalten, egal von wem es kommt, nicht ausstehen und vor allem nicht nachvollziehen kann. Weil es für mich absolut unverständlich war, dass Betroffene, also welche, die darunter leiden, sich genauso aufführen. Weil die drei ihr Verhalten amüsant zu finden schienen.
Warum habe ich nur beobachtet und nicht ins Geschehen eingegriffen?
Weil ich Hemmungen hatte zu sagen: „Ich finde euer Verhalten echt geschmacklos!"
Ich hatte Hemmungen, weil ich Deutsche bin! Ich hatte Angst, sie würden mir auf Grund dieser Tatsache ein solches Urteil absprechen. Wie gesagt glaube ich nicht, dass ich mich so in ihre Situation hineinversetzen kann, um ganz zu begreifen, wie Betroffene fühlen.
Warum fühlte ich mich provoziert? Ich fühlte mich mit Rechtsradikalen in einen Topf geworden. In diesem Moment konnte ich mir ihr Verhalten nicht anders erklären und mit der Situation nicht umgehen. Warum mussten sie sich ausgerechnet hier so aufführen, wo es zwischen Deutschen und Ausländern keine Schwierigkeiten gibt? Mich hat ihr Verhalten ziemlich geärgert. Wir wissen alle, dass es rechtsradikale Idioten (!) gibt, aber muss man dann auch diejenigen damit aufziehen, die nicht so handeln/denken?

Ich ging in den Veranstaltungsraum zurück, weil ich einfach nicht wusste, was ich ihnen hätte entgegenhalten können. Meine Gedanken schwirrten umher, ich verstand es nicht!
Am gleichen Abend, als wir alle zusammen aufräumten, ging diese Form der Unterhaltung zwischen zwei von ihnen weiter. Da platzte mir der Kragen. Ziemlich ärgerlich fragte ich einen von ihnen, Vural, nach dem Grund ihres „liebevollen" Umgangs. Ich schilderte ihm meine Gefühle in der Situation (s. oben). Vural war erstaunt. Ich habe ihn falsch verstanden, sagte er. Solche Worte gingen nicht gegen Ausländer, sondern bezeichneten Tatsachen. Wenn er jemanden als „Türke" bezeichnet, dann nicht um zu verletzen, sondern um zu sagen: „Du bist Türke, sei stolz darauf!" Solcher Umgangston wäre unter Ausländern normal und jeder wüsste, dass dies nicht beleidigend gemeint ist! Darauf sagte ich: „Aber wenn ich dich nun als Türke bezeichnen würde, dann würdest du dies als Beleidigung ansehen, auch wenn ich es nicht so meine, oder?"
„Das ist doch klar, du bist Deutsche!"
„Genau das meine ich: Du wirfst alle Deutschen in einen Topf. Ich habe nichts gegen Ausländer!"
„Trotzdem wäre es etwas anderes", entgegnete Vural. Ich gab mich damit nicht zufrieden, deshalb sagte ich: „So, so, ihr bezeichnet also nur Tatsachen. Und was sollte dann der ‚Hurensohn'?"
Nun war ich diejenige, die provokativ wurde, aber ich wollte mich einfach nicht damit abfinden, dass man als Deutsche nicht sagen konnte, man soll stolz darauf sein, ein Türke (Ausländer) zu sein.
Vural hatte mich verstanden und lachte.
„Ich glaube dir ja, dass du nichts gegen uns hast, aber du musst uns verstehen. Und was den ‚Hurensohn' betrifft, werft ihr Deutschen euch keine Schimpfwörter an den Kopf?"
Ich finde seine Erklärung ziemlich merkwürdig. Es ist eine Sache zu sagen: „Sei stolz, dass du Türke bist!" und eine völlig andere, dies wie eine Beschimpfung (durch Betonung) klingen zu lassen. Letztendlich gab ich mich doch einigermaßen

damit zufrieden. Doch nachvollziehen kann ich es immer noch nicht, auch nicht akzeptieren. Ich komme mit Ausländern genauso gut/schlecht klar wie mit Deutschen! Es ist besser, einfach über ihr Verhalten hinwegzusehen, d.h. sich nicht darüber zu ärgern, weil es ihre Art ist, sich mit ihrer Diskriminierung auseinander zu setzen. Ich finde das ziemlich traurig!

Die Auszubildende im Beispiel 5 zeigt viel Einfühlungsvermögen, aber auch Klugheit und Geschicklichkeit. Ihre Kenntnis der kulturspezifischen Normen und Werte ermöglichen es ihr, das Handlungsmotiv des Kindes zu deuten. Dabei kann sie sich über die eigene Betroffenheit und eine Moralisierung des kindlichen Verhaltens hinwegsetzen. Für eine entsprechende Elaboration der Problemlösung müssten die kulturspezifischen Normen und Werte und der Umgang mit Konflikten auf einer reflektierten Ebene vorhanden sein (*vgl. Kapitel 3*).

Beispiel 5: Aus dem Kindergarten

Es war zwar für mich ein sehr schönes Gefühl, wenn die Kinder meine Nähe suchten, vor allem war es in den ersten Tagen eine große Hilfe für mich, die Nähe der Kinder. Aber anschließend wurde es immer mehr, sodass es sich ein paar Kinder zur Angewohnheit machten, sich an mir festzuhaken und mich fast überall hin zu verfolgen. Zwei von diesen Kindern waren türkische Mädchen, Demet (6;11) und Dilek (6;5) Jahre alt. Ich glaube es war für die beiden etwas Schönes, dass ich auch ihre Sprache konnte und ebenfalls eine Türkin war, denn sie wollten, dass ich mich immer nur auf Türkisch mit ihnen unterhalten sollte. Ich sei doch eine Türkin und solle deshalb türkisch reden, weil sie doch das deutsche Fräulein fast nie verstehen würden. Doch ich versuchte ihnen zu erklären, dass es eigentlich für sie viel besser sei, sich im Kindergarten doch auf Deutsch zu unterhalten, weil sie doch zu Hause sich sowieso auf Türkisch unterhalten, sonst würden sie doch nie Deutsch lernen. Ich erklärte ihnen auch, dass ich mich nicht nur um sie kümmern könnte, weil sie sich nur mit mir besser verständigen konnten.

Anschließend half ich der Erzieherin, die mit ein paar Kindern am Basteltisch saß und bastelte. Nach einer Weile kam Dilek zu uns an den Basteltisch, sie schien beleidigt zu sein, denn immer, wenn ich sie angucken wollte, wurde sie ganz traurig und beugte den Kopf nach unten. Da ich sie nicht darauf angesprochen hatte, weil ich mir vorgenommen hatte es später zu machen, weil ich beschäftigt war und mir mehr Zeit dafür nehmen wollte, um zu erfahren, warum sie beleidigt war, sprach sie mich darauf an. „Du, Abla", sagte sie auf Türkisch, was so ähnlich wie „große Schwester" heißt, „weißt du was, wir sind sauer auf dich, Demet und ich, und außerdem ist Demets Mutter auch ganz sauer auf dich." Als sie das gesagt hatte, war ich sehr überrascht, denn ich konnte mir einfach nicht vorstellen, warum Demets Mutter auf mich sauer sein könnte, denn weder kannte ich sie, noch hat sie mich jemals gesehen.

Ich war zuerst davon überzeugt, dass sie es nur so gesagt hatte, weil sie sauer auf mich war. Doch als ich sie fragte, woher sie das denn wüsste, sagte sie mit einem leichten Grinsen auf ihrem Gesicht: „Ich war auf dem Flur und wollte meine Jacke holen, da hörte ich Demets Mutter sagen, dass du richtig böse und doof wärst, denn du würdest dich genauso wie eine Deutsche verhalten, denn du würdest die deutsche Sprache und die deutschen Kinder viel besser finden."

Als sie mir dies alles erzählt hatte, war ich wirklich sehr erstaunt, denn ich konnte mir einfach nicht vorstellen, dass sie sich die ganze Geschichte ausgedacht hatte, denn sie erzählte alles so ernst und ohne zu überlegen, dass man ihr ohne zu zweifeln glauben musste. Da ich ein ganz unwohles Gefühl hatte, wollte ich mich mit Demet darüber unterhalten, aber ich wusste einfach nicht, wie ich es anfangen sollte, denn ich wollte nicht Dilek hineinverwickeln.

Am nächsten Tag, ich saß mit den Kindern an einem Tisch und bastelte mit ihnen Schiffe, da setzten sich Demet und Dilek zu uns an den Tisch. Nach einer Weile klammerte sich Demet wie immer an meinen Arm und sagte: „Abla, ich bin richtig froh, dass du bei uns in der Gruppe bist, ich habe auch zu Hause viel von dir erzählt, dass wir ein türkisches Fräulein bei uns in der Gruppe haben, und meine Mutter ist auch froh darüber, dass du bei uns bist, weil du ihr bestimmt helfen würdest, wenn sie sich mal nicht mit den deutschen Erziehern verständigen kann." Als ich das gehört hatte, guckte ich Dilek an, die neben mir saß und auch aufmerksam zugehört hatte. Sie lachte dann und hielt ihre Hand vor ihren Mund. Da frage ich Demet: „Und deine Mutter findet nicht, dass ich irgendwie doof bin?" und ich guckte dabei Dilek an. „Aber nein", sagte sie, „so etwas Böses würde meine Mutter doch nie sagen", schwor sie auf Türkisch. Mir war bewusst geworden, dass die Geschichte, die mir erzählt wurde, einfach nicht stimmen konnte. Später unterhielt ich mich mit Dilek allein darüber. Sie erzählte mir, dass sie doch nur alles erzählt habe, weil sie der Meinung war, dass ich mich zu wenig um sie kümmern würde.

Reflexion:
Zuerst war ich etwas sauer, weil sie gelogen hatte. Doch als ich später darüber nachgedacht hatte, wusste ich, dass sie das alles eigentlich gar nicht böse gemeint hatte, sondern sie hatte versucht mir durch eine zweite Person zu vermitteln, was sie eigentlich bedrückt hatte, und zwar durch die Mutter. Ich war jedoch überrascht darüber, welch eine Begabung Kinder in solch einem Alter schon entwickelt haben. Ich glaube auch nach diesem Ereignis, dass man Kinder nicht unterschätzen sollte."

Ein Defizit an kulturspezifischen Kenntnissen liegt dem Handlungsproblem der Praktikantin zugrunde, die die folgende Praxissituation in Beispiel 6 schildert. Der Praktikantin mangelt es an Sensibilität für die auffällige Verhaltensänderung des Jungen, die in direktem Zusammenhang mit der geschlechtsspezifischen Kostümierung zu interpretieren ist.
Für das Kind widerspricht es seinen Vorstellungen von Männlichkeit, ein Tuch um die Hüften zu binden.

Beispiel 6: Aus dem Kindergarten
Bei meiner Aktion „Reise in fremde Länder" machten alle Kinder anfangs sehr motiviert mit. Wir „flogen" mit dem „Flugzeug" (ausgebreitete Arme) in die Turnhalle, wo ich ein orientalisches Café aufgebaut hatte (Tücher, Diwan, Teeservice, Musik). Nachdem wir so getan hatten, als hätten wir uns mit Tee gestärkt, regte ich die Kinder an den „Gastgebern" als Dankeschön etwas vorzutanzen. Dafür gab ich ihnen golddurchwirkte, bestickte und umhäkelte Tücher, die ich mir von unseren türkischen Müttern geborgt hatte.
Für die beiden Jungen (Georg, 5 Jahre, und Mohammed, 6 Jahre) hatte ich extra goldbestickte Westen bereitgelegt. Sie zogen sie auch begeistert an und Mohammed stolzierte stolz durch den Raum. Georg war etwas verlegen. Als ich allen Kindern dann zeigte, wie sie die Tücher um die Hüften binden sollten, verweigerte Mohammed sich plötzlich. Er rannte durch die Halle und ließ das Tuch wie ein Segel hinter sich her wehen. Georg band sich das Tuch so um wie die Mädchen auch. Ich probierte es zuerst mit Ignorieren, aber Mohammed störte unseren Tanz. Die anderen ließen sich anstecken und ich gab dann enttäuscht auf. Wir „flogen" in den Gruppenraum zurück.
Ich war sehr überrascht, dass Mohammed sich nicht von seiner Kultur angesprochen fühlte. Er ist normalerweise gut zu motivieren. Die Erzieherin sagte mir im Auswertungsgespräch, ich hätte den Jungen das Tuch um die Stirn binden müssen.

Mit den bis hierher wiedergegebenen Praxisbeispielen illustrieren wir an mehr oder minder alltäglichen Interaktionssituationen, welche Fehlinterpretationen, Irritationen und Handlungsprobleme auftreten können, wenn die entscheidenden Persönlichkeitskompetenzen nicht hinreichend vorhanden bzw. reflektiert worden sind. Die pädagogische Ausbildung muss beides gewährleisten: Die Vermittlung von zu erwerbenden, aber auch das Bewusstmachen von vorhandenen Kompetenzen.

Übergreifendes-Beispiel: Theaterprojekt

Es soll nun noch ein umfangreicheres pädagogisches Theaterprojekt vorgestellt und analysiert werden, im Hinblick auf die Ausbildung der hier thematisierten, relevanten Persönlichkeitskompetenzen. Dieses Projekt wurde im Rahmen der Erzieherausbildung durchgeführt. Das Ziel war „interkulturelle Verständigung". Was daraus entstand, war ein Lehrstück über Kommunikation, Umgang mit Konflikten, Selbstreflexion, Umsetzung von Sachkenntnissen über kulturspezifische Normen und Werte in aktuelles Handeln in der Situation. Was dieses Projekt interessant macht, ist das Phänomen, dass erworbene Kompetenzen in dieser interkulturellen Interaktion nicht in der gewohnten Weise aktiviert werden konnten.

Nonverbale Kommunikation/ Kommunikationsbarrieren

Insbesondere die Ebenen der Wahrnehmung, der Fähigkeiten zur nonverbalen Kommunikation im interkulturellen Kontext und der Kommunikationsbarrieren aufgrund unterschiedlicher kultureller Standards waren es, die in dem interkulturellen Kommunikationsprozess des Theaterprojektes konflikthaft zum Tragen kamen.

Projektteilnehmer

Die am Theaterprojekt teilnehmenden Schülerinnen befanden sich im letzten Jahr der Erzieherausbildung und zeigten in anderen Praxissituationen, in denen sie selbst die Erzieherrolle übernehmen mussten, gute praktische und theoretische Fähigkeiten. Die geschilderte Projektsituation jedoch stellte sie vor völlig neue Herausforderungen, nicht nur in Bezug auf ihre kommunikativen Kompetenzen.

Beispiel 7: Theaterprojekt (aus der Schule)

Ziel dieses Theaterprojektes war die Begegnung von Erzieherschülerinnen (letztes Ausbildungsjahr) und ausländischen Schülerinnen aus einer Vorklasse zum Berufsgrundschuljahr. Die angehenden Erzieherinnen sollten interkulturelle Erfahrungen sammeln, um sie in einer Vertiefungsausbildung zur interkulturellen Erziehung auswerten zu können.

Theaterarbeit stellt eine sehr empfehlenswerte Methode dar, um interkulturelle Lernprozesse bei Jugendlichen anzuregen (vgl. Auernheimer in „gemeinsam" Nr. 25/1992). Im Kapitel 10 des vorliegenden Buches wird darauf ausführlicher eingegangen. Im konkreten Beispiel ergab sich eine Lernchance, aber auch eine hohe Anforderung an die Leiter des Projekts aufgrund der multikulturellen Zusammensetzung:

Die Gruppe der ausländischen Schülerinnen bestand aus jungen Frauen aus mehreren Ländern (Marokko, Bosnien, Mazedonien, Türkei), die Erzieherklasse setzte sich aus deutschen und zwei türkischen Mitgliedern zusammen. Zwischen den Teilnehmerinnen des Projektes bestanden nicht nur kulturelle und sprachliche, sondern auch große Bildungsunterschiede. Sie reichten vom Abitur bis zum Analphabetismus. Die meisten ausländischen Frauen befanden sich erst seit kurzer Zeit in Deutschland und besaßen sehr geringe oder keine deutschen Sprachkenntnisse. Hinzu kam, dass die Erzieherschülerinnen das Schulgebäude als Veranstaltungsraum und die betreuenden Lehrer kannten, während sowohl die räumlichen Bedingungen als auch die Personen den ausländischen Teilnehmerinnen fremd waren. Die Erzieherschülerinnen fühlten sich diesen gegenüber aufgrund ihrer pädagogischen Vorbildung teilweise in der Erzieher- bzw. Betreuerrolle. Eine Schülerin sprach in einer Zwischenbilanz davon, dass sie sich überfordert fühle, weil sie ihrer Meinung nach „gleichzeitig Erzieherin und Schülerin sein sollte".

So mischten sich bei Erzieherschülerinnen diffuse Ängste in Bezug auf die schauspielerischen Anforderungen mit unklaren Vorstellungen bezüglich des Umgangs mit den neuen Kolleginnen und einem Gefühl der Hilfsbereitschaft bzw. dem Wunsch, den ausländischen Mitschülerinnen den allgemeinen Einstieg in das Schulleben zu erleichtern.

Die Interpretation der Situation auf Seiten der ausländischen Schülerinnen blieb aufgrund der fehlenden sprachlichen Ausdrucksfähigkeit im Unklaren. Sie brachten nonverbal ihre Nervosität bzgl. des Theaterspielens zum Ausdruck, schienen sich aber insgesamt über die schnellen Kontakte zu deutschen Mitschülerinnen an der Schule zu freuen.

Da die Methode des Theaterspielens für alle Beteiligten gleichermaßen fremd und neu war, versprachen die Veranstalter sich, die unterschiedlichen persönlichen Voraussetzungen könnten durch das allen gemeinsame Neue in den Hintergrund treten. Die Herausforderung „Theaterspielen" sollte gleichsam zu einer Nivellierung der Unterschiede führen. Bewusst wurde deshalb ein Kindertheaterstück gewählt, bei dem Tiere dargestellt werden mussten, sodass sprachliche Kompetenzen weniger im Vordergrund waren. Der Einstieg bestand aus Kennenlernspielen, bei denen eine bestimmte Sprache keine Rolle spielte. Hierbei zeigten die ausländischen Teilnehmerinnen große Spielfreude und kommunikative Stärken im non-verbalen Bereich.

Mit der Zeit setzte sich jedoch die sprachliche Überlegenheit der Erzieherschülerinnen durch, weil von allen selbstverständlich das Deutsche als Verkehrssprache gebraucht und akzeptiert wurde. In solchen Phasen vergaßen sie die Betreuungsaufgabe, die sie sich gestellt hatten, und setzten ihre Interessen durch. Erleichternd wirkte sich in diesem Prozess aus, dass die beiden türkischen Erzieherschülerinnen bald als Dolmetscherinnen eingesetzt wurden. Die Dominanz der deutschen Sprache und die damit verbundene Übersetzungsnotwendigkeit führte zu einem Rückgang der Beteiligung der ausländischen Teilnehmerinnen. Verstärkt wurde diese Schieflage dadurch, dass die Gruppenleiter (eine Schauspielerin und ein Schauspieler türkischer Nationalität) den Erzieherschülerinnen eine „Lokomotivenfunktion" zusprachen, d.h. sie sollten durch ihr Vorbildverhalten die nicht-deutschen Mitspielerinnen mitziehen. Einige Meinungsverschiedenheiten über den Ablauf der Proben und den Inhalt des Stückes führten schnell dazu, dass die Proben zunehmend durch verbale Einwände der Erzieherschülerinnen dominiert wurden. Sie meinten sich schützend vor ihre nicht-deutschen Mitspielerinnen stellen zu müssen, indem sie Kritik an dem Führungsstil der beiden türkischen Gruppenleiter übten. Diese Einwände wurden aber von den nicht-deutschen Kolleginnen nicht als Hilfe verstanden, sondern sie fühlten sich in einen Konflikt hineingedrängt zwischen den Anleitern und den deutschen Schülerinnen. Aufgrund ihrer Sprachprobleme, aber auch ihrer kulturspezifischen Interpretation der Rolle eines Älteren, eines Gruppenleiters und Mannes konnten sie die Auseinandersetzung nicht wie die Erzieherschülerinnen deuten und bewerten. Folge war, dass sie sich zunehmend in muttersprachliche Kleingruppen zurückzogen und in ihrem Verhalten den Gruppenleitern gegenüber große Verunsicherung zeigten.

Die Gruppenleiter waren durch diese Entwicklung bald einer Zerreißprobe ausgesetzt. Einerseits mussten sie auf die Diskussionsfreudigkeit der Deutschen eingehen, andererseits fühlten sie sich stark verunsichert und herausgefordert durch die gegenläufige Entwicklung bei den ausländischen Schülerinnen. Da für diesen schwierigen Balanceakt ihre Kompetenzen in

der deutschen Sprache nicht ausreichten, griffen sie in ihrer Hilflosigkeit zu rigiden Methoden, die dann wiederum dem kritischen Blick der angehenden Erzieherinnen nicht standhielten. Hier einige Zitate aus Äußerungen der Erzieherschülerinnen zu dieser Phase:
„Die C. war dem B. (männlicher Gruppenleiter) als Frau ergeben, sie himmelte ihn an, sie hörte auf jedes Wort, was er sagte."
„Mir ist während dieses Theaterprojektes aufgefallen, dass die beiden Klassen sich völlig anders gegenüber den Theaterleuten verhalten haben. Unsere Klasse war sehr kritisch und hat ziemlich viel hinterfragt, sobald es nötig war. Doch die andere Klasse erwies sich in dieser Hinsicht als passiv, denn sie haben so gut wie alles einfach hingenommen. Bei den türkischen Schülerinnen könnte ich es mir erklären, denn sie müssen sich im türkischen Schulsystem den Lehrern völlig unterordnen. Da die Gruppenleiter zusätzlich älter waren, mussten sie sich allein deshalb ihnen gegenüber respektvoll verhalten. Ich fand es anfangs komisch und sehr unpassend, dass sie die Gruppenleiterin mit „Abla" und den Gruppenleiter mit „Abi" angesprochen haben. Nachdem ich mir aber Gedanken darüber gemacht habe, ist es verständlich für mich geworden."
„Was falsch war, ist, dass sie unserer Klasse von Anfang an die Vorreiterposition gegeben haben. Das führte dazu, dass eine Kluft zwischen den Gruppen entstand."
„Während der Proben habe ich den ausländischen Schülerinnen Hilfen angeboten, die jedoch grob abgelehnt wurden, was ich jedoch auf das Gesamtbild, das sie mit der Zeit von unserer Klasse bekamen, zurückführe. Die Theaterleute haben uns zu sehr über die anderen gestellt, als wären wir etwas Besseres."
An diesen Einschätzungen fällt auf, dass zwar eine Fähigkeit und Bereitschaft zur Analyse der kulturellen Unterschiede vorhanden ist, welche aber offensichtlich nicht vor der negativen Bewertung des beobachteten Verhaltens schützt (Unterordnung, Passivität). Auch wird das eigene kulturell geprägte Verhalten nicht in Frage gestellt (Dominanz und Kritikbereitschaft gegenüber formalen und Sach-Autoritäten), sondern nur die darauf folgenden Reaktionen als auffällig angeführt und bewertet (witzeln, grobe Ablehnung unserer Hilfe, wir wurden behandelt, als wären wir etwas Besseres).
Die deutschen jungen Frauen reagierten im Laufe des Theaterprojektes ebenfalls mit einem Rückzug in ihre Teilgruppe. Sie hatten mit Aggressionen und Enttäuschungen zu kämpfen. Diese resultierten aus der Ablehnung ihrer Hilfsangebote, aus dem „Kampf" mit den türkischen Gruppenleitern bzw. dem unterschiedlichen kulturellen Verständnis der Anleiterrolle und aus nicht eingelösten Erwartungen. Eine Erzieherschülerin drückt diese enttäuschten Erwartungen so aus:
„Das Ziel, dass über das Theaterspielen ein Zusammengehörigkeitsgefühl entstehen sollte, ist meiner Meinung nach nicht erreicht worden, denn es gab mit der Zeit nur noch Missverständnisse. Das ist eigentlich sehr schade, denn das Bemühen, einander näher zu kommen, war am Anfang von beiden Seiten sehr groß und auch Erfolg versprechend."
Die Konflikthaftigkeit des Gruppenprozesses musste ständig metakommunikativ begleitet und aufgefangen werden, um das Projekt nicht scheitern zu lassen. Wesentlich für den erfolgreichen Abschluss war aber auch die Produktorientierung. Der herannahende Aufführungstermin führte zu einer Solidarisierung für ein gemeinsames Ziel. Auch die Notwendigkeit, die Ausstattung (Kostüme, Requisiten etc.) zum Teil zu improvisieren, ließ zum Schluss wieder ein Gemeinschaftsgefühl aufkommen, weil z.B. Kleidungsstücke gegenseitig geliehen und ausgetauscht werden mussten. Das Erlebnis der aufregenden Generalprobe und der erfolgreichen Aufführung führte in der Endphase bei allen zum Gefühl der Gemeinschaft und Gleichberechtigung. Rückblickend gaben die Teilnehmerinnen so auch eine positive Gesamtbewertung ab und konstatierten doch einiges gelernt zu haben.
Die Problematik der sprachlichen Verständigung, also unterschiedliche Muttersprachen

und Sprachkompetenzen, stellten in dem geschilderten Beispiel eine nicht unwesentliche Ursache für Konflikte dar.

Oft werden aber auch Kommunikationsbarrieren aufgrund einer mangelnden Wahrnehmungsfähigkeit oder eines eingeschränkten Wissens nicht gesehen (häufiges Zitat von Erzieherschülerinnen: „Das Kind versteht alles, spricht aber noch nicht richtig"). Viele Situationen werden dadurch fehlinterpretiert oder im Nachhinein im Sinne des eigenen Vorverständnisses umgedeutet.

Dass die Ebene der Sprache nur ein Einflussfaktor unter mehreren ist, zeigt auch die Einschätzung der beiden an dem Projekt teilnehmenden Erzieherschülerinnen türkischer Nationalität. Sie befanden sich in einer permanenten Vermittler- und Übersetzerrolle. Trotzdem fühlten sie sich von der Gruppe der fremden ausländischen Schülerinnen nicht als Landsleute, sondern als zu der dominanten Gruppe der deutschen Erzieherinnen gehörig betrachtet. Es gelang ihnen nicht, zu verdeutlichen, dass sie zwar formal Angehörige der Lerngruppe der Erzieherinnen waren, sich aber durchaus in vielen Dingen abgrenzen wollten. Auch der Gebrauch der Muttersprache half ihnen nicht über diese unsichtbare Barriere hinweg.

Dieses Projekt verdeutlicht sehr gut die Falle, in die „aufgeklärte" deutsche Erzieherinnen in interkulturellen Situationen stolpern können: Ihrem Selbstbild nach besitzen sie ein hohes Einfühlungsvermögen, keine Vorurteile, ein ausgeprägtes kritisches Bewusstsein im Umgang mit Autoritäten im Berufsalltag und eine große Bereitschaft sich auf andere Kulturen einzulassen. Wenn alle Bemühungen, sich interkulturell angemessen zu verhalten nicht zum erwarteten Erfolg führen, so kann dies nur – so das Deutungsmuster – an anderen Umständen, aber nicht an der eigenen Person oder an der eigenen Interpretation der Situation liegen. Diese Schlussfolgerung scheint plausibel und legitimiert ein Gefühl alles getan zu haben, um die Situation zu bewältigen.

Dieses „gute Gewissen" basierte im Falle des Theaterprojektes z.B. darauf, den ausländischen Kolleginnen bei Behördengängen geholfen, sie gegenüber den Theaterleitern verteidigt und sich die anderen Reaktionsweisen kulturspezifisch erklärt zu haben. Die Schülerinnen kamen in ihren zahlreichen Reflexionen nicht auf den Gedanken, dass es sich bei dem allmählichen Rückzug in die muttersprachliche Kleingruppe und der zunehmenden Distanzierung von der deutschen Teilgruppe um eine Reaktion auf sogenannte positive Diskriminierung handeln könnte. Aus Sicht der Migrantinnen war es spürbar und sichtbar, dass die Deutschen sich ein Bild von ihrer Situation gemacht hatten, nämlich eines, das sie zur helfenden Haltung animierte. Weiter konnte der Autoritätskonflikt der Erzieherschülerinnen mit den Theaterleitern von den Schülerinnen der Vorklasse nur mit Befremden zur Kenntnis genommen werden. Aus ihrer Sozialisation heraus konnten sie die Dominanz und Kritikfreude der Erzieherschülerinnen nur als Angriff auf eine zu respektierende Autorität (die türkischen Theaterleiter) auffassen, und so war es ein nahe liegender Schritt, sich mit den Theaterleitern zu solidarisieren. Aus ihrer kulturspezifischen Orientierung heraus konnten sie das Verhalten der deutschen Schülerinnen nur als respektlos bewerten.

Die unterschiedliche Interpretation der Situation wurde nicht wahrgenommen. Die Erzieherschülerinnen schafften trotz Vorbildung weder sich empathisch auf die anderen einzulassen, noch ihre einseitige Haltung des Helfens für ein gleichberechtigtes Miteinander aufzugeben.

Das Beispiel dieses interkulturellen Theaterprojektes, das im Rahmen der Erzieherausbildung durchgeführt wurde, illustriert die Bedeutung der Sensibilität für interkulturelle Situationen und die dabei erforderlichen Kommunikationsfähigkeiten. Sie müssen noch ausgeprägter sein, denn interkulturelle Kommunikation ist noch anfälliger für ein Scheitern als die normale. In interkulturellen

Konfliktsituationen findet Kommunikation unter erschwerten Bedingungen statt, was nicht nur an den in aller Regel ungleich verteilten Sprachkompetenzen liegt. Es ist vor allem die Unkenntnis der kulturspezifischen Normen und Werte, welche zusätzlich von den jeweiligen Kulturangehörigen individuell unterschiedlich in Handeln, Rollenkonzepte und Identitätsorientierungen umgesetzt werden und dadurch zu großen kommunikativen Problemen und Interaktionskonflikten führen kann.

Die hier aufgeführten Beispiele zeigen auf, dass die Fähigkeit zur Kommunikation im interkulturellen Kontext nicht losgelöst von einer sehr intensiven Selbst- und Fremdbeobachtung und von dem Wissen über interkulturelle Missverständnisse aufgrund verschiedener kultureller Standards aufseiten der multikulturellen Interaktionspartner gesehen werden kann (*vgl. Abschnitte kulturelle Standards und Training der Interkulturellen Kommunikationsfähigkeit in Kapitel 6*).

2 Problemstellungen des interkulturellen Handelns in der pädagogischen Praxis

Die Praxis der Elementar- und Freizeitpädagogik ist geprägt durch eine unüberschaubar erscheinende Fülle von Situationen, die interkulturelles pädagogisches Handeln erforderlich machen. Aufgrund dieser Vielfalt der möglichen Problemstellungen sind ein hohes Maß an Flexibilität, pädagogischem Einfühlungsvermögen und spezielle Kompetenzen gefordert, auf die wir noch ausführlich eingehen werden (*siehe Teil II des Buches*).

Praxis durch eine Fülle von Situationen geprägt

In diesem Kapitel geht es darum, die Komplexität der pädagogischen Praxis in Bezug auf interkulturelle Problemstellungen etwas übersichtlicher zu machen. Dies möchten wir durch die Formulierung von Problemfeldern versuchen, welche unserer Erfahrung und Beobachtung nach als durchaus typisch bezeichnet werden können.

Komplexität übersichtlicher machen durch …

Eine solche Strukturierung der Alltagsprobleme ist eine wesentliche Voraussetzung für professionelles pädagogisches Handeln, weil dadurch die Konzeption der pädagogischen Arbeit, z.B. bezüglich der räumlichen, personellen oder inhaltlichen Aspekte, auf klar definierbare Ziele hin ausgerichtet und ein Gefühl der Überforderung und der Resignation verhindert werden kann.

Strukturierung in …

Wir konzentrieren uns im Folgenden auf fünf Problembereiche interkulturellen Handelns in der pädagogischen Praxis, werden diese kurz skizzieren und anhand einiger Beispiele aus der Praxis des Kindergartens und der Jugendarbeit illustrieren. Die Beispiele reißen die Grundprobleme an und enden zunächst mit offenen Fragen. Ihre Beantwortung sollte im Laufe der Auseinandersetzung mit diesem Buch zunehmend gelingen.

Fünf Problembereiche

Problembereich 1: Multikulturelles Zusammenleben schließt eine Dominanz der Majoritätskultur aus und erfordert einen reflektierten Umgang mit Kulturkonflikten

Vielfach kann beobachtet werden, dass multikulturelles Zusammenleben zwar erklärter Bestandteil des pädagogischen Konzeptes einer Einrichtung ist, die Kinder und Jugendlichen ausländischer Herkunft sich aber sichtbar der Majoritätskultur angepasst haben und dieses nicht weiter hinterfragt wird. Diese Adressaten fallen z.B. bezüglich ihrer Sprache und ihres Rollenverständnisses nicht weiter auf und ihre Anpassungsbereitschaft wird als gelungene Integration wahrgenommen.

Anpassung

Eine extreme Ausprägung anderer Art besteht umgekehrt in der Überanpassung der pädagogischen Institution an die kulturellen Besonderheiten und Erwartungen der nicht-deutschen Adressaten. So kann in manchen Kindergärten beobachtet werden, dass nur noch türkische Wurst und kein Schweinefleisch mehr auf dem Speiseplan steht, wenn der Anteil der Kinder türkischer Herkunft sehr hoch ist und die Eltern entsprechende Forderungen vorgebracht haben.

Überanpassung

Multikulturelles Zusammenleben schließt Konflikte ein, die sich aus dem Zusammentreffen unterschiedlicher Gewohnheiten, Wertvorstellungen, Wahrneh-

Umgang mit Kulturkonflikten

mungen etc. ergeben. Wie gehen die pädagogischen Fachkräfte mit Kulturkonflikten um? Wie reagieren Erzieher/innen z.B., wenn ein Mädchen türkischer Herkunft kein anderes Spielinteresse zeigt als unentwegt die jüngeren Kinder zu „bemuttern"? Was tun Erzieher/innen, wenn der kleine ausländische Junge es ablehnt, „als Junge" beim Aufräumen zu helfen?

Beispiele aus dem Kindergarten:

a) In einen Stadtteil mit bisher nur geringem Ausländeranteil ziehen vermehrt ausländische Familien, was auch an einer deutlich gestiegenen Anzahl vor allem türkischer Kinder zu Beginn des neuen Kindergartenjahres zu spüren ist. Das Team überlegt, wie es auf die neue Situation reagieren könnte, und lädt schon bald zu einem Elternabend speziell für die ausländischen Familien ein.
Die pädagogischen Fachkräfte erläuternden Eltern, wie sie bisher im Kindergarten gearbeitet haben und dass an St. Martin im November ein Laternenumzug veranstaltet wurde. Sie erklären, wer St. Martin war, welchen Inhalt sie mit den Geschichten von St. Martin vermitteln wollen und wie sie es mit den Kindern bisher vorbereitet haben.

Nun aber, wo es so viele muslimische Kinder in den Gruppen gäbe, seien sie sich nicht sicher, ob und wie sie das Fest begehen könnten. Sie wollten auf der einen Seite ein Stück deutscher Kultur und Tradition, das sie sinnvoll finden, würdigen, aber andererseits niemandem etwas überstülpen oder gar jemanden ausschließen und hätten sich deshalb entschlossen mit den muslimischen Eltern zu sprechen und ihre Meinung dazu zu hören. Sie wollten auch gerne erfahren, welche kulturellen oder religiösen Bräuche für die Familien wichtig seien, und wären offen diese für die Kinder bedeutsamen Ereignisse in die Arbeit des Kindergartens einzubeziehen. Erstes Ergebnis des Elternabends ist zunächst die Feier des Zuckerfestes in den Gruppen. Folge dieser Integration anderer kultureller Elemente ist jedoch, dass die deutschen Eltern nun ihre Bedenken artikulieren, die „deutsche Kultur" könnte auf Dauer zu kurz kommen.

Wie soll das Team mit diesen Erwartungen umgehen?

b) In einem Kindergarten mit einem Anteil von über 50 % ausländischer Kinder kommt es zur Bildung einer muttersprachlich homogenen Kleingruppe türkischer Jungen, die fast nur miteinander spielen und kaum Kontakt zu anderen Kindern haben. Die Erzieherinnen finden es zunächst in Ordnung, dass die Jungen sich wohl und sicher in ihrer Freundesgruppe fühlen, machen sich aber Sorgen, sie würden zu wenig Deutsch lernen. Auch die Eltern beschweren sich und verlangen, dass die Kinder getrennt werden, um Deutsch zu lernen. Bei Gesprächen mit Grundschullehrern war ebenfalls zu hören, dass die Kinder ungenügende Deutschkenntnisse mitbrächten.
Wie sollen die Erzieherinnen mit dem Problem umgehen?

c) In einer Tagesstätte mit hohem Anteil an Kindern nicht-deutscher Herkunft schließen sich die Jungen türkischer Herkunft zu einer Clique zusammen. Sie spielen nur selten mit anderen Kindern, sie sprechen untereinander ausschließlich in ihrer Muttersprache, sie reagieren auf die weiblichen pädagogischen Fachkräfte und Praktikantinnen je nach Situation abweisend, wobei nicht klar ist, ob sie eine Frage oder Bemerkung verstanden haben, sie beschimpfen vereinzelt auch die Erzieherinnen in türkischer Sprache.
Sollen die Erzieherinnen die Abkapselung der Kleingruppe aufbrechen, indem sie die Jungen in der Angebotsphase des Kindergartenvormittags auf verschiedene Kleingruppen aufteilen, um sie wenigstens für eine Dreiviertelstunde auch mit deutschen Kindern zusammenzuführen?

Problembereich 2: Zweitspracherwerb setzt die Förderung von Mehrsprachigkeit voraus

Häufig ist zu beobachten, dass die Kommunikation der Kinder nicht-deutscher Herkunft in ihrer Muttersprache zwar toleriert, die Mehrsprachigkeit aber nicht als programmatischer Bestandteil der Arbeit, z.B. beim Medienangebot, bei Spielen, bei der Begrüßung, angesehen wird.

Nicht die Förderung der Mehrsprachigkeit, sondern der Zweitsprache steht in Institutionen der Elemenarerziehung in der Regel im Vordergrund des pädagogischen Interesses, was angesichts des Erwartungsdrucks von Seiten der Grundschule und der Eltern nicht weiter verwunderlich erscheinen mag.

Nur Toleranz oder auch Förderung?

Sehr kritisch wird die Situation jedoch dann, wenn diese Förderungsversuche gekoppelt sind mit dem Verbot in der Muttersprache zu kommunizieren. Hinter solchen Maßnahmen steht der Glaube das Erlernen einer Zweitsprache „erzwingen" zu können.

Beispiele aus dem Kindergarten:

a) Ein dreijähriges Mädchen ausländischer Herkunft, das sich sehr auf den Besuch des Kindergartens gefreut hat, verbringt dort seinen ersten Tag. Nachdem die Mutter gegangen ist, verstummt es, als es merkt, dass die Erzieherin es nicht versteht, wenn es etwas sagt oder fragt. Die deutschsprachige Erzieherin nimmt sich intensiv des Kindes an, versucht ihm über Körperkontakt, Gestik und Mimik näher zu kommen und redet beruhigend auf es ein, um es zumindest stimmlich zu trösten.

Als die Mutter das Mädchen am nächsten Tag bringt, weint es und die Mutter erzählt, dass das Kind nicht in den Kindergarten gehen wollte mit der Begründung: „Da redet niemand mit mir."

Was kann die Erzieherin tun, um dem Kind die Integration zu erleichtern?

b) Ein fünfjähriger italienischer Junge wird von einem Besucher im Kindergarten auf italienisch angesprochen und „Come ti chiami?" (Wie heißt du?) gefragt. Das Kind antwortet: „Ich heiße Carloggero. Warum redest du italienisch mit mir?" Der Besucher erklärt: „Mi piace l'italiano, è una bella lingua. A casa parlo in italiano con mia moglie e i figli." (Mir gefällt Italienisch, es ist eine schöne Sprache. Zu Hause spreche ich mit meiner Frau und den Kindern italienisch). Der Kleine überlegt einen Moment und meint dann: „Va bene, parlo italiano con te. Però sono sempre tedesco." (In Ordnung, ich spreche italienisch mit dir, aber ich bin immer noch deutsch).

Was bringt den Jungen dazu, sich als deutsch zu bezeichnen, wenn er sich seiner Muttersprache bedient? Wie kann der Identitätskonflikt für den Jungen bearbeitet werden, dass er die eigene Sprache und Herkunft wertschätzt? (Quelle: Otto Filtzinger)

Problembereich 3: Kulturspezifische Verhaltensweisen und Werthaltungen dürfen nicht vor der eigenen Wertefolie verallgemeinert und stereotypisiert werden

Pädagogischen Fachkräften fällt es allein aufgrund der vielfältigen Anforderungen nicht leicht, stets die erforderliche differenzierte Wahrnehmung eines jeden einzelnen Kindes als Grundlage des pädagogischen Handelns durchzuhalten.

Berücksichtigung von Individualität

Das „pädagogische Gebot der Berücksichtigung der Individualität des Adressaten" mag jedoch noch schwerer zu beachten sein, wenn z.B. muslimische Jungen sich wie „kleine Machos" verhalten und die nordwesteuropäische Vorstellung des Geschlechterverhältnisses gröblich mit Füßen getreten wird.

Beispiele aus dem Kindergarten und dem Jugendzentrum:

a) In einer Tagesstätte verhält sich ein sechsjähriger Junge störend (im Stuhlkreis, bei Gemeinschaftsaktivitäten). Er albert herum, „macht den Clown". Auffällig für die Erzieherinnen ist auch, dass er sich bedienen lässt, sei es beim Frühstück, sei es beim Anziehen seiner Jacke. Er spricht schlecht Deutsch, scheint aber alles zu verstehen. Seine Mutter ist kulturell traditionell als Muslimin gekleidet und spricht kein Deutsch. Seine ältere Schwester, die ihn öfter abholt, geht nicht auf Gesprächsangebote der Erzieherinnen ein. Mutter und Schwester nehmen dem Jungen alles ab und werden, so nehmen es die Erzieherinnen wahr, von ihm herumkommandiert.
Sollen die Erzieherinnen die verwöhnende Erziehung des Jungen in einem Elterngespräch ansprechen und wie könnte „gegengesteuert" werden?

b) Das weibliche Team eines Jugendzentrums hat regelmäßig Probleme mit einigen männlichen Jugendlichen türkischer Herkunft (diese Nationalitätengruppe macht den überwiegenden Anteil der Besucherschaft im Abendbereich aus), weil diese provokativ die Hausregeln missachten. Des Öfteren müssen sich die Erzieherinnen von den Jugendlichen auch sagen lassen, dass eine Frau ihnen nichts vorzuschreiben habe. Fast all-abendlich kommt es zu Konflikten, Ermahnungen und z.T. sogar zu (zeitlich befristeten) Hausverboten.
Wie können die Erzieherinnen sich Respekt verschaffen und das Problem angehen?

Problembereich 4: In einer interkulturellen Einrichtung müssen anderskulturelle Merkmale sichtbar und erlebbar sein

Selten noch ist in den pädagogischen Institutionen, insbesondere in der Institution Schule, die Integration und Berücksichtigung kulturspezifischer Elemente eine Selbstverständlichkeit, wie z.B. in täglichen Ritualen, im Materialangebot und in der Raumgestaltung.

Dominanz erkennen und vermeiden

Vielmehr dominiert meist die deutsche Kultur, selbst wenn der Anteil von Kindern und Jugendlichen ausländischer Herkunft sehr hoch ist. Manchmal steckt ein Team auch viel Energie in interkulturelle Projekte, im Alltag der pädagogischen Einrichtung sind anderskulturelle Elemente aber vergeblich zu suchen.

Beispiel aus der Jugendarbeit:

Die Mitarbeiter und Mitarbeiterinnen in einem Jugendzentrum erklären interkulturelle Erziehung eindeutig als Bestandteil ihres Konzeptes, sehen es jedoch als problematisch an, dass die ausländischen Besucher und Besucherinnen sich in ihrer Muttersprache verständigen. Weil man als Erzieher die andere Sprache nicht beherrsche und deshalb diesen Gesprächen nicht folgen könne, entstünde eine Distanz, da man sich als Deutsche(r) im Gespräch ausgegrenzt fühle und als Ansprechpartner nicht gefragt werde. Außerdem entstehe das komische Gefühl, die Kinder und Jugendlichen redeten über einen oder würden etwas aushecken.
Folge dieser Situation sei nicht nur die Distanz zum Adressaten, sondern manchmal auch ein

unterschwelliges Gefühl von Aggression, weil man ja alle Adressaten gleich behandeln möchte, diese Jugendlichen sich aber bewusst zu „etwas Besonderem" machten.
Welche Möglichkeiten haben die Erzieher, um mit diesem Problem fertig zu werden?

Problembereich 5: Die Integration von Migrantinnen und Migranten (und der Eltern ausländischer Herkunft) in die sozialpädagogische Praxis stellt nicht nur ein bereicherndes Element dar, sondern ist Voraussetzung einer effektiven interkulturellen Arbeit

Sowohl von Einstellungsträgern als auch von den pädagogischen Fachkräften wird diese auf Fortbildungen und Veranstaltungen häufig diskutierte Aussage inzwischen nicht mehr infrage gestellt. Gleichwohl bleibt die tatsächliche Anstellung von Migranten Seltenheit und die Diskussion einer Quotenregelung in der Öffentlichkeit ein Tabu, ebenso wie die Anerkennung spezieller Qualifikationen der Migranten, wie z.B. Zweitsprache, im Rahmen einer pädagogischen Ausbildung. **Anteil ausländischer Fachkräfte**

Pädagogische Fachkräfte ausländischer Herkunft sind in der Praxis allzu oft alleingelassen mit Konflikten und Überforderungen, die sich aus ihrem besonderen Status ergeben, z.B. als Vertrauensperson für türkische Eltern zu fungieren und für alle interkulturellen Probleme zuständig zu sein (*vgl. hierzu auch das Theaterprojekt in Kapitel 1*).

Wenn es um die Integration von Migranten in die sozialpädagogische Praxis geht, müsste auch z.B. überprüft werden, inwieweit die Eltern ausländischer Herkunft besonders intensiv motiviert werden, sich in den Elternrat wählen zu lassen bzw. sich mit ihren besonderen Fähigkeiten in den pädagogischen Alltag einzubringen. **Einbezug ausländischer Eltern**

Beispiele aus dem Kindergarten und dem Jugendzentrum:

a) Zwischen einer türkischen Erzieherin in einer Kindertagesstätte und den Kindern türkischer Herkunft kommt es zu vielen Missverständnissen und zu mancher Beziehungsstörung, weil die Erzieherin die Kinder immer wieder ermahnen und daran erinnern muss, mit ihr deutsch zu reden. Die Kinder fassen dies als künstliche Situation auf. Nicht nur, dass sie sich in ihrer Muttersprache treffsicherer und leichter ausdrücken können, auch die besondere Nähe, die sie zu der Erzieherin empfinden, verlangt gefühlsmäßig nach dem Einsatz der Muttersprache. Diesen Konflikt empfindet die Erzieherin besonders stark, da sie sich über den emotionalen Anteil der Situation im Team nicht zufriedenstellend austauschen kann.
Wie sollte das Team mit dieser Konfliktlage der Kollegin umgehen?

b) In einem Jugendzentrum ist eine Theatergruppe aus einem anderen Jugendzentrum der Nachbarstadt zu Gast. Die Truppe besteht im Wesentlichen aus marokkanischen Jugendlichen im Alter von ca. 14 bis 17 Jahren, davon fast die Hälfte Mädchen. Die begleitende Sozialpädagogin (Muslima) hat die Verantwortung ausdrücklich von den Eltern der Jugendlichen übertragen bekommen. Die männliche Begleitperson ist ein Praktikant im Anerkennungsjahr (Deutscher). Nach der Aufführung verbietet die Sozialpädagogin den weiblichen Teilnehmerin-

nen der Truppe an der Fete, welche das gastgebende Jugendzentrum speziell für die Schauspieler veranstaltet, teilzunehmen. Stattdessen geht sie mit den Mädchen in ein Restaurant essen und fährt früh in die Pension zurück, wo die Truppe übernachtet. Der Praktikant ist für den männlichen Teil der Jugendgruppe zuständig, welcher an dem Fest teilnehmen und auch später zu Bett gehen darf.
Diese Entscheidung sorgt an dem Abend sowohl bei den Gastgebern als auch bei den männlichen Jugendlichen und ihrem Begleiter für Aufregung. Der Tenor liegt auf großem Unverständnis für die getroffene Entscheidung. Das sei doch eine völlig geschlechtsstereotype Entscheidung, die man sich von einer pädagogischen Fachkraft so nicht vorgestellt habe.
Wie kann die muslimische Sozialpädagogin mit diesem und ähnlich gelagerten Konflikten umgehen?

LITERATURVERZEICHNIS ZU KAPITEL 2

AUERNHEIMER, Georg: Interkulturelle Jugendarbeit muß Kulturarbeit sein. In: GEMEINSAM NR. 25/92, Beltz-Verlag, Weinheim, 1992

INTERKULTURELLE ERZIEHUNG IM JUGENDALTER (Heft 25/92 der Zeitschrift gemeinsam), herausgegeben von der RAA Essen, Beltz-Verlag, Weinheim 1992

INTERKULTURELLE BEITRÄGE 5: Die Insel. Ein Planspiel zur Gewaltprävention. Herausgegeben von der RAA Berlin

INTERKULTURELLE ERZIEHUNG – (K)EIN KINDERSPIEL? PRAXIS UND THEORIE IM ELEMENTARBEREICH. Dokumentation der Fachtagung vom 21.01.1996 in Düsseldorf. Herausgegeben von der RAA in NW, 1996

SPRINGER, Monika: Künstlerische Projekte an multikulturellen Schulen. Herausgegeben von der RAA Essen, 1996

3 Persönlichkeitsqualifikationen im interkulturellen Lernprozess

Die im 1. Kapitel zitierten Praxiserlebnisse umreißen den Umfang und das Anspruchsniveau der personenenbezogenen Qualifikationen, welche interkulturelle Pädagogik von den Auszubildenden verlangt. Eine Ausbildung, die zukünftige Erzieher/innen und Sozialpädagogen zu kompetentem Handeln im interkulturellen Kontext befähigen soll, muss die geschilderten Verunsicherungen und Selbsteinschätzungen, Voreinstellungen und Bewertungsmuster mit in ihr Curriculum einfließen lassen. Dieser „subjektive Faktor" wird mit Hilfe der sogenannten Geschichten aufgegriffen. (*Im 11. Kapitel in Teil III dieses Buches sind die Erfahrungen an einer konkreten Schule dargestellt.*)

Die Ausbilder/innen knüpfen an dem biografischen Gewordensein der Schüler und Schülerinnen an, weil sie ein individuelles Fundament darstellen, das die Schüler und Schülerinnen in die Ausbildung mitbringen. Die „Geschichten" enthalten jedoch auch viele Handlungs- und Reflexionsaspekte, die die Schreiber und Schreiberinnen sich bewusst machen, weil sie ihnen intuitiv problematisch erscheinen oder auch weil sie nicht mit der noch unreflektierten pädagogischen Orientierung vereinbar sind. Sie decken auch individuelle Hemmungen und Einstellungen auf, die einem interkulturellen Lernprozess im Wege stehen.

Anknüpfen am biografischen Gewordensein

Die Geschichten stellen eine wesentliche Methode dar, um im Rahmen der Erzieherausbildung den individuellen und kollektiven Lernprozess der Schülerinnen zu begleiten. (*Siehe dazu weiter Kapitel 11; Näheres zum theoretischen Hintergrund und zur praktischen Umsetzung dieses Konzeptes findet sich ferner in:Gruschka/Hesse/Michely/Schomacher: Aus der Praxis lernen. Arbeitsbuch für die Ausbildung in Erziehungsberufen. Cornelsen Verlag , Berlin 1995*)

Geschichten als Methode

Im Zusammenhang der interkulturellen Kompetenzaneignung drängen während der sozialpädagogischen Ausbildung die Aufgaben der pädagogischen Fremdwahrnehmung, das Erfassen der Bedürfnisse und Interessen der Adressaten, das Erklären der persönlichen und gruppenspezifischen Besonderheiten, das praktisch-pädagogische Handeln und das Entwickeln eines Konzeptes zur Reaktion auf das Wahrgenommene, bestehend aus Inhalten, Zielen und Methoden, ins Zentrum des Lernprozesses. Stärker noch als in herkömmlichen Erziehungssituationen korrespondiert in interkulturellen Lernsituationen die Fremdwahrnehmung mit der Fähigkeit, sich selbst mit seinen Vorerfahrungen, Einstellungen und Ängsten, Vorurteilen und normativen Orientierungen wahrzunehmen und zu kennen. Im Folgenden wird dies in drei Qualifikationsaspekte gebündelt und deren Erwerb u.a. am Bericht über ein Projekt veranschaulicht, das auch die damit verbundenen Schwierigkeiten aufzeigt.

Aspekte interkultureller Kompetenzaneignung

Wesentliche Qualifikationsaspekte

| Fähigkeit zur Selbstreflexion | Fähigkeit zur interkulturellen Kommunikation | Fähigkeit zur Reflexion und Toleranz von kulturspezifischen Normen und Werten |

3.1 Fähigkeit zur Selbstreflexion

Voraussetzung für die notwendige Selbstreflexion ist die Bereitschaft seine eigenen im Verlaufe der Sozialisation erworbenen Normen und Werte kritisch zu hinterfragen, die Welt mit den Augen der anderen zu sehen, sich in die Lebenslage anderer einzudenken und einzufühlen.

Persönlichkeitsentwicklung in der Adoleszenzphase

Angehende Erzieherinnen und Erzieher sind im Alter von 17 Jahren aufwärts und in einigen Praxisfeldern sind sie nicht viel älter als ihr Klientel (*siehe die Geschichten aus den Praktika im Jugendzentrum*). Dieses Alter stellt eine besonders schwierige Lebensphase dar, die von Ablösung vom Elternhaus, von starken Verunsicherungen über die eigene Lebensausrichtung, von konfrontativer Auseinandersetzung mit Anforderungen, die von außen herangetragen werden, geprägt ist. In dieser Phase der Ich-Findung fällt es Menschen in der Regel besonders schwer, auf fremde Situationen und Personen einzugehen. Mancher Jugendliche zieht sich in sein Schneckenhaus der personalen Identität zurück und vermeidet die Auseinandersetzung mit den Entwürfen anderer Partner. Um ihre Verunsicherung nicht zu vergrößern, gehen manche Jugendliche Fremden und Fremdem lieber aus dem Weg oder grenzen Fremde aus.

Erst im Laufe einer erfolgreichen Identitätsbalance lernen sie Empathie und Rollenübernahme zu entwickeln, also die Fähigkeit Situationen mit den Augen des anderen zu beurteilen. Erst im Laufe dieses Prozesses erwerben sie die Fähigkeit mit Frustrationstoleranz auf diskrepante Situationen zu reagieren. Nur die jungen Menschen in der Adoleszenzphase, die mit sich im Reinen, die auf dem Weg zu einer Sicherheit verleihenden Ich-Identität sind, erleben die Bereicherung, die sich aus der Begegnung mit Menschen anderer Kulturen ergeben kann. *(Anmerkung: Wir orientieren uns an dem sozialpsychologischen Konstrukt der Identitätssuche des Individuums und gebrauchen Identitätssuche nicht im Sinne kollektiver Identitäten, wie sie neuerdings von Rechtsradikalen als notwendige Sinnfindung von ethnischen Gruppen proklamiert werden, um damit gegen eine multikulturelle Gesellschaft zu argumentieren.)*

Identitätsbalance

Die Fähigkeit zur Identitätsbalance kann sich im Verlaufe der Adoleszenz einstellen, steht aber nicht immer zwangsläufig am Ende der mit Verunsicherungen einhergehenden Auseinandersetzung zwischen dem persönlichen Konzept des Ichs und dem sozialen, das von außen an das Individuum herangetragen wird.

Manche Jugendliche flüchten sich in die Wir-Identität einer Gruppe, die allen Mitgliedern, die sich mit den für das Kollektiv verbindlich gesetzten Vorgaben hinsichtlich Normen und Verhalten loyal erklären, einen Sicherheitsanker für ein schwaches Selbstbewusstsein bietet, z.B. Mitglieder rechts- und linksradikaler Gruppierungen, Sekten, fundamentalistische Religionsgruppen.

Orientierung in zwei Wertesystemen

Jugendliche – und unter ihnen auch angehende Erzieher/innen und Sozialpädagogen –, die einer anderen kulturellen Herkunft entstammen, durch Schule und peergroup in der hiesigen Gesellschaft, durch die Herkunftsfamilie aber in der anderen Gesellschaft sozialisiert sind, empfinden diese Suche nach dem Ich als doppelt verunsichernd, weil sie sich in zwei Wertesystemen zurechtfinden müssen, ehe sie die Fähigkeit erlangen eine bi-kulturelle Identität auszubilden, welche ihnen erlaubt je nach gesellschaftlichen Anforderungen und Interaktionspartnern die Normenvorgaben und Erwartungen der zwei Kulturen auszubalancieren.

In jedem Falle fällt es Jugendlichen in der Phase des Aufbaus der Identität schwer, sich mit den Sichtweisen der anderen auseinander zu setzen. Entspricht das Deutungsmuster der anderen auch noch einer anderen Kultur, sind die Empathie und der Perspektivenwechsel als Voraussetzung einer konstruktiven Auseinandersetzung mit Interaktionspartnern noch schwerer zu erbringen. Als weitere Faktoren der Verunsicherung kommen Ambiguitäten sowie die von ihnen erwartete Fähigkeit zur Rollendistanz und zum Rollenwechsel hinzu.

Perspektivenwechsel fällt schwer

Die Aufgabe der Fremdwahrnehmung und der kritischen Selbstwahrnehmung im Rahmen der pädagogischen Tätigkeit verlangt aber gerade ein hohes Maß an Empathieleistung, Perspektivenwechsel und Rollendistanz.

> Wurde in der Bundesrepublik bislang interkulturelle Erziehung vorwiegend praktiziert, indem viel Gewicht auf Information über andere kulturelle Systeme gelegt wurde, so möchten wir uns hier davon abgrenzen und betonen, dass interkulturelles Lernen viel wahrscheinlicher wird, wenn an der Selbsterfahrung der Pädagogen angesetzt wird, an der Wahrnehmung des eigenen stereotypen Bewertens und Verhaltens. **Selbstreflexion steht vor der Unterweisung und Belehrung.**

Grundansatz: Selbstreflexion vor kognitivem Vorgehen

3.2 Fähigkeit zur interkulturellen Kommunikation

3.2.1 Kennzeichen echter Kommunikation

Auf der Ebene der Entwicklungsaufgabe des Erwerbs eines praktisch-pädagogischen Handlungskonzeptes im Rahmen der Erzieherausbildung steht und fällt dieses wesentlich mit der Fähigkeit adäquat auf andere eingehen, deren Bedürfnislage in Konflikten erspüren und begreifen zu können, kurzum pädagogisch interkulturell kommunizieren zu können.

Während in der Kindheitsphase interkulturelle Erziehung häufig durch Begegnungen vermittelt wird (*vgl. Niekes Unterscheidung in begegnungs- und konfliktorientierten Ansatz/Nieke 1993*), deren Intention die Wahrnehmung des Bereichernden anderer Kulturen ist, ist dieser Zugang im Jugendalter nur noch sehr eingeschränkt erfolgreich. Angesichts der mit der konfliktträchtigen Lebensphase der Ich-Findung einhergehenden Verunsicherung des Individuums, die sich im Extremfalle in Ausgrenzung und Gewalt gegen Andersartige äußern kann, gilt es, die Konflikte der jungen Menschen aufzunehmen und interkulturell zu bearbeiten. Wenn interkulturelle Erziehung von jungen Menschen in der Adoleszenz praktiziert werden soll, müssen die Irritationen aufgegriffen werden, die sich in der Begegnung mit Fremdem und Fremden ergeben können (*vgl. die Beispiele im Kapitel 1*). Wenn Jugendliche interkulturelle Begegnungen vermeiden wollen, müssen die zugrunde liegenden Ängste thematisiert, die Wahrnehmung für den anderen geschärft und Verhaltenssicherheit auf der Handlungsebene eingeübt werden.

Kindheitsphase: Begegnung

Jugendalter: Konflikte aufgreifen

**Kommunika-
tionsfähigkeit**

Um trotz kultureller Unterschiedlichkeiten erfolgreich mit Angehörigen einer anderen Ethnie kommunizieren zu können, bedarf es neben dem Wissen um die Existenz kulturspezifischer Bedeutungselemente und einer erhöhten Aufmerksamkeit für nonverbale Zeichen insbesondere eines Verständnisses von Kommunikation als komplexem Vorgang zwischenmenschlichen Handelns in einer vielschichtigen Situation (*vgl. 8. Kapitel*). So sind in interkulturellen pädagogischen Interaktionen nicht nur der zeitliche und räumliche Rahmen und die Sprachkenntnisse sowie die unterschiedliche Rollenverteilung und deren kulturspezifische Bewertung zu berücksichtigen, sondern auch die subjektive Bewertung der Situation durch den anderen: Pädagogische Kommunikation im interkulturellen Kontext setzt also eine große Sensibilität und mehr Wissen voraus; sie ist mehr als nur Methode oder Technik. Kommunikation kann beispielsweise nicht pädagogisch tragfähig sein, wenn uneingestandene Vorurteile blockierend wirken (*vgl. hierzu: Begegnen-Verstehen-Handeln, Handbuch für interkulturelles Kommunikationstraining*).

**Von Toleranz zu
Anerkennung**

Vorurteile können durch mehr Wissen voneinander abgebaut werden. Doch Wissen allein genügt nicht; es führt vielleicht zu einer größeren Toleranz, doch „Toleranz sollte eigentlich nur eine vorübergehende Gesinnung sein. Sie muss zur Anerkennung führen. Dulden heißt beleidigen" (*Goethe*).

Ein toleranter Mensch kann das Andersartige ohne negative Wertung dulden, geht einer direkten Begegnung und Auseinandersetzung aber aus dem Wege gehen. Das Konflikthafte der interkulturellen Unterschiede wird – mit dem Mäntelchen der Toleranz umhängt – gemieden.

Angehende Erzieherinnen und Erzieher müssen sich jedoch Interaktionssituationen stellen können, in denen ihre Handlungskompetenz im interkulturellen Kontext erprobt wird. Dazu bedarf es einer stabilen Persönlichkeit mit der Fähigkeit Konflikte aushalten und kommunikativ bewältigen zu können. Die Qualifikationen müssen durch ein gezieltes pädagogisches Programm ausgebildet werden.

3.2.2   Konflikte überlagern die interkulturelle Kommunikation

3.2.2.1   Ein künstlerisches Projekt: „Das Ring-Ding"
– Bedingungen für sein mühevolles Rundlaufen

**Projektbericht
als Veranschau-
lichung**

Wie schwer es ist, sich selbst mit seinen Vorerfahrungen, Einstellungen, Vorurteilen und normativen Orientierungen wahrzunehmen und sich für interkulturelle Lernsituationen zu öffnen, zeigt das folgende Beispiel, in dem es trotz multikultureller Zusammensetzung der Gruppe nicht gelingt, interkulturelles Lernen umzusetzen.

3.2.1.2   Die Beteiligten des Projektes

Das Ring-Ding umfasste unterschiedliche künstlerische Formen wie z.B. Bildende Kunst/Malerei, Musik, Literatur, Bewegung/Tanz, Theater, Foto und vereinigte sie zu einer Performance. Für das Projekt hatte sich die Sophie-Scholl-Kollegschule, Duisburg, mit der Abteilung „Ausbildung von ErzieherInnen" beworben. Es sollten die Klasse 11 und 14 mit insgesamt 27 Schülerinnen und zwei Lehrerinnen teilnehmen. Die Klasse 11 war Ende Oktober, als die Ring-Ding-Projekttage begannen, gerade erst seit sechs Wochen zusammen. Einige der Schülerinnen hatten nach der Fachoberschulreife andere Zukunftspläne gehabt, die sich aber nicht hatten realisieren lassen. Nicht alle Schülerinnen waren sicher, dass sie mit der Erzieherinnenausbildung für sich die richtige Entscheidung getroffen hatten.

Projektteilnehmer

Die Schülerinnen der Klasse 14 durchliefen das letzte Schuljahr mit der Akzentuierung „Interkulturelle Erziehung". Nach einer kurzen schulischen Phase, die im vierzehnten Jahrgang projektorientiert angelegt ist, folgt ein Auslandspraktikum in kulturellen Einrichtungen in Brüssel. Das Ring-Ding-Projekt begann unmittelbar im Anschluss an das Auslandspraktikum.

Das Ring-Ding erfolgte in Partnerschaft zwischen Jugendlichen (aus den Klassen 11 und 14) und den 22 Kindern einer 3. Klasse einer benachbarten Grundschule. Zunächst arbeitete jede Gruppe vier Projekttage für sich, anschließend zwei Projekttage zusammen. Am 11. (Gesamt-)Projekttag fanden die Aufführungen der Performance vor Mitschülern, Lehrern, Eltern, Nachbarn statt. Das Ring-Ding wurde von zwei Künstlern, einer Frau und einem Mann, konzipiert und geleitet.

3.2.1.3   Die Fragestellungen des Projektes

Die Wirkungsweise von künstlerischen Projekten im interkulturellen Kontext sollte nach folgenden pädagogischen Fragestellungen beleuchtet werden:

Projektfragestellungen

– Wird die Identitätsfindung von Jugendlichen unterstützt?
– Können Lebensfragen und -anforderungen verarbeitet werden?
– Kann Wirklichkeit neu reflektiert, interpretiert und gestaltet werden?
– Können Kinder und Jugendliche über das übliche schulische Maß hinaus sich selbst entfalten?
– Wird die Kommunikation und Interaktion von jungen Menschen untereinander ausgeweitet?
– Finden Begegnungen und Austausch zwischen den Kulturen statt?
– Findet Sensibilisierung für den anderen statt?
– Variieren Lehrerinnen und Lehrer ihr Rollenhandeln durch die zeitliche Partnerschaft mit außerschulischen Experten– hier Künstlern
– Kann Schule und die in ihr Handelnden sich durch künstlerische Projekte hin zur Lebenswelt der Schülerinnen und Schüler öffnen?

3.2.1.4   Die Probleme während des Projektes

Die ersten beiden Projekttage mit der 11/14 verliefen ruhig und konzentriert, wenngleich es den Schülerinnen schwer fiel im Team zu arbeiten. Sie folgten zwar der Anweisung, ihre Objekte zu zweit zu gestalten, bezweifelten aber den Wert der Teamarbeit, wenn jeder für sich doch ein eigenes Objekt herstellen sollte.

Projektverlauf

Die Zusammenarbeit erfolgte dann ohne gegenseitigen Austausch in für die Beobachterin irritierender Stummheit. Es herrschte der Eindruck des Vermeidens jeglicher Kommunikation mit der Partnerin vor.

Wenn man bedenkt, dass die Paare zugelost wurden und eine ganz ungewohnte

Situation und ein ungewohntes Gegenüber vorfanden, sind Widerstände verständlich. Es handelt sich um einen spannenden Moment im Projekt, in der Unsicherheit bewusst hergestellt wird.

Am dritten Projekttag in der 11/14 waren die Objekte fertig. Das Material und die Werkzeuge waren sehr interessant und motivierend für die Schülerinnen gewesen. Jede einzelne hatte sich in ihr Kunstwerk vertieft und viel von ihrer Individualität hineingegeben. Die Ergebnisse zeichneten sich durch hohe Qualität aus.

Das Gelingen der individuellen Objekte ist ein positiver Aspekt, mit dem Individualität bewusst und jeder einzelne Projektkollege gestärkt wird.

Hiermit ist prinzipiell die Voraussetzung für den Kontakt zu den anderen, für interindividuelles Zusammensein und damit für ein interkulturelles Miteinander geschaffen.

Krise im Projektverlauf

Im Laufe des dritten Projekttages aber kippte die konzentrierte Arbeitsatmosphäre plötzlich in Verweigerungshaltung um.

Die Künstler erteilten den Arbeitsauftrag etwas zu jedem Objekt zu schreiben, zu seiner Farbe oder zu einem anderen ihnen wichtigen Aspekt. Später bereiteten die Künstler die Jugendlichen auf die Performance vor. Sie sprachen die „schwierigen" kleinen Kollegen aus der Grundschule an, die nicht immer nur lieb und nett seien, sondern schon mal „nervig". Zugleich vermittelten sie den Großen einen Trommelrhytmus, den ein kleiner türkischer Junge erfunden hatte. Die Großen sollten ihn schon „drin" haben, wenn sie mit den Kleinen zusammentrafen.

Dieser Punkt war der Kipppunkt. In diesem Moment – der eigene Körper spielte plötzlich beim Trommeln eine Rolle – richtete sich der Widerstand der Jugendlichen massiv gegen die Künstler. Die Jugendlichen hinterfragten das Vorgehen und kritisierten auch, dass so von den „Kleinen" gesprochen wurde, während die Künstler von anderem „pädagogischen" Verständnis ausgingen, als dies Erzieher/innen und Lehrerinnen gewohnt waren.

Vor dem Zusammentreffen beider Projektgruppen flammte auch der latent vorhandene Widerstand gegen jegliche Projektstruktur auf („ich denke, wir können machen, was wir wollen"). Einige verließen bereits zu diesem Zeitpunkt das Projekt.

Die Künstler – das Ziel der Performance vor Augen - verweigerten eine Auseinandersetzung über ihre Methode und hofften weiter auf ein „Sich-auf-das-Projekt-Einlassen", in dem sich Widerstand und Bereitschaft durchaus ablösen können, aber in der Regel zu einem kreativen, interkulturell interaktiven Prozess führen.

Interpretation des Dissens zwischen den Teilnehmern

Den Künstlern lag während des Projektprozesses nicht in erster Linie an einer Analyse, sondern an der Synthese. Im Projekt ging es ihnen nicht in erster Linie um Methode, sondern um Erfahrung. Sie wollten prinzipiell also ganz wesentlich Selbsterfahrung und Austausch intiieren, Erleben mit und in der Gruppe. Doch die Schülerinnen verlangten Analyse und Einblick in die Methode, und weil die Situation so verfahren war, war eine konstruktive Auseinandersetzung nicht mehr möglich.

3.2.1.5 Resümee

Die Intention des Projektes, interkulturelle Kommunikation zu ermöglichen, Jugendliche für den jeweilig anderen zu sensibilisieren, ihnen eine Aufarbeitung ihrer Seinsfragen zu gestatten, war aufgrund der Überlagerung des Prozesses durch die Konflikte fehlgeschlagen.

Vielleicht entsprang das feindselige Verhalten, das Abschotten gegenüber kreativen Herausforderungen, ihre demonstrative Distanzierung ihrer eigenen und gruppenspezifischen Verunsicherung in der Phase, in der sie eine neue Schulform und neue Beziehungspartner, vielleicht auch das Scheitern von vorhergegangenen Zukunftswünschen beim Übergang aus dem einen Bildungssystem in das andere verkraften mussten.

Zu Beginn einer Ausbildung kommt möglicherweise noch die Unsicherheit über die Frage der Eignung für das angestrebte Berufsziel hinzu. (Von den 30 Schülerinnen, die die Erzieherausbildung begannen, waren am Ende des 11. Jahrgangs nur noch 17 in dieser Klasse.)

Ihr Verbeißen in das „unpädagogische" Verhalten von Künstlern, die anders arbeiten als Erzieherinnen, entspringt vielleicht einer noch ungeklärten zukünftigen Berufsrolle, in der sie sich in einer verunsichernden Situation herausgefordert fühlten und mit dem pädagogischen „Übergewissen" reagierten und beurteilten, ohne pädagogisch so weit geschult zu sein, dass sie einen Konflikt durch Aufarbeitung hätten lösen können. Die Schülerinnen der 14 sollten in das Projekt einsteigen, als sie die eigenen Fremdheitserfahrungen im Auslandspraktikum noch gar nicht aufgearbeitet hatten. Sie reagierten demotiviert und in ihrer Abwehrhaltung destruktiv auf die künstlerische Herausforderung.

Die künstlerischen Impulse konnten in dieser konfliktreichen Situation weder kreative Kraft für eine Auseinandersetzung mit der eigenen Situation noch eine interkulturelle Kommunikation zwischen einheimischen und zugewanderten Kolleginnen und Kollegen freisetzen.

Im Projektdurchlauf hat sich gezeigt, dass für Jugendliche, die sich in einer besonders schwierigen Phase der Verunsicherung über sich und ihren Lebenslauf befinden, ein ganz offener Ansatz eines Angebotes ungünstig ist.

Sie brauchen Überschaubares, Abschätzbares. In der schulischen Situation ist ein künstlerisches Projekt nicht freiwillig. Die zeitliche Strukturiertheit des Projektes lässt eine Aufarbeitung von den Projektverlauf hemmenden Konflikten kaum zu.

Aus diesen Erfahrungen mit älteren Jugendlichen in einer von Unsicherheit geprägten Entwicklungsphase wäre ein Projekt mit Workshopcharakter ohne Zeitdruck und freiwilliger Teilnahmemöglichkeit wahrscheinlich gewinnbringender.

Es hat sich gezeigt, dass in dem Zusammenschluss von Künstlern, Lehrern und Schülern durchaus ein Beziehungswagnis liegt, das sich in dem hier geschilderten Fall negativ auswirkte. Das Scheitern der Beziehungen weist auf die Notwendigkeit hin Rollen stärker zu klären: Professionelle Künstler müssen nicht wie Pädagogen handeln. Lehrer dürften sich nicht ausschließlich auf die Rolle der Projektkollegen reduzieren lassen.

Der Idealfall wäre, wenn Lehrer vor Projektbeginn in den geplanten Projektver-

Deutung mit Hilfe theoretischer Kenntnisse

Ableitung für zukünftige Projekte

lauf eingebunden würden und wenn sie Vermittler im Konfliktfall sein könnten, wobei Vermittlung hier hieße Hilfestellung dabei zu geben, alle Aspekte eines Konfliktes zu klären und ihn zur Zufriedenheit aller Konfliktpartner aufzuarbeiten.

Dieses Beispiel illustriert, dass im Zusammenhang der Ausbildung eines interkulturellen pädagogischen Handlungskonzeptes die kommunikative Kompetenz als sehr umfassende Fähigkeit zu verstehen ist.

3.3 Fähigkeit zur Reflexion und Toleranz von kulturspezifischen Normen und Werten

Wie in den vorherigen Abschnitten und anhand der Beispiele dargelegt, setzt die Entwicklung eines pädagogischen Handlungskonzeptes im interkulturellen Kontext Fremdwahrnehmung, Selbstreflexion und Kommunikationsfähigkeit voraus. Vorurteile, versteckte Unterstellungen und Stereotypisierungen müssen bewusst gemacht werden, um interkulturelle Konflikte als solche erkennen und bearbeiten zu können.

In den interkulturellen Interaktions- und Kommunikationssituationen sind die jeweiligen Normen und Werte der Interaktionspartner für die Interpretationen und Handlungen der beteiligten Personen leitend. Deshalb ist es unabdingbar, diese zu reflektieren und ins Bewusstsein zu heben.

Normen von Interaktionspartnern bewusst machen

Hervorzuheben ist in diesem Kontext jedoch, dass das Eingebundensein in das jeweilige kulturspezifische Normen- und Wertesystem unvermeidlich ist. Es kommt darauf an, das Unbekannte in Bezug auf das Verhalten der anderen und das Unbewusste in Bezug auf das eigene Denken und Werten bei Verständnisproblemen in Rechnung zu stellen, zu thematisieren und zu reflektieren (*vgl. Ziele Nieke, a.a.O*).

Beispiel

Während eines Trainings meldete sich eine bis dahin auffallend zurückhaltende Teilnehmerin deutscher Herkunft zu Wort und erzählte, den Tränen nahe, ihre schmerzvollen Erfahrungen in einer weitgehend ausländischen Nachbarschaft: Sie war etwa 18 Jahre alt, als sie den Schritt in die Selbstständigkeit ging und ihre erste eigene Wohnung bezog. Ihre Nachbarn waren fast ausschließlich Migranten muslimischer Herkunft. Dort waren die Wohnungen billig, dort konnte sie sich die eigene Wohnung leisten. Viele Gleichaltrigen aus der Siedlung kannte sie von der Schule und aus dem nahen Freibad, in dem sie als Schwimmwartin jobte, um sich die Miete und den eigenen Hausstand finanzieren zu können.

Hatte sie vorher zu den Gleichaltrigen türkischer Herkunft ein Verhältnis der freundlichen Ignoranz gepflegt, veränderte es sich auf dramatische Weise, nachdem sie ihre unmittelbare Nachbarin geworden war. Von nun an – für die junge Erzieherin ohne Grund und eigene Verhaltensänderung – wurde sie von den jungen Männern belästigt. Sie waren immer präsent, wenn sie ihre Wohnung verließ oder sich ihrer Wohnung näherte. Sie machten sie an, versuchten sie sexuell zu berühren, beschimpften sie als „Hure". Ihre Belästigungen übertrugen sich auch auf Besucherinnen der jungen Frau. Ihre Schwester lehnte es schließlich ab, sie jemals wieder besuchen zu kommen, solange sie in diesem Umfeld leben würde.

„Und da verlangen Sie von mir, dass ich Verständnis für die aufbringen soll!", empörte sich die junge Frau mir gegenüber. „Die sind doch die Rassisten!"

Wie schon aus den „Geschichten" anderer Praktikantinnen (*insbesondere das Beispiel 3 in Kapitel 1*) deutlich wurde, sind Anmache oder gar sexuelle Übergriffe häufige Konfliktquellen zwischen jungen Frauen der Mehrheits- und jungen Männern aus Minderheitskulturen.

Beispiel: Problem der „Anmache"

Sowohl was die Erfahrungen der jungen Praktikantin als auch die der Trainingsteilnehmerin betrifft, liegt hier ein Konflikt vor, der aufgrund der oben zitierten unterschiedlichen Normen und Werte und auch aus Vorurteilen entsteht, der Unkenntnis über den jeweils anderen entspringen.

Solange im Beispiel der jungen Frau sie und die jungen Männer sich aus dem Wege gingen bzw. sich ignorieren konnten, weil es keine Berührungsflächen gab, spielten unterschiedliche Werte nur latent eine Rolle. Sie wurden aber virulent, als aufgrund der Nachbarschaft ein gegenseitiges Ignorieren nicht mehr möglich war.

Deutung des Beispiels

Beide Gruppen hatten sich kongruent zu ihren kulturellen Wertemustern verhalten. Die junge Frau hatte mit der eigenen Wohnung ihr persönliches Ziel der Selbstständigkeit und individuellen Lebensplanung ein Stück weit verwirklicht. Der Job im Freibad ermöglichte ihr die autonome Gestaltung ihrer augenblicklichen Lebensphase.

Die männlichen Jugendlichen reagierten auf die individuellen Autonomiebestrebungen der jungen Deutschen so, als gehöre die Frau in ihre Kultur und habe sich gegen ihre Normen und Werte vergangen. Das geschah wohl nur, weil die junge Frau die frühere räumliche Distanz zu der Gruppe der ausländischen Nachbarschaft aufgegeben hatte. Da sie nun mitten unter ihnen wohnte, wurde sie nach ihren Werten beurteilt und behandelt.

In der Kultur türkischer Migranten sind Autonomiebestrebungen für junge, unverheiratete Frauen immer noch tabu. Sie verlassen den Schutz der Familie und der Gemeinschaft in der Regel nicht. Auch die Demonstration ihrer Weiblichkeit (im Badeanzug) in der Öffentlichkeit des Schwimmbads ist eine Verletzung eines Tabus. Widersetzen sich unverheiratete Frauen muslimischer Herkunft ihren Normen und wird diese Verletzung öffentlich, werden sie durch Ausgrenzung aus der Gruppe sanktioniert. Die jungen Frauen brauchen den letzten Schritt, nämlich eine Beziehung zu einem Mann, gar nicht mehr zu gehen. Die Sanktion der Ausgrenzung erfolgt schon vorher, weil der Weg der Normverletzung schon beschritten wurde. Das Stigma der Hure ist der Höhepunkt, selbst wenn der Fakt nie eingetreten ist: Diese Person gehört nicht (mehr) zu uns, sie verdient den „sozialen Tod", denn durch ihr werteverletzendes Verhalten gefährdet sie unsere soziale Ordnung. Die soziale Ordnung der Gruppe steht mit ihrem Wertemuster vor der individuellen Autonomiebestrebung einer jungen Frau.

Die junge deutsche Frau verfiel diesem Sanktionsmechanismus, weil sie aufgrund der räumlichen Nähe durch ihr anderes Verhalten, das den Wertemustern der einheimischen Mehrheit entsprach, den Verhaltenskodex der Gemeinschaft der türkischen Minderheit störte.

Lösungsansatz

Ohne Bewusstmachung unterschiedlicher Wertemuster wird es ein Aufeinanderzubewegen nicht geben, weder auf der Seite der Mehrheit noch auf der Seite der Minderheit. Insofern ist im Prozess des interkulturellen Lernens der Reflexionsprozess über eigene Vorurteile und eigenes Verhalten auch auf Angehörige der Minderheiten auszudehnen. Wenn die Deutungsmuster einer interkulturellen Konfliktsituation sehr unterschiedlich sind, reicht ein Appell an Toleranz kaum, um den Konflikt zu bereinigen. Nur wenn es gelingt, die Gründe für die Unterschiedlichkeiten transparent zu machen, kann es ein Aufeinanderzubewegen, eine interkulturelle Verständigung geben, in der es darum geht zu verstehen und zu respektieren, ohne den jeweils anderen zur Aufgabe seiner Normen und Werte zu zwingen.

Dieser Prozess der Auseinandersetzung kann dazu führen, dass Werte und Normen sich verändern, weil dies ein normaler Veränderungsprozess ist, dem Werte grundsätzlich unterliegen. Insofern ist davon auszugehen, dass auch eine Minderheiten-Community sich verändert. Doch sicher geht dieser Prozess langsamer vor sich, als die Mehrheitsgesellschaft dies voraussetzt. Der Züricher Sozialwissenschaftler Gerhard Schmidtchen sagt, dass sich Sozialisationsmuster unabhängig von ihrer inhaltlichen Akzeptanz über Generationen halten. Im Einwanderungsland Amerika hat sich nicht der in den sechziger Jahren prognostizierte Schmelztiegel vieler Kulturen bewahrheitet, sondern auch nach drei bis vier Generationen im Einwanderungsland unterscheiden sich viele ethnische Gruppen noch immer von der dominanten Kultur in Bezug auf ihren Lebensstil, ihre Wertvorstellungen und ihr Verhalten. Die multikulturelle Gesellschaft ist eher ein Mosaik unterschiedlicher Werte und Verhaltensweisen als ein Schmelztiegel, in dem aus vielen verschiedenen Elementen etwas Neues entsteht (*s. Anna Steegmann*).

LITERATURVERZEICHNIS ZU KAPITEL 3

GRUSCHKA, Andreas, HESSE, Cordula, MICHELY, Hildegard, SCHOMACHER, Hedwig: Aus der Praxis lernen. Arbeitsbuch für die Ausbildung in Erziehungsberufen. Cornelsen Verlag, Berlin, 1995

NIEKE, Wolfgang: Interkulturelle Arbeit mit Kindern und Jugendlichen ausländischer Herkunft (= Expertise 1 zum Projekt „Kinder- und Jugendkulturarbeit in NW: BESTANDSAUFNAHME – PERSPEKTIVEN – EMPFEHLUNGEN, LKD-Verlag, Unna, 1993

AMT FÜR MULTIKULTURELLE ANGELEGENHEITEN DER STADT FRANKFURT A.M. (Hg.): Begegnen – Verstehen – Handeln. Handbuch für interkulturelles Kommunikationstraining. Verlag für interkulturelle Kommunikation (IKO), 1993

Teil II:
Wissen aneignen, Erfahrungen analysieren und Verhalten reflektieren

Interkulturelles Lernen soll in der alltäglichen Begegnung stattfinden. Das schließt nicht aus, dass auch speziell organisierte interkulturelle Lernprozesse in Gang gesetzt werden können. So befinden sich die Schüler/innen und Studierende in ihren Praktika im Elementar- und Freizeitbereich, in ihrer Schulklasse oder in Freizeitgruppierungen in Situationen, die als Orte des interkulturellen Lernens wie geschaffen sind. Vorteilhaft ist die kulturell gemischte Gruppe, die sich aus Angehörigen von Majorität und Minorität zusammensetzt. Die Chance besteht darin, dass in allen anstehenden Fragen von vornherein die „Kulturspezifik und kulturelle Bedingtheit von Kommunikationsformen, Rollen und Institutionen" (*Auernheimer, 1990*) sichtbar wird. Leider ist an Fachschulen der Anteil der Migrantenschüler und -schülerinnen meist gering. Eine multikurelle Mischung der Gruppen kann jedoch beispielsweise im Rahmen von Projekten oder Studienfahrten hergestellt werden.

Interkulturelle Erziehung bedeutet in erster Linie soziales Lernen, wobei Fähigkeiten wie Empathie, Toleranz, Konfliktfähigkeit, gemeinschaftliches Handeln im Wissen um die Verschiedenheiten der Kulturen (Solidarität) verlangt werden (*vgl. Ziele bei Nieke, a.a.O*). Betont sei an dieser Stelle, dass Empathie dabei mehr ist als das Sich-Hineinversetzen im Sinne von Mitfühlen und Helfen-Wollen. Diese Haltung würde von Migranten als „positive Diskriminierung" empfunden, wie die Erfahrungen im Theaterprojekt (*s. Kap. 1*), aber auch Beobachtungen während einer Fortbildungsreihe mit deutschen und türkischen Erziehern und Erzieherinnen zeigen. Vielmehr ist auch die kognitive Urteilsfähigkeit Voraussetzung wenngleich nicht Garant für einen Perspektivenwechsel. Beide Dimensionen sind für gelingende interkulturelle Kommunikationsprozesse und Perspektiven aufzubauen: das Verstehen eines anderen Menschen in einer von anderen Normen bestimmten Lebenssituation und die emotionale Fähigkeit der Empathie. Die eine ist ohne die andere Fähigkeit nicht erfolgreich.

Voraussetzung für effektive interkulturelle Lernprozesse ist das Herstellen eines selbstreflexiven Verhältnisses zur eigenen Handlungspraxis. Deshalb ist es notwendig, den komplexen Prozess in Lernbereiche zu strukturieren. Solche Lernfelder (z.B. Auslandspraktikum, spezielle Kommunikationsübungen, interkulturelles Sensibilisierungstraining, Training in Konfliktlösungsverhalten oder auch Vorbereitung und Durchführung eines multikulturellen Festes) beinhalten sowohl die Aneignung bzw. die Beherrschung von Methoden, Fähigkeiten und die Umsetzung von Wissen als auch das Einbringen von reflektierender Persönlichkeit, Einstellungen und sozialen Kompetenzen. Mit Bezugnahme auf führende wissenschaftliche Literatur und basierend auf zahlreichen Diskussionen mit Praktikern lassen sich folgende **Lernaufgaben** für angehende Erzieher und Erzieherinnen sowie Sozialpädagogen **mit interkultureller Handlungskompetenz** benennen:
- der eigenen Gewordenheit begegnen (was auch den eigenen Rassismus beinhaltet),
- Wahrnehmen lernen,
- eigenes Verhalten reflektieren,
- Erfahrungen mit Fremdheit sammeln,
- auf Konflikte reagieren können,
- Wissen aneignen,
- Methoden beherrschen.

Zu diesen Felder findet sich in diesem Teil des Buches je ein Kapitel.

4 Dem eigenen Rassismus begegnen –
Sensibilisierung für Vorurteile und Stereotypisierungen

Kulturspezifische Prägung

Die Erzieherschülerinnen und Studierenden der Sozialpädagogik kommen mit recht unterschiedlichen und vielfältigen Meinungen über ausländische Kinder, Jugendliche, Frauen, Männer und Familien in die Ausbildung. Dies liegt zum einen an der „kulturspezifischen Prägung" durch die verschiedenen Kulturträger, wie Herkunftsfamilie, Schule, Medien, Politik etc., zum anderen beruhen diese Bilder in den Köpfen aber auch auf individuellen biografischen Erfahrungen mit ausländischen Mitbürgern, z.B. in der Straßenbahn, in der Disco, in der Schule. Die nicht-deutschen Adressaten werden von den angehenden Pädagogen als eher „problematisch", z.B. wegen zu erwartender Verständigungsschwierigkeiten, unterschiedlicher geschlechtsspezifischer Rollenvorstellungen etc., beurteilt. Zukünftige Erzieher/innen und Sozialpädagog(inn)en sehen deshalb ihren pädagogischen Auftrag darin, diese wahrgenommenen oder erwarteten „Defizite" abzubauen, z.B. durch Förderung der sprachlichen Kompetenz oder durch Aufklärung über geschlechtsspezifische Unterdrückungsmechanismen.

Deutungsmuster sind emotional gesteuert

Die zum Teil reflektierten und auch erfahrungsbezogenen Orientierungen können nicht darüber hinwegtäuschen, dass die Deutungsmuster der Schülerinnen auch stark emotional gesteuert sind. In offen geführten Reflexionsgesprächen kommt zutage, dass sie sich individuell potenziell bedroht fühlen, z.B. von Cliquen ausländischer Jungen, oder dass sie Beeinträchtigungen in ihrem beruflichen Handeln erwarten, z.B. bei einem hohen Anteil ausländischer Kinder in der Einrichtung.

Negative Bewertung kann positive Erwartung überdecken

Die Mehrzahl der Auszubildenden hat sich mit der Lebenssituation von Ausländern in Deutschland bis dahin höchstens theoretisch befasst. Man hatte während der Schulzeit zwar ausländische Mitschülerinnen und findet sie so sympathisch wie die deutschen, es werden aber auch Äußerungen laut wie: „Wenn mir im Dunkeln drei Ausländer entgegenkommen, habe ich ein mulmiges Gefühl, das ich in diesem Falle bei Deutschen nicht hätte". Obgleich man viele Ausländer kenne und sie auch sehr nett fände, sei das Gefühl bei einer solchen Begegnung doch ein anderes. Diese negativ gefärbte Bewertung überdeckt die durchaus auch vorhandene positive Erwartungshaltung, nämlich die Wahrnehmung der Chance der Bereicherung und des gegenseitigen Lernens voneinander, denn auf die Anwesenheit von ausländischen Mitbürgern im Stadtteil wollen die Schülerinnen nicht verzichten. Diese Auffassung äußern sie nicht nur für den beruflichen Bereich, sondern auch für das private Umfeld.

Welche Folgerungen müssen aus diesen heterogenen und widersprüchlichen „anthropogenen Voraussetzungen" für eine Qualifizierung zur interkulturellen Pädagogik gezogen werden?

Ziel: tragfähige, handlungsleitende Orientierung

Ziel muss die Ausbildung einer tragfähigen und handlungsleitenden Orientierung sein. Dies ist nicht nur über Reflexionsprozesse (Konfrontation mit anderen Orientierungsmustern in entsprechendem Textmaterial, Diskussion der unterschiedlichen Deutungsmuster in der Lerngruppe etc.) zu erreichen, sondern man muss die emotionale Basis der Vorurteile ansprechen und sichtbar machen. In diesem Zusammenhang sei auf die Methode „Aus Geschichten lernen" hingewiesen (siehe Kapitel 1 und 11, S. 202 f.), wodurch ein Eingehen der Anleiter auf den individuellen Prozess der Auseinandersetzung ermöglicht wird. Die Geschichten ermöglichen auch das Anlegen von Textsammlungen, um die unterschiedlichen Orientierungen besser illustrieren und kritisch analysieren zu können.

Methode: Aus Geschichten lernen

Sehr wesentlich ist es, eine individuelle Entlastung („Ich darf auch Vorurteile haben") zu erreichen und sicherzustellen. Deshalb empfiehlt es sich, zunächst einmal über den Prozess der Vorurteilsbildung im Allgemeinen zu sprechen (*siehe Bundeszentrale für politische Bildung: Zeitlupe 33*).

Hierdurch wird grundlegend verdeutlicht, dass Prozesse der Stereotypisierung und der Vorurteilsbildung normale sozialpsychologische Vorgänge sind. Hierbei muss es um den Wirkmechanismus der Vorurteilsbildung an sich gehen, um zu erklären, warum trotz sehr weniger negativer Erfahrungen ein durchaus umfangreiches verallgemeinerndes negatives Bild entsteht. Entlastende Funktion hat auch die Aufklärung über die vielen unterschiedlichen Faktoren, die die individuelle Einstellung beeinflussen und die „Meinung machen". Wesentlich ist deshalb also zunächst einmal die Aufhebung der Vermischung von allgemeinen „öffentlichen" Vorurteilen und Meinungen und persönlichen Erfahrungen.

Stereotype und Vorurteile

Beispiele für allgemein verbreitete Vorurteile, Klischees und Stereotype, deren Entstehung und deren stetige Nährung finden sich sehr illustrativ aufbereitet in:
– Lorbeer, Marie/Wild, Beate (Hg.): Menschenfresser– Negerküsse. Das Bild vom Fremden im deutschen Alltag, Elefanten Press, Berlin 1991
– Riepe, Gerd und Regina: Du schwarz – ich weiß. Bilder und Texte gegen den alltäglichen Rassismus, Peter Hammer Verlag, Wuppertal 1992.

Mit Hilfe dieses Materials lässt sich wirkungsvoll veranschaulichen, wie über Werbung, Medien aller Art, Tourismus und anderen Einflussgrößen das oft sehr stereotype Bild von Kulturen entsteht, z.B. „die Chinesen", „die Indianer". Dass Werbung auf die Bewusstseinsbildung wirkt, gehört heute zum Allgemeinwissen der Schüler/innen und sie glauben sich gefeit gegen deren Einfluss. Jedoch wecken die Informationen über das klischeehafte und sexistische Bild von schwarzen Männern und Frauen wiederum ein sehr großes Interesse für diese Thematik. Deren Funktion in der Werbung und in den Medien ist den Schülerinnen in aller Regel nicht bewusst. Auf der Grundlage der oben genannten Literatur lässt sich eine fruchtbare Diskussion über persönliche Voreinstellungen in Gang setzen, ohne dass die Schülerinnen öffentlich eingestehen müssten, sie wären nicht hinreichend kritisch gegenüber den suggestiven Einflüssen der Medien.

Funktion von Werbung und Medien

Das Informationsmaterial zur Ära des Kolonialismus lässt sich unterstreichen und veranschaulichen durch Filme wie beispielsweise „Die Reise nach Indien". Jedoch nicht nur die historische Herleitung von rassistischen Vorstellungen und Wertungen und die Einflussfaktoren sollten zum Thema gemacht werden. Prozesse der Vorurteilsbildung werden mancherorts durchaus auch seitens Politik, Justiz, Polizei und Verwaltung aufrechterhalten und aufgebaut. Umfragen zufolge (*vgl. z.B. Frankfurter Rundschau vom 6.11.1996*) verringert sich die positive Einstellung der Deutschen gegenüber den Ausländern in Deutschland, wenn es um eine Politik der stärkeren schulischen und beruflichen Förderung und einen Schutz vor Diskriminierung auf dem Arbeits- und Wohnungsmarkt geht.

Weitere Einflussfaktoren

Rolle der Politik Die Politik der Integration, welche eine rechtliche Einbürgerung und doppelte Staatsangehörigkeit beinhalten würde, ist also unpopulär und wird politisch nicht vorangetrieben. Damit wird die Verschlechterung der Grundhaltung und -stimmung in der Bevölkerung gegenüber den Migranten in Kauf genommen und der Vorurteilsbildung auf beiden Seiten (Deutsche und Ausländer) Vorschub geleistet. Die politische Beeinflussung des öffentlichen Bewusstseins wird auch durch Auslegungen der Kriminalitätsstatistik: „Ausländer sind krimineller als Deutsche" oder der Arbeitsplatzlage: „Ausländer nehmen uns die Arbeitsplätze weg" vorgenommen (*vgl. Frankfurter Rundschau vom 4.8.1997*).

Beispiele für Rassismen in der politischen Sprache/Rede finden sich in: *Posselt, Ralf-Erik/Schumacher, Klaus: Projekthandbuch Gewalt und Rassismus, Verlag an der Ruhr, Mülheim 1993.*

Bild vom Deutschen Andererseits muss auch vermieden werden lediglich von einem Rassismus zu sprechen, der von den Deutschen ausgeht; die Vereinseitigung führt erfahrungsgemäß bei den Schülerinnen zu einer Abwehrhaltung. Sie kritisieren und belegen mit eigenen Erfahrungswerten, dass es auch Deutschen gegenüber eine sehr ausgeprägte ablehnende und abwertende Haltung unter Ausländern gäbe. Diese finden sie aber genauso ungerechtfertigt wie die Ausländerfeindlichkeit auf deutscher Seite. Um diesen Diskussionspunkt anzureichern und weiterzuführen, ist es notwendig, auch das Bild vom Deutschen aus Sicht der hier lebenden Minderheiten und der europäischen und außereuropäischen Nachbarn näher zu untersuchen. (Vgl. hierzu: *Lips, Julius: Der Weiße im Spiegel der Farbigen, Carl Hanser Verlag*; *Oji, Chima: Unter die Deutschen gefallen. Erfahrungen eines Afrikaners, Peter Hammer Verlag, Wuppertal 1993.*)

Sehr günstig wirkt sich in diesem Prozess der Auseinandersetzung mit eigenen und fremden Vorurteilen eine multinationale Mischung der Lerngruppe aus. Eine offene und nicht persönlich verletzende Darstellung persönlicher Vorbehalte und allgemeiner Ethnozentrismen, persönlicher Erfahrungen mit Anfeindungen und Motive für eine bestimmte Meinungsbildung lassen sich in einem solchen Lernfeld mit Hilfe einer biografischen Methode anregen. Die persönliche Historie, Erfahrungen und Vorstellungen (Herkunft der Familie, Gründe für Migration, das Erleben der gegenwärtigen Situation und die Zukunftsvorstellungen bis hin zu Utopien etc.) sind das authentische Material, welches zu einer großen Ernsthaftigkeit in Bezug auf die Thematik führt.

Voraussetzung: geschützter Unterricht In einem geschützten Rahmen einmal frei äußern zu dürfen, was man sich bisher selbst stets untersagte, weil man es als allgemein verbreitetes Vorurteil kannte, hat auch eine sichtbar entlastende Funktion. Insbesondere die deutschen Schülerinnen nehmen die Geschichte der Deutschen als lebenslängliche Hypothek wahr („Wir werden ewig als Rassisten angesehen") und schätzen das Dilemma durchaus realistisch ein. („Ich kann noch so tolerant sein, ich bleibe eine Nachfahrin des bösen Deutschen"). Um sich subjektiv zu entlasten, besteht die Reaktion häufig darin, anhand von verallgemeinernden Einzelbeispielen begründen zu wollen, dass ausländische Mitbürger diese Situation für sich geschickt ausnutzen würden („Ich kenne eine türkische Mitschülerin, die ganz bewusst ein Kopftuch trägt, weil sie weiß, dass sie dann in der Schule bessere Bedingungen hat. Die Lehrer trauen sich nämlich nicht eine schlechte Note zu

Dem eigenen Rassismus begegnen

geben, aus Angst, man könnte ihnen Rassismus vorwerfen." „Ja, und ich habe es schon oft erlebt, wie ausländische Jugendliche im Jugendzentrum sich alles herausnehmen und dann bei völlig gerechtfertigt einsetzenden Sanktionen behaupten, sie würden systematisch diskriminiert und vertrieben"). Da solche Interpretationsmuster wiederum zur Vorurteilsbildung führen, ist es unumgänglich, die Lernatmosphäre so zu gestalten, dass ein ehrlicher Umgang mit dem Gegenstand zustande kommt. Dies ist innerhalb der schulischen Organisation sehr erschwert (45-Minuten-Takt, Störfaktoren, z.B. festgelegte Pausenzeiten, fest definiertes Schüler-Lehrer-Verhältnis etc.), weshalb ein Ausweichen auf andere Räumlichkeiten und eine längere Arbeitsphase empfehlenswert sind.

Hier seien noch einige Methoden angegeben, mit Hilfe derer sich eine offene Äußerung der Erfahrungen und Deutungsmuster in Gang setzen lassen:

- Übungen aus Rademacher, Helmolt u. Marion Wilhelm: Spiele und Übungen zum interkulturellen Lernen, Verlag für Wissenschaft und Bildung, Berlin 1991; daraus z.B. **Übung „A wie Ausländer, D wie Deutscher"**. Die stereotypisierten nationalitätenspezifischen Verhaltensmuster können spielerisch zutage treten. Bei entsprechend angeleiteter Auswertung kann auch die Diskrepanz zwischen der eigenen Beschreibung und der Sichtweise der anderen deutlich werden.
- Ebenfalls aus R*ademacher, Spiele* die **Übung „Pro und Contra"**: In einem mit Absicht zeitlich absichtlich sehr eng gesteckten Rahmen werden Klischees „diskutiert", z.B. die mangelnde Gastfreundschaft der Deutschen, der Chauvinismus der türkischen Männer. Die Eingeschränktheit der Aussagen wird verdeutlicht durch eine methodische Zuspitzung. Die Diskussion dreht sich danach um die Gründe für die Ablehnung solcher Vereinseitigungen, aber gleichzeitiger täglicher Äußerung von ähnlich undifferenzierten Meinungen.
- **Drehen eines Videofilmes** mit Interviews und visuell eingängigen Statements zum Thema.
- **Straßentheaterszenen**, z.B. als Muslimin mit Kopftuch verkleidet im Kaufhaus, als deutsche Frau im türkischen Café.
- **Theaterstück oder Kabarett** nach entsprechenden Vorlagen (z.B. in Anlehnung an Stücke des Arkadas-Theaters, Köln).
- **Entwickeln eigener Theaterszenen** aufgrund persönlicher Erfahrungen oder Vorstellungen mit offenem Ende als Mitmachtheater.

Methoden um Deutungsmuster in Gang zu setzen

Im nächsten Schritt sollte versucht werden noch näher (und zwar auf der Erfahrungsebene) an die eigenen Vorurteilsstrukturen heranzukommen bzw. für diese sensibel zu werden. Hierfür eignen sich spezielle Übungen und Spiele, wie sie in zahlreich erschienenen Kompendien inzwischen herausgegeben wurden.

Sensibilität für eigene Vorurteile

Im folgenden Abschnitt wird eine solche Übung vorgestellt und ausgewertet, welche Wirkung sie im Rahmen einer Lehrerfortbildung hatte.

4.1 Beispiel einer Sensibilisierungsübung aus einer Lehrerfortbildung

Ziel der Übung

Ziel der Veranstaltung war es, eine Auseinandersetzung mit eigenen und fremden kulturellen Wertvorstellungen, Verhaltensmustern und damit zusammenhängenden Bewertungsmaßstäben in Gang zu setzen. Dadurch sollten die Anfänge des Rassismus und subtile Formen von Menschenrechtsverletzungen sichtbar gemacht sowie der im Zusammenhang mit der Thematik der Menschenrechte häufig abstrakt benutzte Begriff der Toleranz konkretisiert und auf seine individuelle Tragfähigkeit hin überprüft werden.

Mittels spielerischer und kreativer Methoden wurde ein Zugang zum Thema verschafft. In einem Simulationsspiel (*vgl. Rademacher 1991: Spiele und Übungen, S. 228 ff.*) wurden die Kolleginnen und Kollegen auf der affektiven Ebene angesprochen und die Bereitschaft zu einer gegenseitigen Offenheit untereinander gefördert. Diese musste hergestellt werden, um sich als Lernender auf diese Thematik einlassen zu können. Das Spiel wurde in der Lehrerfortbildung ausprobiert und auch mit Schülern durchgespielt. Wer es selbst spielen möchte, kann über die nachfolgende Darstellung hinaus auf die genannte Quelle zurückgreifen.

Selbstwahrnehmungsübung

Beschreibung des Spiels

In der Selbstwahrnehmungsübung „Bei den Derdianern" werden die Teilnehmer und Teilnehmerinnen mit den unverständlichen Verhaltensritualen und Normen einer anderen fiktiven Kultur konfrontiert; z.B.: Wer mit einem anderen „Derdianer" nicht forwährend in Körperkontakt ist, zeigt, dass er ihn nicht mag. Eine Gruppe von „Forschern" wird zu diesem unbekannten Volk nach Übersee geschickt, um dort eine Brücke zu bauen und die Technik des Brückenbaus an das Volk weiterzugeben. Nur mit technischem Material ausgestattet, aber unwissend bezüglich der kulturellen Besonderheiten setzen die „Experten" ihren Auftrag um. Das „Volk" wird (mit Hilfe einer Spielanleitung) instruiert sich entgegen unseren gängigen Normen und Ritualen zu verhalten, z.B. andere Form der Begrüßung, andere Stellung von Mann und Frau. Um diese kulturspezifischen Muster zu erkennen, genügt nicht eine oberflächliche Wahrnehmung, sondern es bedarf einer längeren Beobachtung. Da diese aber aufgrund der Zeitvorgabe und Aufgabenstellung für die „Experten" sehr erschwert ist, verläuft das Spiel so, dass die meisten „Forscher" sich nach kurzen Bemühungen um das Erkennen einer Systematik im Verhalten der „Derdianer" auf ihre Arbeit konzentrieren. Die Gesten und Rituale werden auch schnell so umgedeutet, als hätten die „Derdianen" kein Interesse am Erlernen des Brückenbaus, sodass die Dinge von den „Forschern" rasch selbst in die Hand genommen werden. Die „Derdianer" haben hingegen (so ihre Spielanweisung) ein ausgesprochenes Interesse am Bau der Brücke. Dadurch, dass die „Experten" ihnen aber im Verlauf des Spiels die Bautechnik nicht vermitteln, sondern sie zunehmend entmündigen, verhalten sie sich passiv und erwecken den Eindruck, als ginge es ihnen überhaupt nicht um das Erlernen des Brückenbaus. Bei den „Experten" entwickelt sich deshalb nach und nach das Gefühl, unwissende, unstrukturierte und uninteressierte Menschen vor sich zu haben. Dieser Eindruck legitimiert deshalb vermeintlich die belehrende Methode.

Der Effekt der Übung verblüfft die Teilnehmer sehr, weil im Verlaufe des Spiels die Bemühungen sich verständlich zu machen zum Rückgriff auf „Umgangsformen aus der Kolonialzeit" führen. Die Fremden werden wie Unmündige behandelt, weil sie auf die uns üblichen Kulturgüter nicht reagieren, sondern eigene, befremdende Ausdrucksformen zeigen. Zu diesem Reflexionsergebnis kommt nicht nur die Lehrergruppe, sondern Schülerinnen und Schülern, mit denen diese Übung durchgeführt wurde. Selten gab es, nach der bisherigen Erfahrung zu urteilen, eine Spielerin oder einen Spieler, der/dem die Balance zwischen Respekt der anderen Kultur und Expertenauftrag gelingt. **Wirkungen des Spiels**

Die Auswertung der Übung bezieht sich auf die Übernahme der Rollen und die Gefühle, die diese bei den Spielern ausgelöst haben, z.B. den Unwissenden zu spielen, sich etwas erklären zu lassen, die Anleiterfunktion zu übernehmen. Auch der Zeitdruck wird in der Auswertung reflektiert. Welcher Effekt stellte sich dadurch ein und wie gingen die einzelnen Spieler damit um? Die unterschiedlichen Wege die Kultur des „Volkes" zu entschlüsseln stellen eine sehr interessante Erfahrung dar, welche sich auch auf das Zusammenleben mit anderen Kulturen im Alltag eines jeden Teilnehmers übertragen lassen.

Auswertung des Spiels
Die Auswertung des Spiels erfordert viel Zeit und die Fähigkeit des Leiter, aufgestaute Emotionen aufzufangen, die bis hin zur Aggression (Abwehrreaktion?) gehen können. Die angestrebte Wirkung ist die Selbsterkenntnis, dass die Verunsicherung hinsichtlich der eigenen Gewohnheiten zu einer Vielzahl von Reaktionen und Gefühlen führen kann (z.B. Misstrauen, Verärgerung, Angst, Hilflosigkeit, Vorurteilsbildung, Neigung zum vorschnellen Bewerten statt zum Beobachten und Faktensammeln, Abwehr und Abwertung des Fremden ohne Kenntnis der Hintergründe, aber auch kreative Variationen der eingefahrenen Verhaltensmuster), hingegen nur sehr begrenzt zu dem Versuch die anderen zu verstehen. (Siehe auch *„Die Insel", ein Planspiel zur Gewaltprävention, erarbeitet durch die RAA Berlin, in dem Konflikte entfremdet und individualisiert werden, um sie so ansprechbar und bearbeitbar zu machen.*) **Verunsicherung fördert problematische Verhaltenselemente**

Die Ergebnisse der Übung wurden bei der Lehrerfortbildung zusätzlich auf den schulischen Alltag übertragen. Diese Zielsetzung basierte auf der Beobachtung, dass zwischen der im Unterricht behandelten Thematik des interkulturellen Lernens und der konkreten Umsetzung im Schulalltag (z.B. in der direkten Begegnung zwischen Schülern ausländischer Herkunft und Lehrern) häufig eine große Diskrepanz vorhanden ist. Folge ist, dass dieser „heimliche Lehrplan" die Unterrichtsinhalte überlagert und deren Erfolg fragwürdig werden lässt. **Transfer in den Schulalltag**

Die Schüler und Schülerinnen lernen es, zu trennen zwischen den im Unterricht thematisierten abstrakten Normen und Werten und der im konkreten schulischen Alltag häufig fehlenden Sensibilität und Bereitschaft zum Verstehen des anderen.

Schuldgefühle vermeiden

Die Sensibilisierung für die eigenen Vorurteilsstrukturen muss immer wieder zurückgeführt werden zum theoretischen Input (Mechanismen der Vorurteilsbildung), damit Schuldgefühle vermieden werden. Diese würden zu einer emotionalen Sperre statt zu einer Reflexion der eigenen Orientierung führen (vgl. van den Broek, Linda: Am Ende der Weisheit,...). Die Sesibilisierung muss einmünden in eine Phase der Informationsbeschaffung und Wissensvermittlung über die Entstehung von Vorurteilen, damit eine individuelle Entlastung des Einzelnen gesichert ist *(siehe dazu den Abschnitt „Theoretischer Input zum Thema Vorurteile" S. 69 f. und das 9. Kapitel „Wissen aneignen", S. 144 f.).*

LITERATURVERZEICHNIS BIS ABSCHNITT 4.1

BUNDESZENTRALE FÜR POLITISCHE BILDUNG (Hg.): Zeitluppe 33. Vorurteile. 1993

BUNDESZENTRALE FÜR POLITISCHE BILDUNG (Hg.): Argumente gegen den Haß. 1993

LIPS, Julius: Der Weiße im Spiegel der Farbigen. Carl Hanser Verlag, München

LORBEER, Marie und WILD, Beate (Hg.): Menschenfresser – Negerküsse. Das Bild von Fremden im deutschen Alltag. Elefanten Presse, Berlin, 1991

MARKEFKA, Manfred: Vorurteile – Minderheiten – Diskriminierungen. Ein Betrag zum Verständnis sozialer Gegensätze. Luchterhand Verlag, Neuwied 1990

OIJ, Chima: Unter die Deutschen gefallen. Erfahrungen eines Afrikaner. Peter Hammer Verlag, Wuppertal, 1993

POSSELT, Ralf Erik und SCHUMACHER, Klaus: Projekthandbuch Gewalt und Rassismus. Verlag an der Ruhr, Mülheim, 1993

RADEMACHER, Helmolt und WILHELM, Marion: Spiele und Übungen zum interkulturellen Lernen. Verlag für Wissenschaft und Bildung, Berlin, 1991

RIEPE, Gern und Regina: Du schwarz – ich weiß. Bilder und Texte gegen den alltäglichen Rassismus. Peter Hammer Verlag, Wuppertal, 1992

4.2 Antirassistische Arbeit mit multiethnischen, multinationalen jugendlichen Gruppen in der Schule
Abschnitte 4.2 und 4.3 verfasst von Bärbel Kampmann

Begriff des Rassismus

Um zu verstehen, warum antirassistische Arbeit überhaupt notwendig und etwas anderes ist als „Sensibilisierung für die interkulturelle Kommunikation" oder „interkulturelles Lernen", muss der Begriff „Rassismus" definiert und gegen andere wie z.B. „Vorurteil" und „Stereotyp" abgegrenzt werden. Voraussetzung von Rassismus ist die Vorstellung von Menschenrassen, deren genetische Reinheit – d.h.

alle zu dieser „Rasse" gehörenden Menschen verfügen über die gleiche genetische Zusammensetzung – anzustreben und prinzipiell erreichbar ist.

Die „reine Rasse" ist in der Rassenideologie höherwertig als rassisch gemischte Gruppen. Innerhalb der „reinen Rassen" gibt es nach der Ideologie ebenfalls höher- und minderwertiger. „Tatsächlich ist die Konstruktion von Menschenrassen unhaltbar", (*Weinkarte/Kroll/Bayertz 1988, S. 605, zitiert nach Dittrich 1991, S. 14*) und „die Vermischung ethnischer Gruppen eine Voraussetzung für ihren Fortbestand" (*Memmi 1992, S. 14*).

Stephen Castles bezeichnet Rassismus daher als den Prozess, „wodurch soziale Gruppen aufgrund physischer oder kultureller Merkmale andere Gruppen als unterschiedlich bzw. minderwertig kategorisieren. Der Prozess schließt die Anwendung wirtschaftlicher, sozialer und politischer Macht ein (....)" (*Castles 1992, S. 48*).

Mit antirassistischer Arbeit verfolge ich das Ziel, den Teilnehmerinnen und Teilnehmern meiner Seminare und Workshops zu vermitteln, was Rassismus ist, welche Funktion er als Ausgrenzungsmechanismus in unserer Gesellschaft erfüllt und wie und wodurch rassistische Deutungsmuster und Bilder wieder und wieder reproduziert werden, sodass sie stets ein mehr oder minder bedeutender Faktor innerhalb der Gesellschaft sind.

Dabei geht es mir nicht um Schuldzuweisungen, sondern vorrangig darum, die Komplexität des Phänomens „Rassismus" und seine Einbettung in gesellschaftliche Teilbereiche begreifbar zu machen. Die Teilnehmerinnen und Teilnehmer meiner Seminare und Workshops sollen erkennen, dass sie zwangsläufig Teil dieses Systems sind und daher mehr oder minder rassistisch denken, agieren und deuten.

Begreifen statt Schuldgefühl

Diese rassistischen Denk-, Deutungs- und Handlungsmuster sind selbstverständlich überwindbar. Dies geschieht in einem Prozess, der in der Regel mit einer erhöhten Sensibilität und Aufmerksamkeit für rassistische Phänomene beginnt und früher oder später das aktive Vorgehen gegen Rassismus zur Folge hat.

Sensibilität für rassistische Phänomene

Vorurteile hingegen sind lebensnotwendig. Ein Vorurteil bedeutet ein Urteil vor dem Erleben oder Begegnen zu haben. Jede Auslandsreise würde vermutlich ohne Vorurteile zum Fiasko. Vorurteile schwinden in der tatsächlichen Begegnung – werden revidiert oder bestätigt, dann zum Urteil, jedoch nur für diese eine Situation.

Vorurteil

Ein Stereotyp ist gewissermaßen ein festgefrorenes Vorurteil, das nicht mehr revidiert wird, sondern als Bild auch wider besseres Wissen und wider die Erfahrung reproduziert wird. Vorurteile und Stereotype sind zwar Bestandteil rassistischer Denkweisen und Deutungsmuster, jedoch für sich genommen nicht zwangsläufig rassistisch.

Stereotyp

Das Verhalten von Jugendlichen, die Normen und Werte, die in jugendlichen Subkulturen gelten, spiegeln gesellschaftliche Verhältnisse, dies allerdings oft in arg vergröberter oder verzerrter Form.

Wenn Jugendliche z.B. in erpresserischer Weise Markenkleidung von anderen an sich reißen, so weist dies darauf hin, dass ein bestimmender Wert in Deutschland die materielle Ausstattung einer Person ist und nicht der menschliche Umgang miteinander.

Entwicklungsprozess bei Jugendlichen

Dieser Zusammenhang wird jedoch selten thematisiert, stattdessen wird von der Mehrheit der Erwachsenen das jugendliche Fehlverhalten hochstilisiert; eine allgemeine Furcht vor der rechten gewalttätigen Jugend verhindert ein genaues Hinsehen (*vgl. Leiprecht und Held 1995*).

Jugendliche sind jedoch vorrangig Suchende. Sie suchen nach Orientierungen, Halt und Vorbildern, nach Geborgenheit und emotionaler Sicherheit in einer Welt, in der sie sich selbst bedroht fühlen (*vgl. Held u. a. 1995, S. 122ff*).

Dies gilt für viele Jugendliche jeweils in unterschiedlichem Maß, in jedem Fall aber unabhängig von der nationalen und/oder ethnischen Zugehörigkeit.

In der Lebensrealität von Jugendlichen, die multikulturelle, multiethnische Schulen besuchen, sind Konflikte untereinander an der Tagesordnung. In der Austragung dieser Konflikte wird – teilweise unterstützt durch Lehrerinnen und Lehrer – auf das „Ethnische" zurückgegriffen. Die Jugendlichen selbst bezeichnen „die eigene Praxis als typisch 'türkisch', 'italienisch', oder 'griechisch'" (*Govaris, 1995, S. 209*). Govaris ist der Ansicht, dass sie keine andere Alternative haben ihre Praxis zu vermitteln (*ebenda*), und ich kann aufgrund meiner Erfahrungen hinzufügen, dass sich die Möglichkeit, Konflikte als verursacht durch ethnische Verschiedenheit zu sehen, als Deutungsmuster durch alle gesellschaftlichen Zusammenhänge zieht.

Strukturen aufzeigen statt Moralisieren

Ausgehend von diesen Beobachtungen und dem Erkennen, dass Rassismus nicht – oder besser: nicht nur als Sozialisationsdefekt zu verstehen ist (*vgl. dazu Holzkamp 1994*), ist es das Anliegen, Jugendlichen Einblick in die Zusammenhänge zu ermöglichen, sie mit ihren Erfahrungen ernst zu nehmen und ihnen Unterstützung bei der Bewältigung ihrer Konflikte zu gewähren, sofern das möglich ist. Dabei ist es wichtig, keinen moralisierenden Standpunkt einzunehmen, gegen den sich die so Behandelten zwangsläufig wehren müssen (*vgl. Leiprecht 1994, S. 61*), sondern sich selbst als Teil des Systems zu begreifen. Es geht nicht vorrangig um den Abbau von Vorurteilen, sondern darum, Strukturen aufzudecken und die eigene Verstricktheit in diese Strukturen begreifbar zu machen.

Grundsätzliche Vorgehensweise

Erprobtes Kursangebot

In der Regel wenden sich die Lehrerinnen und Lehrer der Sekundarstufe I oder II mit der Bitte an mich, mit ihren jeweiligen Klassen oder Kursen zum Thema „Rassismus" zu arbeiten. Auch wenn die Erfahrungen damit überwiegend aus der allgemein bildenden Schule stammen, so sind sie natürlich auf andere Lernfelder und insbesondere die Fachschule übertragbar; in Abschnitt 4.4 wird ein weiteres Beispiel aus der Erzieherfortbildung dargestellt.

Motivation

Meistens gibt es einen konkreten Anlass als Hintergrund für das Anliegen, wie z.B.
- ein Konflikt, den sie als Lehrende persönlich mit einem Schüler oder einer Schülerin hatten (so wurde z.B. eine Schülerin von ihrer Lehrerin bei der Verteilung eines rassistischen Liedtextes „erwischt"),
- eine mehr oder minder gewalttätige Auseinandersetzung von zwei rivalisierenden Schülergruppen unterschiedlicher ethnischer Herkunft,

- das offen rassistische Verhalten eines einzelnen Jugendlichen,
- der zu dem Zeitpunkt behandelte Unterrichtsgegenstand (z.B. das Thema „Flüchtlinge und Fluchtursachen"),
- ein Gedenktag wie z.B. der 7. Mai (Kriegsende) oder der 9. November (Pogrom an den Juden).

Je nachdem welcher zeitliche Rahmen vorgegeben ist, wird mehr oder weniger umfangreich in der aufgeführten Reihenfolge zu folgenden Teilaspekten gearbeitet:

Phasengliederung der Kurse

1. Phase: Kennenlernen/Warming up
Die Schülerinnen und Schüler sollen sich über Übungen und Spiele näher kennen lernen, ihre Erwartungen, Wünsche und Ängste zum Ausdruck bringen können und gleichzeitig mit dem Thema vertraut gemacht werden.

2. Phase: Was ist Rassismus?
Mittels einer Übung erfahren die Jugendlichen durch eigene Betroffenheit, was Rassismus ist.

3. Phase: Funktionsweisen des Rassismus
Gesellschaftlich problematische Situationen werden dargestellt. Sie sollen von den Jugendlichen bewältigt werden. Im Anschluss an die Planspiele wird versucht für die gegebenen Beispiele reale vergleichbare gesellschaftliche Situationen zu finden.

Im weiteren Vorgehen werden die Zusammenhänge, die Funktionen von Rassismus und wie er in den gesellschaftlichen Strukturen verankert ist, theoretisch erläutert.
Belegt werden diese Aussagen durch Beiträge der Jugendlichen: das Sammeln von Werbematerial, die Untersuchung der Sprache, kritischen Analyse von Zeitungsberichten (*vgl. Quinkert u. Jäger, 1991*), die Auseinandersetzung mit dem Ausländer- und Asylgesetz.

4. Phase: Geschichte des Rassismus
Diese Phase kann je nach Alter und Schulform unterschiedlich gestaltet werden. Schülerinnen und Schüler der Oberstufe wissen in der Regel genügend über die Kolonialgeschichte. Es reicht daher aus, ihre Information zu sammeln u.U. durch Texte zu ergänzen, die spezielle Aspekte behandeln. In der Sekundarstufe I wird die „Notwendigkeit" der Entwicklung einer Rassenideologie an einem Planspiel („Die Eroberung eines Kontinents") verdeutlicht, das in den Vorgaben den Widerspruch zwischen christlicher Haltung (alle Menschen sind vor Gott gleich) und dem Willen zur Eroberung und Ausbeutung darstellt.

Weiterarbeit danach
Die Weiterarbeit nach Abschluss dieser Phasen lässt sich nicht vorhersagen. Sie ergibt sich aus dem Zeitrahmen der Arbeit mit den Gruppen, den gruppendynamischen Prozessen, der nationalen und ethnischen Zusammensetzung usw.

4.3 Darstellung der Arbeit mit einem Philosophiekurs der Oberstufe einer Gesamtschule
(gut übertragbar auf eine Klasse angehender Erzieher/innen)

Exemplarischer Praxisbericht aus einem Kurs

Die Ausgangssituation

Im Frühjahr 1994 war der Film „Schindlers Liste" ein Pflichtprogramm für viele Schulklassen, so auch für einen Philosophiekurs der Oberstufe einer Gesamtschule. Der Film erzeugte jedoch nicht nur Scham und Mitgefühl, sondern löste u.a. heftige Diskussionen um die Figur Schindlers aus. Ein Schüler türkischer Herkunft hatte sich sogar der Filmvorführung entzogen und äußerte, dass er die Juden wie die Kurden für minderwertige Rassen halte, die Politik Hitlers verstehen könne. Ebenso deutlich bekannte er seine Zugehörigkeit zu einer Organisation mit gleichen Positionen. Dieses Verhalten löste bei Lehrerinnen und Lehrern Bestürzung, Hilflosigkeit und Angst aus. Mit einem Schlag war deutlich geworden, dass sich abseits von Schule und vorbei an erzieherischen Intentionen eine bedrohliche Subkultur entwickelt hatte, über deren Ausmaß man nur spekulieren konnte.
Wie konnte das passieren?

Exkurs: Zur Lage der türkischen Jugendlichen im Ruhrgebiet

Im Laufe der 15-jährigen Arbeit in der „Regionalen Arbeitsstelle zur Förderung ausländischer Kinder und Jugendlicher", gab es viele Gelegenheiten die Entwicklung türkischer Kinder und Jugendlicher zu beobachten und teilweise auch zu begleiten und zu unterstützen. Die folgenden Aussagen sind keine empirisch gesicherten Daten, sondern eine Zusammenfassung der Erfahrungen. Sie beziehen sich auf das Ruhrgebiet, insbesondere auf Gelsenkirchen.
Die Entwicklungsgeschichte dieser Jugendlichen türkischer Herkunft ist häufig eine Geschichte von Kränkungen und Zuschreibungen. Viele Kinder türkischer Herkunft erfahren bereits im Kindergarten, dass ihre Kultur in dieser Institution nicht vorkommt, weniger wert zu sein scheint. Ihre Muttersprache dürfen sie in der Schule im „Ergänzungsunterricht" weiterentwickeln, ihre Religion wird als generell bedrohlich und frauenfeindlich wahrgenommen: Der türkische Junge ist, auch wenn er noch so klein ist, ein Macho, das türkische Mädchen per se unterdrückt. Für diese Zuschreibungen sind m.E. vor allem Projektionen der Mehrheitsgesellschaft verantwortlich, was ich jedoch an dieser Stelle nicht weiter erläutern möchte (*vgl. dazu Nestvogel 1994*).
Die Kinder türkischer Herkunft im Ruhrgebiet sind vorrangig Arbeiterkinder. Ihre Väter wurden für den Bergbau aus der türkischen Bergbauprovinz Zonguldak angeworben und wohnen z.T. seit mehr als 30 Jahren im Ruhrgebiet, meistens in zechennahen Siedlungen mit Ghettocharakter. Dort leben mit ihnen nur noch wenige Menschen deutscher Herkunft, die Häuser sind mehr oder weniger renovierungsbedürftig. Diese türkischen Familien haben wenig positive Erfahrungen mit der deutschen Gesellschaft gemacht; selbst verschlossen und eher konservativ, sind sie auch nicht auf die Deutschen zugegangen. Sie gehen nicht zum Elternabend, betreten die Schule überhaupt nur selten.
Die Väter sind gebrochen und müde von der Arbeit im Bergbau, viele sind heu-

te wegen des Zechensterbens arbeitslos. In der deutschen Gesellschaft finden sie sich sprachlich und normativ kaum zurecht, hier sind ihre Kinder kompetenter. Vorbildfunktion haben diese Väter meistens nicht mehr für ihre Söhne, und die Töchter träumen von einem anderen als dem Hausfrauendasein ihrer Mutter. Spätestens mit dem Beginn der Schulzeit ihrer Kinder erleben die Eltern, wie ihnen ihre Kinder mehr und mehr entgleiten, deutsche Normen und Werte übernehmen und entsprechende Ansprüche stellen. Dies führt zu teilweise dramatischen Hilflosigkeitsaktionen der Eltern, Schlägen und Drohungen. Integriert in den Klassenverband einer deutschen Schule, sind diese Kinder mit Lehrerinnen und Lehrern konfrontiert, die der Multikulturalität im Klassenzimmer häufig nicht gewachsen sind, da sie ihr eigenes Verhältnis zu „den Fremden" nicht geklärt haben. Die rassistisch motivierten Gewalttaten der letzten Jahre haben die Situation verschärft. Gerade fortschrittliche Lehrerinnen und Lehrer mit eher sozial-integrativem Führungsstil vermeiden die Auseinandersetzung mit Jugendlichen nicht-deutscher Herkunft, wenn diese Fehlverhalten zeigen, weil sie nicht in den Ruf geraten wollen rassistisch zu sein.

Für alle nicht-deutschen Jugendlichen entsteht so ein Freiraum, notwendige Reibungen und Auseinandersetzungen mit Erwachsenen finden nicht statt oder geraten schnell in eine Dramatik mit politischem Gehalt. Auch fehlen diesen Heranwachsenden Identifikationsfiguren. Die Muttersprachenlehrerinnen und -lehrer entziehen sich der Aufgabe Orientierung und Halt zu geben in der Regel, da auch sie den Enttäuschungsprozess der Migrantinnen und Migranten durchmachen, der im Alter allzu oft von Resignation, Rückzug und Konservatismus gekennzeichnet ist.

Die türkischen Mädchen finden noch eher Ansprechpartnerinnen unter den deutschen Lehrerinnen als die Jungen, vor allem dann, wenn sie zuschreibungsmäßig Hilflosigkeitssignale und Signale von Unterdrückt-sein aussenden.

Die „bedrohlichen" männlichen Jugendlichen werden nach meiner Beobachtung mit ihren Bildungs-, Halt- und Identifikationswünschen allein gelassen. Gruppenbildung oder Hinwendung zu nationalen und/oder faschistischen Organisationen sind u.a. Folge dieser Situation. Der Wunsch die Kränkungen heimzuzahlen und die Abwehr der latenten Angst vor rassistischen Übergriffen beschleunigen diesen Prozess. Hinzu kommt, dass die „Türken-Kurden-Problematik" das Verhältnis zwischen der Mehrheitsgesellschaft und den Türken weiter verschlechtert. Nun nehmen auch die eher xenophilen Deutschen eine tendenziell pro-kurdische Position ein und verurteilen das militante Vorgehen des türkischen Staates gegen die Kurden, eine erneute Kränkung im Verständnis der Türken und vieler türkischer Jugendlicher, die in ihrer seelischen Not der Marginalisierten auf das zurückgreifen, was ihnen augenscheinlich „nur" noch geblieben ist: der Stolz darauf, ein Türke zu sein.

Darstellung der Arbeitseinheiten
In der Diskussion um den Vorfall entsteht der Wunsch, eine Einheit „Rassismus" in diesem Philosophiekurs durchzuführen, wofür ich mich mit der beschriebenen Vorgehensweise anbiete. Ich treffe den Kurs in der Folgezeit jeweils eine Doppelstunde wöchentlich über 5 Schulwochen. Der Kurs setzt sich aus 19

Fortführung des Praxisberichts

Schülerinnen und Schülern türkischer Herkunft (4 Mädchen und 15 Jungen) und 11 Schülerinnen und Schülern deutscher Herkunft (4 Mädchen und 7 Jungen) zusammen.

1. Kurseinheit

Die erste Einheit: Warming up/Aufstellen von Regeln
Wir einigen uns auf zwei Diskussionsregeln:
1. Ich höre zu und akzeptiere die Meinung anderer als den derzeitigen Stand des Auseinandersetzungsprozesses.
2. Ich unterscheide zwischen meinen Fantasien und dem, was ich tatsächlich sehen und hören kann.

Arbeit am Familienwappen
In das vorgegebene Schema eines Wappens tragen die Schülerinnen und Schüler zu folgenden Teilbereichen die Regeln/Normen ihrer Herkunftsfamilie ein:
– Lieblingsessen
– Hobbys
– Festtage
– Religion
– Motto der Familie
– Familienoberhaupt

Im Anschluss daran wird das jeweilige Wappen mit einem anderen Schüler/einer anderen Schülerin besprochen.

Mehrheiten/Minderheiten
Alle Schüler und Schülerinnen stehen in der Mitte des Raumes. Nacheinander treffe ich einige Aussagen. Wer der Aussage zustimmt, begibt sich auf die rechte Seite des Raumes, wer nicht zustimmt auf die linke. Wer unentschieden ist bzw. nichts weiß, bleibt in der Mitte stehen.

Die Aussagen:
– Ich trinke zum Frühstück Kaffee.
– Ich lebe gerne bei meinen Eltern.
– Ich habe Geschwister.
– Ich bin nicht in Deutschland geboren.
– Ich fühle mich in dieser Gruppe wohl.
– Ich hätte gern einen Freund oder eine Freundin.
– Ich hätte gern eine andere Nationalität.
– Ich habe mich schon einmal vor einem Menschen gefürchtet, weil er/sie eine andere Nationalität hat.

Auffällig bei dieser Übung war, dass nur zwei Jungen türkischer Herkunft nicht in Deutschland geboren sind. Sechs deutsche Jugendliche möchten eine andere Nationalität haben. Kanadier möchte ein Junge sein, ein Mädchen ruft fast verzweifelt, sie möchte alles sein, nur nicht deutsch. Über diese Aussage wird lange diskutiert. Es wird deutlich, dass es sowohl die deutsche Geschichte– die NS-

Zeit – wie auch die gegenwärtigen, rassistisch motivierten Gewalttaten sind, die eine positive Identität als Deutsche verhindern. Keiner der anwesenden deutschen Jugendlichen ist stolz darauf, deutsch zu sein, wohingegen alle türkischen Schülerinnen und Schüler eine positive Verbindung zu ihrer Nationalität haben.

Die zweite Einheit: Vorurteile – Rassismus

Ich rufe eine Nationalität auf und die Schülerinnen und Schüler können alles, was ihnen dazu einfällt, assoziieren. Die Übung verläuft laut und lustig. Es ist einfach entlastend, einmal völlig unbefangen alle Vorurteile aussprechen zu dürfen. Mit zwei weiteren Übungen wird verdeutlicht, was Rassismus ist. Als diskriminierende Merkmale werden die Augenfarbe „blau" und die Körpergröße „kleiner als 175 cm" gewählt. Die „Blauäugigen" sind – angeblich wissenschaftlich bewiesen – schlechte Mathematiker/innen, die „Kleinen" verhalten sich – ebenfalls angeblich wissenschaftlich bewiesen – angeberisch und unterdrücken Schwächere. Die nachfolgende Diskussion dreht sich um den vermeintlichen Wahrheitsgehalt und die so genannte Wissenschaftlichkeit.
Einige Schülerinnen beschreiben sehr differenziert ihre Gefühle während der Übung und erklären, dass sie sich nun in die Situation z.B. schwarzer Menschen hineinversetzen könnten.

2. Kurseinheit

Die dritte Einheit: Geschichte und Funktionen des Rassismus

Die Schülerinnen und Schüler arbeiten in Kleingruppen anhand vorgegebener Situationen, die die Geschichte des Rassismus und seine Funktionen in gesellschaftlichen Krisensituationen verdeutlichen sollen. Die Diskussion über die jeweiligen Lösungsvorschläge verläuft heftig. Die Frage, welche Ziele denn die Skinheads mit ihren menschenverachtenden Äußerungen verfolgen, führt nach einiger Diskussion zu der Bemerkung von Murat: „Die werden schon einen Grund haben, wenn sie von dreckigen Juden reden". Empörung bei den anderen. Iris brüllt Murat an: „Du spinnst doch, das sind wohl keine Menschen, was?" Der Angebrüllte zuckt nur die Achseln. Mustafa bemerkt, dass Murat ja immer so rede, auch über die Kurden. Damit ist das Problem „Kurden und ihr Anspruch auf das Gebiet Kurdistan" Vordergrund.

3. Kurseinheit

Es folgt eine Auseinandersetzung über das osmanische Reich und die Gründung des Nationalstaates durch Mustafa Kemal Atatürk. An dieser Stelle wird die Außenseiterposition Murats deutlich, dessen Hasstiraden gegen Kurden auch von den eher nationalistisch eingestellten Türken in der Klasse nicht akzeptiert werden.

Die vierte Einheit: Rassismus – Funktionen, Verankerungen

Anhand eines Übersichtsblattes fassen wir noch einmal zusammen, was Rassismus ist, welche Funktionen er erfüllt und wie dafür Sorge getragen wird, dass er als Kultur- und Deutungsmuster stets reproduziert wird. Dazu wissen die Schülerinnen und Schüler viele Beispiele. Monika und Nursel wollen Werbung sammeln. Hakan erinnert sich an die „Zehn kleinen Negerlein", das Lied, das im Kindergarten gesungen wurde, und ich ergänze aus dem Liedgut „C-A-F-F-E-E,

4. Kurseinheit

trink nicht so viel Kaffee". (*Der Text dieses Kanons lautet: „C-A-F-F-E-E, trink nicht so viel Kaffee, nicht für Kinder ist der Türkentrank, schwächt die Nerven macht dich blass und krank! Sei doch kein Muselmann, der ihn nicht lassen kann!" – ein zweifellos sehr diskriminierender Text.*)

Es folgt ein Arbeitsblatt, auf dem sie die vorgegebenen religiösen, ethnischen und nationalen Gruppen in eine Rangfolge nach Wichtigkeit bringen sollen. Diese Aufgabe bringt einige in Schwierigkeiten. Zwar schreiben alle deutschen Schülerinnen und Schüler und einige türkischer Herkunft auf das Blatt, dass ein solches Ansinnen Blödsinn sei, aber Erkan und Hakan zögern. Eine solche Rangfolge herzustellen sei rassistisch, äußern sie, aber die Griechen und die Türken ... und die Kurden ...? Hier wird deutlich, dass sich ihre emotionale Haltung gegenüber Kurden und Griechen durch das, was sie begriffen haben, noch nicht geändert hat. Immerhin fühlen sie den Widerspruch; da ich sie nicht dränge, geschweige denn eine Entscheidung fälle, wird dieser noch deutlicher.

Das Klima in der Klasse ist nun so vertrauensvoll, dass wir offen über die Widersprüche reden und lachen können. Mit Ausnahme von Murat, der sich mir gegenüber eher schweigend zurückhält, selten heftig losbrüllt, um danach wieder zu schweigen, ist mein Verhältnis zu den Schülerinnen und Schülern offen und freundlich. Ich werde auch zu anderen Problemen befragt, es wird bei Schulhofbegegnungen gewitzelt und das Erarbeitete spielerisch angewandt. Zwei Jungen identifizieren sich mit der militärischen und ökonomischen Macht Amerikas und geben entsprechend Amerika den Rangplatz 1.

5. Kurseinheit *Die fünfte Einheit: Zur Situation der Kurden – Teil 1*
Meine Kollegin aus einer anderen RAA hat mehrfach Kurdistan bereist und sich mit der Geschichte der Kurden auseinander gesetzt. Auf Wunsch aller türkischen Schülerinnen und Schüler und etlicher deutscher will sie nun darüber berichten. Die anschließende Diskussion ist engagiert, leidenschaftlich und macht deutlich, dass es drei Gruppen in diesem Kurs gibt:
– Die türkisch-national eingestellten Schülerinnen und Schüler. Dies ist die größere Gruppe der Schülerinnen und Schüler türkischer Herkunft. Sie behaupten, es gäbe keine kurdische Kultur und keine kurdische Sprache, und verstehen nicht den Anspruch der Kurden auf ein eigenes Land.
– Ein Schüler, der einer islamisch-fundamentalistischen Gruppe angehört und faschistoide Ziele vertritt. Für ihn sind Kurden Untermenschen, die ausgelöscht werden müssen.
– Eine Gruppe, zu der drei Schüler türkischer Herkunft und alle deutschen Schülerinnen und Schüler gehören, ist prinzipiell offen. Sie lassen sich überzeugen, denken nach, fragen.
Die Auseinandersetzung mit dem rechten türkischen Schüler bestimmt den Rest der Stunde. Er darf unzensiert seine Meinung über die Kurden äußern und erntet eine Welle der Empörung von seinen Mitschülern, die ihn aber augenscheinlich nicht mehr erreichen.

Die sechste Einheit: Zur Situation der Kurden – Teil 2

Zu diesem Thema war nach Abschluss der fünften Einheit lange noch nicht alles gesagt worden. Vor allem stand noch der konkrete Reisebericht meiner Kollegin und der dazugehörige Dia-Vortrag aus.

Der Sommer und etliche schulische Termine brachten eine lange Pause mit sich. Schließlich folgte in der letzten Woche vor den Ferien noch ein Termin, bei dem einige Schülerinnen und Schüler auftauchten, die in der fünften Einheit gefehlt hatten, andere wiederum, die dabei gewesen waren, fehlten jetzt. Meine Kollegin und ich waren angesichts dieser Lage frustriert und entmutigt. Wir hatten die begonnene Auseinandersetzung weiterführen wollen, davon konnte wegen der anderen Gruppenzusammensetzung nicht mehr die Rede sein.

Der Dia-Vortrag wurde trotzdem eine wertvolle Erfahrung. Die Bilder von kurdischen Flüchtlingslagern und ausgebrannten Dörfern lösten Mitgefühl und Entsetzen aus.

6. Kurseinheit

Kritische Rückbesinnung

Der Auseinandersetzungsprozess mit dem Thema „Rassismus" ist von mir angeregt und begleitet worden, jedoch keineswegs beendet. Ich bin überzeugt, dass sich einige Schülerinnen und Schüler ernsthaft weiter damit beschäftigen werden, andere werden es vergessen wie andere schulische Inhalte und vielleicht später noch einmal darauf zurückkommen, wenn sie konkrete eigene Erfahrungen zu verarbeiten haben.

Offenkundig war mit diesen Schülerinnen und Schülern über lange Zeit hinweg etwas versäumt worden. Weder waren sie als Gruppe zusammengewachsen, noch war ihre Multikulturalität mit den jeweils spezifischen Fragen und Problemen thematisiert worden. Sie hatten keinen Raum für ihre Fragen, ihre Kränkungs-, Ausgrenzungs- und Identitätsprobleme gehabt. Die banale und gleichzeitig erschütternde Tatsache, dass Unterdrückung und Ausgrenzung aus Menschen Unterdrücker macht, wenn ihnen nicht die Gelegenheit gegeben wird diese Erfahrung zu verarbeiten, bestätigt sich bei vielen Jugendlichen nichtdeutscher Herkunft in Deutschland (*vgl. dazu Bauriedl, 1992*), die Ausgrenzungs- und Unterdrückungserfahrungen teilweise schon von Kind auf gemacht haben. Jede mit „Ausländer raus" beschmierte Wand bestätigt ihnen, dass sie unerwünscht sind.

Rassismus ist keine deutsche Spezialität, die multiethnische, multinationale Gruppe beinhaltet die Chance dies zu verdeutlichen. In dieser Gruppe waren die deutschen Schülerinnen und Schüler sensibel für ihre eigenen rassistischen Haltungen und bereit sie zu überwinden, die türkischen Jugendlichen erkannten, dass Opfer auch Täter sein können. Gemeinsam lernten sie sich besser kennen, wuchsen zusammen in dem Sinne, dass sie ihre Überzeugungen und Haltungen zum Ausdruck bringen konnten und sich gegenseitig mit eben diesen Überzeugungen und Haltungen akzeptieren oder sich dagegen abgrenzen konnten.

Hoffnung auf dauerhaften Reflexionsprozess

LITERATURVERZEICHNIS ZU DEN ABSCHNITTEN 4.2 UND 4.3
BAURIEDL, Thea: Wege aus der Gewalt. Herder. Freiburg i.B., 1992
CASTLES, Stephen: Migration und Rassismus in Europa. In: NIEDERSÄCHSISCHES MINISTERIUM FÜR BUNDES- UND EUROPAANGELEGENHEITEN, 1993. Migration.
Einwanderungspolitik. Ziviler Umgang mit ethnischen Minderheiten. Dokumentation des Kongresses am 4. und 5. September 1992 in Hannover. Oldenburg: INSTITUT FÜR BILDUNG UND KOMMUNIKATION IN MIGRATIONSPROZESSEN.
DITTRICH, J. Eckhard: Das Weltbild des Rassismus. Cooperative Verlag. Frankfurt a.M., 1991
GOVARIS, Christos: Rassismus und Migration. Ist rassistische Praxis bei Migranten möglich? Überlegungen über die Entstehungsbedingungen und Bedeutungen (eventueller) „rassistischer" Denkweisen in der und für die Lebenspraxis der Migranten in der BRD. In: LEIPRECHT, Rudolf: In Grenzen verstrickt. Jugendliche und Rassismus in Europa. Duisburg:DISS, (1995)
HECKMANN, Friedrich: Ethnos, Demos und Nation, oder: Woher stammt die Intoleranz des Nationalstaats gegenüber ethnischer Minderheiten? In: BIELEFELD, Uli: Das Eigene und das Fremde. Junius. Hamburg, 1991
HELD, Josef u.a.: Politische Orientierungen Jugendlicher im vereinigten Deutschland. In: LEIPRECHT, Rudolf : In Grenzen verstrickt. Jugendliche und Rassismus in Europa. Duisburg: DISS, 1995
HOLZKAMP, Klaus: Antirassistische Erziehung als Änderung rassistischer Einstellungen? - Funktionskritik und subjektwissenschaftliche Alternative. In: JÄGER, Siegfried: Aus der Werkstatt: Anti-rassistische Praxen. Konzepte-Erfahrungen-Forschung. Duisburg: DISS, 1994
JÄGER, Siegfried: Der Groß-Regulator. Duisburg: DISS., 1993
KAMPMANN, Bärbel: Handlungsebenen und Interventionsstrategien gegen Rassismus. In: ATTIA, Iman u.a.: Multikulturelle Gesellschaft Monokulturelle Psychologie? Antisemitismus und Rassismus in der psychosozialen Arbeit. DGVT-Verlag. Tübingen, 1995
LEIPRECHT, Rudolf: In Grenzen verstrickt. Jugendliche und Rassismus in Europa. Duisburg: DISS,1995
LEIPRECHT, Rudolf/HELD, Josef:Vergleichende Jugendforschung als internationale Kooperation. In: LEIPRECHT, Rudolf: In Grenzen verstrickt. Jugendliche und Rassismus in Europa. Duisburg: DISS, 1995
LEIPRECHT, Rudolf: Rassismus und Ethnozentrismus bei Jugendlichen. Duisburg: DISS, 1994
MEMMI, Albert: Rassismus. Anton Hain GmbH. Frankfurt a.M., 1992
NESTVOGEL., Renate: „Fremdes" oder „Eigenes"? Freiräume zwischen Ausgrenzung und Vereinbarung. In: NESTVOGEL, Renate: „Fremdes" oder „Eigenes"? Rassismus, Antisemitismus, Kolonialismus, Rechtsextremismus aus Frauensicht. IKO. Frankfurt a. M., 1994
QUINKERT, Andreas und JÄGER, Siegfried: Warum dieser Hass in Hoyerswerda? Die rassistische Hetze gegen Flüchtlinge im Herbst 1991. DISS-Skripte Nr. 4, Duisburg, 1991

4.4 Das Thema „Vorurteil und Rassismus" im Rahmen einer Erzieherfortbildung

Im Rahmen von Erzieherfortbildungen des ECCE-Projektes „Interkulturelle Pädagogik im Elementarbereich" wurde mehrfach das Thema Vorurteile und Rassismus behandelt. In der Regel wurden dafür zwei Tage veranschlagt, um ausreichend Zeit zu haben, das Thema auf drei Ebenen angehen zu können: das Erleben, das Verstehen und das Handeln. *(Zum ECCE – European Centre for Community Education – vgl. auch Kapitel 12.)*

Projektbeispiel aus der Fortbildung

Das Thema Vorurteile und Rassismus löst bei den Teilnehmern einer Fortbildung in der Regel widersprüchliche Empfindungen aus. Es besteht zunächst ein großes Interesse, mehr über die Entstehung und Funktion von Vorurteilen zu erfahren und genauer zu wissen, was alles als Rassismus definiert werden kann, wobei dieses Interesse meist mit der Frage einhergeht, wie Vorurteile abgebaut werden können und wie auf Rassismus reagiert werden kann.

Ambivalenz des Themas zwischen Interesse und Furcht

Daneben besteht bei den Teilnehmern aber auch häufig die offene oder unterschwellige Furcht, dass sie selbst versteckte Vorurteile in sich tragen und von den anderen negativ beurteilt werden könnten. Das führt meist zu einer Zurückhaltung oder Abwehr. Die Annäherung an das Thema wurde deshalb so gewählt, dass mit einer Übung zur unterschiedlichen Wahrnehmung und Beurteilung von Bildern begonnen wurde.

4.4.1 Wahrnehmungsübung: Positive und negative Bildaussagen
Material: Auswahl an ausgeschnittenen Zeitungsbildern

Beschreibung der Fortbildung in sieben Stufen

Jeder Teilnehmer sucht sich ein Bild aus und kommentiert es mit einem positiven Satz, den er auf ein Extrablatt Papier schreibt.
Das Bild wird dem rechten Nachbarn übergeben, der es sich ansieht und einen negativen Kommentar schreibt. Die Bilder werden nun einzeln nacheinander der Gruppe gezeigt und die beiden Kommentare dazu vorgelesen. Anschließend wird mit den Teilnehmern darüber diskutiert, wie sie die Übung erlebt haben, was sie überrascht hat und wovon ihrer Meinung nach die unterschiedlichen Bewertungen abhängen.

Es zeigte sich, dass es möglich war, zu jedem Bild sowohl positive als auch negative Assoziationen und Kommentare zu finden, und dass erst durch einen bestimmten Standpunkt des Betrachters eine Wertung hineinlegt wurde. In der Diskussion ging es darum, dass eine Bildaussage nie wertfrei sein kann. Neben der Art und Weise, wie der Fotograf das Motiv aufgenommen hat, ist auch auch der Kontext desjenigen, der das Bild betrachtet, entscheidend für die Beurteilung.
Wichtig ist es, sich bewusst zu sein, dass die eigene Wahrnehmung kulturell geprägt und beeinflusst ist.

Erkenntnis: Bewusstsein für kulturelle Prägung der Wahrnehmung

4.4.2 Theoretischer Input zu Vorurteil und Stereotyp
Diese Thematik ist bereits ausführlicher in Abschnitt 4.2 angesprochen worden, blättern Sie bei Bedarf noch einmal zurück.

4.4.3 Übung: Erinnerungen an Diskriminierung in der Kindheit

Die Teilnehmer/innen sollten sich zu Paaren zusammenfinden und dann über die Frage nachdenken, welches ihre früheste Erinnerungen an Diskriminierungen oder diskriminierte Personen sind. Jede Person hatte 10 Minuten Zeit, der anderen die Erinnerungen zu erzählen.

In der anschließenden Reflexion im Plenum wurde deutlich, dass fast jeder in der Gruppe Erinnerungen an Diskriminierung schon in der frühen Kindheit hatte. Entweder war er/sie selbst das Opfer von Ausschluss oder Diskriminierung gewesen oder hatte erlebt, dass andere ausgeschlossen und diskriminiert wurden. Betroffen davon waren besonders Personen aus kinderreichen Familien, aus ausländischen oder Flüchtlingsfamilien, aus Sinti- und Romafamilien, aus bestimmten Wohngebieten, Menschen, die anders aussahen als die Mehrheit, die eine andere Religion hatten oder einfach deshalb diskriminiert wurden, weil sie Mädchen oder Frauen waren.

Die Diskriminierungen bestanden darin, dass andere einen ablehnten, dass sie einen ausschlossen und z.B. nicht mitspielen ließen, dass abfällige oder beleidigende Bemerkungen gemacht wurden, dass der Aufenthalt an bestimmten Orten, der Umgang mit bestimmten Menschen verboten wurde und man unter Androhung von Schlägen abgehalten wurde etwas zu tun.

Viele Teilnehmer der Fortbildung konnten sich daran erinnern, dass sie dazu aufgefordert wurden, andere auszuschließen und zu diskriminieren, aber auch an andere Situationen, wo sie selbst zu den Opfern gehörten. Viele konnten sich erinnern, wie auf ihre Fragen, warum sie z.B. nicht mit bestimmten Kindern spielen dürfen, mit Begründungen geantwortet wurde (die sind asozial, schmutzig, die klauen, die stinken, die meinen, sie wären was Besseres etc.), die eindeutig auf Vorurteilen basierten. Die Gefühle, die mit den Diskriminierungen zusammenhängen, waren den meisten noch sehr lebendig und schmerzhaft gegenwärtig.

Erkenntnis:
Vorurteile aber auch positive Einstellungen sind internalisiert

Es wurde deutlich, dass Kinder diskriminierende Einstellungen und Handlungsweisen von den Erwachsenen in ihrer Umgebung vermittelt bekommen und sie dadurch häufig fraglos übernehmen. Vorurteile und diskriminierendes Verhalten werden auf diese Weise schon früh erlernt und internalisiert. Umgekehrt werden so aber auch Einstellungen wie Respekt, Offenheit oder Toleranz erworben.

4.4.4 Trennungsübung: „Wenn du ... dann gehe auf die andere Seite!"

Diese Übung soll die Trennung zwischen Mehrheit und Minderheit aufgrund unterschiedlichster Merkmale deutlich machen, wobei es sich um Zuordnungen handelt, von denen einige im Alltag tatsächlich mit Ablehnung und Diskriminierung verbunden sind, andere jedoch nicht. Die Übung soll dabei vermitteln, welche Gefühle damit verbunden sind, einer Minderheit anzugehören und daraufhin „draußen" zu sein. Sie soll auch die inneren Konflikte deutlich machen, die entstehen, wenn es darum geht, sich öffentlich zu einem Merkmal zu bekennen, das wir für uns eventuell als negativ erleben.

Die Übung sollte möglichst erst dann durchgeführt werden, wenn die Teilnehmer sich bereits etwas vertraut in der Gruppe fühlen, denn sie kann starke Emotionen auslösen.

Alle Teilnehmer stellen sich auf einer Seite des Raumes auf. Die Übung wird vorgestellt und es muss deutlich darauf hingewiesen werden, dass jeder frei darüber entscheidet, wann er auf die andere Seite geht und wann nicht, und dass diese Entscheidung auch gegenüber niemanden erklärt werden muss.

Begonnen wird mit einer Anweisung, die alle betrifft, genauso wird mit einer Anweisung geendet, die die ganze Gruppe auf die andere Seite gehen lässt, um die Übung mit einem einenden Element abzuschließen.

Während der Übung bleiben die, die auf die andere Seite des Raumes gegangen sind, zunächst eine Weile stehen und halten es aus, dem anderen Teil der Gruppe gegenüberzustehen und von ihnen getrennt zu sein. Nachdem sie die Situation auf sich haben wirken lassen, kehren sie zurück und eine neue Anweisung wird gegeben. Während der Übung sollte möglichst nicht gesprochen werden.

Übungstext:
Gehe auf die andere Seite des Raumes, wenn du
… eine Frau bist
… ein Einzelkind bist
… auf dem Land/Dorf aufgewachsen bist
… von Vater oder Mutter allein erzogen wurdest/allein erziehend bist
… Moslem bist
… jüdischen Glaubens bist
… keiner Glaubensgemeinschaft angehörst
… in der Schule sitzen geblieben bist
… lesbisch, schwul oder bisexuell bist
… kleiner als 1,65 m bist
… oder ein Familienangehöriger schon einmal als psychisch krank oder verrückt angesehen wurdest
… oder ein Familienangehöriger im Erziehungsheim oder Gefängnis gewesen bist
… ein Einzelkind bist
… lockige Haare hast
… sichtbare oder versteckte körperliche Behinderungen oder Schwächen hast
… in der ehemaligen DDR aufgewachsen bist
… ein Kind warst
… ein Mensch bist

Bei der Auswertung der Übung wurde geäußert, dass sich bei jedem Einzelnen schnell eine Spannung aufbaute und trotz der Freiheit, eine Frage nicht oder auch falsch zu beantworten, ein innerer Druck entstand. Man wartete mit Spannung darauf, was als nächstes Merkmal genannt wird und ob es einen tatsächlich betrifft und ob es positiv oder negativ besetzt ist.

Die Teilnehmer fanden es meist unangenehm, allein oder als kleine Minderheit auf der anderen Seite zu stehen und sich mit der Mehrheit konfrontiert zu sehen, besonders deutlich dann, wenn es sich um ein Merkmal handelte, das tatsächlich mit Diskriminierung verbunden ist. Einige wenige empfanden dagegen Stolz dabei, sich von den anderen abzuheben, und genossen ihre Rolle als Minderheit.

Eine Teilnehmerin, die sich bei allen Fragen in der Mehrheit wiederfand, war davon unangenehm berührt, denn sie schätzte sich deshalb als eine durchschnittliche Person ein, die sich nicht durch etwas Besonderes von den anderen abhebt und in der grauen Masse untergeht.

Bei Fragen, die in unserer Gesellschaft häufig mit Diskriminierungen (z.B. unsichtbare Behinderungen, psychische Erkrankungen in der Familie) verbunden sind, wurde nicht selten von einem Zögern berichtet, ob man sich vor den anderen dazu bekennt oder nicht. Die Diskussion wurde deshalb auch von einigen genutzt, der Gruppe das sie betreffende Merkmal und die damit verbundenen Erlebnisse zu erklären, weil sie das Bedürfnis empfanden, sich zu rechtfertigen, oder eventuell aufkommende Vermutungen vermeiden wollten. Andere begannen über bestimmte Merkmale und erlebte Diskriminierungen zu sprechen, weil die damit verbundenen Verletzungen, die Wut oder Ohnmacht wieder hochgekommen waren. Ein Teilnehmer berichtete z.B. davon, als Kind sitzen geblieben zu sein, und obwohl er inzwischen beruflich sehr erfolgreich geworden war und akademische Titel erworben hatte, war es ihm wie die Wiederholung eines Alptraums vorgekommen, nach so vielen Jahren dazu zu stehen, dass er als Kind eine Klasse hatte wiederholen müssen.

Bei der Frage nach der Homosexualität gab es in keiner Gruppe eine Meldung, weshalb die Teilnehmer den Schluss zogen, dass es vielleicht niemanden gab, auf den das Merkmal zutraf, oder dass die Diskriminierung im Hinblick auf Homosexualität so einschneidend ist, dass die Betreffenden sich verständlicherweise nicht dazu bekennen wollten. Dagegen wurde eingewendet, dass aber genau diese Haltung es auch verhindert, sich mit Gleichgesinnten zu solidarisieren und größere Anerkennung zu fordern.

In der Diskussion wurde darauf aufmerksam gemacht, dass es Diskriminierungsmerkmale gibt, die sichtbar und offensichtlich sind, sodass eine Person keine Möglichkeit hat, sie zu verstecken oder zu leugnen, so wie das in der Übung möglich war. Hier haben Betroffene keine Wahl, sie müssen sich dem Rassismus stellen und darauf reagieren, wobei diese Reaktionen vom Rückzug ins Private oder in kleine familiäre Gruppen bis hin zur Organisation von politischer Interessenvertretung führen kann.

Erkenntnis: Rassismus prägt sich in verschiedenen Diskriminierungen aus

Es wurde über die verschiedenen Ausprägungen von Diskriminierung gesprochen und festgestellt, dass rassistische Verhaltens- und Einstellungsmuster auch in anderen Formen auftreten (z.B. Sexismus, Antisemitismus, Behindertendiskriminierung). Rassismus bezieht sich auf die Diskriminierung ethnischer Minderheiten, die politisch, ökonomisch und sozial benachteiligt werden, wobei die Diskriminierung sich nicht nur in Einstellungen und Verhaltensweisen Einzelner oder Gruppen äußert, sondern auch in Gesetzen verankert sein kann.

4.4.5 Input zur Definition von Rassismus: Ebenen und Formen

Um zu erklären, welche Ebenen und Formen von Rassismus es gibt, nehmen wir das von Katz entwickelte Schema zu Hilfe, das wir skizzieren und erläutern möchten.

Katz unterscheidet zwischen institutionellen, kulturellen und individuellen Formen des Rassismus.

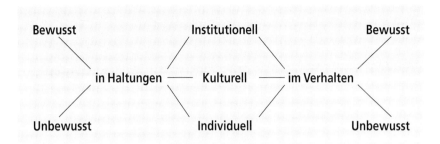

Entnommen aus: Katz, J.: White awareness. A handbook for anti racism training, Oklahoma 1978; Übersetzung und Grafik: Ellen Johann

Zu institutionellen Formen des Rassismus zählen diskriminierende Gesetze und Bestimmungen in den Bereichen Erziehung, Wirtschaft, Soziale Dienste, Politik und Wohnen.
Kultureller Rassismus äußert sich in den Bereichen Musik, Religion, Normen und Bedürfnisse.
Von individuellen Formen des Rassismus spricht man bei diskriminierenden Einstellungen, Äußerungen und Verhaltensweisen einzelner Personen.
Alle diese genannten Formen manifestieren sich – bewusst und unbewusst – in Einstellungen und Verhalten.
Auf der **bewussten Ebene** äußern sich Formen des institutionellen Rassismus als Einstellung, z.B. in der Überzeugung, dass Migrantenkinder eingeschränkte intellektuelle Fähigkeiten aufweisen. Als Verhalten führt dies beispielsweise dazu, dass Kinder von Minderheiten in Schulen außerhalb ihrer Wohngebiete gefahren werden, um zu verhindern, dass der Ausländeranteil in den Schulen dieser Wohnviertel so hoch wird, dass die einheimischen Kinder benachteiligt werden können.
Individueller Rassismus zeigt sich auf der bewussten Ebene als Einstellung, z.B. im Glauben an die genetisch bedingte Unterlegenheit von Schwarzen gegenüber Weißen. Im Verhalten tritt die bewusste individuelle Einstellung etwa im Gebrauch des Schimpfwortes „Nigger" zutage.
Auf der **unbewussten Ebene** verhält es sich ähnlich. Als Beispiel einer unbewussten rassistischen Einstellung kann die Annahme genannt werden, dass einheimisches Personal einer sozialen Einrichtung den Bedürfnissen aller Klienten gerecht wird, während Teamangehörige, die zu ethnischen Minderheiten gehören, sich nur um die Bedürfnisse der Minderheitenangehörigen kümmern sollten.
Als bewusstes Verhalten zeigt sich institutioneller Rassismus etwa im Unterrichten der Geschichte aus nationaler Sicht.
Ein Beispiel für eine unbewusste individuelle Form des Rassismus ist der Glaube an die Gleichbehandlung aller Schüler in einer multikulturellen Klasse, auch wenn wie selbstverständlich nur die Nationalsprache der Mehrheit die Schulsprache ist. Als Beispiel für das unbewusste individuelle rassistische Verhalten kann das Lachen über rassistische Witze genannt werden.

Erkenntnis: Pädagogisches Bemühen muss auf alle Ebenen zielen	Das Schema von Katz verdeutlicht die Vielschichtigkeit und die Dynamik der Ebenen und Formen von Rassismus. Es zeigt aber auch, wie wir systematisch Einstellungen und Verhalten auf den unterschiedlichen Ebenen hinterfragen können und dass sich pädagogische Bemühungen nicht auf eine Form oder Ebene beschränken dürfen.

4.4.6 Gruppenarbeit

Im Anschluss an den vorangegangenen theoretischen Input werden Arbeitsgruppen gebildet, die sich mit folgenden Fragen beschäftigen:

Bezug zur eigenen Praxis
- Wo finden wir Rassismus auf individueller, kultureller und institutioneller Ebene in Bezug auf die Erziehung in Kindertageseinrichtungen?
- Welche Lösungsmöglichkeiten können von uns konkret entwickelt werden?

Bei einer Fortbildung mit Erzieherinnen aus dem Kindertagesstättenbereich wurden folgende Antworten zusammengetragen:

Diskriminierungen und Rassismus auf institutioneller Ebene in Rheinland-Pfalz

Beispiele für Antworten
- Die Möglichkeit zur Einstellung einer zusätzlichen muttersprachlichen Kraft in einer Kindertageseinrichtung in RLP beruht lediglich auf einer Kann-Bestimmung, sodass kein Anspruch auf Beschäftigung einer muttersprachlichen Mitarbeiterin geltend gemacht werden kann.
- Es gibt keine Schulpflicht oder das Recht auf Schulbildung für Kinder von Asylbewerbern.
- Ausländische Erziehungskräfte nichtchristlicher Religionszugehörigkeit dürfen in in der Regel in kirchlichen Kindertageseinrichtungen nicht oder nur im Ausnahmefall eingestellt werden.
   Interkulturelles Lernen und der Erwerb interkultureller Kompetenzen sind im Lehrplan von Erzieherinnen nur am Rande vorgesehen.
- Die Arbeitsverträge der muttersprachlichen Zusatzkräfte sind meist befristet, weil deren Bezuschussung an eine unbestimmte Anzahl ausländischer Kinder gebunden ist, die die Einrichtung besuchen, und jährlich überprüft wird.
- Bei der Anerkennung von im Ausland erworbenen beruflichen Qualifikationen treten häufig Probleme auf.
- Trotz Aufklärungspflicht der öffentlichen Ämter (hier Sozial- und Jugendamt) ist es oft schwierig, Informationen über Rechte und Möglichkeiten der Migranten zu bekommen; Übersetzungen in die Muttersprachen der Migranten sind sehr selten.

Diskriminierungen und Rassismus auf kultureller Ebene
- Bei offiziellen Veranstaltungen und Festen werden stets ländertypische Vorführungen und Speisen von den Migranten erwartet.
- Große Unwissenheit und dementsprechend wenig Rücksichtnahme im Hinblick auf die Feste und Feiergestaltung (z.B. Bayram) der Migranten.

- Rassismus in traditionellen Kinderliedern, Beispiel: Zehn kleine Negerlein.
- Die Auswahl an praxisorientierter interkultureller Literatur ist gering.
- Kinderbücher, Audio- und Videocassetten mit muttersprachlichen Liedern oder Spielen sind kaum zu bekommen.
- Der interkulturelle Schwerpunkt in der pädagogischen Arbeit liegt oft einseitig bei Festen und Tänzen.
- Eigene kulturelle Normen und Werte werden häufig selbstverständlich auf die ausländischen Familien übertragen.

Diskriminierungen und Rassismus auf individueller Ebene
- Eltern oder Erzieherinnen halten ausländische Kinder für einen Nachteil für die deutschen Kinder und ein Problem für den Kindergarten.
- Migrantenkinder sollen im Kindergarten deutsch sprechen.
- Gruppenbildung gleichsprachiger Kinder wird unterbunden.
- Erzieherinnen sprechen „Ausländerdeutsch".
- Die Gestaltung des Kindergartens spiegelt nicht die multikulturelle Zusammensetzung der Kinder wider.
- Es gibt keine Spielmaterialien, Kinderbücher, Cassetten, die die kulturelle Herkunft der Kinder berücksichtigen.
- Muttersprachliche Kräfte im Team haben Sonderaufgaben und werden nicht als gleichberechtigt anerkannt.
- Die interkulturelle Arbeit wird als speziale Aufgabeauf die muttersprachliche Kollegin abgewälzt und nicht als Angelegenheit des Teams betrachtet.
- Ausländische Eltern werden aufgefordert mit ihren Kindern deutsch zu sprechen.
- Namen werden nicht richtig ausgesprochen.

Auf die Frage, welche Lösungsmöglichkeiten konkret entwickelt werden können, entstanden folgende Vorschläge:
- Elternarbeit intensivieren und interkulturell gestalten: Einladungen mehrsprachig, mündliche Einladungen, Möglichkeit zum informellen Treffen und Gesprächen im Kindergarten schaffen, Elternabende nach Wunsch mit muttersprachlichen Arbeitsgruppen.
- Erzieher lernen eine oder mehrere Sprachen der Migrantenkinder.
- Die Träger müssen mit interkulturellen Ideen bekannt gemacht werden.
- Ausländische Mitarbeiter sollen nicht nur für die Kinder der eigenen Sprache oder Kultur zuständig sein, sondern auch pädagogische Aktivitäten für die anderen Kinder anbieten.
- Möglichkeiten der interkulturellen Fortbildung sollen verstärkt wahrgenommen werden und andere Kollegen sollen darauf aufmerksam gemacht werden.
- Verstärkte Zusammenarbeit mit verantwortlichen Institutionen (Ausländerbeirat/Schulen) suchen.
- Interkulturelles Lernen soll Teil der Konzeption werden.

4.4.7 Dramatisierung und Erarbeitung möglicher Reaktionen auf den alltäglichen Rassismus

Die Teilnehmer der Fortbildung werden gebeten selbst erlebte diskriminierende Erfahrungen zu schildern. Diese Situationen wurden von den Betroffenen und von ihnen gewählten Mitspielern in Rollenspielen vorgeführt. Danach wurde ausprobiert, welche alternativen Möglichkeiten zu reagieren es gibt und wie sich durch unterschiedliche Reaktionen die Situationen und Gefühle der Beteiligten verändern. Jeder Fortbildungsteilnehmer konnte während des Rollenspiel unterbrechen und eine der Rollen übernehmen, um seinen Lösungsvorschlag vorzuführen. Die gezeigten unterschiedlichen Möglichkeiten wurden diskutiert.

Ermutigung: Sich gegen Diskriminierung zu wehren bringt Erfolg

Es wurde deutlich, dass viele in der Gruppe rassistische Äußerungen oder Verhaltensweisen gegen sie selbst oder andere ignorieren, weil sie sich oft nicht in der Lage fühlen sich angemessen zur Wehr zu setzen und Angst vor Gegenreaktionen hatten. Die gespielten Beispiele zeigten eindringlich das Entwürdigende und Verletzende von Diskriminierungen, wie sie alltäglich geschehen. Die Rollenspiele machten Mut und gaben Anstöße sich gegen Diskriminierungen zu wehren oder anderen beizustehen. Es war verblüffend, wie schnell eine Situation zu Ungunsten des Rassisten umkippen konnte, wenn nur laut und deutlich Stellung bezogen wurde.

LITERATUR ZUM ABSCHNITT 4.4

BROEK, van de Linda: Am Ende der Weisheit. Berlin, 1993, 2. überarb. Aufl.
AGOSTO, Boal: Theater der Unterdrückten. Frankfurt, 1989

5 Wahrnehmen lernen

Im Folgenden werden wir die Wahrnehmungsschulung zunächst anhand einiger Beispiele aus der Erzieheraus- und fortbildung erörtern, um dann (in Kapitel 6) ein interkulturelles Sensibilisierungstraining vorzustellen, das in der Aus- und Fortbildung erprobt wurde und Erzieher und Erzieherinnen für das eigene Gewordensein in Bezug auf das Fremde und die Fremden sensibilisiert.

Die Aufgabe „Wahrnehmen lernen" setzt voraus, dass die pädagogische Rolle subjektiv und objektiv übernommen worden ist und Motivation besteht, die Voraussetzungen für gezielte pädagogische Arbeit mit Kindern und Jugendlichen zu schaffen und zu überprüfen. Wahrgenommenes ist der Ausgangspunkt für pädagogisches Handeln, es schafft pädagogische Anlässe. Die alltägliche Kompetenz des Sehens und Beobachtens muss transformiert werden in eine pädagogisch gerichtete Fremdwahrnehmung, sozusagen einen „pädagogischen Blick". Hierzu gehören:

Rollenakzeptanz vorausgesetzt

Pädagogisch gerichtete Fremdwahrnehmung

- Kognitive Sicherheiten, z.B. das Wissen um das Zustandekommen typischer interkultureller Konflikte.
- Affektive und emotionale Sicherheiten, z.B die Bereitschaft scheinbar „richtige" Wahrnehmungen dennoch kritisch zu hinterfragen. Die unhinterfragte Gewissheit des „richtigen" Verstehens und Beobachtens ist oft disfunktional für eine gelingende interkulturelle Kommunikation. Es muss eine Balance hergestellt werden zwischen dem selbstverständlichen Gefühl richtig zu verstehen und der ständigen „Erwartung" von subjektiv gefärbten Eindrücken und darauf basierenden Kommunikationsmissverständnissen.
- Praktische Sicherheit, z.B. die Identifikation von pädagogischen Anlässen, Fähigkeit der teilnehmenden Beobachtung und der Reflexion des eigenen Handelns.

5.1 Protokollieren und Reflektieren von Handlungssituationen

Am Beispiel einiger Geschichten, die Schüler und Schülerinnen im Rahmen ihrer Erzieherausbildung verfasst haben, wird im Folgenden verdeutlicht, wie sich die pädagogisch gerichtete Wahrnehmungsfähigkeit zunehmend durch das Protokollieren von Interaktionen und deren Reflexion entwickelt.

Entwicklung von Fremdwahrnehmung durch Protokollieren

Die Geschichte in Beispiel 1 wurde zur Aufgabenstellung „Kontakt aufnehmen" festgehalten.

Beispiel 1

Ich trage gerade Mustafa (6 Jahre) auf meinen Schultern durch den Raum. Wir kommen an den Weihnachtsmännern, die als Wandschmuck an der Wand hängen, vorbei. Er: „In Marokko gibt es keine Weihnachtsmänner." Ich: „Du kommst aus Marokko! Ich dachte, du wärst Türke." Er: „Nee. In Marokko ist es immer warm. Nicht wie hier." Ich: „Warst du denn überhaupt schon mal in Marokko?" Ich frage ihn das deshalb, weil er ein einwandfreies Deutsch spricht und es ja viele ausländische Kinder gibt, die noch nie in ihrem „Heimatland" waren. Er: „Natürlich. Schon fünfmal, mit dem Flugzeug, immer wenn Ferien sind." Ich: „Erzähl doch mal von Marokko. Ich würde ja auch mal gern dahin fahren." Darauf fängt er an mir zu erzählen und ich erfahre, dass seine Großeltern in Marakkesch wohnen, dass es dort viele Autos gibt und dass er schon mal in einer Wüste war. Ich: „Ich habe schon mal richtig marokkanisch gegessen, Couscous, hat eine marokkanische Mutter mal gekocht." Er: „Couscous essen wir auch oft." Ich: „Mit Kürbis und Milch?" Er: „Nee, das ist doch nicht Couscous." Er fängt an mir sein Couscous-Gericht zu erklären, mit Hammelfleisch und einer braunen Soße. Ich. „Weißt du, was ich bei mir zu Hause habe? Eine echte Trommel aus Marokko." Er: „Trommelst du auch?" Ich nicke. Er: „Ich auch. Wir haben auch welche, eine kleine und eine große." Es stellt sich heraus, dass wir die gleichen Trommeln zu Hause haben. Darauf frage ich ihn, ob wir mal zusammen trommeln sollten. Womit er einverstanden ist. Leider ging es an dem Tag nicht mehr, da schon eine andere Aktion geplant war. Da es der vorletzte Tag war, muss das Trommeln im nächsten Praktikum nachgeholt werden.

Der Praktikant reflektiert in einem Gespräch mit seiner Praxisanleitung diese Szene und stellt dabei zunächst fest, dass er sich bereitwillig auf die Thematik des Kindes eingelassen und dabei auf „nicht-pädagogische", sondern „natürliche" Weise nachgefragt habe (Warst du denn überhaupt schon mal in Marokko?). Dadurch habe er das Kind animiert ausführlicher von seinem Heimatland zu erzählen.

Der Praktikant wird darauf hingewiesen, dass gerade seine offensichtliche Unwissenheit (Erzähl mir doch mal von Marokko. Mit Kürbis und Milch?), die er auch nicht zu verbergen versucht, in dieser Situation ein entscheidender kommunikativer Faktor zu sein scheint. Hätte er versucht die „dummen Fragen" zu vermeiden oder sich gar als „Marokkoexperte" zeigen wollen, wäre die Motivation des Kindes den unwissenden Deutschen zu informieren und aufzuklären nicht aufgekommen. Das Kind trifft auf einen aufmerksamen, nicht belehrenden und nicht wertenden Zuhörer, der ihm das Gefühl der thematischen Überlegenheit (zusätzlich noch symbolisiert durch das Sitzen auf den Schultern) und des Experten für seine Herkunftskultur zuspricht.

Die Reflexion seiner „Methode" des Kontaktaufnehmens ist für die weitere Entwicklung des Praktikanten deshalb bedeutsam, weil sie ihm die Sicherheit vermittelt schon etwas zu können. Gleichwohl muss ihm bewusst gemacht werden, dass die Tragfähigkeit einer solchen Handlungsweise auch von situativ sich verändernden Faktoren abhängig ist, z.B. reagiert jedes Kind verschieden auf die Kontaktaufnahme.

In der Geschichte in Beispiel 2 sollte die Schülerin sich zum Thema „Ein Spiel anleiten" äußern.

Beispiel 2

Am Dienstag spielte ich mit Andy (5;8 Jahre), Şahin (4;7 Jahre) und Sabrina (4;2 Jahre) im Freispiel das Spiel „Schnipp-Schnapp". Es ist ein Kartenspiel, auf den Karten sind verschiedene Gegenstände bzw. Motive abgebildet. Ein Spieler hat die Karten vor sich liegen und deckt nacheinander diese Karten auf. Erscheint ein Paar, müssen die Mitspieler schnell mit der Handfläche auf diese Karten schlagen und „Schnipp-Schnapp" sagen. Wer zuerst reagiert hat, erhält das Pärchen. Zum Schluss werden die Karten gezählt oder die Höhe des Stapels verglichen (je nachdem, ob die Kinder schon zählen können) und wer die meisten Karten hat, hat gewonnen.

Vor Spielbeginn einigten wir uns, dass zuerst ich die Karten aufdecken sollte, anschließend Şahin, Sabrina und zum Schluss Andy.

Bei diesem Spiel habe ich schon häufig beobachtet, dass die Kinder sich nicht einigen können, wer denn nun der Schnellste war und somit das Paar bekommt. Şahin schrie deshalb oft Andy und Sabrina an, denn er meinte, dass er schneller als sie gewesen wäre, obwohl dies nicht der Fall war. Ich versuchte deshalb zu erklären: „Şahin, schau mal, du warst zwar auch sehr schnell, aber Andy war etwas schneller als du. Guck (und ich zeigte auf Andys Hände), Andys Hände liegen direkt auf den Karten, deine Hände liegen jedoch auf Andys Händen und nicht direkt auf den Karten. Daran kann man sehen, dass Andy schneller war als du." Ich merkte, dass Şahin meine Erklärung verstand und akzeptierte (Da Şahin noch sehr schlecht deutsch spricht, muss man schon sehr darauf achten, ob er uns verstanden hat. Meistens erkennt man das an seiner Gestik und Mimik bzw. an seinen Reaktionen. Obwohl es manchmal wirklich schwierig ist, es abzuschätzen, ob er die Erklärungen auch wirklich verstanden hat), denn er wiederholte: „Andys Hände liegen zuerst auf den Karten." Er gab Andy die Karten und das Spiel ging weiter. Als Şahin die Karten verteilte, wiederholte sich die geschilderte Situation. Andy und Sabrina konnten sich nicht einigen, wer zuerst die Karten geschnappt hatte. Beide schauten mich an und erwarteten Antwort. „Wer war zuerst?", fragte Sabrina mich erwartungsvoll. „Das kann ich dir nicht sagen, weil ich ja selber mitgespielt und auf die Karten geachtet habe. Frage doch mal Şahin." Dieser grinste übers ganze Gesicht und freute sich sichtlich, dass er nun die Rolle des Spielleiters übernehmen durfte und seine Beobachtung in erster Linie entscheidend sein sollte. Er nahm diese Rolle sehr ernst und erklärte seine Aussage so, wie ich es zuvor gemacht hatte, und er lobte uns. Plötzlich entdeckte Andy zwei gleiche Karten, die jedoch etwas weiter auseinander lagen. Deshalb beugte er sich hastig nach vorne, um das Pärchen noch vor uns (Sabrina und mir) zu erwischen. Dabei fiel jedoch der Kartenstapel um, den Sabrina vor sich liegen hatte. Bevor ich einlenken oder erklären konnte, hob Şahin die Hände und schlug sie Andy ins Gesicht. Ich sah Şahin die Empörung und Wut, die er hatte, an und konnte mir eine Erklärung denken. Andy war so überrascht und irritiert, dass er nichts sagen konnte und mich mit großen Augen ansah.

Noch im gleichen Moment, als Şahin Andy schlug, nahm ich Şahins Hand und wollte ihn aufhalten. Leider konnte ich nicht verhindern, dass der Schlag Andy traf, aber ich habe anschließend versucht den Kindern diese Situation zu erklären bzw. mit ihnen darüber zu reden. (Auch für mich selbst war dieses Gespräch wichtig, denn so konnte ich erfahren, ob meine Deutung richtig war.)

„Şahin, warum hast du den Andy geschlagen?", frage ich und schaute Şahin überrascht an. „Weil ..., weil er hier umgeschmissen hat!" Er schaute Andy wütend an, sprach aber ruhig und leise. Ich wartete auf eine Reaktion bzw. Antwort von Andy, jedoch schaute dieser mich nur an und sagte nichts. Um Şahin die Situation zu erklären sagte ich in ruhigem Ton: „Du, Şahin, ich weiß, dass Andy die Karten nicht mit Absicht umgeworfen hat, denn er wollte doch nur das Kartenpaar haben. Und weil die Karten so weit weg lagen, musste er sich weit nach vorne beugen und hat dabei aus Versehen den Stapel umgeworfen." Da ich wusste, dass Şahin nicht sehr gut Deutsch spricht, versuchte ich zusätzlich Mimik und Gestik einzusetzen. „Şahin", fuhr ich fort, „guck mal, das tut dem Andy bestimmt weh, wenn du ihn haust. Und ich möchte nicht, dass Kinder geschlagen werden, denn wir sind doch Freunde und spielen zusammen." Şahin nickte. Ich hatte eigentlich mit einer Reaktion von ihm gerechnet, z.B. dass er Andy zeigt, dass es ihm Leid tut, doch das war nicht der Fall. Deshalb sagte ich: „Was können wir denn jetzt machen? Guck mal, der Andy ist bestimmt noch traurig!" Şahin schaute jetzt zu Andy.

Ich merkte, dass Şahin nicht wusste, was er jetzt machen sollte, deshalb sagte ich: „Vielleicht sagst du ihm, dass es dir Leid tut, oder tröstest ihn?" Şahin schaute mich an, beugte sich zu Andy und flüsterte ihm etwas ins Ohr. Andy lächelte und nickte. Şahin hob die Karten auf und wir spielten weiter.

Die Praktikantin stellt in ihrer Reflexion die schwierige Lage des Jungen Şahin heraus. Sie betont die sprachliche Problematik und erläutert, warum sie dem Jungen eine besondere Rolle im Spiel zuweist (Schiedsrichter), die er auch ohne Sprachkenntnisse wahrnehmen kann. Sie wollte sein Ansehen in der Kleingruppe dadurch steigern, damit sich seine verzweifelten sprachlosen, z.T. aggressiven Versuche am Spiel teilzunehmen erübrigen. Sie betont, dass sie im zweiten Teil der Situation nicht strafen, sondern Hilfestellung zum Erkennen der Hintergründe des situativen Kontextes geben wollte. Sie reagierte so, weil sie die Perspektive wechselte (sie versetzt sich in die Lage des Kindes) und nicht moralisierte.

Durch die Reflexion erkennt die Praktikantin, dass die von ihr in der Situation aufgebrachte Geduld und ihre Fähigkeit nicht zu moralisieren, sondern mit einem „pädagogischen Blick" für die möglichen Motive (Gefühle) des Kindes, letztlich entscheidend für den Verlauf der Interaktion waren.

Die Szenen in Beispiel 3 entstammen einem umfassenderen Handlungsplan, den die Praktikantin auf der Basis ihrer Wahrnehmungen entwickeln sollte.

Beispiel 3

Vorbemerkung: Lisa (5;1 Jahre) bringt jeden Morgen ein Spielzeug mit in den Gruppenraum. Sie spielt so lange allein damit, bis ihre Freundin Paula (4;9 Jahre) kommt. Da diese meist erst sehr spät kommt, wartet Lisa stets recht lange. Sie hockt dann abseits auf dem Spielteppich, kämmt ihrer Puppe die Haare und vergisst anscheinend die Welt um sich herum. Wenn ich auf sie zugehe und sie frage, ob sie mit mir spielen möchte, schüttelt sie nur den Kopf und kämmt weiter. Die Situation morgens ist zusätzlich diese, dass die türkischen Kinder sehr früh in den Kindergarten kommen und dann meist in der Mehrzahl sind. Sie unterhalten sich in ihrer Muttersprache und wenn viele Freunde aufeinander treffen, wird es schon einmal lauter:

Szene 1: Es war im Freispiel am Spielzeugtag, d.h. die Kinder können ein Spielzeug von zu Hause mit in die Gruppe bringen. Lisa hatte ihr Memory mitgebracht. Ich spielte zuvor mit türkischen Mädchen, die aber dann frühstücken gingen. Meinen Platz hatte ich auf dem Spielteppich neben Lisa. Sie fragte mich auf einmal, ob ich mitspielen möchte. Dies bejahte ich freudig, denn es war das erste Mal, dass sie mich ansprach. Wir verteilten gemeinsam die Karten und wollten gerade anfangen, als Jenny und Gülgün hinzutraten. Jenny fragte mich, ob sie mitspielen könne. Ich antwortete, dass sie Lisa fragen müssen. Gülgün sagte, sie wolle auch mitspielen. Ich: „Dann fragt beide Lisa, denn ihr gehört das Spiel." (Ich bezog mich damit auf eine Regel im Kindergarten, dass die Kinder; denen das Spiel gehört, die Mitspieler auswählen können).
Lisa zu Jenny: „Kannst mitspielen." Ich: „Und Gülgün?" Lisa: „Die nicht!" Ich: „Warum denn nicht?" Lisa gab mir keine Antwort und reagierte nicht. Ich bestimmte dann: „Klar kann Gülgün auch mitspielen. Zu viert macht es doch mehr Spaß!" Sie widersprach mir nicht, doch nach dem ersten Durchgang wollte sie kein weiteres Spiel mitspielen. Jenny und Gülgün holten ein anderes Memory aus dem Regal und Lisa stand auf und ging weg.

Szene 2: Lisa baut mit ihrer Freundin Paula auf dem Bauteppich. Ich beobachte die beiden eine Weile, während ich ein anderes Spiel mitspiele. Ab und an werde ich von meiner Beobachtung abgehalten und schließlich werde ich auf folgende Situation aufmerksam:
Pinar spielt am Ende des Bauteppichs mit Murmeln. Als die beiden Mädchen meinen Blick sehen, ruft Paula mir zu: „Die stört uns!" Lisa wen-

det sich von Pinar ab und guckt ebenfalls zu mir. nicht. Die soll weg!" Ich: „Das müsst ihr Pinar
Ich: „Dann sag das der Pinar." Paula spricht zu selbst sagen. Ich werde sie nicht wegschicken.
Pinar, doch sie lächelt nur. Paula: „Die geht aber Schaut mal, sie spielt doch nur auf der Ecke."

Die Praktikantin spricht an anderer Stelle (des längeren Berichtes, aus dem die Szenen entnommen wurden) davon, dass das Kind Lisa ihrer Einschätzung nach generell etwas gegen die ausländischen Kinder in der Gruppe habe. Außerdem bezeichnet sie das Kind als sehr zurückhaltend und kontaktarm. Die Protokollantin ist so beeindruckt von Situationen ähnlicher Art, dass sie von einem verhaltensauffälligen Kind spricht. Ihre Meinung, das Kind „habe etwas gegen Ausländer" und ihre „Wahrnehmungs-Bausteine" nimmt sie zum Anlass, einen auf das Problem des Kindes zugeschnittenen Handlungsplan zu entwickeln, der zum Ziel hat, die Kontaktfreude zu wecken und einige Elemente der türkischen Kultur positiv erlebbar zu machen, z.B. durch gemeinsames Backen von türkischen Teigtaschen. Das Kind ließ sich auch auf die Back-Angebote in Kleingruppen ein, bei denen auch türkische Kinder beteiligt waren und die Freundin des Mädchens nicht jedesmal anwesend war. Die Praktikantin stützte sich bei ihren Aktivitäten auf theoretisches Wissen aus der Entwicklungspsychologie und siedelte die Begegnungen mit der anderen Kultur auf der affektiven Ebene an.

Es war zu beobachten, dass das Backen durchaus als lustvolles Tun angenommen, das Verzehren der Teigtaschen jedoch abgelehnt wurde, weil der Geschmack zu fremd war. Allerdings blieb das Kind dabei, als die anderen (auch türkischen Kinder) ihr Gebackenes aßen.

Die Praktikantin wählte auf der Grundlage ihrer Wahrnehmungen einen wirkungsvollen pädagogischen Ansatz, indem sie nicht belehrend agierte (z.B. durch spontane Reaktionsweisen in den einzelnen beobachteten Situationen), schließlich war sie sich ihrer Wahrnehmung und deren Deutung (Ablehnung von Ausländern) nicht völlig sicher. Gleichzeitig nahm sie aber eine weitere Besonderheit bei dem Kind wahr, nämlich die Kontaktarmut, welche sie dann für ihre Aktivitätsangebote aufgriff und mit der Begegnung mit der anderen Kultur verband. Für das Kind lag das Erfolgserlebnis darin, sich für andere Kinder und neue Kleingruppen geöffnet zu haben, wobei der Begegnungsaspekt ein unauffälliger Nebeneffekt war. Aufgrund ihrer guten Wahrnehmungsfähigkeit zeigte diese Praktikantin bereits eine weit entwickelte Handlungskompetenz, wobei insbesondere das Misstrauen gegenüber den eigenen Deutungen hervorzuheben ist.

Kompetenzgrad der Wahrnehmungsfähigkeit

In den drei vorgestellten Geschichten tritt bezüglich der Wahrnehmungsfähigkeit ein unterschiedlicher Kompetenzgrad zutage.

Die erste Situation (Marokko) ereignete sich in einem recht frühen Stadium der Ausbildung. Hier bilden die Spontaneität in der Kontaktaufnahme, die Unbefangenheit im Gespräch und das echte Interesse an der anderen Kultur wohl ein ideales Zusammenspiel, um eine Beziehung herzustellen.

1. Spontaneität, Unbefangenheit

In der zweiten Situation (Kartenspiel) lässt die Praktikantin sich bereits eindeutig von einem pädagogischen Handlungsinteresse leiten. Hierbei beweist sie viel Einfühlungsvermögen in die Bedürfnislage des Kindes und Flexibilität, um sich auf die Ausdrucksmöglichkeiten des Kindes einzustellen.

2. Handlungsinteresse mit Einfühlung

3. Weit reichende Zielsetzung mit komplexer Interaktion

Das dritte Beispiel (Szenen) stammt von einer Praktikantin, die sich bereits am Ende der Ausbildung zur Erzieherin befindet. Sie setzt sich, ausgehend von ihren Wahrnehmungen, eine weiter reichende Zielsetzung und stellt einen komplexeren Interaktionszusammenhang her, um den Erfahrungsraum des Kindes zu erweitern.

In allen Entwicklungsstadien der Wahrnehmungskompetenz ist wesentlich, dass die Erzieherin die von ihr verlangte katalytische Funktion in Konfliktsituationen oder in anderen Situationen der Begegnung von Angehörigen unterschiedlicher Kulturen nur erfüllen kann, wenn sie ihren eigenen Blick nicht durch unerkannte Vorurteile verstellt hat und kulturelle Besonderheiten akzeptiert. Bleibt sie in ihrem eigenen Ethnozentrismus befangen (*vgl. Nieke, a.a.O.*), so wird es ihr nicht gelingen können, zwischen den unterschiedlichen Sichtweisen, Bedürfnissen und Bewertungen zu vermitteln.

5.2 Simulieren und Reflektieren von Problembereichen

Erfahrung aus Rollentausch

Wie stark das, was wir aus unserer Erfahrung heraus verallgemeinern, ethnozentristisch geprägt und nicht auf andere übertragbar ist, wird deutlich, wenn Situationen geschaffen werden, in denen die gewohnten Rollen getauscht werden.

Bei der Zusammenarbeit mit fremdsprachigen Eltern beklagen Erzieherinnen häufig, dass sich die Eltern bei Elternabenden oder anderen Treffen sehr zurückhaltend geben, sich wenig an der Diskussion beteiligen und dass es schwierig wäre, diese Eltern zu aktivieren. Nicht selten passiere es auch, dass Eltern zu weiteren Treffen nicht mehr kommen oder sich in einer Gruppe Gleichsprachiger zurückziehen. Interpretiert wurde dieses Verhalten zum Teil mit mangelnden Deutschkenntnissen und der damit verbundenen Scheu, sich in einer mehrheitlich deutsch sprechenden Gruppe zu äußern, aber auch mit der Vermutung, dass die Eltern sich nicht für die Themen interessieren. Im Grunde wurden die Eltern für das Problem verantwortlich gemacht.

Bei einem Fortbildungstreffen einer Arbeitsgemeinschaft hauptsächlich deutscher Erzieherinnen sollte versucht werden eine andere Wahrnehmung der Situation zu ermöglichen. Zu diesem Zweck hatten wir mit einem türkischen Kollegen eine Übung vorbereitet. Es handelte sich um eine Art Planspiel: Wir

Beispiel: Elternabend in fremder Sprache

simulierten einen Elternabend nur in türkischer Sprache, der die Vorstellung eines Kindergartens und die wichtigsten Aspekte der pädagogischen Konzeption zum Inhalt hatte. Außerdem sollten die „Eltern" Gelegenheit zum gegenseitigen Kennenlernen erhalten. Der türkische Erzieher hatte zur Erläuterung und optischen Hilfestellung Plakate mit Diagrammen und Fotos und ein Spiel „Mein rechter Platz ist frei, ich wünsche mir Frau/Herrn X herbei" in türkischer Sprache vorbereitet. Die Gruppe der Erzieherinnen wurde als Teilnehmer des Elternabends begrüßt, der Ablauf erläutert und die Übung nahm ihren Verlauf.

Die Veranstaltung dauerte ca. 2 Stunden. Danach fand eine Auswertung statt, bei der es darum ging, die Reaktionen und Gefühle, die die Situation ausgelöst hatte, herauszufinden. Die teilnehmenden türkischen Erzieherinnen in der Gruppe hatten sich durchweg gut gefühlt, sich an dem Gespräch mit Fragen und Diskussionsbeiträgen beteiligt und gelassen die Veranstaltung genossen. Sie waren neugierig, wie die deutschen Kolleginnen die Umkehrung der üblichen Situation empfunden hatten.

Für die Mehrzahl der deutschen Erzieherinnen war es eine neue Erfahrung gewesen, in einer Gruppe zu sitzen und nicht zu verstehen, was der Moderator und andere Teilnehmer der Veranstaltung sagten. Einige Kolleginnen, besonders die, die einige Worte Türkisch kannten, erzählten, dass sie sich darauf konzentrierten, bekannte Begriffe herauszuhören, und sich Mühe gaben, mit Hilfe der Zeichnungen und Bilder dem Inhalt des Gesprächs zu folgen. Es gab dabei Erzieherinnen, die sich ziemlich lange durch die Situation faszinieren ließen, aber sich ganz stark konzentrieren und anstrengen mussten, um nicht abzuschalten. Sie waren am Ende der Übung „total geschafft" und müde. Andere gaben an, dass sie sich schon bald überfordert fühlten und es aufgaben, dem Geschehen folgen zu wollen. Sie langweilten sich, fühlten sich überflüssig oder fragten sich, was sie eigentlich in dieser Situation verloren hätten und ob es nicht besser wäre zu gehen.

Andere erzählten, dass sie sich ungemein dumm vorkamen und zunehmend stiller und zurückhaltender verhielten, denn sie wollten auf keinen Fall irgendwie auffallen und vom Moderator angesprochen werden. Sie empfanden die Situation als unangenehm bis unerträglich. Einige Erzieherinnen verhielten sich ebenfalls still, doch in ihnen steigerte sich allmählich eine Ungehaltenheit und Wut auf die Situation und auf die anderen Teilnehmer, die sie nur schwer unterdrücken konnten und die sich in häufigem Gähnen Ausdruck verschaffte. Die Mehrzahl der deutschen Erzieherinnen empfanden das „Kennenlernspiel", bei dem sie einen türkischen Satz sagen sollten, als schrecklich. Wenn auch einige wenige es als abwechslungsreich und positiv empfanden, selbst etwas tun zu dürfen/müssen, so waren doch viele so gehemmt und blockiert, dass es ihnen kaum möglich war, sich auf das Spiel zu konzentrieren, und sie wären am liebsten geflüchtet. Eine Erzieherin äußerte, dass sie wohl nie mehr ein derartiges Spiel beim Elternabend einsetzen würde. Sie war bisher der Meinung gewesen, dass ein Satz in Deutsch nun wirklich nicht zu viel verlangt sei von ausländischen Eltern, aber nach der umgekehrten eigenen Erfahrung revidierte sie ihre Haltung gründlich.

Die Simulationsübung bewirkte eine Reflexion der Wahrnehmungsgewohnheiten und -fähigkeiten der Teilnehmerinnen. Sie mussten erkennen, dass sie Situationen falsch eingeschätzt und Verhaltensweisen falsch interpretiert hatten, weil sie sich aus mangelnder Erfahrung nicht in die anderen hatten hineinversetzen können oder weil sie eine eigene Erfahrung einfach auf andere übertragen und verallgemeinert hatten.Sie wurden erschüttert in ihrem Selbstverständnis zu wissen, was in der Zusammenarbeit mit ausländischen Eltern zu erwarten und vorauszusetzen sei. Diese Erschütterung sollte dazu führen, dass versucht wird, mehr von den Eltern selbst zu erfahren anstatt sich auf die eigenen Vorstellungen von den Ansichten der Eltern zu verlassen.

6 Das eigene Verhalten reflektieren: Ein interkulturelles Sensibilisierungstraining in der Aus- und Fortbildung

Gefahren eines Defizitansatzes

Die Kritiker der interkulturellen Erziehung warnen vor einer Ethnisierung der Zugezogenen, weil darin die Gefahr eines Defizitansatzes liegt, in dem kulturelle Festschreibungen erfolgen, die dazu benutzt werden, Minderheiten zu disziplinieren. Diese Kritik muss ernst genommen werden, zumal die Gefahr der Festschreibung der Migranten und Migrantinnen auf Merkmale zu erkennen ist, welche jedoch innerhalb von Kulturen prinzipiell und unbestritten in der Migration einem steten Wandel unterzogen sind. (*Siehe hierzu Auernheimer 1996, in seinem Kapitel 3. „Integration und kulturelle Identität" und, bezogen auf die interkulturelle Arbeit im Elementarbereich, Diehm 1993. Vgl ferner die Abschnitte 9.1 und 9.2 im vorliegenden Buch.*)

Sensibilisierung als biografischer Ansatz

Das interkulturelle Sensibilisierungstraining folgt weitgehend einem biografischen Ansatz, der die Lebensgeschichte des Einzelnen in den Blick nimmt. Zu diesem Ansatz gehört die Sensibilisierung für das Gewordensein.

Und doch ist der Identitätsbildung inhärent, dass sich der Einzelne in dem Prozess der Ich-Findung nicht nur zu seiner Lebensgeschichte, sondern auch zu seiner Herkunftskultur in Beziehung setzt. Denn sowohl die Herkunftskultur als auch die im Land der Migration vorherrschende Kultur bietet Orientierung für Wertentscheidungen und einen eigenen Lebensentwurf. Angehörige ethnischer Minderheiten können sich einer Stellungnahme zu ihrer Herkunftskultur gar nicht entziehen. Auch wäre die Verleugnung kultureller Eigenheiten, wie sie einige Kritiker der interkulturellen Erziehung fordern, für die pädagogische Wahrnehmung der Persönlichkeitsentwicklung hinderlich. Genauso wie es die persönliche Entwicklung und das Zusammenleben in einer multikulturellen Gesellschaft beeinträchtigen würde, wenn Angehörige einer Minderheit sich selber ausschließlich über ihre Herkunftskultur definieren würden.

Überdauernde kulturelle Verhaltenskodizes

Bei aller Wandelbarkeit von Kultur ist dennoch festzuhalten, dass die Kultur einer Gesellschaft oder einer Gruppe ein Repertoire von – meist unbewusst bleibenden – Verhaltenskodizes beinhaltet, derer sich das einzelne Mitglied einer Gesellschaft bedienen kann oder nicht. Gehört es einer kollektivistischen Gesellschaft an, wird es der Einzelne schwer haben, sich der kulturellen Standards für das allgemein geteilte Verhalten zu entziehen (z.B. dem Wert der Gruppenloyalität), gehört es einer individualistischen Gesellschaft an, wird die Auseinandersetzung des Individuums mit sich und den anderen eher ermöglichen, den Spielraum zwischen gesellschaftlich geteilten Verhaltensstandards (siehe die Wertediskussion in der Bundesrepublik) und individuell gewählten zu vergrößern.

Beispiel: Zeitverständnis

Als Beispiel sei der von Anna Steegmann auf S. 89 erwähnte Standard der Zeit herangezogen. Niemand wird bestreiten, dass in der bundesrepublikanischen Wirklichkeit Pünktlichkeit und Zeitverbindlichkeit hohe Werte sind. Dennoch ist zu beobachten, dass auf der individuellen Ebene diese Werte aufgeweicht werden. Während sich auf der einen Seite über das Zuspätkommen aufgeregt wird (in unterschiedlicher Ausprägung in Bezug auf Freunde, Partner, Kollegen, öffentliche Verkehrsmittel, Taxifahrer, Post usw.), beanspruchen manchmal dieselben Personen die berühmte akademische Viertelstunde als Toleranzschwelle in Bezug auf das eigene Verhalten. Und sie verunsichern zum Teil die Migranten, die in der Auseinandersetzung mit dieser Gesellschaft den Wert der Pünktlichkeit für sich als sinnvoll übernommen haben und nun sehen müssen, wie sie eine (individualistische) Gesellschaft einordnet, die in ihrer Wertedarstellung uneinheitlich und inkongruent ist.

Da unterschiedliche kulturelle Verhaltenskodizes im multikulturellen Miteinander immer wieder Quellen für Konflikte sind (z.B. die Migrantenmutter, die sich nicht an die festen Öffnungszeiten der Kindertageseinrichtung hält), werde ich im Nachfolgenden neben dem biografischen Ansatz, der der Identitätsentwicklung des Einzelnen Rechnung trägt und Offenheit für Verschiedenheit als Möglichkeit einer multikulturellen Gesellschaft erreichen soll, auch Konzepte kultureller Standards bemühen, die die Unterschiedlichkeit des Verhaltens erklären und einen Schlüssel für die Klärung von Konflikten sein sollen.

Verschiedenheit als unbewusste Konfliktquelle

Teil 1 eines Trainingsprogramms

Reaktionen auf Verunsicherung oder Befremdung in interkulturellen Interaktionen geschehen spontan; Reflexion setzt erst im Nachhinein ein. Verhalten durch Reflexion wirklich zu verändern setzt auch voraus, dass tiefer liegende Persönlichkeitsanteile erkannt und in einem Zusammenhang mit einer bestimmten Reaktionsweise betrachtet werden. Das hier vorgestellte Trainingsprogramm wurde mit Lehrern, Sozialarbeitern und Pädagogen durchgeführt. *(Das Training ist im Rahmen der Arbeit der Regionalen Arbeitsstelle zur Förderung ausländischer Kinder und Jugendlicher/RAA in Nordrhein-Westfalen erprobt und durchgeführt worden. Die RAA fühlen sich seit der Aufnahme ihrer Arbeit im Jahr 1981 der interkulturellen Erziehung verpflichtet.)*

Ansatzpunkt des Trainingsprogramms

Ein Schwerpunkt beim Einsatz des Trainingsprogramms lag auf der Arbeit mit angehenden Erziehern und Erzieherinnen in der Praktikumsphase ihrer Ausbildung. Alle Pädagoginnen und Pädagogen arbeiteten mit multikulturellen Kinder- oder Jugendgruppen in oder außerhalb von Schule. In der Regel waren die Trainingsgruppen multikulturell zusammengesetzt, was sich besonders fruchtbringend für einen interkulturellen Austausch auswirkte.

Das Trainingsprogramm besteht aus zwei Teilen:
1. Teil: Reaktion auf Interkulturalität und das Eigene (was hier im vorliegenden Kapitel 6 dargestellt wird) und
2. Teil: Reaktion auf Konflikte (dies folgt in Kapitel 8: Reaktion auf interkulturelle Konflikte).

Gliederung des Trainingsprogramms

Das zwischengeschobene Kapitel 7 über Auslandspraktika bereitet den 2. Teil vor. Die Darstellung des Trainingsprogramms erfolgt im Wechsel von Übungen und theoretischer Reflexion. Die Übungen können durch andere ersetzt werden, die den gleichen theoretischen Kontext betreffen, sie sollten aber unabdingbar eine interkulturelle Reflexion ermöglichen. Das nachfolgende Schema gibt einen Überblick über das Gesamttraining.

Überblick zum interkulturellen Sensibilisierungstraininung

Im Kapitel 6
1. Teil: Reaktion auf Interkulturalität und das Eigene

Übung 1: Das Eisbrecherspiel
Theoretischer Input 1: Konflikte aufgrund von Ethnizität und Verhalten
Übung 2: Das Assimilierungsspiel
Theoretischer Input 2: Kulturelle Standards
Übung 3: Mein Lebensbaum
Übung 4: Die Podiumsdiskussion
Übung 5: Dienstschluss in der Kindertagesstätte
Theoretischer Input 3: Identität
Übung 6: Die Identität der Kartoffel
Übung 7: Triff mich am Flughafen
Übung 8: Ich bin stolz auf mich/Was mir an mir gefällt
Übung 9: Was mir an meiner ethnischen Gruppe gefällt
Übung 10: Sozialisation, Wertesystem, Vorurteile

Im Kapitel 8
2. Teil: Sensibilisierung für Konfliktlösungsstrategien

Theoretischer Input 4: Konflikte gehören zum multikulturellen Alltag
Übung 11: Unterschiede
Theoretischer Input 5: Grundsätze der Kommunikation (mit Arbeitsblättern)
Übung 12: Stille Post
Theoretischer Input 6: Die Kommunikationskette (mit Arbeitsblättern)
Übung 13: Vorurteile
Theoretischer Input 7: Kommunikation und interkulturelle Missverständnisse
Übung 14: Problemlandkarte
Theoretischer Input 8: Einführung in die Methode der Mediation
Übung 15: Gleichheiten – Ungleichheiten
Übung 16: Meine Herkunft
Theoretischer Input 9: Mediation als Methode zur Lösung interkultureller Konflikte
Übung 17: Das Netz der persönlichen Beziehungen
Übung 18: Sensibilisierung für vier grundlegende Konfliktlösungsstrategien
Theoretischer Input 10: Schritte eines Mediationsverfahrens
Theoretischer Input 11: Grenzen eines Mediationsverfahrens
Übung 19: Aktives Zuhören
Übung 20: Paraphrasieren
Übung 21: Ich-Aussagen
Übung 22: Nonverbale Kommunikation
Übung 23: Offene Fragen
Übung 24: Der gemeinsame Nenner
Übung 25: Verborgene Themen
Übung 26: Mediation üben im Rollenspiel

Die meisten der vorgestellten Übungen stammen von Anna Steegmann, einer deutschstämmigen Therapeutin aus New York (siehe den von ihr verfassten theoretischen Input 1 „Die multikulturelle Gesellschaft als Mosaik unterschiedlicher Werte und Verhaltensweisen"). Anna Steegmann hat im Rahmen der RAA viele Trainings abgehalten, in denen sie einen Teil ihres Werkzeugs vermittelt hat. Die Auswertungen der Übungen und theoretischen Reflexionen beziehen sich auf die Erfahrung der Arbeit mit Migrantinnen und Migranten sowie Multiplikatorinnen und Multiplikatoren in Deutschland.

1. Teil des Trainings: Reaktion auf Interkulturalität und das Eigene

Das folgende erste Spiel führt zu einer Auflockerung der Gruppenatmosphäre. Selbst wenn sich die Gruppenmitglieder fremd sind, werden sie eine intensive Phase des Sich-Mitteilens und Zuhörens erleben (Übung zur Erhöhung der Empathiefähigkeit). Diese Übung erweist sich als der Türöffner für alle nachfolgenden Gruppenübungen.

Übung 1: Das Eisbrecherspiel   Dauer ca. 15 Min.

Zwei gleich große Kreise – einer innen, der andere außen – gehen jeweils im anderen Sinn; der Spielleiter lässt sie anhalten und die Partner, die sich einander gegenüberstehen, erzählen sich:
– Was mich in meiner Einrichtung/meinem Praktikum/meiner Klasse kürzlich besonders gefreut hat.

Nächste Runde:
– Was mich besonders geärgert hat.

Abwandlung der Empathie-Eisbrecher-Übung   Dauer ca. 30 Min.
Nach jeder Runde geht der Außenkreis eine Person weiter, während der Innenkreis stehen bleibt:
– Was ist die Geschichte deines Vornamens?
– Warum willst du Erzieherin werden/bist du Erzieherin geworden?
– Was würdest du werden wollen, wenn dir alle Türen offen stünden und du freie Wahlmöglichkeit hättest?
– Was ärgert dich an deinem (zukünftigen) Beruf?

Nach dieser Runde finden sich die nächststehenden Partner zu einer Vierergruppe zusammen.
– Stellt euch gegenseitig vor, was ihr von den anderen erfahren habt.

Bemerkung:
Die Geschichte des Vornamens erlaubt insbesondere in multikulturell zusammengesetzten Gruppen interkulturelles Lernen über Namen und ihre Bedeutung in Bezug auf Familie und Kultur. Die Übung erfordert volle Aufmerksamkeit und Konzentration, ist also geeignet, das Aufeinandereingehen zu fördern.

Theoretischer Input 1:
Konflikte aufgrund von Ethnizität und Verhalten

Der nachfolgende Text stammt von Anna Steegmann, New York, die dort als Therapeutin und Ausbilderin für Schülermediatoren in Schulen arbeitet, die sämtlich durch eine multikulturelle Schülerschaft geprägt sind. Probleme dort liegen in Rassenkonflikten, Gewalt- und Verlusterfahrung durch Gewalt und in Drogenmissbrauch.

I 1 Sensibilisierung für den Stress der Migranten und der Mehrheitsangehörigen im Umgang mit dem Fremden – Ein Blick über den Zaun: Die multikulturelle Gesellschaft in den USA

I 1.1 Die ethnische Zugehörigkeit lenkt das Verhalten

Ethnizität als Gruppenidentifikation

Wir können Ethnizität als Hauptform der Gruppenidentifikation verstehen. Ethnische Gruppe wird in diesem Zusammenhang als „die sich als gleich verstehen durch ihre gemeinsame Herkunft, real oder nur angenommen, und die von anderen auch so angesehen werden" (Shibutani & Kwan) definiert. In der ethnischen Gruppe laufen bewusste und unbewusste Prozesse ab, die ein tiefes Bedürfnis nach Identität und historischer Kontinuität befriedigen. Unsere ethnische Zugehörigkeit spielt eine große Rolle in der Bestimmung dessen, was wir essen, wie wir arbeiten, wie wir uns entspannen, unsere Feiertage feiern, und sie beeinflusst unsere Gefühle über Leben, Tod und Krankheit. Wir sehen die Welt

Kultureller Filter

also immer durch unseren kulturellen Filter, sind uns dessen aber meistens nicht bewusst.

Menschen haben oft Angst vor dem, was sie nicht verstehen, und lehnen es deshalb ab. Einige Beispiele: Die Griechen im Altertum nannten alle Nichtgriechen Barbaren (= Menschen ohne Kultur). Das russische Wort für Deutscher ist nemetz, was so viel wie „der, der stumm ist" bedeutet. Es reflektiert die Annahme, dass diejenigen, die nicht verstanden werden, auch nicht sprechen können.

Definition und Stellenwert der Familie

Familie wird in jeder ethnischen Gruppe anders definiert. Für viele deutsche Familien und die amerikanischen WASPs (weiße, angelsächsische Protestanten) steht der Begriff meist für die Kleinfamilie. Für die schwarzen Amerikaner, Afrikaner und Bewohner der Karibik bedeutet Familie eine Gemeinschaft, die zum Beispiel auch Cousins und Stieftanten beinhaltet. Die italienische Familie umfasst drei bis vier Generationen, zu der auch Paten und alte Freunde gehören. Zu der chinesischen Familie werden alle Vorfahren und Nachkommen gezählt, denn dieser Kultur liegt ein anderes Konzept von Zeit zugrunde.

Wenn wir als Sozialarbeiter oder Lehrer mit einer bestimmten Familie arbeiten, müssen wir uns dieser jeweiligen Definition bewusst sein und auch dementsprechend handeln. Ein Mädchen, das an einer meiner Gruppen teilnahm, kam sehr oft nicht zur Schule, weil es die jüngeren Geschwister beaufsichtigen musste. Beide Eltern waren Einwanderer aus der Karibik. Obwohl die Eltern nicht zusammen lebten und keine Beziehung hatten, rief ich die Schwester des Vaters an, die dann über den Vater Druck auf die Mutter ausübte mit dem Ergebnis, dass Dominique wieder regelmäßig die Schule besuchte. In einer anderen ethnischen

Gruppe wäre es als mangelnder Respekt gedeutet worden, sich nicht direkt an die Eltern zu wenden.

Welches Verhalten als problematisch angesehen wird, definiert jede Gruppe anders. Jede ethnische Gruppe hat ihre eigene Art Probleme zu lösen.

I 1.2 Sensibilisieren für den Stress der Migranten

Als Pädagogen müssen wir uns für den Stress sensibilisieren, den Migranten oft noch nach mehreren Generationen im neuen Land erfahren. Wenn Einwanderer gezwungen sind Teile ihrer ethnischen Herkunft aufzugeben, verlieren sie einen Teil ihrer Identität. Am anstrengendsten ist das Stadium des permanenten Entwurzeltseins (Flüchtlinge, Asylbewerber), generell ist der Prozess der Migration zerrüttend. Die Anpassung an die neue Kultur ist ein verlängerter Entwicklungsprozess des Sich-Einfügens. Pädagogen können die Rolle des kulturellen Vermittlers spielen und dem Individuum oder der Familie helfen, ihre eigenen ethnischen Werte anzuerkennen und Konflikte zu lösen.

Identitätsverlust von Migranten

Wichtigster Aspekt unserer Arbeit mit Ausländern ist es, die eigene Ethnizität in differenzierter Weise verstehen zu lernen. Theoretische Diskussionen, abstrakte Konzepte sind nahezu völlig unbrauchbar. Vielmehr müssen wir uns auf die Gefühle konzentrieren, unsere subjektive Erfahrung mit der des Fremden vergleichen, Empathie entwickeln und Intimität zulassen. Oft haben wir ja ausländische Freunde oder sind sogar mit einem Ausländer verheiratet, verstehen aber dennoch nur das Weltbild einiger weniger Gruppen. Am besten konzentrieren wir uns auf die ethnischen Gruppen, mit denen wir hauptsächlich arbeiten, und erlauben uns das Bewusstsein, wie kulturell relativ viele unserer Normen und Werte sind. In unserem Arbeitszusammenhang müssen wir ein sicheres Forum schaffen, wo es möglich ist, Generalisierungen und Vorurteilsbildung zu verbalisieren.

Die eigene Ethnizität verstehen

Menschen verhalten sich oft korrekt nach den Normen ihrer Kultur, was aber in der dominanten Kultur als unangemessen angesehen werden kann. Jede ethnische Gruppe investiert viel Zeit und Aufwand, um ihre Kinder zu gut sozialisierten Mitgliedern der eigenen Kultur zu machen. (Wir können Kultur hier mit einem außerordentlich komplexen Computer vergleichen, der Handlungen und Reaktionen der Menschen programmiert und der erst erlernt werden muss, bevor ein Mensch damit arbeiten kann.) Wir entwickeln ein Weltbild, das für uns Sinn ergibt. Wenn wir dann entdecken, dass andere Kulturen andere Ansichten haben, bedeutet das oft eine Herausforderung an unsere fundamentalsten Lebensauffassungen.

Sozialisation ist normabhängig

I 1.3 Toleranz für Ambiguität

Es ist außerordentlich wichtig, Toleranz für Ambiguität zu entwickeln, besonders in Situationen, wo wir das Verhalten anderer nicht verstehen und davon verunsichert sind. Wir sollten uns erlauben, nicht sofort zu (ver)urteilen, sondern auf mehr Informationen zu warten.

Jede Kultur hat ein eigenes Zeitsystem. Wir empfinden zumeist das unsere als Norm und übertragen es ungeprüft auf andere Kulturen. Pünktlichkeit ist zum Beispiel sehr wichtig in Deutschland, in der Schweiz, in Nordeuropa und den USA, wohingegen sie in Lateinamerika, dem mittleren Osten und Südeuropa die

Beispiel: Zeitsysteme

Ausnahme und nicht die Regel bedeutet. In Peru gilt eine einstündige Verspätung von Schülern und Lehrern als normal. Der Iran, Indien und viele asiatische Länder sind vergangenheitsorientiert. Das urbane Amerika hingegen lebt in einem Gegenwarts- und Zukunftskontinuum. In manchen Kulturen heilt Zeit alle Wunden, in anderen sind Menschen verstimmt über das, was sich vor Jahrhunderten ereignete. An dieser Stelle will ich nur kurz die Konzepte der polychronen und der monochronen Zeit erläutern.

Monochrone Zeit	Polychrone Zeit
Deutschland, Schweiz, Nordeuropa, Japan	*Lateinamerika, Mittelmeerländer, Mittlerer Osten*
Handlungsabläufe nacheinander	viele Handlungsabläufe gleichzeitig
segmentiert, hochstrukturiert	Antithese zur M-Zeit
Zeitverbindlichkeit wichtig	Verpflichtung auf Zeiteinhaltung bedeutet wenig
Unterbrechung ist nicht willkommen	menschliche Beziehungen sind wichtiger als Termine
	P-Zeit bleibt auch nach mehreren Generationen im M-Land erhalten

Es ist wichtig für uns, wenn wir selbst monochron orientiert sind, nicht auf Menschen mit polychroner Ausrichtung aus der Perspektive unseres Zeitsystems zu reagieren. Die Bedeutung des Zuspätkommens ist einfach nicht dieselbe. Deutsche stehen zum Beispiel an der Spitze der monochronen Skala.

Übung 2

Übung 2: Das Assimilierungsspiel   Dauer ca. 30 Min.

Ein Drittel (Minderheit) der Gruppe wird zu X-Menschen (ihnen wird ein Schild angeheftet). Die Großgruppe bekommt eine Tüte Salzbrezeln. Die X-Menschen müssen in einer Ecke sitzen, während die anderen sich frei bewegen können und die Brezeln essen. Es ist ihnen nicht erlaubt, den X-Menschen Brezeln zu geben. Die X wollen die Brezeln, ihr Überleben hängt davon ab. Sie können entweder individuelle oder kollektive Strategien entwickeln. Dem Spiel sollte so lange freien Lauf gewährt sein, bis die X-Menschen sich die Brezeln gewaltsam nehmen, sie von den Brezelmenschen freiwillig bekommen o.Ä.

Anschließende Auswertung des Spiels:
Wie verhielten sich die Gruppen, wie einzelne Individuen?
Diskutiere die Handlungsstrategien jeder Gruppe.
Was bedeutet es für Außenseiter, sich anzupassen?
Was für ein Gefühl war es, zum Brezel- oder X-Volk zu gehören?
Was mussten Eltern oder Großeltern mit Migrationserfahrungen tun, um sich anzupassen, dazuzugehören?

In einem Training mit einer Klasse von 28 Kinderpflegerinnen, der in der Mehrzahl einheimische, ca. 8 Frauen türkischer und einzelne polnischer und ukrainischer Herkunft angehörten, entwickelte sich das Spiel auf folgende Weise:
Das Brezelvolk, dem neben 16 einheimischen 4 Schülerinnen türkischer Herkunft angehörten, schloss sich sofort zusammen, um die Brezeln zu verteidigen. Im Laufe des Spiels entwickelten sie einen Vorschlag zur Güte, dass diejenige in das Brezelvolk aufgenommen werden könne, die bereit sei ihre bisherige Identität aufzugeben, um bedingungslos die Werte und Normen der Mehrheit anzunehmen.
Zu dem X-Volk gehörten 4 türkische, 1 polnische, 1 ukrainische und 2 deutsche Schülerinnen. Nachdem die beiden deutschen Schülerinnen einen frühen, mit den anderen nicht abgestimmten, nicht erfolgreichen argumentativen Versuch unternommen hatten in das Brezelvolk aufgenommen zu werden, verhielten sie sich in der Folge passiv abwartend.
Die polnische Schülerin erklärte sich ohne Wenn und Aber zur Übernahme der Brezel-Werte bereit, wurde aufgenommen und saß während des Fortlaufs des Spieles stumm inmitten des Brezelvolkes, ohne sich an der Auseinandersetzung mit dem X-Volk zu beteiligen.
Die ukrainische Schülerin versuchte sich mit körperlichem Einsatz in das Brezelvolk hineinzuschmuggeln. Während Angehörige des Brezelvolkes ihren Überlauf mit körperlicher Gewalt verhindern wollten, suchte sich die junge Frau trotz des Gezerres an ihren Armen und Beinen erfolgreich unter einem Stuhl hindurch (Überwindung der Grenze!!) einen Weg auf das Territorium des Brezelvolkes. Nachdem sie sich einen Platz erkämpft hatte, saß sie erschöpft und ohne sich weiter zu beteiligen inmitten des Brezelvolkes.
Die vier türkischen Schülerinnen versuchten zunächst, ihre türkischen Landsmänninnen im Brezelvolk in türkischer Sprache für sich einzunehmen, um ihre Aufnahme in das Brezelvolk zu erreichen. Dieser Versuch war aber nicht erfolgreich, weil sich die türkischen Brezelangehörigen mit ihrem Volk solidarisiert hatten und taub auf den Versuch der Aufweichung der kollektiven Brezelvolklinie reagierten. Daraufhin änderten die türkischen Mitglieder des X-Volkes ihre Strategie und luden das Brezelvolk zu sich ein, damit es sich davon überzeugen könne, dass das X-Volk erstens dem Hungertod nahe und zweitens von angenehmer Wesensart sei, mit dem man gerne seine Brezeln teilen möge. Indem sie ihre Werte und Normen als beispielhaft für das Brezelvolk postulierten, versuchten sie das Brezelvolk zu überzeugen, von dem Kennenlernen nur profitieren zu können. Dieses Ansinnen lehnte das Brezelvolk empört ab und als es seine Bedingung erneuerte, nur zu teilen, wenn das X-Volk seine Identität und Werte aufgäbe, lehnten die türkischen Mitglieder des X-Volkes in aller Entschiedenheit ab. Lieber wollten sie den Hungertod sterben.

Die Auswertung nach dem Spiel verdeutlichte die einzelnen Rollen und erlaubte einen Einblick in die Motivationslagen der Spielergruppen: Die Mehrheit des Brezelvolkes hatte quasi die Mehrheitshaltung der hiesigen Gesellschaft übernommen: Aufnahme allenfalls unter der Bedingung der Assimilierung. Die türkischen Mitglieder der Mehrheitsgruppe verhielten sich loyal zu dieser Haltung.

Erfahrungsbericht zur Übung 2

Die zwei deutschen Schülerinnen aus dem X-Volk hatten dieser Bedingung nichts entgegenzusetzen. Ihr halbherziger individuell orientierter Versuch des argumentativen Appells war unabgestimmt und wirkungslos.

Die polnische Schülerin befürwortete die Bedingung der Mehrheitsgesellschaft als absolut richtig: Etwas zu besitzen, das ihr in ihrem eigenen Land verschlossen wäre, ginge nur zu dem Preis der Aufgabe der eigenen Identität. Da helfen auch keine Klagen über Verlust von Heimat und Wärme.

Die ukrainische Schülerin erzählte, dass sie nicht weit von Tschernobyl zu Hause sei. Ihr Mann litt an Blutkrebs, weil er an den Aufräumarbeiten beteiligt gewesen war. Sie fürchtete um die Gesundheit ihrer Kinder. Für sie war die Flucht selbst unter lebensgefährdenden Umständen in das Land der Sicherheit gerechtfertigt. Dort konnte man keine Ansprüche stellen. Man war ja mit der Sicherung des eigenen Lebens zufrieden.

Die Türkinnen aus der X-Gruppe verstärkten in der Auswertung ihre kollektiv orientierte Haltung, zu keinem Preis ihre kulturelle Identität aufgeben zu wollen.

Theoretischer Input 2: Kulturelle Standards – Wahrnehmung verschiedener Orientierungssysteme

Symbolverhaftetes Orientierungssystem

Thomas definiert Kultur als ein universelles, für eine Gesellschaft, Nation, Organisation oder Gruppe typisches Orientierungssystem. Es wird aus spezifischen Symbolen gebildet und in der jeweiligen Gesellschaft, Gruppe etc. tradiert. Es beeinflusst das Wahrnehmen, Denken, die Werte und das Handeln aller Mitglieder und definiert somit die Zugehörigkeit.

Kulturstandards sind Normen oder Richtlinien zur Ausführung und zur Beurteilung von Verhaltensweisen, die von den Mitgliedern einer Kultur geteilt und für verbindlich angesehen werden. Sie regulieren weite Bereiche des Denkens, Wertens und Handelns und sind für die Wahrnehmung und Beurteilung des Handelns der Interaktionspartner von Bedeutung.

Kulturstandards werden so sehr als Teil der eigenen Person erlebt, dass sie ihr nicht bewusst sind (z.B. der Standard Zeitsystem). Nur wenn wir auf Personen treffen, die sich nach anderen Kulturstandards verhalten, kann uns bewusst werden, welches Konfliktpotential in interkulturellen Begegnungen liegen kann. (*Siehe Sylvia Schroll-Machl, Grundlagen Interkulturelle Psychologie, Seminarpapier*)

Missverständnis aus unterschiedlicher Verhaltenserwartung

Ein viel zitiertes Beispiel für kulturelle Missverständnisse ist Paul Watzlawicks Beschreibung des Zusammentreffens amerikanischer Soldaten und britischer Frauen während des Zweiten Weltkrieges. Sowohl Frauen als auch Männer warfen sich gegenseitig vor, sexuell aggressiv zu sein. Ursache waren die kulturell bedingten Verhaltenserwartungen an das andere Geschlecht bzw. an den Umgang der Geschlechter miteinander.

Anthropologen sagen, dass es in jeder Kultur eine aus ungefähr dreißig Schritten bestehende Prozedur des Werbens gibt, angefangen mit dem ersten Blickkontakt, bis zur sexuellen Beziehung. Nur sind diese Schritte nicht in allen Kulturen in der gleichen Reihenfolge angeordnet. Nach dem nordamerikanischen

Modell rangiert das Küssen ungefähr auf Platz Nr. 5 – es ist eine freundliche Art die Beziehung zu beginnen. In England zur Zeit des Zweiten Weltkrieges war das Küssen ungefähr Schritt Nr. 25 – es galt als äußerst erotische Handlung. Nun küsst der nordamerikanische Soldat die britische Frau – und sie ist verblüfft. Sie denkt: „Das sollte nicht vor dem Schritt Nr. 25 passieren." Zudem fühlt sie sich um zwanzig Schritte im Ritual des Werbens betrogen. Sie ist in einem Dilemma. Entweder bricht sie die Beziehung ab, weil er zu schnell zu weit gegangen ist, oder ist bereit für den Geschlechtsverkehr, weil es ja nur noch fünf Schritte bis dahin sind. Aus der Sicht des Mannes ist die Situation ebenso verwirrend: Entweder reagiert sie wie eine Hysterikerin oder wie eine Nymphomanin (*aus R. von Oech, Der Kreative Kick, Paderborn 1994*).

Potenzial für Missverständnis und Scheitern

Unterschiedliche kulturelle Standards können zu Missverständnissen oder völligem Scheitern der Kommunikation führen, denn Abweichungen von den eigenen Erwartungen werden immer dem anderen angelastet. (Beispiel Nichteinhalten einer Verabredung aufgrund unterschiedlicher Zeitkonzepte: „Er oder sie will nichts mit mir zu tun haben. Den oder die lade ich jetzt nicht mehr ein!")

Verschiedene Kulturdimensionen

Die Deutschen gehören zu einer individualistischen Gesellschaft, in der soziale Bindungen zwischen Individuen, ja selbst innerhalb einer Familie nicht sehr fest sind (jeder kümmert sich um sich selbst). Dagegen steht die kollektivistische Gesellschaftsform, zu der viele Migrantengruppen gehören, z.B. Türken, asiatische, arabische und schwarzafrikanische Ethnien, die gruppenorientiert leben, ein starkes Zugehörigkeitsgefühl haben, in der die Gruppenloyalität vor der Individualität steht. Hauptunterschiede zwischen kollektivistischen und invividualistischen Gesellschaften sind, in Anlehnung an G. Hofstede, 1993, in der Tafel auf der nächsten Seite zusammengefasst.
Weitere Kulturdimensionen nach Hofstede sind:
– Machtdistanz (groß – klein)
– Unsicherheitsvermeidung (schwach – stark)
– Maskulinität – Feminität
– Orientierung (kurzfristig – langfristig)

Raumkonzepte

Ursula Mıhcıyazgan macht auf die Bedeutung der unterschiedlichen Raumkonzepte in der westlichen und in der muslimischen Kultur aufmerksam und beschreibt an diesem Beispiel die Fortschreibung von Missverständnissen im alltäglichen Zusammenleben und in der gemeinwesenorientierten Sozialarbeit (*s. Mıhcıyazgan, U., Zusammenleben im multikulturellen Stadtteil – über differente Raumkonzepte und ihre Wirkung in der sozialpädagogischen Arbeit, in: Dokumentation Forum Gemeinwesenarbeit in NRW, Einmischen Handeln Verändern, November 1995, S. 47-61*).
Im westlichen Raumkonzept bieten die eigenen vier Wände Ungestörtheit und Schutz. In der muslimischen Gesellschaft gibt es diesen Raum des Ungestörtseins nicht. Insofern wird unangemeldeter Besuch nie als Störung empfunden. In der westlichen Kultur ist die Privatsphäre weitgehend identisch mit der eigenen Wohnung, zumindest mit dem eigenen Zimmer, in dem die Intimsphäre gewahrt werden kann. Öffentlichkeit dagegen ist ein imaginärer Raum, in dem „Leistung angeboten und nachgefragt, um Macht gestritten und durchgesetzt, der gesellschaft-

Vergleich einer Kulturdimension

Kollektivistisch

Individualistisch

Die Menschen werden in Großfamilien oder andere Wir-Gruppen hineingeboren, die sie weiterhin schützen und im Gegenzug Loyalität erhalten.

Jeder Mensch wächst heran, um ausschließlich für sich selbst und seine direkte (Kern)- Familie zu sorgen.

Die Identität ist im sozialen Netzwerk begründet, dem man angehört.

Die Identität ist im Individuum begründet.

Kinder lernen in „Wir"-Begriffen zu denken.

Kinder lernen in „Ich"-Begriffen zu denken.

Man sollte immer Harmonie bewahren und direkte Auseinandersetzungen vermeiden.

Seine Meinung zu äußern ist Kennzeichen eines aufrichtigen Menschen.

Starker Kontext mit ungehindertem Informationsfluss (hohe Dichte).

Schwacher Kontext mit Informationsnetzen von geringer Dichte.

Übertretungen führen zu Beschämung und Gesichtsverlust für einen selbst und die Gruppe.

Übertretungen führen zu Schuldgefühl und Verlust an Selbstachtung.

Ziel der Erziehung: Wie macht man etwas?

Ziel der Erziehung: Wie lernt man etwas?

Beziehung hat Vorrang vor Aufgabe.

Aufgabe hat Vorrang vor Beziehung.

Kollektive Interessen dominieren vor individuellen.

Individuelle Interessen dominieren vor kollektiven.

Das Privatleben wird von der Gruppe bzw. von Gruppen beherrscht.

Jeder hat ein Recht auf Privatsphäre.

Meinungen werden durch Gruppenzugehörigkeit bestimmt.

Man erwartet von jedem eine eigene Meinung.

Harmonie und Konsens in der Gesellschaft stellen höchste Ziele dar.

Selbstverwirklichung eines jeden Individuums stellt eines der höchsten Ziele dar.

liche Konsens aufgekündigt oder hergestellt wird, der (…) alles beinhaltet, was mit gesellschaftlichem Leben gemeint ist" (*a.a. O., S. 50*). So offen und latent undurchschaubar wie die Öffentlichkeit (der Dschungel), so geschützt wird die Privatheit gedacht. Die Bewohnerschaft unserer Stadtteile ist in den Ballungsräumen multikulturell. Für die muslimischen Migranten aber gilt weder, dass sie die „eigenen vier Wände haben", noch die Aufteilung des Raums in Privatheit und Öffentlichkeit als selbstverständlich.

Muslimisches Raumkonzept

Das muslimische Raumkonzept kennt keine Unterscheidung zwischen privat und öffentlich, sondern zwischen innen und außen, trennt zwischen Frau und Mann. Der Innenraum (für die Frau) bildet eine geschlossene Einheit gegen ein offenes, unbegrenztes Außen. Der Innenraum ist der geschützte, begrenzte Raum, der Außenraum der ungeschützte. Der Außenraum ist der problematische für die Frau, der Innenraum der problematische für den Mann. Die Männer haben nur zu bestimmten Zeiten Zugangsrechte zu den Innenräumen (zum Essen und nachts oder in den Salon, in dem Besuch empfangen wird), die meiste Zeit halten sie sich im Außenraum, der „freien Wildbahn" auf. In ihr schaffen sich Männer ihre Innenräume (sie bilden Gruppen auf der Straße, sitzen im Café oder in der Moschee etc.). Dies sind Männerräume, zu denen Frauen keinen oder nur schwer Zugang haben: „Innenräume im Außen" im Gegensatz zu den für sie eigentlich unzugänglichen „öffentlichen Räumen".

„Zusammenfassend bestehen die grundlegenden Differenzen zwischen westlichem und muslimischem Raumkonzept darin, dass in ersterem zwischen Öffentlichkeit und Privatheit, in letzterem zwischen Innen und Außen unterschieden wird und dass die Öffentlichkeit nicht mit dem Außen und die Privatheit nicht mit dem Innenraum identisch ist" (*a. a. O., S. 55*).

Auswirkungen in der Migration

Die Beschreibung Mıhcıyazgans bezieht sich vermutlich mehr auf die in sich geschlossene muslimische Gesellschaft. In der Migration geschehen sicherlich Aufweichungen, aber dennoch stellen Pädagogen im Jugendbereich fest, dass Jugendfreizeitstätten Verdrängung und Rückzug deutscher Besucher bei hohen Anteilen ausländischer Besucher erfahren. Weibliche Besucher ausländischer Herkunft sucht man vergebens, Pädagoginnen erfahren Autoritätskonflikte mit männlichen Migrantenjugendlichen. Eine Konfliktursache sind die differenten Raumkonzepte.

Gemeinsame Aktivitäten von einheimischen und Migrantenfamilien in Schulen oder Bürgerzentren bleiben die Ausnahme. Auch hier liegt eine Konfliktursache in den differenten Raumkonzepten.

„Am ehesten scheinen die Frauengruppen zu funktionieren, die auf Nachbarschaften basieren. Dann treffen sich die Frauen statt zu Hause z.B. in der Elternschule. Diesen Raum definieren sie als ihren „Innenraum im Außenraum" (...) Wenn nun über das Kochen und Nähen und Deutsch-Lernen hinaus versucht wird die Migranten zu erziehen, d.h. hier: Einfluss auf ihr Raumkonzept zu nehmen (z.B. mit dem Lernziel: sich frei in der Öffentlichkeit zu bewegen), ziehen die Migrantinnen sich schnell zurück, weil sie dies als Assimilationsdruck erleben." (*a.a.O., S. 59*).

Im multikulturellen Stadtteil gibt es also viele Missverständnisse und Konflikte, die ihre Wirkung in den Differenzen der kulturellen Standards haben.

Damit Pädagogen Migranten nicht einem Assimilationsdruck aussetzen, indem sie ihre Kulturstandards unhinterfragt auf sie übertragen, müssen sie zuerst an sich selbst arbeiten. Der Weg führt über den Erwerb von mehr Wissen und die Sensibilisierung für das Eigene und das Fremde.

> **Übung 3: „Mein Lebensbaum"** Dauer ca. 30 Min.
>
> Jede Teilnehmerin und jeder Teilnehmer erhält ein Blatt mit einem Baumumriss. In ihn werden die nachfolgenden Merkmale hineingeschrieben, die sich auf die Ursprungsfamilie beziehen. Jeder Teilnehmer wählt die Positionierung im Baum, die ihm individuell angemessen erscheint:
> – Meine Eltern
> – Meine Geschwister
> – Familienoberhaupt einkreisen
> – Wer waren die wichtigsten Personen (als ich Kind war)?
> – Woher stammt die Familie ursprünglich (Großeltern)?
> – Die Feiertage, die wir gemeinsam gefeiert haben.
> – War Religion wichtig?
> – Das Familienmotto (Beispiel: „Was sollen die Nachbarn sagen!")
> – Was wurde über Ausländer gesagt?
> – Was wurde angesprochen über Menschen, die eine andere Hautfarbe haben?
> – Eine sehr gute und eine sehr schlechte Erfahrung mit einem Menschen einer anderen ethnischen Herkunft.
>
> Die Teilnehmer finden sich in Dreiergruppen zusammen und tauschen ihre Lebensbäume untereinander aus.

Die Übung führt zu einer intensiven Austauschphase. In jeder Gruppe – besonders fruchtbar in multikulturell zusammengesetzten – werden Gemeinsamkeiten und Gegensätzlichkeiten auch über Kulturen hinweg festgestellt. Migrationserfahrungen werden auch bei vielen einheimischen Teilnehmern sichtbar (Vorfahren aus anderen Ländern, Flucht während des Krieges, Dorf-Stadt-Wanderung etc.) Familiäre, religiöse, kulturelle Prägungen werden erkannt. Die Frage nach der Haltung der Familie gegenüber Menschen anderer kultureller Herkunft verdeutlicht die Offenheit oder die Abgeschottetheit gegenüber Fremden, mit der man in der Ursprungsfamilie groß geworden ist und die einen geprägt hat. Vor allem wird deutlich, dass Kultur und Normen und Werte einem ständigen Wandel ausgesetzt sind und dass jeder an der eigenen Biografie das Ausmaß von Prägung auf der einen und Wandel auf der anderen Seite nachvollziehen kann.

Die folgende Übung verstärkt den oben begonnenen Reflexionsprozess über das Eigene und das andere und die Wahrnehmung verschiedener Orientierungssysteme. Sie ermöglicht die Balance zwischen Angleichung und Bewahrung eigenkultureller Besonderheiten auf der individuellen Ebene.

> **Übung 4: „Die Podiumsdiskussion"**
>
> Teilnehmer/innen:
> - eine/e Deutsche/r, die/der im heimischen Bundesland geboren wurde
> - eine/e Deutsche/r, die/der in einem anderen Land Deutschlands geboren und aufgewachsen ist
> - eine Person ausländischer Herkunft, die in Deutschland geboren wurde
> - jemand, der nicht in Deutschland geboren wurde
> - ein/e Deutsche/r, die/der längere Zeit im Ausland gelebt hat
>
> Der/die Diskussionsleiter/in lässt die Podiumsteilnehmer/innen über folgenden Fragenkomplex der Reihe nach berichten:
>
> - Woher stammt Ihre Familie?
> - Wie ist Ihr Verhältnis zu Ihrer Nachbarschaft?
> - Haben Sie Kontakt zu anderen ethnischen Gruppen?
> - Können Sie sich an Vorurteile erinnern, die ihre Eltern geäußert haben, als Sie Kind waren?
>
> - Was gefällt Ihnen am besten an Ihrer ethnischen Zugehörigkeit?
> - Was gefällt Ihnen am wenigsten an Ihrer ethnischen Zugehörigkeit?
> - Haben Sie Vorurteile persönlich erfahren? Wie?
> - Ihre beste/schlechteste Erfahrung mit einem Menschen einer anderen Nationalität?

Übung 4

Wie in der Übung „Mein Lebensbaum" werden biografische Erfahrungen des Gewordenseins und die Auseinandersetzung mit dem Eigenen dargestellt. Durch das Arrangement der Podiumsdiskussion mit Angehörigen mit verschiedenen Biografien und Herkünften wird ein Vergleich erleichtert, der beide Elemente des Erlebens aufweisen wird: Ähnlichkeiten und Unterschiede, und zwar quer zu den Herkünften.

Für eine gelungene interkulturelle Interaktion gilt es, sowohl das eigene Orientierungssystem bewusst zu machen als auch das fremde Orientierungssystem zu kennen. Wenn in der Begegnung mit dem Fremden zwei Orientierungssysteme aufeinander treffen, müssten für eine gelungene interkulturelle Zusammenarbeit Eigenes und Fremdes miteinander abgestimmt werden.

1. Inwieweit stimmen die Orientierungssysteme überein?
2. Inwieweit weichen sie voneinander ab?
3. Inwieweit kann Eigenes und Fremdes nebeneinander bestehen bleiben?
4. Was kann vom Eigenen in Richtung auf das Fremde geändert werden?
5. Wieweit sollte man sich Fremdem anpassen?
6. Wie kann das Fremde in Bezug auf das Eigene geändert werden?
7. Welche Konsequenzen haben Änderungen in beide Richtungen?

8. Welche Elemente erweisen sich als kompatibel, welche als inkompatibel, also resistent gegen Veränderung?

Beispieldeutung Um auf das Beispiel der jungen Frau zurückzukommen (Beispiel in Abschnitt 3.3), die ihre erste eigene Wohnung in einer türkischen Nachbarschaft bezog: Hier wurde diese Abstimmung versäumt. Bei beiden Interaktionsparteien wurde nur das jeweils Fremde wahrgenommen, dass von der eigenen Lebensweise abwich. Dieses Verhalten ist alltäglich in einer multikulturellen Gesellschaft, in der das Nebeneinander dominiert. Wenn allerdings interkulturelle Aktivitäten professionell gestaltet werden sollen, muss diese Abstimmung erbracht werden.

Nachfolgend Reaktionen von Erziehern und Erzieherinnen auf diese Übungen:
– „Ich hatte gedacht, ich müsste lernen, wie man Kinder dazu bringt, interkulturell zu kommunizieren. Und jetzt habe ich voll Erschrecken festgestellt, wie wenig ich weiß über die Menschen, die mir Tag für Tag auf der Straße begegnen. Ich selber muss doch erst wissen, ehe ich mit den Kindern interkulturell arbeiten kann."
– „Es fällt mir wie Schuppen von den Augen, wie oft ich Kindern in der Einrichtung Unrecht getan habe, weil ich sie mit meinen Kulturstandards behandelt habe, ohne die ihren überhaupt zu kennen."

Übung 5

Übung 5: „Dienstschluss in der Kindertagesstätte"

Es ist Dienstschluss in der Kindertagesstätte. Alle Kinder sind nach und nach abgeholt worden. Nur Şahia ist noch da. Die Kolleginnen von Frau Martensen verabschieden sich. Frau Martensen ist mit Şahia alleine. Sie wird zusehends ärgerlicher. Sie hat selbst eine Familie zu Hause und möchte Feierabend machen. Außerdem muss sie noch schnell einkaufen gehen. Wie soll sie alles schaffen? Es ist 18.00 Uhr, als endlich die Mutter Şahias kommt. Sie ist ganz erstaunt, als Frau Martensen ihr Vorhaltungen wegen des Zuspätkommens macht. „Aber ich habe doch eine Freundin in der Stadt getroffen!", sagt sie. Frau Martensen ist so ärgerlich, dass ihr im Augenblick keine angemessene Reaktion einfällt. Am nächsten Tag ist ihr Ärger noch nicht verflogen und sie überlegt, was sie tun kann, damit ihr das Gleiche nicht noch einmal passiert.

Bitte überlegen Sie sich:
Gegen welche deutschen Kulturstandards verstieß die Mutter Şahias? Welchen eigenen Kulturstandards folgte die Mutter Şahias?

Versuchen Sie im Rollenspiel den Konflikt, der sich aus den beiden Orientierungssystemen ergibt, so zu lösen, dass beide Interaktionspartner in Zukunft die Situation zu ihrer Zufriedenheit klären können.

Übung 5 (Fortsetzung)

Gruppenarbeit:
Wählen Sie aus Ihrem Arbeits- und Erfahrungsbereich eine aktuelle „kulturelle Überschneidungssituation" aus,
… die Sie erstaunt (hat)
oder
… in der sich die Migranten/die Einheimischen gegen Ihre Erwartungen verhalten (haben)
oder
… in der sie sich von Ihren Klienten/andersethnischen Kollegen missverstanden fühlten
oder
… in der sie sich nicht sicher sind richtig zu handeln
oder
… die Sie stört oder verletzt
oder
… die sonst in irgendeiner Weise für Sie auffällig ist.

Bearbeiten Sie gemeinsam den Fall, auf den sie sich geeinigt haben, nach folgendem Muster:
1) Beschreiben Sie die Situation oder das Problem und die Fakten.
2) Bewerten Sie die Situation: Was wollten Sie? Was war Ihre Absicht? Was hätte Ihrer Meinung nach geschehen sollen? Was waren Ihre Gefühle und Gedanken? Was waren möglicherweise die Gedanken, Gefühle und Erwartungen Ihrer Klienten?
3) Interpretieren Sie, was geschah: Sammeln Sie mögliche Ursachen für das Problem, ggf. kulturbedingte Unterschiede.
4) Suchen Sie nach einer Lösung: Was sind mögliche Lösungen für diese Situation? Was sind angemessene Reaktionsweisen?

(Die Anregungen zur Bearbeitung verdanke ich Sylvia Schroll-Machl und Alexander Thomas während den Honnefer Migrationstagen 1996).

Theoretischer Input 3: Identität

Kulturell abweichendes Ich-Verständnis

Der Suche nach Ich-Identität geht der Wunsch voraus, sich den anderen so zu präsentieren, wie man von ihnen gesehen werden will. Gehört man einer individualistischen Gesellschaftskultur an, wird man bemüht sein das Ich in seiner Einzigartigkeit darzustellen. Ist man Angehöriger einer kollektivistischen Gesellschaft, wird man sich als konformes Mitglied einer Gruppe präsentieren.
Doch die Identitätsfindung findet in einem Wechselspiel von Darstellung des Selbst und dem Konzept, das Interaktionspartner an das Individuum herantragen, statt. Genauso wie andere Bilder von mir zeichnen, konfrontiere ich meine Interaktionspartner mit Bildern, die ich von ihnen gezeichnet habe. Diese wechselseitigen Bilder müssen nicht notwendigerweise aufeinanderpassen. Im Sinne

Identitäts-balance	einer Identitätsbalance werde ich bemüht sein die Bilder passend zu machen, das heißt mit meinen Interaktionspartnern meine persönliche Identität und die mir zugeschriebene auszuhandeln. In der Jugendzeit vermittelt die Interaktion mit verschiedenen sozialen Partnern viele neue Bilder von einem selbst, die zu immer neuen Identitäten umgeschmolzen, erprobt, verworfen oder vorläufig angenommen werden. Identität muss sich bewähren, soll sie sich zur Ich-Identität prägen, die Einheitlichkeit und Kontinuität der Persönlichkeit vermittelt. Das „Ich-identische" Individuum fühlt sich mit sich im Reinen, weiß, wer es ist, wohin es gehört, wohin es gehen wird.
Diskrepanz für ausländische Jugendliche	Identität baut sich nicht im gesellschaftlichen Niemandsland auf. Für den Jugendlichen ausländischer Herkunft sind die sozialen Erwartungen, je nach der Gruppe, mit der er interagiert, äußerst diskrepant. Der Aufbau von Ich-Identität ist für den Jugendlichen ausländischer Herkunft mehr noch als für den einheimischen ein schwieriger Balanceakt zwischen divergierenden sozialen Erwartungen. Der Umgang mit Interaktionspartnern erlaubt zwar jedem einzelnen Individuum seine eigene Interpretation der Situation, nur ist es die Frage, ob ich sie auch erfolgreich anbringen kann, wenn die meiner Partner total von meiner abweicht. Vermag ich der Sichtweise meiner Partner nicht zu entsprechen, werde ich meine Bezugspartner enttäuschen, jedenfalls nicht zufrieden stellen. Gesetzt den Fall, ich werde sie auf Dauer enttäuschen, werden sie den Umgang mit mir aufgeben, vielleicht werde ich sogar von ihnen als abweichend gegenüber den Erwartungen ihrer Gruppe beschrieben, möglicherweise als Außenseiter abgestempelt.
Unterstützung durch Rollenspiel	Die Identitätsfindung wird Jugendlichen erleichtert, wenn sie spielerisch verschiedenes Rollenhandeln ausprobieren können. Zum Beispiel können durch Rollenspiele Verhaltensweisen erprobt werden, ohne dass die eigene Rolle dabei ganz aufgegeben werden muss. Eine weitere Fähigkeit, die ein Ausbalancieren der persönlichen und der sozialen Identität ermöglicht, ist die Empathie, die Fähigkeit sich in die Rolle des jeweils anderen hineinzuversetzen. Interkulturelles Lernen heißt, dass einer vom anderen lernt. Das Sich-in-den-anderen-Hineinversetzen ist ein Schritt zu einem besseren Verständnis, ohne dass man notwendigerweise die Rolle des anderen übernehmen muss.

Die nachfolgenden vier Übungen nehmen Aspekte der persönlichen oder sozialen Identitätszuschreibung auf und intendieren eine selbstreflexive Phase. Nur wenn man mit sich im Reinen ist, ist man frei, auf Fremde zuzugehen.

Übung 6: Die Identität der Kartoffel Dauer ca. 30 Min.

Jeder Teilnehmer, jede Teilnehmerin wählt sich aus einer Tüte eine Kartoffel. Er/Sie soll die Kartoffel genau ansehen und sich mit ihr „anfreunden". Im Kreis von ca. drei bis vier Teilnehmern stellt jeder seine/ihre Kartoffel so

> vor, als sei sie ein Freund oder eine Freundin. Nachdem alle ihre Freundin oder ihren Freund vorgestellt haben, werden die Kartoffeln wieder eingesammelt und in der Mitte des Raumes platziert. Frage: Sind Sie einverstanden mit der Aussage, dass alle Kartoffeln gleich sind? Wer will seine Kartoffel in der Tüte wiederfinden? Wodurch unterscheidet sich Ihre Kartoffel? Was ist das Besondere an ihr?

Übung 6

In der Ausarbeitungsphase sollte herausgearbeitet werden:
– die Analogie Kartoffel – Mensch,
– die Notwendigkeit genau hinzusehen, ehe ich beurteile,
– keine voreiligen Schlüsse zu ziehen, sondern die eigene Wahrnehmung zu überprüfen.

Auch der Aspekt der sozialen Identität wird reflektiert: Jeder hat mit der Beschreibung seiner Kartoffel demonstriert, wie man soziale Identität zuschreibt. (Mein Freund, so wie ich ihn sehe; die Identität, die ich ihm zuschreibe.)

Die nachfolgende Übung bezieht sich auf einen Aspekt der persönlichen Identität: Wie mich die anderen wahrnehmen sollen.

> Übung 7: Triff mich am Flughafen   Dauer ca. 30 Min.
>
> Jede Teilnehmerin, jeder Teilnehmer soll sich auf einem Blatt Papier so beschreiben, dass ein Fremder sie oder ihn ohne weiteres am Flughafen erkennen könnte.
> Die Blätter werden zusammengefaltet. In Gruppen zu fünft werden sie gemischt und jeder zieht eine Beschreibung. Kann der oder die Beschriebene erraten werden?

Übung 7

Im abschließenden Gespräch herausarbeiten, wie sich die Einzelnen beschrieben haben. Haben sie nur äußerliche Merkmale, wie Kleidung etc. beschrieben?
Haben sie persönliche Merkmale beschrieben?
Haben sie ihre Hautfarbe beschrieben?
Angeblich schildern nur Angehörige von Minderheiten Merkmale, die auf ihre ethnischen Besonderheiten hinweisen.
Wahrscheinlich wird die Mehrheit der Teilnehmerinnen und Teilnehmer sich in Kategorien von Äußerlichkeiten beschrieben haben, denn es fällt durchaus nicht leicht, Persönliches von sich preiszugeben.

Wie schwierig es ist, selbst Positives von sich selber den anderen mitzuteilen, zeigt die nächste Übung:

Übung 8

Übung 8: Ich bin stolz auf mich/Was mir an mir gefällt   Dauer ca. 15 Min.

Die Teilnehmer versammeln sich im Kreis. Die Spielleiterin oder der Spielleiter wirft einen Ball. Nur die Person, die den Ball hat, darf sprechen: Ich bin stolz auf mich bzw. was mir an mir gefällt. Danach wird der Ball weitergeworfen. (Der Leiter unterbricht nur, wenn ein Teilnehmer etwas anführt, was sich nicht auf ihn als Person bezieht, z.B.: Ich bin stolz auf meine Kinder.)

Diese Übung konfrontiert mit Ungewohntem. Normalerweise hat man nicht gelernt anderen zu offenbaren, was man an sich gut findet. Besonders Frauen fällt diese Übung schwer.

Übung 9

Übung 9: Was mir an meiner ethnischen Gruppe gefällt   Dauer ca. 30 Min.

Spielarrangement wie in Übung 8. Der Ball wird im Kreis zugeworfen. Die Person im Ballbesitz darf sprechen: Was mir an meiner ethnischen Gruppe gefällt.

Auseinandersetzung mit der eigenen Ethnie

Diese Übung wird unweigerlich Diskussionsstoff bieten, weil zumindest unter deutschen Sozialpädagogen und Lehrern kaum Zugehörigkeitsgefühle zur eigenen Ethnie ausgeprägt sind, andere Ethnien wiederum überhaupt keine Schwierigkeiten haben sich mit entsprechenden Merkmalen zuzuordnen. Insofern beinhaltet die Länge der Übung die Zeit, die zur voraussichtlichen Auseinandersetzung zu dieser Übung benötigt wird.

Die Auseinandersetzung ist gewünscht, weil einerseits Minderheiten - hier besonders Kinder und Jugendliche – in der Regel eher negative Stereotypisierungen aufgrund ihrer Ethnie erfahren und hier die Gelegenheit erhalten sollen sich positiv zu typisieren, andererseits einige deutsche Pädagogen – auch in Abgrenzung zu der im Sport und unter rechtsradikalen Jugendlichen zu beobachtenden Entwicklung „Ich bin stolz ein Deutscher zu sein" – ein Bekenntnis zu ihrer Ethnie vermeiden.

Hier soll nicht der Stolz auf eine Nationalität herausgearbeitet, sondern die Auseinandersetzung mit der Frage der Zugehörigkeit zur eigenen Ethnie angeregt werden, die ja durch den Enkulturationsprozess unweigerlich Teil der sozialen Identität geworden ist, mit der sich der Einzelne konfrontiert sieht (*siehe theoretischer Input 2*).

In der Auseinandersetzung mit sich deutschnational gerierenden Jugendlichen, die wahrscheinlich in der Phase der Ich - Findung sind, ist zudem zu bedenken, ob eine faire Begegnung nicht eine klärende Haltung des Pädagogen zur eigenen ethnischen Zugehörigkeit voraussetzt.

Übung 10: Sozialisation, Wertesystem, Vorurteile   Dauer ca. 1 Stunde

Wir alle sind in unserer Geschichte mit vielen Vorurteilen und Einschätzungen konfrontiert worden, die andere Kulturen, Nationalitäten, Minderheiten oder Menschengruppen betreffen. Obwohl wir heute vieles als unsinnig erkannt und abgelegt haben, tragen wir sie oft noch (heimlich) in uns. Es geht in dieser Übung darum, solche Vor-Urteile aufzustöbern und darüber nachzudenken, wie wirksam sie noch sind.
Die Teilnehmer erhalten eine Liste mit Satzanfängen. Sie sollen versuchen schnell und ohne langes Nachdenken das zu notieren, was ihnen als Erstes einfällt: Vielleicht sind es auch mehrere Fortführungen. Sie werden ermuntert, so offen wie möglich zu sein und sich nicht zu verurteilen, weil vielleicht manches ganz falsch oder unangemessen ist. (10 Minuten)

Die vorbereiteten Zettel werden ausgegeben und ausgefüllt. Die Teilnehmer werden danach aufgefordert:
„Jetzt sieh dir in Ruhe an, was du geschrieben hast. Denke darüber nach, woher du dieses Vorurteil kennst, woher es kommt, wo du es zum ersten Mal mitbekommen hast. Hat es jemand gesagt? Dein Vater, deine Mutter, andere Personen? Hast du selbst Erfahrungen gemacht? Notiere dir Stichworte dazu. (15 Minuten).

„Sieh jetzt deine Liste ein drittes Mal durch. Such dir einige Sätze aus und stell dir vor, du würdest zum Beispiel einen Juden kennen lernen; versuch es dir genau vorzustellen und zu spüren, was in dir vorgeht. Bist du wirklich offen? Oder denkst du: Na ja, wer weiß, vielleicht stimmt es doch? Denk auch an reale Erfahrungen, die du gemacht hast." (10 Minuten)

Auswertung: *Kleingruppengespräch*
– Inwiefern sind meine Vorurteile geschlechtsspezifisch?
– Welche Meinungen beruhen auf Ereignissen oder Traditionen in der Herkunftsfamilie?
– Wo habe ich „bewusst und entschieden" Vorurteile abgelegt (im Kopf), welche Reste bekämpfe ich?
– Welche Gefühle habe ich gegenüber Menschen, die bestimmte Vorurteile (noch) haben?
– Gibt es Vorurteile anderer Schichten, Bevölkerungsgruppen, Bekannter etc. gegen mich?

Variante:
Auf einer Wandzeitung werden zu einigen angegebenen Gruppen („die Türken", „die Farbigen") alle notierten Stichworte gesammelt.
Was für ein Bild entsteht?
Wie fühle ich mich, wenn ich alle Begriffe durchlese?
Welche Funktion haben solche Bilder?

Material:
Vervielfältigter Zettel mit folgenden Satzanfängen:
- Russen sind ...
- Arbeitslose sind ...
- Homosexuelle sind ...
- Zigeuner sind ...
- Studenten sind ...
- Autofahrer sind ...
- Frauen sind ...
- Arbeiter sind ...
- Mohammedaner sind ...
- Arbeitgeber sind ...
- Farbige sind ...
- Türken sind ...
- Putzfrauen sind ...
- Juden sind ...
- Christen sind ...
- Beamte sind ...
- Obdachlose sind ...
- Intellektuelle sind ...
- Amerikaner sind ...
- Behinderte sind ...

Hinweis:
Es ist wichtig, die Satzanfänge sehr schnell und spontan, ohne „Filter" zu vervollständigen, um an die Schicht latenter (verborgener, aber insgeheim wirksamer) Einstellungen zu kommen.
(*Nach: Gudjons, aus: Spiele, Impulse und Übungen zur Thematisierung von Gewalt und Rassismus, S. 106 ff.*)

LITERATURHINWEISE ZU KAPITEL 6

AUERNHEIMER, Georg: Einführung in die Interkulturelle Erziehung. Primus Verlag, Darmstadt, 1996

DIEHM, Isabell: Erziehung in der Einwanderungsgesellschaft. Verlag für Interkulturelle Kommunikation (IKO), Frankfurt, 1993

HOFSTEDE, G.: Interkulturelle Zusammenarbeit. Wiesbaden, 1993

MIHCIYAZGAN, Ursula: Zusammenleben im multikulturellen Stadtteil – über differente Raumkonzepte und ihre Wirkung in der sozialpädagogischen Arbeit. In: DOKUMENTATION FORUM GEMEINWESENARBEIT IN NRW, Einmischen – Handeln – Verändern. November 1995, S. 47–61

von OECH, von R.: Der kreative Kick. Paderborn, 1994

SCHROLL-MACHL, Sylvia: Grundlagen Interkultureller Psychologie. Seminarpapier.

SPIELE, IMPULSE UND ÜBUNGEN ZUR THEMATISIERUNG VON GEWALT UND RASSISMUS IN DER JUGENDARBEIT, Schule und Bildungsarbeit. Arbeitsgruppe SOS – Rassismus NRW, 1996

SPRINGER, Monika: Erproben von Identität durch Theaterspielen. In: GEMEINSAM, NR. 20/1991: Lernen in der multikulturellen Gesellschaft

THOMAS, Alexander: Psychologie interkulturellen Lernens und Handelns. In: THOMAS, A. (Hg.): Kulturvergleichende Psychologie. Göttingen, 1993

7 Erfahrungen mit Fremdheit sammeln im Auslandspraktikum

Das Wecken eines Interesses an anderen Kulturen und die Fähigkeit zur Relativierung der eigenen Werte sind, wie bisher dargelegt, Grundvoraussetzungen, um den eigenen unvermeidlichen Ethnozentrismus (*s. Ziele der interkulturellen Erziehung nach Nieke*) zu erkennen. Das Festklammern am eigenen Werte- und Normensystem erweist sich in interkulturellen Begegnungen als hinderlich, weil die Offenheit für ein gegenseitiges Voneinanderlernen fehlt.

In diesem Kapitel soll auf eine weitere wesentliche Basis-Fähigkeit eingegangen werden, welche im Rahmen der pädagogischen Ausbildung erworben werden muss, damit in der Praxis interkulturell pädagogisch agiert werden kann: die Fähigkeit zum Perspektivenwechsel und zur Wahrnehmung der Bedürfnislage der Adressaten. *— Fähigkeit zum Perspektivenwechsel*

Im Folgenden soll hierfür der Begriff der pädagogischen Fremdwahrnehmung Verwendung finden. *— Fremdwahrnehmung*

Die Herausbildung pädagogischer Fremdwahrnehmung gehört innerhalb der pädagogischen Erzieherausbildung zu den grundlegenden Entwicklungsaufgaben (*in den Richtlinien einiger Bundesländer, z.B. von NW, vorgesehen und in Gruschka u.a.: Aus der Praxis lernen, dargestellt*). Im vorliegenden Buch ist Näheres zum Konzept der Entwicklungsaufgaben in Kapitel 11 zu finden.

Angehende Pädagoginnen und Pädagogen müssen wissen und nachempfinden können, was ein anders sprechendes Kind im Kindergarten oder einer anderen Einrichtung empfindet, wenn es zum ersten Mal die deutschsprachige Gruppe betritt, wie anstrengend es ist, den ganzen Tag von einer fremden Sprache umgeben zu sein und sich darin zu verständigen, welche Gefühle bei einem Kind entstehen, das sich in einer anderen als seiner Muttersprache trösten lassen muss. Ein grundlegendes Gespür für Situationen zu entwickeln, in denen oftmals nur auf sehr subtile Art und Weise Missachtung von kindlichen Bedürfnissen, Ausgrenzung aus der Gruppe oder sogar Diskriminierung stattfindet, ist für Angehörige der Majoritätskultur, zu denen die meisten Auszubildenden in pädagogischen Berufen gehören, nicht selbstverständlich. Im Stadtteil, in der Schule und während der Praktika in Kindergärten, Jugendzentren und Horten begegnen die Auszubildenden zwar tagtäglich ausländischen Kindern und Jugendlichen. Sie nehmen diese in der Regel auch ohne Probleme als Adressaten ihrer pädagogischen Aktionen an, genauso wie deutsche Kinder.

Es mangelt auch nicht an ihrer Betroffenheit, wenn sie z.B. im Kindergarten ein fünfjähriges Kind ausländischer Herkunft erleben, das wochenlang kein Wort spricht, nur eine geduckte Haltung einnimmt und sich fast ausschließlich unter den Tischen und in nicht einsehbaren Ecken des Raumes aufhält. *— Von der Betroffenheit zum Handlungsansatz kommen*

Da es aber in der Regel an einem Handlungsansatz mangelt, ein solches Kind zu integrieren, gehen sie oft aus Hilflosigkeit dazu über, das Problem zu ignorieren oder die Situation dahingehend umzudeuten, das Kind wolle sich möglicherweise nicht integrieren oder die Eltern verböten es ihm, mit deutschen Kindern Kontakt zu haben.

Ein solches Erklärungsmuster führt dann zwar in der emotional belastenden Situation der eigenen Hilflosigkeit zu einer aktuellen Entlastung. Die „Lösung" hilft aber nur der Praktikantin, sie fördert nicht das Kind und führt oft auch längerfristig zu einer Störung der pädagogischen Beziehung.

Reaktionen von Praktikantinnen auf nicht-deutsche Adressaten sind häufig auch deshalb distanziert, weil diese in ihrem Verhalten auffälliger erscheinen, als es den eigenen Wertvorstellungen entspricht, z.B. ausgeprägtes geschlechtsrollenspezifisches Verhalten.

Wenn ausländische Kinder und Jugendliche sich in ihrer Muttersprache unterhalten, empfinden die Auszubildenden manches als Infragestellung ihrer (erst allmählich sich herausbildenden) pädagogischen Erzieherrolle, sie haben Angst „ausgetrickst" zu werden oder Respekt einzubüßen.

Überwindung von Distanz

Diese Gefühle von Hilflosigkeit, Befremdung und innerer Distanzierung sind nicht allein zu beheben durch im Unterricht zu vermittelnde Kenntnisse über die besondere Lebenssituation, die Probleme der Identitätsbildung, die Bedeutung der Zweisprachigkeit während der Entwicklung und anderer Wissensbestandteile. Auch die Beherrschung einiger grundlegender Begriffe der Migrantensprache, z.B. türkische Begrüßungsformeln und Liedtexte, verhelfen nicht zu der grundlegenden Kompetenz, ein Gespür für die besondere emotionale Befindlichkeit der Migrantenkinder und -jugendlichen sowie für damit zusammenhängende Gruppenprozesse zu bekommen.

Orientierungen nachvollziehen können

Pädagogische Fremdwahrnehmung ist grundlegende Voraussetzung für das Nachvollziehen-Können der Orientierungen, der handlungsleitenden Motive und Bedürfnisse der Adressaten. Ausländische Kinder und Jugendliche müssen in aller Regel mit dem Gefühl leben

- die eigene Muttersprache nicht perfekt zu können, aber auch die deutsche Sprache nur unzureichend zu beherrschen, wodurch in vielen Situationen ein permanentes latentes Minderwertigkeitsgefühl vorhanden ist;
- in unterschiedlichen Werte- und Normensystemen in Elternhaus und Schule leben zu müssen und entsprechend Dinge verheimlichen bzw. überspielen zu müssen;
- von ihrem sozialen Umfeld wegen ihrer Herkunft abgelehnt zu werden, selbst wenn Diskriminierungen nicht deutlich zutage treten;
- subtile Diskriminierungen hinnehmen zu müssen, ohne sich öffentlich dagegen wehren zu können, z.B. die „Eindeutschung" fremder Vor- und Nachnamen.

Diese alltäglichen Erfahrungen der Stigmatisierung und Diskriminierung prägen sehr entscheidend die Orientierung der ausländischen Kinder und Jugendlichen und wirken sich wesentlich auf ihre Identitätsbildung aus. Begrifflichkeiten wie z.B. der der bi-kulturellen Identität bleiben solange abstrakt, als Auszubildende in pädagogischen Berufen nicht nachempfinden können, was die Jugendlichen dazu bewegt, sich ihrer Herkunftskultur vergewissern zu wollen und sie in ihre Persönlichkeit integrieren zu sollen und gleichzeitig im Aufenthaltsland zurechtkommen zu wollen (*vgl. dazu den theoretischen Input zur Identität auf S. 100 und auch den späteren Abschnitt 9.2*).

Integration versus Anpassung

Auch der Begriff der Integration und die oft endlosen Diskussionen über dessen inhaltliche Bedeutung, die wir Deutsche so gerne führen, bleibt akademisch, wenn wir nicht die Perspektive der Migranten übernehmen, die sich oft mit der Forderung konfrontiert sehen, ihre mitgebrachten Normen und Werte zu Gunsten der unsrigen aufzugeben – z.B. bei der sogenannten „Kopftuchfrage". (*Zum Reaktionsmuster ausländischer Jugendlicher auf Diskriminierung siehe René Bendit: Junge Ausländer .... in: „gemeinsam", Heft 28/1994.*)

Da das komplexe Thema des multikulturellen Zusammenlebens nicht mittels rationaler Auseinandersetzung erschlossen werden kann, müssen in der pädagogischen Ausbildung notwendigerweise Möglichkeiten entwickelt werden, auch einen affektiven Zugang zum Thema zu finden – so wie es Ziel des in den Kapiteln 6 und 8 vorgestellten Sensibilisierungstrainings ist. Auch ein Auslandspraktikum spricht in erster Linie die Persönlichkeitsanteile an, die allein durch Wissenanhäufung nicht erschlossen werden könnten. (*Das Sophie-Scholl-Berufskolleg in Duisburg ist eine der Ausbildungseinrichtungen für angehende Erzieher/innen, wo ein Auslandspraktikum seit mehreren Jahren zum festen Bestandteil gehört und mit EU-Mitteln gefördert wird. Das vorliegende Kapitel konnte vor dem Hintergrund entsprechender Erfahrungen verfasst werden.*)

Sensibilisierung jenseits der Rationalität

7.1 Zielsetzung eines Auslandspraktikums

Ein Praktikumsaufenthalt im Ausland trägt ganz entscheidend zur Entwicklung von Fremdwahrnehmung bei, weil die unterschiedlichen Befremdungen im ausländischen Erfahrungsraum die angehenden Erzieherinnen dazu befähigen, sich nun besser in ausländische Kinder und Jugendliche hineinzuversetzen und deren Gefühle, Orientierungen und Handlungsweisen nachvollziehen zu können. Die Perspektive der Adressaten zu übernehmen fällt leichter, wenn man selbst einmal Erlebnisse hatte, zu denen Leiterfahrungen zählen, z.B. als Ausländer angemacht und beschimpft zu werden (so wie es Schülern und Schülerinnen im Praktikum in Brüssel widerfuhr).

Rolllen- und Perspektivenwechsel durch eigene Erfahrung

Die Zielsetzung eines Auslandspraktikums lässt sich zusammenfassend wie folgt umreißen:
- Erwerb von Schlüsselqualifikationen, wie Sensibilität und Offenheit im Umgang mit Menschen fremder Kulturen und Sprachen, Kreativität und Flexibilität in fremden Situationen;
- Entwickeln neuer, unkonventioneller Interaktionsformen durch die sozialpädagogische Arbeit mit Kindern und Jugendlichen im fremdsprachigen Ausland;
- bewusstes Erleben und Reflektieren des Fremdheitsgefühls sowie Reflexion von Möglichkeiten zu dessen Überwindung;
- Akzeptieren anderer Lebens-, Arbeits- und pädagogischer Verhaltensweisen;
- Explorieren anderer pädagogischer Konzepte und Erweiterung des eigenen pädagogischen Handlungskonzeptes.

Ziele eines Auslandspraktikums

Durch das Erfahren fremder Lebens- und Organisationsweisen kommt es zu einer Relativierung der eigenen Wertmaßstäbe und zur Förderung von Toleranz. Die Schülerinnen verstehen das Fremde nach einem Auslandspraktikum eher als Bereicherung, statt es abzulehnen und mit Abwehr und Aggressivität darauf zu reagieren.

Kognitive Ebene wird mit angesprochen

Jedoch auch auf der rationalen, kognitiven Ebene vermittelt ein Auslandspraktikum einen großen Lerneffekt, denn kulturspezifische Normen und Werte erhalten aufgrund der Eingebundenheit in die konkrete Lebenspraxis eine neue Beurteilungsgrundlage. So kann z.B. in einem konkreten kulturellen Kontext ein bestimmtes pädagogisches Verhalten als durchaus sinnvoll bewertet werden, auch wenn es vor der eigenen kulturspezifischen Folie als nicht tolerabel angesehen würde. Ein Beispiel für diese Relativierung der eigenen Wert- und Normvorstellungen ist das Ausgehverbot für viele muslimische Frauen und Mädchen nach Sonnenuntergang, worüber deutsche Schülerinnen meistens voller Unverständnis den Kopf schütteln, weil sie es mit ihrem Autonomie- und Emanzipationsverständnis nicht vereinbaren können. Nachdem sie als Praktikantinnen im Ausland selbst erfahren mussten, dass sie sich aufgrund ihrer mangelhaften Sprachkompetenz vor männlichen „Verehrern" nur durch Zusammenschließen und aggressive Abwehr schützen konnten, war es ihnen möglich, sich in einen besorgten muslimischen Vater hineinzuversetzen, dessen größte Ehre die Unberührtheit seiner Töchter ist.

Nachvollziehen von Lebensgrundlagen

Auch das Nachvollziehen der gesellschaftspolitischen Lebenslage von Migranten in einem fremden Land wird durch einen Auslandsaufenthalt eher ermöglicht. Viel zu selbstverständlich sind uns die gewohnten Rechte als Inländer, als dass wir das Gefühl der Unsicherheit verstehen könnten, jederzeit die Aufenthaltserlaubnis entzogen zu bekommen. Eine sehr krasse, aber nachhaltige Erfahrung in dieser Hinsicht war in einem Auslandspraktikum die unvermittelte, überfallartige Kontrolle durch die Polizei. Die Beobachtung einer gewaltsamen Untersuchung der Personen und der Papiere führte den Schülerinnen schlagartig den Rechtsstatus eines Ausländers vor Augen.

In ihren Praxisberichten bringen die Schülerinnen ihre Befremdungsgefühle im Ausland zur Sprache.

Hauptproblem: Sprachbarriere

Als Hauptproblem kristallisierte sich dabei die Sprachbarriere heraus. Die Schreiberinnen berichten über Gefühle der Verunsicherung und der Verlassenheit und daraus resultierende Reaktionen, z.B. Rückzug, Distanz, Misstrauen, Aggressionen. *„Viele Leute, die in die Einrichtung kamen, fragten uns, was wir dort machten. Oftmals übernahm Ann-Marie sofort das Gespräch und sagte, wir kämen aus Deutschland und verstünden kein Französisch. Wir standen dabei und hörten uns an, was sie sagte, verstanden jedoch nur teilweise etwas davon. Durch die Art und Weise der Erzählung kamen Gefühle in mir auf, die mir mitteilten, ob das Gespräch Positives oder Negatives beinhaltete. Oft hätte ich gerne etwas dazu gesagt, aber mir fehlten die Worte dazu. Die Situation war recht unangenehm. Anfangs versuchte ich krampfhaft alles zu verstehen. Zeitweise hatte ich das Gefühl, dass sie extra schnell sprachen, damit wir auch ganz sicher nichts mitbekommen. Ich merkte, dass ich dann anfing mich hinter der deutschen Sprache zu verschanzen, denn im Prinzip wurden wir ja auch nicht verstanden. Ich denke, dass diese Situationen heikel werden können, da es an einem selbst liegt, wie man die Dinge aufnimmt und bewertet."*

Eine andere Schülerin beschreibt ihre Empfindungen so:

„Die härteste Erfahrung, die ich in diesen Situationen (in denen sie in größeren Gruppen im Ausland nichts verstand) jedoch gemacht habe, war, dass man mit vielen Leuten zusammen ist und sich doch allein gelassen fühlt. Ich finde diese Erfahrung sehr bedrückend, weil man einen Schritt nach vorne macht, seine Ängste und Hemmungen überwindet, indem man auf andere Menschen mit einer anderen Sprache und Kultur zugeht und sich darauf einlässt, und doch wieder zurückgeworfen wird, denn die Problematik mit der Verständigung, die sich einem stellt, ist riesig. Man fühlt sich klein und hilflos und vor allem unbeachtet."

Als nachdrücklich beeindruckend werden in den Berichten darüber hinaus die vielen positiven Beobachtungen hinsichtlich der schöpferischen und fantasievollen Versuche von Kindern die Sprachbarriere zu überbrücken herausgestellt. Hierbei fungierten die Kinder als Vorbilder bezüglich einer Kontaktaufnahme ohne Sprache und hinsichtlich einer als sehr angenehm empfundenen Gastfreundschaft. Für die Praktikantinnen bedeutete diese spontane Offenheit eine Herausforderung sich auf neue Interaktionsformen einzulassen und im kommunikativen Ausdruck insgesamt mehr Flexibilität zu entwickeln.

Kinder überbrücken die Sprachbarriere

Ein weiterer häufiger Anlass für Reflexion im Praxisbericht ist der Umgang mit andersartigen kulturspezifischen Normen und Werten.

Zum Beispiel schildert eine Schülerin ihre Gefühle der völligen Verunsicherung nach einem Cous-Cous-Essen bei belgischen und marokkanischen Gastgebern: „Wir merkten, dass in uns eine große Unsicherheit lag. Machen wir etwas falsch, wenn wir sagen, wir können nicht mehr (Cous-Cous essen)? Zuerst guckt man, wie sich die anderen verhalten, man spricht miteinander über das Problem (auf Deutsch, sonst könnten die anderen es verstehen), um Sicherheit für sich selbst zu finden. Warum eigentlich? Sonst verhalten wir uns doch auch so offen und ehrlich und sagen es anderen. Lag es daran, dass die Leute uns fremd erschienen, obwohl wir eigentlich keinen Grund dazu hatten? So fremd waren sie uns gar nicht. Oder war es die andere Geschmacksrichtung?"

Schülerinnen, die zum Teil strenge Wertmaßstäbe an das Verhalten anderer legten, zum Beispiel an die Pünktlichkeit und „Ordentlichkeit" von Mitschülerinnen, mussten im Auslandspraktikum die Erfahrung machen, dass ihre bislang unreflektierten Wertvorstellungen einer Relativität unterliegen. Die Begegnung mit anderen sozialen Umgangsformen, anderen Arbeitsweisen und Vorstellungen von Organisation etc. ist ein weiterer wichtiger Erfahrungsbereich im Auslandspraktikum.

Relativierung eigener Wertmaßstäbe

„An einem Tag wurden A. (eine Mitschülerin) und ich getrennt. Beide waren wir jeweils mit einem Animateur zusammen, der nur Französisch spricht. S. bat mich ihm zu folgen. Ich wusste nicht, wohin es gehen sollte. So rannte ich ihm hinterher wie ein Hund, stieg mit ihm in die Metro, dann in den Bus und befand mich plötzlich auf dem Weg in den Wald. Es war ein eigenartiges Gefühl, blind jemandem ohne Erklärungen zu folgen und nicht zu wissen, was einen erwartet. Das Gefühl war eine Mischung aus Neugierde, blindem Vertrauen und Skepsis, also ein sehr widersprüchliches Gefühl." (Es stellte sich heraus, dass der Animateur eine Schnitzeljagd für die Kinder im Wald vorbereiten wollte.) Die Schülerin reflektiert: „Diese ganze Desorganisation ist für mich fremd und unverständlich. Die beiden (zwei Mitarbeiter der Einrichtung) haben offensichtlich andere Normen und Werte. Pünktlichkeit ist nicht so wichtig. Auch hatte ich das Gefühl, dass sie uns gar nicht mit einbeziehen wollten. Beim Reflexionsgespräch kam heraus, dass sie wiederum das Gefühl hatten, dass wir nicht mit einbezogen werden wollten. Daran kann man wieder einmal sehen, wie unterschiedlich die Wahrnehmungen sind und wie sich eine Situation, je nachdem welche Gefühle man dabei hat, unterschiedlich deuten lässt. Deshalb ist das Gespräch, der gegenseitige Austausch, ja so bedeutsam und somit auch das Beherrschen der Sprache."

Unterschiedliche Wahrnehmungs- und Bewertungsraster

Als unvergesslich und bezeichnend für die unterschiedliche Gewichtung von „sozialen Gütern" nannte sie auch ein Erlebnis bei der Heimreise im Zug: *„Als wir über die Grenze kamen, merkten wir gleich, dass wir wieder in Deutschland waren. Vorher hätte sich niemand daran gestört, dass wir unser Gepäck auf den Polstern im Abteil stehen hatten. Ein deutscher Mann musste sich dann aber gleich fürchterlich darüber aufregen. Da hätte in Brüssel niemand ein Wort drüber verloren."*

Durch die Konfrontation mit andersartigen Wertmaßstäben hinsichtlich Pünktlichkeit, Ordentlichkeit und „richtiger Erziehung" werden die Schülerinnen dazu aufgefordert, ihre bisherigen „Wahrnehmungs- und Bewertungsraster" zu reflektieren, kritisch einzuschätzen, und gegebenenfalls zu relativieren.

Auswirkung auf Erziehungsziele und -mittel

Weil der Auslandsaufenthalt mit einer Hospitation und Mitarbeit in pädagogischen Institutionen verbunden ist, müssen auch die gewohnten pädagogischen Normen und Ziele sowie Erziehungsmittel neu betrachtet werden. Zum Beispiel waren die Schülerinnen genötigt sich zu fragen, ob der ihnen so vertraute, weil selbst erfahrene pädagogische Umgang stets so förderlich für Kinder ist, inwieweit pädagogische Handlungsmöglichkeiten und Freiräume eingeschränkt werden, z.B. allein durch die „typisch deutsche" (?) Auslegung der Aufsichtspflicht. Auch das Verständnis von pädagogischer Beziehung wird durch die Konfrontation mit anderen Interaktionsformen einer neuen Prüfung unterworfen.

7.2 Vorbereitung und Auswertung der Lernerfahrungen

Sprachtraining, Landeskunde, Vorurteilsbildung klären

Die Vorbereitung des Praktikums umfasst neben einem Sprachtraining und einer einführenden Landeskunde (historische, religiöse, ökonomische, gesellschaftspolitische Aspekte) die Thematisierung von „Fremdheitsbildern" (Auseinandersetzung mit dem Bild des Fremden im deutschen Alltag und dem Urteil über Deutsche aus der Sicht des Auslandes). Das Thema der Vorurteilsbildung sollte einem Auslandspraktikum in jedem Falle vorangehen (siehe Abschnitt 4.3). Schließlich zielt das Auslandspraktikum neben der Entwicklung der pädagogischen Fremdwahrnehmung auch ab auf die Wahrnehmung von und die Auseinandersetzung mit den eigenen, bislang nicht bewusst gemachten Voreinstellungen gegenüber Andersartigem.

Eine intensive Auswertung des Praktikums ist ebenso entscheidend für den Lernerfolg wie die Vorbereitung. Die Auseinandersetzung mit den erlebten kulturspezifischen Standards erfolgt meistens erst aus der Distanz heraus, wenn Erlebnisse im Zusammenhang betrachtet und mit Hilfe von gezieltem Informationsmaterial (z.B. zur Geschichte) verstehbar werden. Oft entsteht eine tolerante Haltung erst aus einem gehörigen Abstand heraus und wenn die eigenen Wertvorstellungen allmählich ins Wanken geraten.

Die individuelle Betroffenheit in den Berichtsauszügen lässt erkennen, dass die gründliche Auswertung der Auslandserfahrungen sehr wesentlich ist. Zum einen ist dies vonnöten, weil alle Erfahrungen im Ausland in der Regel mit emotionalen Bewegungen und sogar Erschütterungen verbunden sind. Werden diese nicht reflektiert, so können sie im Extremfalle zu einem negativen Lerneffekt führen, nämlich dazu, dass Vorurteile aufgrund der unverarbeiteten Ängste weiter verstärkt werden. *[Gründliche Erfahrungsauswertung]*

Das Festhalten der Erlebnisse in Praxisgeschichten (*wir kommen ausführlich in Kapitel 11 darauf zurück, wo exemplarisch die Praxisaufgaben und das Praxispapier des Sophie-Scholl-Berufskollegs vorgestellt werden*) ermöglicht die spätere Aufarbeitung der authentischen Erfahrungen im Unterricht. Das Verschriftlichen zwingt die Praktikantinnen dazu, bewusster zu beobachten und die eigenen Affekte differenzierter wahrzunehmen. Hierdurch werden Reflexionsprozesse angeregt und größere Handlungssicherheit erzeugt. *[Festhalten in Praxisgeschichten]*

Eine pädagogische Ausbildung ist auch Persönlichkeitsbildung und muss im Zusammenhang des interkulturellen Lernens Befremdungsgefühle thematisieren und reflektierbar machen. Dabei handelt es sich in der Regel um ambivalente Gefühle, die zwischen Ablehnung und Angst einerseits und Neugierde und Faszination andererseits schwanken. Bei der Auswertung darf deshalb nicht der Fehler begangen werden diese Affekte zu tabuisieren. Vielmehr müssen die Auszubildenden sie als Teil ihrer Persönlichkeit wahrnehmen und möglicherweise auch darüber erschrecken. Erst wenn sie sich ihrer bewusst werden und sie als Teil ihres Gewordenseins akzeptieren lernen, können sie daran arbeiten und sie gegebenenfalls verändern.

Der Auslandsaufenthalt bewirkt somit nicht nur eine Weiterentwicklung der Berufsqualifikation hinsichtlich der Empathiefähigkeit, der Fremdwahrnehmungs- und Handlungsfähigkeit in multikulturellen Praxisfeldern, sondern trägt auch spürbar zur Persönlichkeitsentwicklung als Voraussetzung einer Erzieherpersönlichkeit bei. *[Auswirkung: Persönlichkeitsentwicklung]*

Insgesamt bewirkt ein Auslandspraktikum die deutliche Erhöhung der Sensibilität für interkulturelles Lernen und der damit zusammenhängenden Schlüsselprobleme. Dies schlägt sich in folgender Aussage einer Praktikantin nieder: „*Was wir erfahren haben, kann mit Sicherheit nicht mit dem verglichen werden, wie es den ausländischen Kindern und Jugendlichen hier bei uns geht. Aber eine Ahnung davon, wie sich Diskriminierung anfühlt, habe ich jetzt.*"

LITERATURVERZEICHNIS ZU KAPITEL 7

BENDIT, René: Junge Ausländer. Reaktionsmuster auf Diskriminierung und Ausgrenzung. In: gemeinsam 28/94

8 Auf interkulturelle Konflikte reagieren

**2. Teil des Trainings:
Sensibilisierung für Konfliktlösungsstrategien**

Weiterführung von Kapitel 6

Das in Kapitel 6 begonnene interkulturelle Sensibilisierungstraining für die Aus- und Fortbildung wird nachfolgend weitergeführt, wobei auch die Nummerierung der Bestandteile fortgeführt wird. Der hier dargestellte 2. Teil führt in eine Methode ein, die dazu geeignet ist, interkulturelle Konfliktsituationen zu bearbeiten. Das Training wird wiederum in einem Wechsel von reflexiver Theorie und praktischer Übung dargestellt, so wie dies im Überblick auf S. 86 schon angegeben wurde.

**Theoretischer Input 4:
Konflikte gehören zum multikulturellen Alltag**

Konflikte als normal begreifen

Die multikulturelle Gesellschaft, insbesondere wie sie sich Jugendlichen darstellt, ist keine friedliche, bunte Gemeinschaft, in der Menschen sich durch ihre Vielfalt anregen und gegenseitig bereichern. Sie ist konflikthaft, weil Pluralität nicht per se auf Zustimmung durch alle Mitglieder einer Gemeinschaft stößt. Um Konsens muss in einer demokratischen Gesellschaft gestritten, Toleranz für anderes, nicht geteiltes Verhalten erworben werden. Interkulturelle Erziehung als pädagogische Anwort auf kulturelle Vielfalt sollte Konflikte nicht ausblenden, sondern als einen Teil ihres Zugangs begreifen.

Konflikte sind normal und gehören zu Menschen, die zusammen leben und arbeiten. Werden sie konstruktiv angegangen, können sie eine positive Kraft sein, um Beziehungen zu stärken und Selbstachtung zu erhöhen. Dazu aber werden einige Fähigkeiten benötigt, die im pädagogischen Prozess zu vermitteln sind.

Die Unfähigkeit zur Konfliktlösung kann man deutlich bei Kindern beobachten. Streitende Kinder laufen schreiend zu den Eltern, dem großen Bruder, der großen Schwester oder zu Lehrern und Lehrerinnen und Erzieherin oder Erzieher und beschweren sich wechselseitig über das Verhalten des anderen. Auch bei Erwachsenen entstehen Situationen, wo Konflikte nicht lösbar erscheinen, was sich zum Beispiel im politischen Raum beobachten lässt. Bei Politikerinnen und Politikern scheint es zur Beziehungskultur unterschiedlicher Parteien zu gehören, den Kontrahenten ins Unrecht zu setzen oder der Lächerlichkeit preiszugeben. Kinder verfügen noch nicht über Fähigkeiten, um mit Konflikten konstruktiv umzugehen. Bei Erwachsenen gehört es wohl oft – absichtlich oder auch nicht – zur alltäglichen Beziehungsstruktur, den Streitpartner oder die Streitpartnerin niederzubrüllen, bis zur Beleidigung, dem psychischen oder gar dem physischen Angriff.

... und auf ihre Bewältigung hinarbeiten

Man mag zu dieser alltäglichen Beziehungskultur stehen, wie man will, im pädagogischen Raum muss es Ziel sein und bleiben, Fähigkeiten aufzubauen, mit Hilfe derer man Konflikte konstruktiv lösen kann. Im hier dargestellten Konflikttraining wird dies erreicht, wobei ein Schwerpunkt auf die Bearbeitung von Konflikten gelegt wird, die im interkulturellen Feld entstehen können. Diesem

Auf interkulturelle Konflikte reagieren

Ansatz liegt die Überzeugung zugrunde, dass in der Auseinandersetzung mit anderen Kulturen Aufklärung und Wissensvermittlung ergänzt werden muss um ein Lernen, das Sinne und Gefühle anspricht. Denn was lange an Vorurteilen angewachsen ist, ist nicht einfach durch Information abzubauen. Aufklärung kann zwar im Kopf landen, muss sich aber nicht auf das Verhalten auswirken.

Übung 11: Unterschiede   Dauer ca. 15 Min.

Der Spielleiter oder die Spielleiterin kennzeichnet die eine Ecke des Raumes als „Ich stimme zu", die entgegengesetzte als „Ich stimme nicht zu", die Mitte als „Ich kann mich nicht entscheiden". Die Spielleiterin oder der Spielleiter liest jeweils eine der nachfolgenden Aussagen vor und die Teilnehmer und Teilnehmerinnen entscheiden sich für eine Zugehörigkeit entsprechend des zugewiesenen Raumes.
(Es ist notwendig, mehrere Male die jeweilige Kennzeichnung des Raumes s.o. zu wiederholen, weil in der Regel zunächst Verwirrung bei den Teilnehmern über die Zuordnung des Raumes besteht.)

Aussagen
Ich esse gerne Spinat.
Mädchen sind klüger als Jungen.
Politik ist ein schmutziges Geschäft.
Frauen sollen Hausfrauen sein.
Wer arbeiten will, findet auch Arbeit.
Der Mann soll der Hausmann sein, wenn die Frau den besseren Job hat.
Gesunde Kinder wollen nicht mit behinderten in eine Schule gehen.
Zu viele ausländische Kinder in einer Schulklasse drücken das Leistungsniveau.
Homosexualität ist angeboren.
Das Christentum ist eine sexualfeindliche Religion.
Der Islam ist eine frauenfeindliche Religion.
Schwarze sind bessere Tänzer als Weiße.
Ich würde den Bau einer Moschee in meiner Straße verhindern wollen.
Ich finde, jeder Pädagoge, der mit Kindern ausländischer Herkunft arbeitet, sollte schon einmal einen Hausbesuch bei den Eltern gemacht haben.

(Man kann die Aussagen an die Teilnehmerinnen und Teilnehmer abgeben: Was würden sie gerne von den anderen wissen?)

Die Übung führt dazu, dass die Teilnehmer ihren Standpunkt und damit die Zugehörigkeit zu einer Gruppe ständig wechseln. Manche Teilnehmer machen die Erfahrung, ganz alleine oder nur mit sehr wenigen anderen auf einer Seite zu stehen, und spüren in der Regel, dass es unangenehm ist, zu einer Minderheit zu gehören.

Arbeitsblatt 1

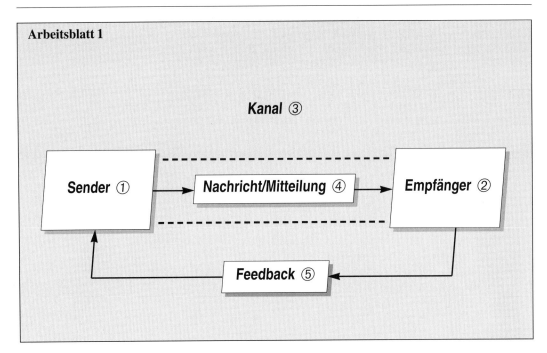

Arbeitsblatt 3

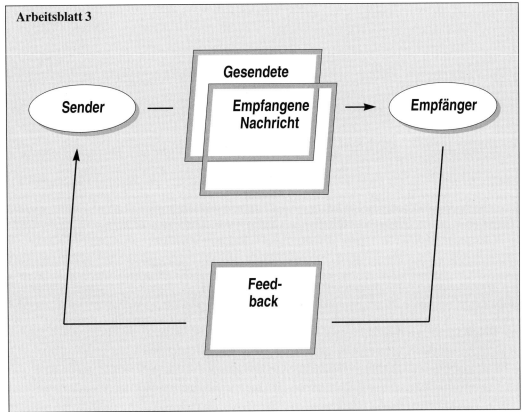

Arbeitsblatt 2

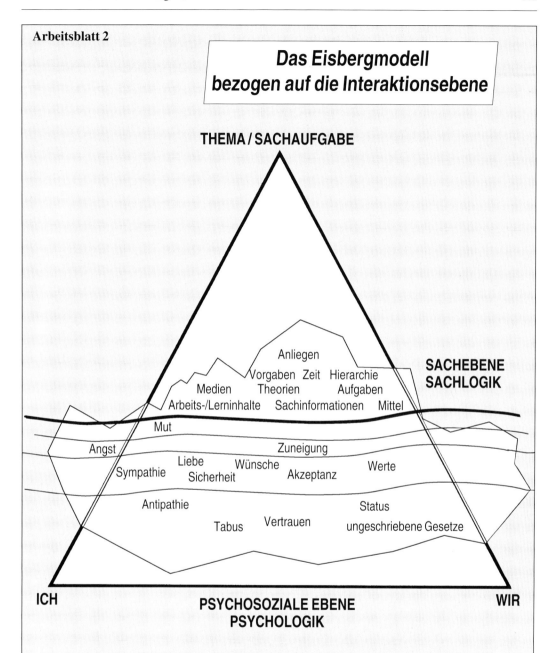

Jede Mitteilung hat einen **Inhaltsaspekt (Sachebene)** und gleichzeitig bestimmt die Beziehung zwischen Sender und Empfänger jedes Gespräch. Die **Beziehungsebene** (Gefühle, Vorannahmen, Einstellungen, Erwartungen, Sympathien, die die Gesprächspartner mit in die Gesprächssituation miteinbringen) **dominiert die Inhaltsebene**.

Besonders die Körpersprache und wie Menschen miteinander reden, verdeutlicht, was Menschen voneinander halten.

In der Reflexion dieser Übung sollen die Wahrnehmung und die Gefühle der Teilnehmer bei der jeweilige Gruppenzugehörigkeit herausgearbeitet werden. Wie war es, wenn man ganz alleine stand?

Theoretischer Input 5: Grundsätze der Kommunikation

Erarbeitung der Theorie mit Arbeitsblättern

Zu diesem und zu weiteren Theoriebestandteilen sind nachfolgend Arbeitsblätter abgedruckt. Wer das Training in seiner Institution einsetzt, kann diese Arbeitsblätter in der Erarbeitungsphase heranziehen (wenn das Buch nicht für alle Teilnehmer zur Verfügung steht, können sie z.B. behelfsweise auf Folien eingebracht werden).

Das Arbeitsblatt 1 (*S. 114*) zeigt anhand eines weit verbreiteten Schemas, wie Kommunikation „funktioniert".

Grundmodell von Kommunikation

Kommunikation ist ein Prozess, bei dem erstens ein Sender über einen Kanal eine Nachricht aussendet, auf die zweitens der Empfänger reagiert (feedback).
Mit diesem einfachen Modell fangen aber schon die Schwierigkeiten an, denn nicht alles wird so empfangen, wie es der Sender ausgesendet hat. So lauten Grundgesetze der Kommunikation:
– Wahr ist nicht, was der Sender sagt, sondern was der Empfänger versteht. (Hiermit ist die Bedeutung der Wahrnehmung im Kommunikationsprozess angesprochen.)
– Jede Kommunikation hat einen Inhalts- und einen Beziehungsaspekt. (Inhalte werden anders interpretiert, weil die Beziehung der Partner unausgesprochen bleibt, aber lenkend ist.) Das sog. Eisbergmodell wird im Arbeitsblatt 2 (*S. 115*) dargestellt.
– Man kann nicht nicht kommunizieren.
– Kommunizieren geschieht nie ohne Absicht.

Erweitertes Modell

Das Arbeitsblatt 3 (*S. 114*) zeigt ein erweitertes Modell der zwischenmenschlichen Kommunikation. Im Wesen der Kommunikation liegen ihre Probleme:
– Gesagt ist noch nicht gehört.
– Gehört ist noch nicht verstanden.
– Verstanden ist noch nicht einverstanden.
– Einverstanden ist noch nicht angewendet.
– Angewendet ist noch nicht beibehalten.

Aspekte der Wahrnehmung

Die Wahrnehmung einer Nachricht wird durch verschiedene Aspekte beeinflusst.
• Der Sachaspekt: Worüber will der Partner mich informieren?
  Im Beispiel 5 in Kapitel 1 bedeutet Dilek der Praktikantin, dass sie mit ihr türkisch sprechen solle.
• Der Beziehungsaspekt: Was hält der Partner von mir, was halte ich von ihm?
  Dilek will mit der Praktikantin türkisch sprechen, weil sie Türkin ist, und sie versucht sie mit ihren Mitteln unter Druck zu setzen. Die Praktikantin ist sich so lange über ihre Beziehung zu dem Mädchen im Unklaren, bis sie die „Lüge" entlarvt.

- Wahrnehmung ist gelernt: Meine persönliche Lerngeschichte beeinflusst das, was ich sehe, und wie ich es interpretiere.
  In Beispiel 3 im Kapitel 1 berichtet die Praktikantin von ihrer großen Angst bei den ersten Begegnungen mit ausländischen männlichen Jugendlichen. Sie entwickelt immer neue Strategien, um eine Begegnung zu vermeiden. Sie begründet ihre Angst mit ihrer bisherigen Lerngeschichte, in der Ausländer nicht existierten. Ihr Mangel an Erfahrungen lässt sie mit Furcht und Antipathie gegenüber den Fremden reagieren.
- Wahrnehmung hängt vom Kontext ab: Der Zusammenhang, in dem ich etwas sehe oder höre, beeinflusst die Bedeutung, die ich dem Gesehenen gebe, und kann sie verzerren.
  Die ängstigenden Begegnungen der Praktikantin mit den Jungen passieren in einem Flur, in dem es scheinbar kein Entweichen gibt. Der Zusammenhang der Unausweichlichkeit provoziert bei ihr die „Urangst vor dem männlichen Geschlecht".
- Das, was ich zuerst im Detail wahrnehme, bestimmt meine Interpretation des Ganzen.
  Erst in der Analyse der Situation erkennt die Praktikantin, dass die Jungen entgegen ihren Erwartungen ihr nie zu nahe getreten sind. Auf Grund der ihr fehlenden Erfahrung hatte die Praktikantin dies befürchtet und auf die ihr Angst machende Gruppe im Gang projiziert.
- Wahrnehmung strebt nach Widerspruchsfreiheit: Das, was für mich aufgrund meiner Erfahrung nicht stimmt, „übersehe" ich, da es mir Unbehagen bereitet.
  Im Beispiel 1 in Kapitel 1 hört der Praktikant zwar eine ausländerfeindliche Aussage vonseiten eines kleinen Mädchens in der Kindergartengruppe, reagiert aber nicht darauf. Erst in der Reflexion macht er sich Vorwürfe über seine Handlungsunfähigkeit.
- Unschärfeprinzip: Weil ich zu nahe am Geschehen bin, sehe ich manchmal das Ganze nicht.
  In der Geschichte des Theaterprojektes (Beispiel 7 in Kapitel 1) sehen die Erzieherschülerinnen nicht, dass sie das Geschehen durch ihr Verhalten dominieren und sowohl die türkischen Theaterleute überfordern als auch die ausländischen Partnerinnen aus der anderen Klasse verschrecken, denen sie ja eigentlich nur hatten helfen wollen. Um das Ganze im Auge zu behalten, muss ich ab und zu Distanz zum Geschehen einnehmen.

Übung 12: „Stille Post"   Dauer ca. 30 Minuten

Sieben Teilnehmer und Teilnehmerinnen gehen nach draußen. Die Verbleibenden schauen sich das Bild der „Stillen Post" (Arbeitsblatt 4) reihum an. Der Erste wird hereingeholt. Ihm oder ihr wird das Bild gezeigt, das er oder sie sich drei Minuten lang genau ansehen soll. (Die Zeit wird gestoppt, jeder soll das Gefühl haben, dass drei Minuten sehr lang sind.) Das Blatt wird nun

Übung 12 (Fortsetzung)

umgedreht und darf nicht mehr zu sehen sein. Der Nächste wird hereingeholt. Der Erste erzählt, was er auf dem Bild gesehen hat. Nachfragen sind nicht erlaubt. Nun erzählt der Zweite dem Dritten, was er verstanden hat, was auf dem Bild zu sehen sei, dann der Dritte dem Vierten usw. Der Letzte zeichnet, was er verstanden hat, auf die Tafel. Nun dürfen sich alle sieben Teilnehmerinnen und Teilnehmer das Original ansehen.

Auswertung: Sprechen Sie darüber, wie sich was vom Original in der Wahrnehmung durch die verbale Kommunikation ohne visuellen Eindruck verändert hat, was zuerst ausgeblendet, was am längsten erhalten blieb. Spielten Stereotypen eine Rolle? Blieben sie länger erhalten als Abstraktes?

Arbeitsblatt 4

Theoretischer Input 6: Die Kommunikationskette

Der Ablauf einer Kommunikaton hängt ab von den Beziehungen und den Einstellungen zueinander. Das folgende Erklärungsmodell konzentriert sich auf den gesprochenen Teil der Kommunikation.
Eine Kommunikationskette besteht aus folgenden Bestandteilen:
- meiner Wahrnehmung
- meiner Vermutung
- meinen Empfindungen und Gefühlen
- meiner Reaktion

Meine Reaktion löst bei meinem Gegenüber eine entsprechende Kette aus (*s. Arbeitsblatt Nr. 5, S. 120*): Kette, weil einzelne Kommunikationsbestandteile aufeinander aufbauen.
Meine Kommunikationskette: Aufgrund meiner Wahrnehmung erfolgt meine Vermutung, die bei mir Empfindungen und Gefühle auslöst und meine Reaktion entsprechend beeinflusst. Meine Reaktion löst bei meinem Gegenüber die Partnerkommunikationskette aus, die im Prinzip genauso aufgebaut ist: Mein Partner nimmt meine Reaktion (Worte oder Handlung) wahr. Er vermutet etwas und reagiert entsprechend seiner Vermutung und seiner Empfindung.
Seine Reaktion wiederum löst bei mir eine weitere Kommunikationskette aus. Es entsteht ein Kreislauf: Meine Kommunikationskette und die Kette des Partners sind also aufeinander bezogen. Wir reagieren aufeinander. Grafisch stellt das Arbeitsblatt Nr. 6 die aufeinander bezogenen Kommunikationsketten dar.
Meistens sind mir die einzelnen Bestandteile der Kommunikationskette gar nicht bewusst und ich reagiere einfach, ohne über meine zur Reaktion führenden Wahrnehmungen, Vermutungen und Gefühle nachzudenken. Das ist ein ganz normaler Vorgang, denn viele Reaktionen müssen spontan erfolgen. Beispiele: Auto fahren, Gespräch mit Kolleginnen in der Pause, aus dem Weg gehen aus Angst vor einer unbekannten Gruppe).

Für manche Gespräche aber, wenn sie ein bestimmtes Ziel verfolgen oder Konflikte im Raum stehen, ist es wesentlich, dass wir die einzelnen Stufen des Kommunikationsprozesses kennen und mit ihrer Hilfe einen positiven Kommunikationsverlauf finden: z.B. im Gespräch mit einem Elternteil, Abstimmung über ein Unternehmen, das besondere Sorgfalt erfordert, oder Klärung eines Konfliktes, der jemand bedrückt.

Meine Wahrnehmung
Mit meinen Sinnesorganen (Auge, Ohr, Geruchs- und Tastsinn, Haut) nehme ich Informationen von Reizen auf. Ich nehme Reize wahr. Beispielsweise lese ich diesen Text, höre ein Kind nach mir rufen, rieche den Kaffee, der durch die Kaffeemaschine läuft, und sehe den Regen an den Fensterscheiben.
Die Wahrnehmung löst in mir etwas aus. Ich denke mir etwas zum Wahrgenommenen, was wir Vermutung nennen.
Die Praktikantin in Geschichte 3 sieht während ihres Praktikums im Jugendzentrum sechs Jungen ausländischer Herkunft in einem engen Gang auf sich

Beziehungsaspekt in der Kommunikation

Stufen des Kommunikationsprozesses kennen

Wahrnehmung als Auslöser

Arbeitsblatt Nr. 5

Die „Kommunikationskette"
Erklärungshilfen zum besseren Verständnis menschlicher Verständigung

Kommunikation entsteht immer dann, wenn zwei oder mehr Menschen miteinander in Kontakt treten. Die entstehende Kommunikation hängt ab von den Beziehungen und den Einstellungen zueinander. Die Beziehung und die innere Einstellung beeinflussen im Umkehrschluss wieder den Ablauf der Kommunikation.
Im folgenden Erklärungsmodell widmen wir uns den Worten, also dem gesprochenen Teil der Kommunikation.
Diese Beschäftigung erleichtert es uns, Kommunikation in ihre einzelnen Bestandteile zu zerlegen und sie zu Übungszwecken einzeln zu untersuchen.
Eine Kommunikationskette besteht aus folgenden Bestandteilen:
– meiner Wahrnehmung
– meiner Vermutung
– meinen Empfindungen und Gefühlen
– meiner Reaktion
Meine Reaktion löst bei meinem Gegenüber eine entsprechende Kette aus. Die Grafik soll dies veranschaulichen:

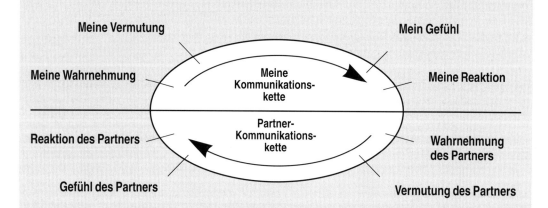

Arbeitsblatt Nr. 6

Wir sprechen von einer „Kette", weil die einzelnen Kommunikationsbestandteile aufeinander aufbauen.
Meist verläuft die Kommunikation so, dass ich zuerst etwas wahrnehme, aus meiner Wahrnehmung bilde ich dann eine Vermutung, diese Vermutung löst ein Gefühl aus, aus diesem Gefühl heraus reagiere ich, indem ich etwas sage oder tue.
Diese Reaktion meinerseits löst bei meinem Gegenüber dann die Partnerkommunikationskette aus.
Mein Partner nimmt meine Reaktion (Worte oder Handlung) wahr. Er vermutet etwas und reagiert entsprechend seiner Vermutung und seiner Empfindung.
Nun löst er mit seiner Partnerreaktion wiederum bei mir eine weitere Kommunikationskette aus.
Es entsteht ein Kreislauf: Meine Kommunikationskette und die Kette des Partners sind also aufeinander bezogen. Wir reagieren aufeinander.

Grafisch lässt sich das so darstellen:

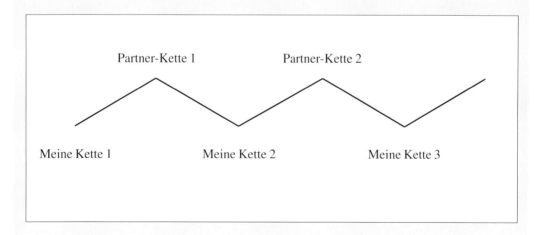

zukommen und vermutet, dass die Jungen bei der Begegnung mit ihr sich zu einer Gemeinheit hinreißen lassen werden.

Meine Vermutung

Vermutung als unmittelbare Deutung

Wahrnehmungen und Vermutungen sind eng miteinander verbunden. Die Vermutungen entspringen dem menschlichen Bedürfnis, sich ein Bild von seiner Umwelt zu machen.

Vermutungen können auch „subjektives Denken" genannt werden. Der Wahrnehmung wird durch die Vermutung ein Sinn gegeben, sie wird eingeordnet und bewertet.

Vermutungen spielen besonders dann eine Rolle, wenn das mit Worten Gesagte nicht mit dem mimischen oder gestischen Ausdruck übereinstimmt. Beispiel: Ich sage, dass ich noch recht munter sei, und gähne gleich darauf herzhaft. Der Gesprächspartner muss nun Vermutungen anstellen, welche der beiden Aussagen stimmt: müde oder nicht müde.

Vermutungen haben es an sich, dass sie nicht unbedingt stimmen müssen.

Die Vermutung der Praktikantin, dass sich die Jungs zu einer Gemeinheit hinreißen lassen werden, stellt sich durch die späteren Erfahrungen der Praktikantin als unbegründet heraus.

Mein Gefühl

Gefühl als Resultat

Wahrnehmungen werden interpretiert und je nach Interpretation und Vermutung habe ich ein Gefühl.

Die Vermutung der Praktikantin, dass die Jungen bei der Begegnung in dem engen Gang sich zu einer Gemeinheit hinreißen lassen werden, erzeugt bei ihr das Gefühl von Angst.

Gefühle steuern maßgeblich unser Verhalten – nur sind wir uns dessen nicht immer bewusst. Besonders wenn es sich um unangenehme und peinliche Gefühle handelt, blenden wir sie gerne aus, sie werden „verdrängt". Verdrängte Gefühle sind noch nicht einfach weg und aufgelöst, sondern sie wirken im Verborgenen weiter.

Die Praktikantin analysierte ihre Angst später in der Reflexion der Praktikumsgeschichte als eine Art Urangst vor dem männlichen Geschlecht, die Angst, sich nicht wehren zu können, ausgeliefert, handlungsunfähig zu sein. In der Handlungssituation bestimmt allerdings ihr Gefühl der Angst ihre Reaktion: Sie drehte um und lief weg oder ließ den Schlüssel fallen, damit die Jungs vor ihr abbiegen konnten, oder zwang sich dazu, die Selbstsichere zu spielen. Ihr Gefühl der Angst aber blieb zunächst bestehen und beeinflusste ihre Sichtweise der „fremden männlichen Jugendlichen".

Bei einer indirekten Gefühlsäußerung (z.B. „Ich finde euer Verhalten nicht immer richtig.") steht der Sprecher nicht zu seinen Gefühlen und kaschiert sie hinter einer verdeckten Beschreibung. Eine indirekte Gefühlsäußerung macht also den Standpunkt des Sprechenden nicht deutlich. Sie kann leicht zu Missverständnissen führen.

Bei direkten Gefühlsäußerungen dagegen zeige ich deutlich, dass mein Erleben des Partners im Gespräch subjektiv ist und folglich auch etwas mit mir zu tun hat.

(So könnte die Äußerung: „Als ich euch sechs vorhin im Gang auf mich zukommen sah, hatte ich Angst und bin umgedreht, um euch nicht treffen zu müssen." der Beginn einer Klärung sein, weil sie das eigene Empfinden ins Spiel bringt.)

Meine Reaktion
Die bisherigen Teile der Kommunikation liefen für andere weitgehend unbemerkt in mir selbst ab. Der vierte Teil der Kette, die Reaktion, zieht sozusagen die Schlussfolgerung aus den in mir ablaufenden Vorgängen Wahrnehmung, Vermutung und Gefühl.
Die Reaktion meinerseits setzt bei meinem Gegenüber dann dessen Wahrnehmung, Vermutung, Gefühl und Reaktion, also seine entsprechende Kommunikationskette, in Gang.

Reaktion als Wechsel in die sichtbare Ebene

Nutzen der Kommunikationskette
Das Wissen um den Verlauf und die Eigenarten der Kommunikationskette sind vor allem wirkungsvoll in Gesprächen, wo ein Problem, ein Konflikt, eine Besorgnis oder eine weit reichende Entscheidung Gegenstand der Kommunikation ist.
Ich kann mich zum einen sozusagen vorbeugend auf eine aufmerksame Gesprächsentwicklung unter Beachtung der vier Kommunikationsbestandteile einrichten und so zu vermeiden versuchen, dass ein Gespräch uneffektiv, missverständlich und damit unbefriedigend verläuft.
Auch kann ich in einem Gespräch einzelne Kommunikationsabläufe oder -bestandteile ansprechen, versuchen sie bewusst zu machen und fruchtbar weiterzuentwickeln (Metakommunikation).
Außerdem kann mir im Rückblick auf ein Gespräch und zur Auswertung eines Gespräches dann helfen, die vier Kommunikationspunkte als Analyse und Bewertungskriterien heranzuziehen.
An welchem Punkt nahm das Gespräch eine Wende?
Wodurch könnte ein Missverständnis entstanden sein?
Wie ist ein Gefühlsausbruch zu erklären?
Auf welche Reaktion möchte ich im nächsten Kontakt noch einmal klärend eingehen?
Die Analyse des Gesprächsverlaufs hilft sowohl bei eigenen Kommunikationssituationen als auch im Falle der Mediation, wenn es darum geht, in einem Konfliktgespräch zu vermitteln.
Die Kommunikationskette hat aufgezeichnet, wie anfällig jede Kommunikationssituation für Missverständnisse ist. Eine interkulturelle Kommunikationssituation ist umso anfälliger für Fehlinterpretationen, wenn Wahrnehmung, Vermutung, Gefühl und Reaktion nicht auf den Prüfstand des gegenseitigen Verstehens gestellt werden können.

Anwendung im Gespräch

(In bearbeiteter Form nach: Jörg Eikmann: „Kann ich Ihnen helfen?", Verlag Gelnhausen, Freiburg/Nürnberg 1979)

Übung 13: Vorurteile Dauer ca. 20 Min.

1. Schritt:
Erzählen Sie sich gegenseitig Witze, die Vorurteile gegenüber bestimmten Menschen oder Menschengruppen beinhalten.
Ein Mediator muss sich vor allem um Neutralität und Unvoreingenommenheit bemühen. Dennoch gehört es zum Wesen der Menschheit, auch Vorurteile zu haben. Er sollte daher seine eigene Vorurteilsbehaftetheit nicht negieren, sondern sie sich bewusst machen.
Witze entlasten und erlauben einen spielerischen Umgang mit Vorurteilen.

2. Schritt:
Arbeiten Sie in der Gruppe am Beispiel von Witzen heraus, wann Vorurteile zu Diskriminierungen werden.
Finden Sie selbst heraus, wann ein Witz umkippt von einem Vorurteil, über das man noch lachen kann, zu einer Diskriminierung, die beleidigt und Menschen herabsetzt.

Theoretischer Input 7
Kommunikation und interkulturelle Missverständnisse

Wir haben bisher gesehen, dass gelungene Kommunikation insgesamt eher selten ist, interkulturelle Kommunikation ist dabei besonders anfällig für Missverständnisse. Missverständnisse entstehen aber nicht nur während der verbalen Kommunikation.
Interkulturelle Kommunikation kann auf Grund von zwei Elementen misslingen:

Gründe für Misserfolg:
– nonverbal

– nonverbale Elemente (Mimik, Gestik, Körpersprache transportieren verschiedene Bedeutungen in unterschiedlichen Kulturen)
Z.B. die Bedeutung des Augenkontaktes: Während es in unserer Kultur als höflich gilt, dem Partner beim Sprechen in die Augen zu schauen, rät eine türkische Mutter ihrer Tochter, beim Sprechen mit einem Mann auf sein Kinn zu schauen und den Blick in seine Augen zu vermeiden, denn der Blick in die Augen ist wie ein sexuelles Versprechen.
In der schwarzafrikanischen Kultur ist es geradezu, als wenn man dem anderen die Würde rauben wolle, wenn man ihm in die Augen schaut. Ein junger Freund von der Elfenbeinküste sagte, dass er nicht einmal seiner Mutter in die Augen schauen würde.
Kennen Sie weitere Beispiele für nonverbale interkulturelle Missverständnisse?

– verbal

– verbale Elemente (unterschiedliche Normalitätserwartungen, Bewertungsstandards können sich störend auswirken)

Im Beispiel 3 aus dem Kapitel 1 wundert sich die Praktikantin, dass die Jugendzentrumsbewohner sie siezen. Junge Deutsche wollen in der Regel so lang wie möglich geduzt werden und empfinden oft das Siezen durch etwas Jüngere als befremdend, als Zeichen älter zu werden!? Die Praktikantin interpretiert das Siezen der Jugendlichen allerdings richtig mit Respekt, den sie ihr entgegenbringen. Respekt spielt in der türkischen Gesellschaft eine große Rolle. Erziehern, Lehrern, Sozialpädagogen, egal ob weiblich oder männlich, gebührt Respekt. Nur wenn das Verhalten der Pädagogen nicht mit den Vorstellungen der Jugendlichen über Respektspersonen übereinstimmt, kann es zu Missverständnissen kommen.

Aufgabe:
Können Sie aus den Geschichten im Kapitel 1 Beispiele für interkulturelle Missverständnisse auf Grund unterschiedlicher Normalitätserwartungen in der verbalen Kommunikation benennen?
– auf Grund paraverbaler Elemente (Tonhöhe, Lautstärke, Sprecherwechsel können eine kulturelle Bedeutung haben, die dem Partner aus einer anderen Kultur verschlossen ist)
In vielen Kulturen gilt es als unschicklich, wenn eine Frau laut spricht. Kennen Sie weitere Beispiele für Missverständnisse auf Grund paraverbaler Kommunikation?

Zusammenfassend werden nachstehend noch einmal die Gründe für das Entstehen von Konflikten in der interkulturellen Kommunikation aufgelistet:
– aus Konkurrenz
– auf Grund von Missverständnissen
– verbal: inhaltliche Normalitätserwartungen
– nonverbal: Mimik, Gestik, Körperbewegung
– extraverbal: unterschiedliche Zeit- und Raumkonzepte
– paraverbal: Tonhöhenmodulation, Lautstärke, Regel des Sprecherwechsels etc.
– auf Grund von fehlender oder missglückter Kommunikation
– auf Grund unterschiedlicher Bedürfnisse
– auf Grund unterschiedlicher Werte

Untersuchung konkreter Beispiele

Übung 14: Problemlandkarte   Dauer ca. 1–2 (Schul-)Stunden

Material:
Karteikärtchen, Packpapierbögen, Kleber, Stifte

Anleitung:
Es sollen die wesentlichen Konfliktpunkte in der Gruppe herausgearbeitet werden, die ein Zusammenleben bzw. -arbeiten zwischen Angehörigen unterschiedlicher Kulturen betreffen, wobei es wichtig ist, dass alle Meinungen aufgenommen werden. Die Teilnehmer/innen müssen deutlich darauf

Übung 14

Übung 14 (Fortsetzung)

hingewiesen werden, dass es nur um Benennung von Konfliktpunkten, nicht um Lösungsmöglichkeiten geht.

Nachdem die Teilnehmer/innen in Kleingruppen über die interkulturellen Prob-lem- und Konfliktpunkte, die auftreten, gesprochen haben, soll jede/r alle Prob-lem- und Konfliktpunkte, die ihr/ihm einfallen, jeweils auf ein Karteikärtchen schreiben.

In der Großgruppe werden anschließend alle Kärtchen auf einem großen Papierbogen ausgelegt und jede/r erklärt, warum sie/er diesen Punkt aufgeschrieben hat.

In einem nächsten Schritt werden Kärtchen, die das gleiche oder ein ähnliches Problem ansprechen, zusammengelegt und zu diesen Gruppierungen werden Oberbegriffe gefunden. Alle Kärtchen werden dann in der gefundenen Anordnung zu einer Problemlandkarte zusammengeklebt.

In einem nächsten Schritt sollen die Teilnehmer/innen herausfinden, welche Angebote Ihrer Einrichtung zu einer interkulturellen Begegnung führen. Wenn sie herausfinden, dass es zu wenig Angebote gibt, die zu Begegnungen führen, die geeignet sind Vorurteile abzubauen und Konflikte zu bearbeiten, werden sie aufgefordert sich einen Kalender zu machen, in den sie eintragen, was man wann und wie erreichen will. (*Überarbeitete Fassung aus: K. Faller/Kerntke, W./Wackmann, M.: Konflikte selber lösen, Mediation für Schule und Jugendarbeit, Verlag an der Ruhr: Mülheim, 1996.*)

Theoretischer Input 8: Einführung in die Methode der Mediation

I 8.1 Konfliktregelung in verschiedenen Kulturen

Unterschiedliche Weisen der Konfliktregelung

Ein junger Ehemann türkischer Herkunft in Deutschland setzt die Beziehung zu seiner Frau und das Glück seiner Familie aufs Spiel: Er spielt, er hat eine deutsche Freundin. Die junge Ehefrau ist verzweifelt, klagt, fleht ihren Ehemann an. Den Eltern bleibt der Konflikt nicht verborgen. Der Vater des jungen Mannes beschließt einen Onkel zu beauftragen, dem jungen Mann die Levithen zu lesen.

Die Schwiegertochter in der dörflichen Türkei bedient sich der Sprache der Kopftücher, um einen Konflikt mit ihrer Schwiegermutter anzudeuten, da es ihr nicht gestattet wäre, einen Konflikt offen auszusprechen. Wenn sie sich mit der Schwiegermutter nicht versteht, trägt sie zum Beispiel ein Kopftuch mit einer Peperonispitze. Ein öffentliches Signal für alle, die es sehen, dass die „Gelin" eine „giftige" Schwiegermutter hat. Das öffentliche Zurschaustellen bewirkt vielleicht, dass die Schwiegermutter ihr Verhalten überdenkt.

Ein türkisches Sprichwort lautet: „Meine Tochter, dir sage ich es, meine Schwiegertochter, du sollst es verstehen!" Hierzu führt Günsel Koptagel-Ilal in einem gleichnamigen Aufsatz aus: „Da die intrafamilären hierarchischen Rollenbeziehungen der traditionellen Familie eine gewisse Distanz zwischen der autoritären

Schwiegermutter und der neu eingeheirateten Schwiegertochter erfordern, um die Schwiegertochter zu erziehen ohne sie zu kränken, richtet die Mutter ihre kritischen Bemerkungen an die eigene Tochter und erwartet, dass die Schwiegertochter dadurch versteht, wie eine junge Frau sich in dieser Familie zu verhalten hat. Diese Art von Kommunikation gehört zum alltäglichen sozialen Verhalten in der traditionellen türkischen Gesellschaft." (*Siehe Themenheft „Spannungsfeld Gesundheit", „gemeinsam" Nr. 5/87.*)

Ein iranischer Mann in Deutschland äußert Befremden nach der Beobachtung einer handgreiflichen Auseinandersetzung in einer Kneipe, in der sich zwei Parteien bildeten, die die Streitenden anfeuerten und den Verlauf der Handgreiflichkeiten interessiert beobachteten. In seiner Heimat hätten sich bei einem handgreiflichen Streit ebenfalls Zuschauer eingefunden, die sich aber nicht aufs Gaffen oder gar Anfeuern verlegen würden, sondern die Rolle der Schlichter übernehmen, um das Ausarten des Streites zu verhindern. Sie kühlen die Emotionen, indem sie die Streithähne isolieren, auf sie einreden, ihnen Gelegenheit geben, ihren Standpunkt darzulegen, und beruhigend auf sie einwirken.

Eine alevithische Gemeinde würde zur Regelung eines Konfliktes zwischen zwei Parteien den „Dede", das Gemeindeoberhaupt, zu Hilfe rufen, der so lange mit den Streitenden verhandelt und Vorschläge zur Konfliktbeilegung unterbreitet, bis die Konfliktpartner sich bereit erklären den Streit zu begraben.

In Deutschland streiten sich Nachbarn über den gemeinsamen Zaun. Die eine Partei besteht auf einem ortsüblichen Holzzaun, die andere auf einem zwei Meter hohen Maschendrahtzaun. Weil sich beide Parteien nicht einigen können, nimmt jede die Hilfe eines Rechtsanwaltes in Anspruch, der im Sinne der Parteilichkeit vor Gericht die Sache seines Mandanten durchzufechten versucht. Es kommt zu einem Gerichtsspruch, der der einen Partei Recht, der anderen Unrecht gibt. Der eine Nachbar ist hocherfreut, sich durchgesetzt zu haben, der andere ist erbost und schimpft auf die Rechtsprechung.

Schlechte Lösungen lassen auch „Sieger" verlieren

Ein halbes Jahr später spürt der Sieger, dass er möglicherweise auch zu den Verlierern gehört, denn das Nachbarschaftsverhältnis ist seit dem Rechtsstreit gründlich vergiftet.

Am Rande einer Tagung über Mediation in Berlin (vom 30. November bis 2. Dezember 1994 fand im Haus der Kulturen der Welt eine Tagung über „Interkulturelle Konfliktbearbeitung" statt) treffen sich ein singalesischer, ein niederländischer und mehrere deutsche Referenten im Hotel. Es entspinnt sich eine Diskussion über Fragen der Flüchtlingspolitik in Deutschland, die ausschließlich von den deutschen Teilnehmerinnen und Teilnehmern bestritten wird. Ein Mann geht in die Offensive und erteilt der Meinung einer Frau eine unzweideutige Zurückweisung. Mit erhobenem Zeigefinger in der Luft sagt er: „Da haben Sie überhaupt nicht Recht!" Die Frau gibt auf und zieht sich aus der unangenehmen Gesprächssituation zurück. Worauf der singalesische Beobachter seufzt: „Ja, ich habe verfolgt, dass Sie Probleme mit Ihren Minderheiten haben. Mir scheint allerdings, dass die Deutschen ein Training im Mediationsverfahren sehr nötig hätten!"

I 8.2 Mediation – eine Methode zur Konfliktregulierung

Mediation als multikultureller Ansatz

Mediation ist eine Mischung aus Konfliktlösungsstrategien verschiedenster Völker und Kulturen.

In den USA wird sie seit Mitte der 60er Jahre angewendet. Bei Rassenkonflikten, Nachbarschaftsstreitigkeiten, bei Umweltkonflikten und in Scheidungsfällen fand Konfliktbearbeitung durch Mediation statt. Inzwischen gibt es in den USA etwa 180 alternative Zentren, die Mediation anbieten. Der Staat New York allein gibt im Jahr etwa vier Millionen Dollar für die Mediation aus (s. Eybisch in Psychologie Heute / 1995). In Deutschland wurde die Methode etwa Mitte der 80er Jahre bekannt und zunächst im Bereich der Trennungs- und Scheidungsberatung angewendet.

Grundgedanken der Mediation

Die Grundgedanken der Mediation sind
– Hinzuziehung von vermittelnden, unparteiischen Dritten,
– die Einbeziehung aller Konfliktparteien,
– Konfliktregulierung auf der außergerichtlichen Ebene,
– Konfliktregulierung auf der Basis der Freiwilligkeit.

Mediation als Ansatz der Vermittlung

Mediation ist ein Prozess, in dem eine neutrale dritte Partei den Streitenden hilft, ihre eigene Lösung für ihren Konflikt zu finden. (*Siehe: Resolving Conflict through Mediation, An Educational Program for Middle school Students, Developed by Aetna Life and Casualty Company, 1992, 1993, Aetna Life Insurance Company, USA.*) Die neutrale dritte Partei ist eine für die Durchführung dieser Methode trainierte Expertin, eine so genannte Mediatorin.

Mediation ist keine Gerichtssituation, in der der eine gewinnen, der andere verlieren wird. Schlüsselbegriffe der Mediation sind: zu einem Einverständnis kommen, eine Übereinkunft aushandeln, sich auf halbem Wege zu treffen, Unterschiede aufeinanderzubewegen. Die Kompetenz des Mediators ist eine Situation des guten Willens herzustellen, Bedingungen zu finden, unter denen eine Übereinkunft getroffen werden kann. In einer Mediation sind die Kontrahenten gleichberechtigt. Beide werden etwas erhalten. Beide werden etwas abgeben. Beide Seiten werden die Chance erhalten zu sagen, was sie denken und wie sie fühlen. Der Konflikt wird nicht beseitigt, indem Gewinner und Verlierer bestimmt werden, sondern es werden Ergebnisse der Konfliktlösung angestrebt, die für alle beteiligten Parteien einen Gewinn darstellen.

Mediation ist kein Allheilmittel für alle Konflikte. Aber sie ist sehr wahrscheinlich dann erfolgreich, wenn die Beziehung der Kontrahenten wichtig ist. Ihr Erfolg wird unwahrscheinlich,

Ungeeignete Situationen

– wenn es keine wirkliche Beziehung gibt und an der Aufarbeitung des Konflikts wenig Interesse besteht,
– wenn starke Gefühle (Ärger, Verletztsein, Wut) nicht bearbeitet oder außer Acht gelassen werden,
– wenn die Bedürfnisse zu unterschiedlich sind,
– wenn die zugrunde liegenden Normen und Werte unbekannt sind oder nicht ausgetauscht werden,
– wenn eine Täter-Opfer-Gewaltbeziehung besteht.

> **Übung 15: Gleichheiten – Ungleichheiten** Dauer ca. 30 Min.
>
> Die Teilnehmerinnen werden aufgefordert eine Partnerin oder einen Partner im Raum zu suchen, die oder der den gleichen Kleidungsstil oder die gleiche Kleidungsfarbe aufweist.
>
> Übungsanweisung an die Paare: Suchen Sie drei gleiche und drei ungleiche Merkmale, die Sie auszeichnen. Nicht aufschreiben, sondern anschließend in der großen Runde frei erzählen.

Übung 15

I 8.3 Mediation als Methode zur Lösung interkultureller Konflikte

Das Verhältnis zwischen Angehörigen unterschiedlicher Kulturen ist in einer multikulturellen Gesellschaft meist sehr ungleichgewichtig. Meist definiert die Mehrheit, was richtiges und falsches Verhalten ist. Oft werden Situationen der Diskriminierung gar nicht wahrgenommen. Aufgrund der jeweiligen kulturellen Prägung unterliegt jedes Individuum der jeweils kulturell bedingten Begrenzung der Wahrnehmungsfähigkeit. Auch Pädagogen sind oft nicht geschult mit interkulturellen Konflikten aufgrund unterschiedlicher Deutungsmuster umzugehen.

Mediation setzt Sensibilisierung voraus

Vor einem Training in der Methode der Mediation für interkulturelle Konfliktlösung sollte auf jeden Fall ein interkulturelles Sensibilisierungstraining stehen, das den zukünftigen Mediator und Trainer von Mediatoren in der Wahrnehmung sowohl der kulturellen und gesellschaftlichen Rahmenbedingungen wie seiner eigenen biografischen Geschichte schult, die die Haltung zum Fremden geprägt hat.

Anwendung und Multiplikation

Die bisherigen Übungen dieses Kapitels fügen sich mit den folgenden zu einem Training als Einführung in die Methode der Mediation zusammen, das so angelegt ist, dass Erzieherinnen und Erzieher diese Methode zum eigenen Nutzen erlernen. Das bedeutet, dass sie Fähigkeiten erwerben, die sie in die Lage versetzen interkulturelle Konflikte zu erkennen und mit Hilfe der Kontrahenten zu bearbeiten. Zum anderen ist es möglich, als Multiplikator zu wirken, also selber Mediatoren auszubilden, die die Rolle der Vermittlung im Konfliktfall übernehmen können.

Auch Schüler als Streitschlichter

In Schulen wird daran gearbeitet, Schülerinnen und Schüler zu Streitschlichtern auszubilden. Multiplikatoren sind ihre Lehrer, die sie anleiten und in Form von Supervision begleiten. Die Idee ist, dass Jugendliche selber bessere Streitschlichter sein können als Erwachsene. Wir halten es für denkbar, dass Erzieherinnen und Erzieher diese Rolle der Multiplikatoren auch übernehmen können, wenn sie mit Jugendlichen arbeiten.

Das Training wendet sich also an Erzieher und Erzieherinnen, die sowohl ihre eigene Kommunikationskompetenz für interkulturelle Kommunikationssituationen schärfen als auch als Multiplikatoren für die Methode der Mediation tätig sein wollen.

Die Bestandteile des Trainings

Einen Konflikt aufzuarbeiten setzt besondere Fähigkeiten voraus, die das Training aufbauen will. Wie schon beim Sensibilisierungstraining (*Kapitel 6*) folgt die gesamte Übungssequenz der Strategie, über eigenes Verhalten Klarheit zu bekommen, Wissen zu vermitteln und Fähigkeiten einzuüben, die für die Methode der Mediation nötig sind. Das hier dargestellte Konzept bezieht sich auf die Mediation in interkulturellen Konfliktfällen.

Die Übungen des Mediationstrainings gliedern sich in
- Sensibilisierungsübungen,
- Kommunikationsübungen,
- Einführung in die Mediation,
- Übungen zum persönlichen Konfliktverhalten,
- Übungen zu Konfliktlösungsstilen,
- Fähigkeiten zur Durchführung der Mediation:
  1. Aktives Zuhören
  2. Ich-Aussagen statt Du-Aussagen
  3. Klarheit erhalten über die Aussagekraft der nonverbalen Kommunikation
  4. Offene Fragen stellen können
  5. Gemeinsamkeiten herausarbeiten können
  6. Verborgene Themen identifizieren und bewusst machen
  7. Übung des Mediationsverfahrens als Rollenspiel

Übung 16

Übung 16: Podium „Meine Herkunft"   Dauer ca. 50 Min.

Lassen Sie ca. fünf Personen, die möglichst von verschiedener Herkunft, Geschlecht und Alter sind, nacheinander zu folgenden Punkten berichten:
- Woher kommt meine Familie?
- War es in meiner Herkunftsfamilie üblich, Kontakte zu anderen Gruppen aufzunehmen?
- Zu welcher/welchen Gruppe/n mied man Kontakte?
- Gab es Vorurteile zu den Gruppen, die gemieden wurden?
- Was gefällt dir am besten an deiner Kultur/Herkunft?
- Was gefällt dir am wenigsten an deiner Kultur/Herkunft?

Neben der Sensibilisierung für die Geschichte eines anderen ist Ziel dieser Übung, jeden Menschen als Individuum mit einer spezifischen Biografie und nicht als Angehörigen einer Gruppe/Nation begreifen zu können. Migrationserfahrungen haben Einzelne auch in der einheimischen Kultur gemacht. Vorurteile haben alle erfahren. Vorurteile sind Teil des menschlichen Bedürfnisses, Dinge zu kategorisieren. Vorurteile sind dann gefährlich, wenn sie ausagiert werden und zu Diskriminierungen führen.

Grundverhaltensmuster bei Konflikten

Theoretischer Input 9: Konfliktlösungsstrategien
Als Strategien, wie Menschen sich Konflikten gegenüber verhalten, lassen sich (mindestens) vier unterscheiden:

1. Menschen neigen dazu, den Konflikt zu vermeiden. Sie laufen dem Konflikt davon.
2. Menschen versuchen den Konflikt durch Gewalt oder mittels Macht zu gewinnen.
3. Menschen geben in Konfliktsituationen nach bzw. geben auf.
4. Menschen versuchen den Konflikt mit der gegnerischen Person aufzuarbeiten.

Die nachfolgenden Schaubilder zeigen mithilfe von Piktogrammen, wie sich die vier Konfliktlösungsstrategien auf die unterschiedlichen Konfliktpartner auswirken:

Entweder fühlt sich eine Partei als Gewinner, die andere als Verlierer, oder beide Parteien fühlen sich als Verlierer des Streits. Sehr selten gehen beide Parteien als Gewinner aus einem Konfliktfall heraus.

Angestrebt: beide Parteien als Gewinner

Die Methode der Mediation setzt an der vierten der Strategien an und versucht den Konflikt mit der gegnerischen Person aufzuarbeiten. Diese Konfliktlösungsstrategie ist nicht die alltägliche, aber in der pädagogischen Situation erwünscht: Konflikte sind durchaus normal, aber sie verursachen Störungen, wenn sie nicht bearbeitet werden. Vermeiden, aufgeben oder mittels Macht zu gewinnen sind zwar übliche Konfliktlösungsstrategien, im pädagogischen Setting der Mediation sollte aber eine Gewinner-Gewinner-Lösung angestrebt werden.

Mit der Strategie des Aufarbeitens eines Konfliktes steigen die Erfolgsaussichten, dass alle gewinnen. Dem Mediator als Vermittler bei der Bearbeitung des Konflikts kommt eine zentrale Rolle zu: Er muss darauf hinwirken, eine für alle Parteien akzeptable Lösung zu finden.

Bekannte Beispiele gibt es bereits im juristischen und politischen Raum: der Schiedsmann, der vor der Recht sprechenden Gerichtsverhandlung versucht den Konflikt mit den beteiligten Parteien gütlich zu regeln; politische Vermittlungsverfahren, z.B. der Vermittlungsausschuss, der zwischen Bundesrat und Bundestag einen Kompromiss für eine von allen zu tragende Lösung sucht, oder im internationalen Raum Vermittlungen zwischen den verschiedenen Gruppen des ehemaligen Jugoslawiens oder zwischen Israelis und Palästinensern.

Vorbilder im politischen und juristischen Raum

„Mammutaufgabe", tituliert die Frankfurter Rundschau vom 11.8.1997 in einem Kommentar: „Zu beneiden ist Dennis Ross nicht. Die Aufgabe, der sich der US-Spezialist für Nahostfragen zu stellen hat, erfordert das Nervenkostüm eines Pokerspielers, die Geduld eines Eselstreibers und die Einfühlungsgabe eines Psychotherapeuten. Denn der Hang zum Ausreizen des Gegners (auch Friedenspartner genannt), Sturheit sowie eine gewisse schizoide Wahrnehmung der Lage zeichnet alle Beteiligten aus. Simple Wahrheiten wie die, dass Frieden nicht von Sicherheit zu trennen ist und umgekehrt, müssen Israelis wie Palästinensern immer wieder erklärt werden. (...)

Da kann Ross mit Druck allein nichts bewirken. Nur wenn er den Palästinensern glaubhaft einen zweiten Schritt – Fortkommen im politischen Prozess – in Aussicht stellt, wird er sie zu dem notwendigen ersten Schritt – Kooperation in Sicherheitsfragen – bewegen können."

Vermittlung in einem Konfliktfall ist nicht leicht, im politischen Raum nicht und auch nicht im pädagogischen, zwischen Jugendlichen oder Eltern beispielsweise. In jedem Fall setzt die Vermittlung, also die Mediation, eine geschulte Person, den Vermittler oder Mediator, voraus. Ein Vermittler muss unparteiisch sein, um seine Aufgabe glaubhaft erfüllen zu können.

Notwendig: Geschulter Mediator

Die nachfolgende Übung nähert sich dem Konfliktlöseverhalten des einzelnen Teilnehmers bzw. der Teilnehmerin.

Übung 17

Übung 17: Das Netz der persönlichen Beziehungen   Dauer ca. 15 Min.

Aufgabe:
Zeichnen Sie Ihr persönliches Netz Ihrer Beziehungen mit sich selbst in der Mitte und ihren Beziehungspartnern um Sie herum (Eltern, Geschwister, Ehepartner, Kinder, Kolleginnen/Kollegen etc.). Machen Sie durch unterschiedliche Verbindungsstriche von sich zu den Beziehungspartnern kenntlich, ob die Beziehung
– konfliktarm = gerade Linie
– mal so mal so = Wellenlinie
– konfliktreich = gezackte Linie
ist. Die Art der Ausschläge gibt Aufschluss auf die Stärke der Konflikte. Die Tallinie gibt Aufschluss auf ruhige Phasen in der Beziehung. Je steiler die Linien, umso konfliktreicher die Beziehung.

Vermerken Sie nun, wie Ihre persönliche Konfliktlösungsstrategie mit den unterschiedlichen Partnern ist. (Vermeiden, kämpfen, aufgeben bzw. nachgeben, aufarbeiten?)

Tauschen Sie in der Kleingruppe folgende Ergebnisse aus:
Wie ist Ihre am häufigsten gewählte Strategie?
Wie ist man früher in Ihrer Familie mit Konflikten umgegangen?
Wie geht man im Kolleg(inn)enkreis mit Konflikten um?
Wie gehen Sie heute in Ihrer Familie mit Konflikten um?

Übung 18

Übung 18: Sensibilisierung für die vier Konfliktlösungsstrategien an einem interkulturellen Konfliktbeispiel.   Dauer ca. 1 Std.

Die Teilnehmer werden mit der unten wiedergegebenen Szene konfrontiert. (Dieser Konfliktfall kann auch durch einen aktuellen Fall der Gruppe ersetzt werden. Allerdings sollte er eine interkulturelle Dimension haben!)
Die Geburtstagseinladung
Drei Schulfreundinnen sitzen zusammen und unterhalten sich (Selma in der

Auf interkulturelle Konflikte reagieren

Rolle eines ausländischen Mädchens).

Sabine sagt beiläufig:	*Also dann bis Samstag. Selma, du kommst doch jetzt auch, ne!?*
Selma (sehr verschreckt):	*Ja, weißt du ... (sie stottert) wir fahren am Samstag weg, ich weiß nicht ...*
Sabine (dazwischen):	*Ist doch nicht schlimm. Du kannst ja noch später kommen.*
Selma (stotternd, verwirrt):	*Das geht aber nicht. Das wird so knapp mit der Zeit. Ich glaube nicht, dass das noch hinhaut. Wir fahren, glaube ich, nach Dortmund.*
Sabine (ziemlich eingeschnappt):	*Wenn du keinen Bock hast, dann sag das doch gleich!*
Selma (erschrocken):	*Nein, nein, so ist das nicht!*
Sabine:	*Ja, dann sag mir doch einen Grund, warum du nicht kommen willst oder kannst.*
Selma:	*Meine Mutter, eh, wir kriegen noch Besuch, und da muss ich meiner Mutter helfen. (Flehend) Sei nicht böse. Bitte, das geht wirklich nicht!*
Christiane (mischt sich ein):	*Du musst deiner Mutter aber verdammt oft helfen. Eigentlich immer, wenn wir was zusammen machen wollen.*
Selma:	*Aber wir kriegen doch auch oft Besuch und da ...*
Sabine (fährt dazwischen):	*Und außerdem hatten wir das alles schon besprochen. Mein Vater wollte dich abholen und du kannst doch auch bei uns übernachten. Dann braucht dich nachts keiner abzuholen. Ist doch kein Problem.*
Christiane:	*Und eigentlich wollten wir doch auch alles zusammen so schön vorbereiten. Was wollten wir denn nochmal zu essen machen?*
Sabine:	*Also Selma, jetzt mach keinen Scheiß. Ist doch klar: Du kommst! Meine Mutter kann ja auch bei euch noch mal anrufen.*
Selma:	*Nein, nein, das geht nicht. Ich meine, lieber nicht. Bitte, versteh mich doch, ich kann leider nicht kommen.*

Übung 18 (Fortsetzung)

Gruppenarbeit in vier Gruppen. Jede Gruppe erhält die Aufgabe, die obige Szene mit einer Konfliktlösungsstrategie zu Ende zu bearbeiten und im Rollenspiel die erarbeitete Lösung vorzustellen.

Übung 18 (Fortsetzung)

Die vier Gruppen ziehen verdeckt ihre Gruppenaufgabe:
1. Aufgabe: Den Konflikt vermeiden.
2. Aufgabe: Den Konflikt mittels Gewalt oder Macht gewinnen.
3. Aufgabe: Nachgeben/aufgeben.
4. Aufgabe: Den Konflikt mit der gegnerischen Person aufarbeiten.

Auswertung der Übung:
Für die Teilnehmer ist es in der Regel nicht leicht, sich in die interkulturelle Aufgabe hineinzudenken. Hilfreich sind Teilnehmer und Teilnehmerinnen aus einer Minderheitenherkunft. Sie können den Kolleginnen und Kollegen empathisch den Konflikt verdeutlichen und typische (wie sie leider meistens vorkommen) bzw. idealtypische Lösungsmöglichkeiten (den Konflikt so aufarbeiten, dass es auf allen Seiten Gewinner gibt) erarbeiten. Aber auch Erzieherinnen und Erzieher deutscher Herkunft, die bereits mit multikulturellen Gruppen gearbeitet haben, können in der Regel in der Gruppenarbeit typische Lösungen erarbeiten. Der Gruppenarbeit muss breiten Raum gegeben werden, besonders die Aufgabe 4 ist nicht leicht zu lösen.

Mögliche Lösungen für die Aufgaben sind:
1. Den Konflikt vermeiden: Die Freundinnen kennen Selmas Ausreden schon und beziehen sie gar nicht mehr in ihre Einladung ein.
   Gewinner die Freundinnen, die sich nicht mehr kümmern, Verliererin ist Selma, die sich ausgeschlossen fühlen muss, obwohl sie sowieso nicht kommen kann. Alternativ: Selma sagt einfach, dass sie kommt, obwohl sie genau weiß, dass sie gar nicht darf. Verliererinnen wären beide, die eine weil sie sich betrogen vorkommen, Selma, weil sie gelogen hat.
2. Durch Gewalt oder mittels Macht gewinnen: Die Freundinnen überreden Selma die Eltern zu belügen und zu sagen, sie ginge, um für eine Arbeit zu üben. Andernfalls würden sie ihre Freundschaft für immer aufkünden. Selma erklärt sich zu dem für sie riskanten Täuschungsmanöver bereit, weil sie es allen recht machen will.
   Gewinner wären die Freundinnen, die die Not Selmas überhaupt nicht realisieren, Verliererin ist Selma, die sich zu einem für sie gefährlichen Unterfangen überreden ließ, denn käme heraus, dass sie bei den Deutschen feiert, würden ihr schwerste Sanktionen drohen.
3. Nachgeben/aufgeben: Die Freundinnen versuchen lange Selma zu überreden und geben schließlich enttäuscht über das unverständliche Verhalten Selmas auf: Die laden wir nicht mehr ein! Verlierer wären beide Parteien. (Diese Konfliktlösungsstrategie entspräche wohl der realistischsten im vorliegenden Konfliktfall.)
4. Der Versuch, den Konflikt aufzuarbeiten: Selma findet den Mut und die Kraft, den Freundinnen zu erklären, warum sie nicht mit ihnen feiern darf, dass ihre Eltern viel zu viel Angst haben, dass sie ihre Ehre verliert, sei es real oder durch „Gerede" der Nachbarn, die über Selma herziehen. Die Ehre zu

hüten ist die wichtigste Norm für eine junge Frau, der sich jedes Familienmitglied widmet. Die Norm ist so stark, dass es kaum einem Mädchen muslimischer Herkunft in der Migration gelingt, sich von ihr zu befreien. Gleichzeitig empfindet ein junges Mädchen wie Selma diese Norm so anders als die Lebenswelt ihrer deutschen Freundinnen, dass sie in der Regel glaubt ihre Situation den Deutschen gegenüber nicht verständlich machen zu können. Selma benötigte eine starke Selbstsicherheit, um ihre Situation erklären zu können, und ihre Freundinnen müssten viel Empathie und Verständnis aufbringen, damit es Gewinner auf allen Seiten geben kann.

Theoretischer Input 10: Schritte eines Mediationsverfahrens

Eine Mediation ist sinnvoll, wenn
- der Konflikt nicht oder nur schlecht in direkten Gesprächen gelöst werden kann,
- die Konfliktaustragung sich in einer Sackgasse befindet,
- die Streitenden ein grundsätzliches Interesse an der Lösung des Konfliktes haben,
- alle Konfliktparteien einbezogen und anwesend sind,
- die Teilnahme vonseiten aller Konfliktparteien freiwillig erfolgt,
- genügend Zeit, Raum und Ruhe existieren, um eine Konfliktlösung zu erarbeiten.

Erfolg versprechende Voraussetzungen

Ist es gelungen, alle Konfliktparteien mit dem Mediator/der Mediatorin an einen Tisch zu bringen, gliedert sich das Mediationsgespräch in folgende Phasen:

- Einleitung, Vereinbarung der Gesprächs- und Schlichtungsregeln
- Darstellung des Konflikts aus der Sicht der beteiligten Parteien
- Bearbeitung des Konflikts im Gespräch
- Problemlösung (Wenn keine Lösungen von den Konfliktpartnern genannt werden, unterbreitet der Mediator ca. vier Lösungsvorschläge.)
- Übereinkunft der Parteien hinsichtlich der anzustrebenden Lösung (Eine schriftliche Vereinbarung ist anzustreben, sie kann aber auch mündlich erfolgen).

Phasen der Mediation

(S. hierzu das Streit-Schlichter-Programm von Jefferys & Noack, 1995 und Konflikte selber lösen, Mediation für Schule und Jugendarbeit von Faller/Kerntke/Wackmann, 1996)

Es gelten folgende Regeln für das Mediationsgespräch, die der Mediator oder die Mediatorin zu Beginn der Vermittlung einführt und für deren Einhaltung er oder sie sorgt (zur Erinnerung sollten diese Regeln sichtbar im Raume angebracht sein):
- Nicht unterbrechen – jeder Kontrahent soll ungestört zu Ende sprechen dürfen.

Gesprächsregeln

- Keine Beleidigung.
- Keine körperlichen Angriffe.
- Sprechen in Ich-Botschaften – Ich spreche für mich selbst und rede über meine eigenen Erfahrungen und Gefühle.
- Die Wahrheit sagen.
- Bemühung um die Lösung des Konflikts.

Der Mediator/die Mediatorin sollte auf folgende Punkte achten:
- Der Raum ist ruhig, störungsfrei, ansprechend.
- Besorgen Sie sich notwendige Hintergrundinformationen.
- Planen Sie Ihre Strategie.
- Nehmen Sie das Problem ernst und behandeln Sie es mit Bedacht.
- Weisen Sie den Streitpartnern Plätze zu.
- Setzen Sie sich selbst so, dass Sie die Situation gut kontrollieren und leiten können.
- Vergessen Sie nicht sich vorzustellen.
- Versichern Sie den Streitpartnern ihre Neutralität und Vertraulichkeit.
- Erklären Sie die Regeln des Mediationsgesprächs und versichern Sie sich, dass alle Streitpartner verstanden haben.
- Achten Sie auf Ihre Körpersprache, Ihre Stimme, Ihre Wortwahl. (Sie könnten Botschaften und Gefühle übermitteln, die das vertrauensvolle Mediationsgespräch stören könnten.)

Die Regeln für den Mediator bzw. die Mediatorin sind folgende:
- Vertrauen aufbauen.
- Respekt vor jedem der Streitpartner.
- Neutralität bewahren.
- Verschwiegenheit garantieren.
- Keine Urteile oder Ratschläge erteilen.
- Keine Kritik üben.

Theoretischer Input 11: Grenzen eines Mediationsverfahrens

Grenzen des Verfahrens

Ein Mediationsverfahren stößt an seine Grenzen
- bei Täter-Opfer-Gewalt:
  z.B. bei einer Kette negativer, sich wiederholender Handlungen
  bei körperlicher oder emotionaler Überlegenheit eines Konfliktpartners
  bei fehlender Beziehung und mangelnder Sensibilität aufseiten des Täters
  bei fehlender Selbstbehauptungsfähigkeit aufseiten des Opfers
- bei Unfreiwilligkeit der Teilnahme am Mediationsgespräch
- wenn es keine wirkliche Beziehung gibt
- wenn Gefühle sehr stark sind (Ärger, Verletztsein, Wut)
- wenn die Bedürfnisse zu unterschiedlich sind
- wenn die zugrunde liegenden Normen und Werte unbekannt sind und nicht ausgetauscht werden

Anschließend folgen Übungen, die sämtlich kommunikative und interaktive Fähigkeiten aufbauen, die für die Mediation notwendig sind. Wir werden uns darauf beschränken, jeweils nur eine Übung zu den oben zitierten Fähigkeiten aufzuführen. In den bekannten veröffentlichten Streitschlichter-Konzepten finden sich eine Fülle von Anregungen, die hier ergänzend hinzugezogen werden können, vor allem, wenn es darum geht, ein Trainingsprogramm mit Jugendlichen bzw. Schülern zu erstellen. (Z.B. in Faller/Kerntke/Wackmann:*Konflikte selber lösen, Mediation für Schule und Jugendarbeit*, Verlag an der Ruhr: Mülheim, 1996 und in: Jefferys, K. & Noack, U., *Streiten - Vermitteln - Lösen, Das Schüler-Streit-Schlichter-Programm*, Lichtenau:AOL, 1995)

Aufbau kommunikativer Fähigkeiten

Übung 19: Aktives Zuhören   Dauer ca. 10 Min.

Schlechtes Zuhören
Bitten Sie einen Teilnehmer oder eine Teilnehmerin Ihnen von seiner oder ihrer letzten Woche in der Einrichtung oder dem Praktikum oder dem letzten spannenden Film zu erzählen.
Während er oder sie erzählt, demonstrieren Sie bewusst schlechtes Zuhören: Sie kramen während des Erzählens in Ihrer Tasche, schauen aus dem Fenster, sagen an der falschen Stelle „Ach ja?" oder „Mh, mh", gähnen, bis Ihre Partnerin oder Ihr Partner sichtlich genervt ist und die Kommunikation am liebsten beenden will.
Fragen Sie Ihren Partner, Ihre Partnerin, wie er oder sie sich gefühlt hat.

Gutes Zuhören
Bitten Sie wieder einen Teilnehmer oder eine Teilnehmerin Ihnen zu erzählen und hören Sie diesmal gut zu: Sie wenden sich mit Ihrem Körper hin zum Sprechenden, schauen ihn an, hören aufmerksam zu, sagen an der richtigen Stelle „Wie interessant!" oder „Das hätte ich aber nicht gedacht!" oder fragen interessiert nach, wenn Sie etwas genauer wissen wollen, indem sie eine Aussage des Partners mit ihren Worten wiederholen. Wichtig ist hierbei das echte Interesse an dem Erzählten, also die Vermeidung floskelhafter Kommentare.
Fragen Sie Ihren Partner oder Ihre Partnerin, wie er oder sie sich diesmal gefühlt hat.

Übung 19

Auswertung:
Schlechtes Zuhören verursacht den Wunsch beim Partner, das Gespräch zu beenden, gutes Zuhören erzeugt ein Gefühl des Wohlbehagens, den Wunsch nach mehr Gespräch.
Aktives Zuhören ist
– ermutigen,
– klarstellen,
– mit eigenen Worten formulieren,
– reflektieren,

- wertschätzen,
- zusammenfassen,

Kommunikationsbarrieren entstehen, wenn ich
- die Aufmerksamkeit vom Sprecher weglenke (zu viel selbst rede),
- abgelenkt bin,
- das Thema wechsle,
- den Sprecher zur Eile dränge,
- den Sprecher interpretiere.

Übung 20

Übung 20: Paraphrasieren   Dauer pro Durchgang ca. 10-15 Min.

Die Fähigkeit Gehörtes zu paraphrasieren gehört zum aktiven Sprechen. Sie soll nachstehend gesondert geübt werden, weil es im Mediationsgespräch wichtig ist, eine Aussage eines Konfliktpartners so wiederzugeben, dass sie nicht verfälscht oder interpretiert ist und den Partner dazu auffordert, seine Darstellung fortzuführen bzw. einen verlorenen Faden wieder aufnehmen zu können.

Übung: Es finden sich drei Mitspieler/innen zu einer Gruppenaufgabe mit dem Thema: 1. Welche typischen Konflikte gab es in deiner Familie?
2. Welche typischen Konflikte gibt es in der Arbeitsstelle?
3. Wie gehst du heute mit Konflikten um?

Aufgabe: Mitspieler/in A. erzählt, wie es war und wie er oder sie sich fühlte. Mitspieler/in B. paraphrasiert (spiegelt das Gesagte und die Gefühle wider). Mitspieler/in C. beobachtet, wie B. seine Aufgabe ausführt, ob er oder sie unverfälscht wiedergibt, was A. gesagt bzw. gefühlt hat.

Die Rollen können so lange gewechselt werden, bis jeder jede Rolle einmal eingenommen hat. Je nach Zeitvorgabe berichtet A. nur zu einem Thema oder geht alle Themen durch.

Übung 21

Übung 21: Ich-Aussagen   Dauer ca. 15 Min. pro Durchgang

Aufgabe: Wie Übung 20
A. hat einen Konflikt und berichtet.
B. gibt den Konflikt mit unzensierter Darstellung der wahrgenommenen Gefühle wieder.
C. wiederholt die Darstellung von B. in Ich-Botschaften, z.B. „Ich fühle ..., wenn du... (Resultat)."
In einem Konflikt gebrauchen die Streitpartner in der Regel Du-Aussagen, z.B. „Du hörst nie zu!", „Du bist ein ..." etc.
Diskutieren Sie, wie A. sich gefühlt hat, wenn B. in Du-Aussagen reagiert hat. Wie hat A. reagiert? Welchen Effekt haben Du-Aussagen auf den Konflikt?

Resümee:
Du-Aussagen rufen hervor, dass sich der oder die andere angeschuldigt oder verurteilt fühlt. Sie veranlassen, dass er oder sie sich verteidigt, zurückzieht oder zurückschlägt, anstatt das Problem zu lösen. Du-Aussagen verschlimmern das Problem.
Ich-Aussagen enthalten
- meine Reaktion/mein Gefühl: Ich ...
- die Situation: Wenn ...
- die Konsequenz: Weil ...

(*siehe weitere Übungen in Faller/Kerntke/Wackmann, 1996, S. 85 ff.*)

Übung 21 (Fortsetzung)

Übung 22: Nonverbale Kommunikation   Dauer ca. 15-20 Min.

Material:
10 Kärtchen mit folgenden Begriffen:
verängstigt
besorgt
aufgeregt
gelangweilt
irritiert
verletzt
eingebildet
schuldig
traurig
ärgerlich

Durchführung:
Demonstrieren Sie Körpersprache durch folgendes Verhalten:
Sie stürmen in den Raum, knallen ein Buch auf den Tisch, verschränken Ihre Arme vor der Brust, runzeln Ihre Stirn, stampfen mit dem Fuß auf und sagen: „Das wird ja ein wunderschöner Tag heute. Wir werden bestimmt viel Spaß haben!"
Fragen Sie die Gruppe, wie die verbal geäußerte Nachricht ankam. Glaubten Sie ihr? Fühlten Sie sich wohl? Warum nicht? Was war glaubhafter, das Gesagte oder das nonverbal Ausgedrückte?
Diskutieren Sie das Konzept der Körpersprache mit der Gruppe. (Wir kommunizieren immer auf zwei Ebenen: der verbalen und der nonverbalen. Gefühle werden oft durch Körpersprache ausgedrückt.)
Bitten Sie Freiwillige, vor der Gruppe mittels Körpersprache die auf den Karten genannten Begriffe zu demonstrieren, und lassen Sie die Gruppe raten, was gespielt wurde.

Übung 22

Übung 22 (Fortsetzung)

Nonverbale Kommunikation kann stärker wirken als verbale. Eine Person kann sagen: „Nein, ich bin überhaupt nicht verletzt," während ihr Körper ihre wahren Gefühle verrät (verhangene Augen, auf den Boden schauen, schlurfender Schritt).
Lassen Sie positive Körpersignale demonstrieren, die sich bei einem Konfliktgespräch konfliktlösend auswirken können (Nicken, Augenkontakt halten etc.). Im Gegensatz dazu lassen Sie negative Körpersignale spielen, die sich hinderlich auf ein Mediationsgespräch auswirken würden (sich wegdrehen, mit den Fingern trommeln, Augen rollen etc.).
Sowohl der Mediator als auch die Konfliktpartner müssen sich der Wirkung der Körpersprache bewusst sein.

Übung 23

Übung 23: Offene Fragen Dauer ca. 15-20 Min.

Ein Mediator sollte offene und keine geschlossenen Fragen stellen, Fragen, die es ermöglichen, die ganze dem Konflikt zugrunde liegende Geschichte zu erfahren. Offene Fragen helfen den Konfliktpartnern, ihre Gedanken und Gefühle zu offenbaren. Ohne diese Dimension können die Konfliktpartner wahrscheinlich nicht dazu kommen, ihren Konflikt zu lösen.
Offene Fragen sind nicht wertend. (Sie klagen nicht an oder signalisieren, dass der Mediator eine Konfliktpartei favorisiert.) Sie gestatten der befragten Person auf differenzierte Weise zu antworten. Beispiel: „Kannst du mir bitte erklären, wie du in den Besitz dieser Kassette gekommen bist?"
Geschlossene Fragen erlauben nur kurze oder Ein-Wort-Antworten und beinhalten oft Beurteilungen oder Anklagen. Beispiel: „Hast du diese Kassette gestohlen?" oder "Warum hast du diese Kassette gestohlen?"
Übung mit zwei Partnern und einem Beobachter: Finden Sie mit offenen Fragen heraus, welche gemeinsamen Interessen die beiden Partner haben. Der Beobachter meldet zurück, inwieweit die offenen Fragen gelungen waren.

Übung 24

Übung 24: Der gemeinsame Nenner Dauer ca. 15-20 Min.

Malen Sie zwei sich überlappende Kreise auf. Dort, wo sich die Kreise überlappen, befindet sich der so genannte „gemeinsame Nenner".

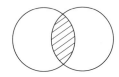

In einer Konfliktsituation zwischen Partnern, die Interesse am Fortbestehen der existierenden Beziehung haben, gibt es immer Gemeinsamkeiten, auf die sich die Konfliktpartner einigen können bzw. die sie erhalten möchten. Auf diesem Gebiet können Übereinkünfte getroffen werden. Der Mediator muss diesen „gemeinsamen Nenner" herausfinden und als Basis benutzen, die es den Streitparteien ermöglicht, eine Lösung ihres Problems zu finden. Fordern Sie die Teilnehmer/innen auf, sich jeweils einen Partner zu suchen, mit dem sie normalerweise nichts zu tun haben. Lassen Sie das Paar so viele Gemeinsamkeiten herausfinden wie möglich. Diejenigen, die die meisten Gemeinsamkeiten aufzählen können, bekommen einen Preis.

Diese Übung zwingt zu einer guten Kommunikation, weil man ein gemeinsames Ziel hat, nämlich viele Gemeinsamkeiten zu finden, selbst wenn man sonst nichts miteinander zu tun hat. Sie wird dann schnell zum Erfolg führen, wenn sich die Partner offener Fragen bedienen.

Diese Übung eignet sich besonders für eine Gruppe, in der verhärtete Fronten existieren, weil die beiden Partner motiviert sein werden miteinander zu kommunizieren.

Übung 24 (Fortsetzung)

Übung 25: Verborgene Themen   Dauer 15 Min.

Manchmal liegt dem Konflikt ein verborgenes Thema zugrunde, über das die Konfliktparteien schweigen. Der Mediator muss das verborgene Thema finden, wenn er das Gefühl hat, dass da noch etwas anderes ist, das dem Streit zugrunde liegt.
Manchmal hat das verborgene Thema mit dem Streit überhaupt nichts zu tun, hat aber das Verhalten eines Kontrahenten beeinflusst (z.B. ein Streit am Morgen mit dem Partner oder der Partnerin.). Wenn das verborgene Thema nicht identifiziert wird, wird es schwer fallen, den Konflikt zu bearbeiten und eine „Gewonnen-gewonnen-Lösung" zu erreichen.
Fragen, die das verborgene Thema ansprechen können, sind:
– Ist da noch etwas, was dich beschäftigt?
– Ist da noch etwas, worüber du gerne sprechen möchtest?
– Du siehst so aus, als ob du noch etwas auf dem Herzen hast.
– Möchtest du dem noch etwas hinzufügen?

Übung 25

Übung 26: Mediation üben im Rollenspiel   Dauer 30- 45 Min.

Am Ende des Trainings von Fähigkeiten, die für die Durchführung einer

Übung 26

Übung 26 (Fortsetzung)

Mediation notwendig sind, stehen Rollenspiele, in denen das Mediationsgespräch geübt wird.

Einigen Sie sich auf einen Konflikt, der nicht zu komplex ist, und verteilen Sie die Rollen.
1) ein Mediator, 2) zwei Konfliktpartner, und 3) zwei oder drei Beobachter, die den Mediationsprozess beobachten und am Schluss das Kommunikationsverhalten der am Mediationsgespräch Beteiligten kommentieren.

Stellen Sie den Konflikt vor und geben Sie den Spieler/innen Zeit, sich in ihre Rollen hineinzufinden.

Beispiele für Konflikte:
1. Mutter und Erzieherin können sich nicht auf einen gemeinsamen Tagesbeginn einigen. Mutter bringt ihr Kind ständig zu spät. Erzieherin reagiert zunehmend gereizt und hatte einen Disput mit der Mutter über ihr ständiges Zuspätkommen.
Die Leiterin der Einrichtung schlägt eine Mediation zwischen den beiden vor.
2. Die Praktikantin fühlt sich in der Jugendeinrichtung nicht anerkannt. Besonders Bariş scheint ihr auf dem Kopf herumzutanzen. Er raucht, obwohl Rauchen nicht erlaubt ist. Er macht sie an. Der Jugendhausleiter schlägt eine Mediation vor.
Dauer des Rollenspiels: 10-15 Minuten

Anschließend sollen die Beobachter/innen wie folgt kommentieren:
– Haben die Teilnehmer/innen die Grundregeln des Mediationsgesprächs beachtet? (s. S. 135/136)
– Welche Kommunikationsfertigkeiten wurden angewendet?
– Was war besonders erfolgreich?
– Was könnte besser sein?
– Haben sie eine Lösung erreicht? Ist sie tragfähig? Wenn nicht, warum?

LITERATURVERZEICHNIS ZU KAPITEL 8

BESEMER, C.: Mediation, Vermittlung in Konflikten. Königsfeld/2, Karlsruhe, 1994

CREIGHTON, Allan und KIVEL, Paul: Die Gewalt stoppen. Ein Praxishandbuch für die Arbeit mit Jugendlichen (Handbuch mit Übungsanleitungen zum Thema Gewalt, Sexismus, Rassisumus etc.). Verlag an der Ruhr, Mülheim, 1993

EIKMANN, Jörg: „Kann ich helfen?" Verlag Gelnhausen, Freiburg/Nürnberg, 1979

EYBISCH, Cornelia: Mediation. Wenn zwei sich streiten… In: Psychologie heute, März 1995

FALLER, K./KERNTKE, W./WACKMANN, M.: Konflikte selber lösen. Mediation für Schule und Jugendarbeit. Verlag an der Ruhr, Mülheim, 1996

JEFFERYS, Karin und NOACK, Ute: Streiten – Vermitteln – Lösen. Das Schüler-Streit-Programm für die Klassen 5 – 10. AOL-Verlag, Lichtenau, 1995

KONFLIKTE SELBER LÖSEN – SOZIALES LERNEN. Arbeitshilfe in der Klasse 7 an der Weibelfeldschule/Dreieich

KOPTAGEL-ILAL, Günsel: „Meine Tochter, Dir sage ich es, meine Schwiegertochter, Du sollst es verstehen!" In: gemeinsam 5/1987, Spannungsfeld Gesundheit

READER ZU DEN ERGEBNISSEN DER TAGUNG „INTERKULTURELLE KONFLIKTBEARBEITUNG" VOM 30.11. BIS 2.12.1994 im Haus der Kulturen der Welt in Berlin

RESOLVING CONFLICT THROUGH MEDIATION. An Educational Program for Middle School Students. Developed by Aetna Life und Casualty Company, 1992, 1993, Aetna Live Insurance Company, USA

SPRINGER-GELDMACHER, Monika: Theaterspiel, um die eigene Realität aufzuarbeiten. In: Bildungsarbeit in der Zweitsprache Deutsch, Heft 2/1992

9 Wissen aneignen

Wie bereits mehrfach erwähnt und erläutert, ist interkulturelles Lernen nicht allein eine Sache des Kopfes. Der emotionale Teil der Persönlichkeit (eigene Bedürfnisse, verdrängte Gefühle etc.) und die im Verlauf der Enkulturation erworbenen Werte und Normen sind unseres Erachtens die vorrangigen Ansatzpunkte für eine interkulturelle Erziehung.

Wissen eine der Facetten von Kompetenz

Jedoch sollte das bloße Trainieren toleranzfördernder Verhaltensmuster oder eine Sensibilisierung für die eigene Persönlichkeit immer durch Kenntnisse, z.B. über die Standards einer Kultur, mit deren Angehörigen man es gerade zu tun hat, ergänzt werden. Fehlendes Hintergrundwissen ist oft Ursache und Auslöser von Konflikten, die z.B. mittels der Mediation gelöst werden mussten. Aus diesem Grund sind den Übungen des Sensibilisierungstrainings (in Kap. 6 und 8) die theoretischen Erklärungen zur Seite gestellt worden, die zu ihrer Wirksamkeit notwendig sind.

Relevante Wissensbereiche

Im hier vorliegenden 9. Kapitel sollen Wissensgebiete aufgeführt werden, die unserer Auffassung nach im Rahmen einer pädagogischen Ausbildung, welche interkulturelle Ziele mit verfolgt, unabdingbar sind. Aus Platzgründen werden jweils nur grundlegende Aspekte angesprochen, die jedoch mit Hilfe der angebenen Literatur vertieft werden sollten.

Wie diese Inhalte im Rahmen einer sozialpädagogischen Ausbildung am besten vermittelbar sind und welchen Beitrag die einzelnen Unterrichtsfächer dazu leisten können, ist im 11. Kapitel nachzulesen bzw. für die Fortbildung im 12. und 13. Kapitel

9.1 Ethnologische Betrachtung unterschiedlicher kultureller Lebensformen

Kulturen als eigenständig verstehen

Die ethnologische Zugangsweise sollten nicht in erster Linie auf den Nachweis einer Andersartigkeit der Kulturen abzielen, sondern sich darauf konzentrieren, den gewohnten Maßstab bei kulturvergleichenden Betrachtungen zu hinterfragen. Andere Kulturen sollten also nicht an den westeuropäischen Normen und Wertmaßstäben gemessen werden, sondern als unverwechselbare, eigenständige Größe herausgestellt werden.

Auch der Kulturenbegriff als solcher, der ja eine Statik der kulturspezifischen Daten beinhaltet, muss in diesem Zusammenhang auf den Prüfstand. Sehr gut lässt sich diese „Stereotypisierungsfalle" an den sich wandelnden und unterschiedlichen Formen der sog. Migrantenkultur(en) veranschaulichen. (*Vgl. Annita Kalpaka, und Nora Räthzel, 1990 sowie Manfred Hohmann und Hans Reich 1989*).

Um die Thematik differenziert angehen zu können, ist es ratsam, sich nicht allzu sehr auf den islamischen Kulturkreis zu begrenzen. Denn hier erschwert oft die Sicht des individuellen Erfahrungshintergrundes der Mehrheitsangehörigen eine unvoreingenommene Offenheit. Individuelle Erfahrungen, Interpretations- und Bewertungsmuster verstellen oft den Blick für das Besondere der kulturell anderen (islamischen) Lebens- und Denkweise.

Gerade im Bereich der Ethnologie und Anthropologie mangelt es bisher an wissenschaftlichen Untersuchungen und Materialien, die für die interkulturelle Thematik herangezogen werden können. Derartige Informationen wären hilfreich, um andere Kulturen vor ihrem historischen Hintergrund besser verstehen zu können. (*Vgl. Hinz-Rommel, Wolfgang: Interkulturelle Kompetenz. Ein neues Anforderungsprofil für die soziale Arbeit, Waxmann-Verlag, Münster u. New York 1994.*) Ersatzweise kann z.B. auf TV-Reportagen und Dokumentationen zurückgegriffen werden (*gute Beispiele waren Beiträge im Kulturkanal ARTE, z.B. über Afrika 1996 und Indien 1997*).

Eine brauchbare Informationsquelle sind auch Ausstellungen in kulturhistorischen Museen und Sammlungen. Erzieherschüler/innen interessiert insbesondere die vergleichende Betrachtung der Erziehungssysteme in den einzelnen Kulturen. Hierzu liefert die Zeitschrift für Sozialisationsforschung und Erziehungssoziologie Untersuchungsergebnisse (*siehe z.B. zum Vergleich westlicher und fernöstlicher Erziehung die Ausgabe 4/1990, Juventa-Verlag, Weinheim*).

Informationsquellen

Speziell zur Elementarpädagogik bzw. zur Bildungssituation des Kindergartens in Japan und Deutschland hat das Dt. Jugendinstitut in München einen Dokumentarfilm erstellt (*Bezug: Fernuniversität Hagen*).

Eine kulturvergleichende Studie zur Sozialisation von Kindern und Jugendlichen bezieht sich auf das Sozialverhalten z.B. russischer, isländischer, chinesischer und deutscher Kinder. Auf das Jugendalter bezogen werden die Identitätskonzepte in östlichen und westlichen Kulturen untersucht (*Trommsdorff, Gisela (Hg.): Kindheit und Jugend in verschiedenen Kulturen. Entwicklung und Sozialisation in kulturvergleichender Sicht, Juventa-Verlag, Weinheim und München 1995*).

Bereits sehr umfangreiche Materialsammlungen für Schule und Freizeitpädagogik gibt es über nordamerikanische und kanadische Ureinwohner.

Gute Materialien allein bleiben aber ohne großen Effekt, wenn der Erfahrungsbezug nicht hergestellt wird. Mitmach-Aktionen, wie z.B. im Kindermuseum in Amsterdam und Hannover angeboten, und eigene Projekterfahrungen sollten auch die affektive Ebene mit aufgreifen lassen, z.B. das „Nachstellen" von kulturspezifischen Einstellungen zur Tier- und Pflanzenwelt, das praktische Erproben von Lebens- und Denkweisen im Rollen- und Theaterspiel, die Relativität des guten Geschmacks von Lebensmitteln durch das Zubereiten und Verzehren fremdartiger Speisen.

Erfahrungsbezug und aktive Erschließung

9.2 Identitätsbildung und kulturelle Identität

Eine besondere Chance der pädagogischen Einflussnahme besteht in der Förderung der Identitätsbildung der Kinder und Jugendlichen und dem damit einhergehenden Abbau von Befremdung und der Suche nach Feindbildern. Dabei ist gleichermaßen die Identität von Adressatinnen und Adressaten deutscher als auch ausländischer Herkunft das Ziel der interkulturellen Pädagogik.

Das Identitätskonzept der Kinder und Jugendlichen ausländischer Herkunft spielt jedoch durchaus eine besondere Rolle, da es aufgrund der Migrationserfahrungen der Familie und der oft beeinträchtigenden Lebenssituation (sprachliches Ausdrucksvermögen, rechtlicher Status, gesellschaftliche und politische Integrationschancen etc.) belastet ist. Das in diesem Zusammenhang in der Li-

Identitätskonzept

Pardigma Kulturkonflikt ist überholt

Bikulturelle Identität als Chance

Gefahr objektiver Überforderung

teratur noch vorfindbare Paradigma des Kulturkonfliktes, zwischen dem sich das Individuum zerrissen fühlt, gilt als überholt. Vielmehr wird gerade die Notwendigkeit, sich in mehreren kulturellen Systemen bewegen zu müssen, als besondere Chance der Identitätsausbildung von Migranten bewertet, was mit dem Begriff der bikulturellen Identität umschrieben wird. Dabei wird die Besonderheit der Migrantenkultur als eigenständige Größe mit einbezogen. Bi-Kulturalität, die sich der aktiven, selbstbewussten Gestaltung und Selbstdefinition des Individuums verdankt, wird als Bereicherung, nicht als bemitleidenswerter Mangelzustand eingestuft.

Im Zusammenhang mit diesem Paradigmenwechsel sollten jedoch die objektiven gesellschaftlichen Faktoren nicht aus dem Blickfeld geraten. Diese sind für ausländische Kinder und Jugendliche eine häufige Überforderung in Bezug auf sprachliche Ausdrucksmöglichkeiten, und zwar in beiden Sprachen, das Wegschmelzen sozial-moralischer Milieus, soziale Desintegration (*Heitmeyer*) und strukturell bedingte Individualisierung (*Beck*) sowie oft ein sehr geringes Wissen über die Herkunftskultur, aber demgegenüber eine häufig noch sehr traditionell geprägte Alltagskultur in der Familie. Hinzu kommen Diskriminierungserfahrungen im Alltag und eine geringe Chance der Teilhabe an den gesellschaftlichen Ressourcen. Damit diese doppelte „Enteignung" vom Individuum nicht zu einer Aufgabe des positiven Selbstbildes führt bzw. der Aufbau eines solchen überhaupt ermöglicht wird, müssen ausländische Jugendliche ihre Möglichkeiten neu definieren und eine besondere Form von Handlungskompetenz entfalten. Neben der Aufrechterhaltung der nationalen Bindung (in dem Zusammenhang wird auf die Diskussion um die doppelte Staatsangehörigkeit hingewiesen), der Beibehaltung der Muttersprache, und der Eröffnung sozialer Chancen innerhalb der Kultur und Gesellschaft ist auch das Bewusstsein einer eigenen Lage als Minorität (Stichwort: Empowerment) wichtig.

Als Konsequenz aus den gesellschaftlich beschränkten Aneignungsmöglichkeiten des kulturellen Erbes der Herkunftsgesellschaft und der Aufnahmegesellschaft kann die Lösung nur in einer kritischen, offensiven Selbstdarstellung liegen. Die bi-kulturellen Erfahrungen (was nicht Kulturrelativismus bedeutet) werden kreativ und strategisch zielgerichtet umgesetzt, entgegen dem Stereotyp: „Die Türken sind so", entsteht eine neues, unverwechselbares Bild vom Ich. Die Facetten der individuellen Ausprägung sind vielseitig. Da sind der Hip-hopper und der Rapper unter den Migrantenjugendlichen genauso anzutreffen wie der politische Engagierte oder die Person, die ihr Anderssein demonstrativ zur Schau stellt (z.B. Tragen des Kopftuchs bei jungen Muslima). All diese Ausdrucksformen sind Abbilder unverwechselbarer Identitäten, die in der Auseinandersetzung mit der hiesigen Lebenssituation entstanden sind und ein klares Signal zur Selbstdarstellung beinhalten: „Ich bin stolz, ein Türke zu sein! Aber ich bin ein Türke in Deutschland!"

Daneben kann es aber auch aus den genannten Gründen, nämlich der Beschränkung der Lebenspraxis oder erfahrener Diskriminierungen durch die Mehrheitsgesellschaft, bei den Migrantenjugendlichen zu einer verstärkten Rückkehr zur Herkunftskultur und zur Demonstration der religiösen Zugehörigkeit kommen (auch hierfür kann z.B. das Tragen des Kopftuches bei islamisch orientierten jungen Frauen stehen bzw. der Rückzug weiblicher oder männlicher Jugendlicher in fundamentalistisch oder nationalistisch orientierte Gruppierungen). Die Gefahr der beobachtbaren Binnendifferenzierung der Migrantengesellschaft liegt besonders bei den Gruppen auf der Hand, die in großer Zahl hier leben und besonderer Beeinflussbarkeit durch Interessengruppen, z.B. religiös fundamentalistischen, unterliegen. Bei männlichen Jugendlichen ist auch der Zusammenschluss in national homogenen Gangs zu beobachten, die sowohl von der hiesigen Gesellschaft als auch von der Elterngeneration mit Sorge beobachtet werden, weil in ihnen die Gefahr der Kriminalitätsbelastung liegt.

Die Fähigkeit, sich Vereinnahmungsversuchen von Interessengruppen gegenüber zu behaupten, setzt eine stabile Ich-Identität voraus. Deshalb benötigen Jugendliche in der Phase der Ich-Findung Unterstützung durch Pädagogen, um mit besonderen Herausforderungen und Belastungen fertig zu werden und zu einer Sicherheit verleihenden Identität zu finden. Auf die Identitätsbildung von deutschen Kindern und Jugendlichen im Zusammenhang mit interkultureller Erziehung (Vorurteilsbildung) wurde in den Kapiteln 4 und 6 bereits eingegangen.

Unterstützung der Ich-Findung

LITERATURVERZEICHNIS ZU ABSCHNITT 9.1 UND 9.2

AKGÜN, Lale: Migration und Identität – Funktionsverlust von türkischen Familien. In: TURAN, Lükrü (Hg.): Straßensozialarbeit mit türkischen Jugendlichen. Weinheim, 1993

HALLER, Ingrid: Wider eine assimilative Integration. Zum Problem sozialer und kultureller Identitätsbildung ausländischer Jugendlicher. Bezug: Pädagogische Arbeitsstelle, Dortmund

HOFFMANN, Klaus: Leben in einem fremden Land: Wie türkische Jugendliche soziale und persönliche Identität aufbalancieren. KT-Verlag, Bielefeld, 1990

HOHMANN, Manfred und REICH, Hans H. (Hg.): Ein Europa für Mehrheiten und Mindernheiten. Diskussionen um interkulturelle Erziehung. Waxmann-Verlag, München, 1989

KALPAKA, Annita und RÄTHZEL, Nora (Hg.): Die Schwierigkeit, nicht rassistisch zu sein. Mundo-Verlag, Leer, 1990

VOGEL, Johanna: Fremd auf deutschen Straßen. Ausländische Jugendliche aus der Nähe betrachtet. Kreuz-Verlag, Stuttgart 1991

9.3 Zweisprachigkeit

Die Funktion der Sprache für die Identitätsbildung und -darstellung, für eine differenzierte Handlungskompetenz und für die Herstellung und Aufrechterhaltung von sozialen Beziehungen ist im Zusammenhang mit interkulturellem Lernen ein zentraler Aspekt. Wichtig ist die Einschätzung und Bedeutung der Muttersprache für die Handlungskompetenz und Identität eines Individuums. Muttersprache hat nicht deshalb diesen Stellenwert, weil sie als Verkehrssprache gebraucht wird, sondern weil sie ein System von kulturspezifischen Normen und Werten, Wahrnehmungsstrukturen und Handlungsmustern symbolisch umsetzt und transportiert. Die Muttersprache ist damit der Schlüssel zu allen Facetten der Herkunftskultur. Darüber

Bedeutung der Muttersprache

hinaus ist im sozialen Miteinander das Beherrschen der Muttersprache die Voraussetzung für eine Anerkennung in der „Wir-Gruppe" der Kulturangehörigen. Gleichzeitig müssen Migrantenkinder aber auch die volle sprachliche Kompetenz der Aufnahmegesellschaft erwerben, um eine Chance zu haben im Konkurrenzkampf um Ausbildungs- und Arbeitsplätze mithalten zu können.

Bilinguale Erziehung unverzichtbar

Deshalb ist eine bilinguale Erziehung der Kinder aus Migrantenfamilien unverzichtbar. Hierbei ist aus pädagogischer Sicht zu beachten, dass das Erlernen der Zweitsprache eine weitgehende Internalisierung und aktive Beherrschung der muttersprachlichen Struktur voraussetzt. Dies hat Auswirkungen auf die konzeptionellen und personellen Bedingungen in den pädagogischen Einrichtungen: muttersprachliche Mitarbeiter oder zumindest die Beherrschung einiger Grundbegriffe in der Muttersprache des Adressaten, Sprachförderung als vorrangige Zielsetzung mit entsprechenden didaktisch-methodischen Konzepten (*siehe dazu Teil III*). Der Effekt einer bilingualen Erziehung für die Identität eines Kindes liegt auf der Hand: Dem Kind eröffnet sich in sprachlicher Hinsicht die Möglichkeit, sich gleichermaßen in den es umgebenden Kulturen bewegen zu können. Dadurch werden das Selbstbewusstsein und die soziale Anerkennung, aber auch die Fähigkeit zur Mitbestimmung und zur Solidarität in beiden Kulturen eröffnet. Eine Entfremdung von der Herkunftskultur, aber auch Akzeptanzbarrieren in der Aufnahmekultur werden abgebaut und damit die Voraussetzung für eine ausbalancierte Identität geschaffen.

LITERATUR ZU ABSCHNITT 9.3

HENCHERT, Lucija: „Sie müssen doch Deutsch lernen!" Vom Umgang mit Mehrsprachigkeit im Kindergarten. Bezug: Stadtjugendamt Mannheim

MERTEN, Stephan: Wie man Sprache(n) lernt. Einführung in Erst- und Zweitsprachenerwerbsforschung mit Beispielen für des Fach Deutsch. Peter Lang Verlag, Frankfurt, 1997

NAEGELE/HAARMANN (Hg.): Darf ich mit mitspielen? Kinder verständigen sich in vielen Sprachen – Anregungen zur interkulturellen Kommunikationsförderung. Beltz-Verlag, Weinheim, 1991

PUHAN-SCHULZ, Barbara: Wenn ich einsam bin, fühle ich mich wie acht Grad minus. Kreative Sprachförderung für deutsche und ausländische Kindern. Beltz-Verlag, Weinheim, 1989

ROBERT-BOSCH-STIFTUNG: Materialien zur Interkulturellen Erziehung, Band 2: Zweisprachigkeit

9.4 Migrationsprozess und Ausländerpolitik

Motive von Migration kennen

Wer sich mit interkultureller Erziehung beschäftigt, sollte die Geschichte der Migration mit zu seinem Wissensbestand machen. Dieser Gesichtspunkt ist deshalb wichtig, weil durch die Kenntnis der vielfältigen Motive von Auswanderung und Formen der Wanderungsbewegungen Vorurteile abgebaut und Verhaltensbesonderheiten, auch Normen und Werte verstanden und analysiert werden können. Ziel einer Auseinandersetzung mit Migration sollte die Erkenntnis sein, dass nicht nur subjektive Motive (z.B. Existenznot) oder politische Faktoren (z.B. Verfolgung im Heimatland oder Heimatlosigkeit) zu einer weltweiten Wanderungsbewegung führen, sondern auch politische und ökonomische Interessen der Aufnahmeländer (Globalisierung, Ethnisierung).

Vor diesem Hintergrund lässt sich die Integrationsbereitschaft der Migranten, und die Ermöglichung von Integration durch das Aufnahmeland eher beurteilen. Strukturelle Gründe für ein Gelingen bzw. Scheitern von Integration können durch eine historische Betrachtungsweise mit mehr Distanz erarbeitet und erfasst werden. In diesem Zusammenhang ist eine genauere Betrachtung der verfolgten oder ausgeschlossenen Minoritäten in den einzelnen Gesellschaften und Kulturen unabdingbar. Es sollte deutlich werden, dass die Problematik der politischen und gesellschaftlichen Minderheit ein Thema in fast allen Zeiten und Orten auf der Welt ist und war. Hier könnten Vergleiche dazu führen, neue Gedanken in Bezug auf aktuelle Probleme zu entwickeln (*Materialien: Argumente gegen den Hass, 2. Bände = Arbeitshilfen zur politischen. Bildung, herausgegeben von der Bundeszentrale für politische Bildung, Bonn 1993*). Über die Lebenssituation der Migranten in ihren Herkunftsländern informiert dokumentarisches Filmmaterial, auch können Betroffene als Zeitzeugen befragt werden. Biografische Daten lassen sich auch sehr lebendig aus literarischen Produkten entnehmen. Die politische und ökonomische Lebenssituation der Migranten in Deutschland ist ein wesentlicher Baustein der Wissensaneignung, welcher mit der Frage der völker- und menschenrechtlichen Normen gekoppelt sein sollte. Hier könnten Explorationen durchgeführt werden, z.B eine Stadterkundung mit Fotodokumentation und Interviews. Die Thematik könnte aber auch spielerisch mittels eines Planspiels (*vgl. Rademacher, S. 158f.*) nachgestellt werden. Nüchtern, aber doch sehr aufschlussreich ist in diesem Kontext auch eine Statistikauswertung, z.B. über die Situation von Migranten im Hinblick auf ihre Wohn-, Ausbildungs-, Arbeitsplatzsituation, Kindergarten, Altenversorgung etc.

Integrationschancen beurteilen

Völker- und Menschenrecht kennen

LITERATURVERZEICHNIS ZU ABSCHNITT 9.4

BADE, Klaus: Deutsche im Ausland – Freunde in Deutschland. Migration in Geschichte und Gegenwart. Beck-Verlag, München, 1992

BISCHOFF, Detlef und TEUBNER, Werner: Zwischen Einbürgerung und Rückkehr. Ausländerpolitik und Ausländerrecht der Bundesrepublik Deutschland. Hitit-Verlag, Berlin, 1990

HOF, Bernd: Europa im Zeichen Migration. dtv, Köln, 1993

LEYER, Manuela: Migration, Kulturkonflikt und Krankheit. Westdeutscher Verlag, Opladen, 1991

NUSCHELER, Franz: Internationale Migration, Flucht und Asyl. Verlag Leske und Buderich, Opladen 1995

9.5 Zum Begriff der interkulturellen Erziehung

In den 80er Jahren wurde der Begriff der interkulturellen Erziehung in die pädagogische Theorie eingeführt, er löste den Begriff der „Ausländerpädago-

Wegkommen von Ausländerpädagogik

gik" ab. Ausländerpädagogik bezeichnete ein Konzept, das als Adressaten lediglich die ausländischen Kinder, Jugendlichen und Erwachsenen meinte. Zielrichtung der pädagogischen Arbeit war dementsprechend
- die Integration der ausländischen Adressaten in die deutsche Gesellschaft und ihre kulturellen Institutionen (Kindergarten, Schule etc.) und
- die Kompensation und Aufarbeitung der sprachlichen und kulturspezifischen Defizite.

Maßstab war die Kultur der Majorität. Nicht wahrgenommen und beachtet wurde
- das, was die ausländischen Kinder und Jugendlichen im Unterschied zu deutschen Kindern in die Institutionen einbringen (ihre Fähigkeit sich in zwei Kulturen zurechtzufinden, ihre Fähigkeit sich in zwei Sprachen verständlich machen zu können),
- die sozialen und rechtlichen Bedingungen, unter denen ausländische Familien leben und mit denen sich ausländische Kinder und Jugendliche auseinander setzen und zurechtfinden müssen (schlechte und ausgrenzende Wohnverhältnisse, Unklarheit der Zukunftsplanung, rechtliche Unsicherheiten und politische Ohnmacht, Ausländerfeindlichkeit),
- die besondere kulturelle Lebensweise (Migrantenkultur) der ethnischen Minderheiten als eine Form der Integration beider Kulturen in eine neue und eigenständige Einheit.

Hinwendung zur Pädagogik für Minorität und Majorität

Interkulturelle Erziehung bezieht sich auf ausländische und einheimische Adressaten der Pädagogik, auf alle Menschen in einer als multikulturell oder pluralistisch verstandenen Gesellschaft. Zu unterscheiden sind „multikulturelle Gesellschaft" und „interkulturelle Erziehung": Interkulturelle Erziehung ist die pädagogische Antwort auf die durch Migration entstandene kulturelle Vielfalt der Gesellschaft (multikulturelle Gesellschaft). Entsprechend werden in dieses Konzept einbezogen:
- die lebendigen Migrantenkulturen (keine Fixierung auf die Kulturen der Herkunftsländer, sondern Berücksichtigung der durch die Migration entstandenen Veränderungen),
- die Minorität **und** die Majorität (das bedeutet Anpassungsleistungen von beiden Seiten, keine einseitige Assimilation),
- die Schaffung gesellschaftlicher Bedingungen und Voraussetzungen für ein gleichberechtigtes Miteinander (Ziel ist das gemeinsame Leben in einer multikulturellen Gesellschaft),
- gegenseitiges Lernen von fremden Kulturen (Voraussetzung hierfür ist die kritische Reflexion der eigenen Kultur, da sonst die eigenen Wertigkeiten und Maßstäbe im Blick auf andere Lebensweisen zugrunde gelegt werden).

Ausgehend von dem Erfordernis der kritischen Reflexion der eigenen Kultur muss gefragt werden, welches kulturelle Selbstverständnis die jeweiligen Kulturen besitzen. Die historische Wurzel der Sicht der eigenen und der fremden Kultur stellt die Kolonialzeit und die Zeit der Missionierung dar. Schwarze wurden als Wilde, Heiden und kindliche Gemüter angesehen, die zu Zivilisierten und Gläubigen erzogen werden sollten. Die nord- und westeuropäischen Staaten verstehen sich also von ihrer Geschichte her als Kulturvölker, die sich von den so genannten Naturvölkern unterscheiden.

Zum Begriff der interkulturellen Erziehung

Überwinden von Relikten

Auch in der modernen Bildungs- und Entwicklungshilfe finden sich noch entsprechende Wertungen und Maßstäbe. Wenn es um die sog. Dritte Welt geht, sprechen wir auch heute von so genannten traditionellen Einstellungen, die einer sog. fortschrittlichen Entwicklung im Wege stehen. Die west- und nordeuropäischen Staaten halten sich nach wie vor für den Motor der Entwicklung, der anderen helfen muss sich auf eine nächsthöhere Stufe weiterzuentwickeln.

Wie bereits weiter oben zum Thema Vorurteile dargelegt, ist der erste Schritt zum interkulturellen Lernen interkulturelle Sensibilität: Das Bild vom Fremden, die Weltsicht, ist abhängig von der eigenen Sozialisation.

Man wächst als Subjekt in eine bestimmte Kultur und Gesellschaft hinein und reproduziert die Bilder, die diese Gesellschaft sich vom Fremden macht. Will ich etwas über fremde Kulturen lernen, will ich fremde Lebensweisen verstehen, so muss ich mir gleichzeitig bewusst sein, dass meine Wahrnehmung, mein Denken und Handeln eingebunden ist in die selbstverständlichen Denkgrundlagen der eigenen Ethnie. Der eigene Blick auf das Fremde ist also notwendigerweise immer ethnozentrisch. Diese Feststellung schließt nicht aus, dass man sich distanzieren kann von bestimmten kulturspezifischen politischen oder gesellschaftlichen Phänomenen und dass kulturübergreifende Gemeinsamkeiten entdeckt werden können.

Das Konzept des interkulturellen Lernens stellt zwar diese Tatsache der Unveränderbarkeit der ethnozentrischen Wahrnehmung fest, vertraut aber gleichzeitig darauf, dass natürliche und gesellschaftliche Bedingungen veränderbar sind.

Gleichwertigkeit der Kulturen im Blick

Interkulturelle Erziehung ist eine notwendige Vorbereitung auf ein Zusammenleben in einer multikulturellen Gesellschaft. Die interkulturelle Erziehung fordert nicht eine Anpassung der Zuwanderer an die Mehrheitskultur, vielmehr sind alle Kulturen als gleichwertig anzusehen. Das Bild des Mosaiks kennzeichnet am besten die multikulturelle Gesellschaft. Verschiedene Teile ergänzen sich zu einem Ganzen, in dem jedes Mosaiksteinchen seine Eigenständigkeit bewahrt. Da Kultur nicht etwas Statisches, sondern Veränderbares und Entwicklungsfähiges darstellt, können sich im Zusammenleben und in der gegenseitigen Auseinandersetzung Überschneidungen der Kulturen zeigen und sich neue gemeinsame Kulturanteile entwickeln.

Kultur ist nicht Nation

Kultur ist nicht mit Nation gleichzusetzen (es gibt nicht „die deutsche" oder „die türkische" Kultur). Innerhalb jeder Nation gibt es viele Arten, Dinge zu deuten und das Leben zu gestalten (Lebenswelten). Umgekehrt gibt es viele Lebenswelten (oder Kulturen), die in vielen Nationen gleichzeitig auftreten (z.B. Jugendkulturen). Interkulturelle Erziehung versteht die Vielfalt der Kulturen nicht als Belastung, sondern als Herausforderung des gesellschaftlichen und des individuellen Lebens. Konflikte, die in einer vielfältigen Gesellschaft entstehen, sollten als normale Belastungen verstanden werden, die es nicht zu negieren, sondern zu bearbeiten gilt.

In Bezug auf die Zuwanderer findet sich ein recht einheitliches Verständnis, eine einheitliche Bewertung des Begriffes „Ausländer" in der deutschen Bevölkerung: Es wird unterschieden zwischen sog. Gastarbeitern, sog. Asylanten und Aussiedlern/Übersiedlern. Gemeinsam ist diesen drei Untergruppen im Bewusstsein der Deutschen, dass es sich um Fremde handelt (die deshalb fremd wirken, weil sie eine andere Sprache sprechen, anders aussehen und eine ande-

re Kultur haben) und dass es sich um Konkurrenten (um die knappen Güter Wohnraum und Arbeit) handelt. Die dominierende Reaktion auf die Begegnung mit dem Fremden ist die Befremdung. Die Reaktion auf die Deutung des Ausländers als Konkurrent ist Distanz und Feindlichkeit. Interkulturelle Erziehung muss deshalb gleichzeitig zwei Probleme im Blick haben:
– die kulturbedingte Befremdung und
– die Lebenslage der Minderheiten am unteren Rande der Gesellschaftsschichtung.

Überwindung von Befremden

Interkulturelle Erziehung schafft Begegnung als Antwort auf die Befremdung. Interkulturelle Erziehung ist konfliktorientiert als Antwort auf die Angst vor Konkurrenz.

LITERATUR ZU ABSCHNITT 9.5

AUERNHEIMER, Georg: Einführung in die interkulturelle Erziehung. Wissenschaftliche Buchgesellschaft, Darmstadt, 1990
DERS: Der sogenannte Kulturkonflikt. Orientierungsprobleme ausländischer Jugendlicher. Campus Verlag, Frankfurt, 1988
KALB, Peter/PETRY, Christian/SITTE, Karin (Hg.): Leben und Lernen in der multikulturellen Gesellschaft. Beltz-Verlag, Weinheim, 1993
NIEKE, Wolfgang: Interkulturelle Arbeit mit Kindern und Jugentlichen ausländischer Herkunft, LKD-Verlag, Unna, 1993
SCHNEIDER-WOHLFART u.a.: Fremdheit überwinden. Hrgs. vom Landesinstitut für Schule und Weiterbildung. Verlag Leske und Budrich, Opladen, 1990

10 Kreative Methoden nutzen

Interkulturelle Arbeit mit Kindern und Jugendlichen will Toleranz und Empathie hervorbringen, Ausländerfeindlichkeit, Diskriminierungen und Rassismus bekämpfen. Aber der Zugang zu den Jugendlichen soll wohl überlegt sein. Informationen über die Fremden als Einstieg in eine interkulturelle Arbeit sind z.B. kaum ein Erfolg versprechender Zugang zur Überwindung von Intoleranz bei Jugendlichen. Den Rassismus oder die Ausländerfeindlichkeit zum Thema zu machen ist problematisch, einige Jugendliche werden von vornherein, der offensichtlichen pädagogischen Absicht wegen, ihre Ohren verschließen. Auch spricht vieles gegen einen Zugang über die Bereicherung der eigenen durch die Kultur der anderen, weil die Realität unter Jugendlichen eher so ist, dass die Angehörigen der Mehrheitskultur und der Minderheitskultur sich durchaus bewusst voneinander fernhalten, auch abstempeln und sich keinerlei Bereicherung durch sie versprechen. Interkulturelle Erziehung im Kindes- und Jugendalter kann aber dann (erwünschte) Folgen haben, wenn sie sich den Konflikten, den unterschiedlichen Werte- und Verhaltensmustern der Jugendlichen nähert und sie auf kreative, künstlerische Weise zum Thema macht, indem sie der Befindlichkeit der Jugendlichen Ausdruck verschafft, gestalteten Raum und Zeit gegen Gleichgültigkeit und Feindseligkeit setzt.

Kreative Methoden und künstlerische Betätigung leben vom konkreten „Tun". Erzieher/innen und Sozialpädagog(inn)en setzen sich in ihrer Ausbildung und ggf. später in der Fortbildung damit auseinander, wie sie kreatives Tun mit Kindern und Jugendlichen erarbeiten und anleiten können. Es ist klar, dass im vorliegenden Buch der Akzent nicht auf Grundlegendem zu Musik, Theater oder anderem liegen kann, sondern dass es gilt, die besonderen Formen und Chancen sichtbar zu machen, die dabei für die interkulturelle Erziehung bestehen. Dies lässt sich innerhalb der Möglichkeiten, die das Medium Buch und der darin gegebene Platz bieten, am ehesten durch die kommentierte und aufgearbeitete Beschreibung von durchgeführten Vorhaben bieten. In diesem Kapitel folgen deshalb vier Werkstattberichte, die zur Reflexion anregen und zu einem an die eigenen Arbeitsbedingungen angepassten Aufgreifen ermuntern sollen. Die Sprache wiedergegebener Szenen und Kommentare handelnder Personen wurde dabei bewusst authentisch belassen und nicht an die übliche Schriftsprache angepasst.

Kreative Methoden befördern den Zugang

Aufzeigen von Möglichkeiten durch Werkstattberichte

10.1 Werkstattbericht: Tanz, Pantomime, Theater

> **Übung:**
> Ein Kreis, jeder hält sich fest an der Hand. Nun bildet die Gruppe einen Knoten, ohne die Hände der Nachbarn loszulassen. Man atmet gemeinsam – wie ein Körper. Die Gruppe entwindet sich, ohne die Hände loszulassen, und am Ende steht man wieder im Kreis.

Vom 7.-11. Oktober 1992 trafen sich in der Gustav-Heinemann-Akademie in Freudenberg dreißig Ausbilder des europäischen Netzwerkes Agora aus Portugal, Spanien, Italien, Frankreich, Belgien, Niederlande, Dänemark und Deutschland, die alle im multikulturellen Feld arbeiten und dort interkulturelle Animateure ausbilden. Das Treffen in Freudenberg diente dem Austausch kreativer Ansätze in der interkulturellen Jugendarbeit.

Die Ausbilder, die in Freudenberg zusammengekommen waren, schlüpften stellvertretend für die Jugendlichen, die sie ausbilden, selber in die Rolle der Lernenden. Da die Teilnehmer aus acht verschiedenen Ländern stammten und dort selber oft Angehörige einer zugewanderten Minderheit waren, war ihre Kultur- und Sprachenvielfalt und die damit verbundenen Verständigungsschwierigkeiten Verbindung zu einer Arbeit mit Jugendlichen verschiedener Kulturen. Am eigenen Leibe die Wirkungsweise anderer Kommunikationsformen zu spüren war auch ein Lernziel der gewählten Methode. Es wurden kreative Workshops durchgeführt, deren Lernziele übergreifend lauteten: Zurückweisung von Rassismus, Einübung von Solidarität und Toleranz. Die Workshops dauerten einen Tag und endeten mit der Vorführung der erarbeiteten Stücke.

Lernziele des Projekts

Workshop Tanz

Zwei Deutsche, ein Marokkaner, eine Französin, ein Holländer, ein Portugiese und eine Rumänin arbeiten an ihrem Tanzstück, angeleitet durch die Tanztherapeutin Ma Prem Shakti, eine schwarze Brasilianerin. Ihre Sprache ist die Körpersprache und erweist sich der Verständigung dienlicher als das Wort.

Ihr Thema ist die Anonymisierung und die Fremdbestimmung in der modernen Welt. Sie stellen ein Räderwerk dar, das jeden mitbewegt, in vielen unterschiedlichen Bewegungen zwar, aus dem aber keiner auszubrechen vermag. Die Köpfe der Tänzer sind in Tücher verhüllt – eine anonyme Menge, die emotionslos in der immer gleichen Bewegung verharrt. Als die Musik erstirbt, ziehen sich die Tänzer die Tücher von den Köpfen und erscheinen plötzlich als sich voneinander unterscheidende Individuen. Rhythmische Klänge: Die Tänzer finden sich in einem Ausdruck der Lebensfreude, treffen sich in Gemeinsamkeiten, im Einklang, im Streben nach Frieden – und dann erstirbt das hoffnungsvolle Zusammenfinden wieder in der Vereinzelung, im Räderwerk der Fremdbestimmung, weil die Welt eben nicht so friedvoll ist. Erst als die Musik zu Ende ist, ein Zeichen der Versöhnung: Die Tänzer fassen sich freundschaftlich unter und mischen sich unter die Zuschauer.

Thema Anonymisierung

Workshop Pantomime

Die Pantomime, angeleitet durch den polnischen Künstler Zbigniew Kus, ist bekanntlich stumm, verzichtete hier zusätzlich auf die musikalische Begleitung. Das Thema auch hier die Fremdbestimmung, ohne dass es zwischen den Gruppen abgestimmt worden wäre.

Ein Mensch nimmt eine Pose ein, die Ausdruck seiner Individualität ist. Ein anderer Mensch tritt zu ihm und verändert ihn, zwingt ihn ein anderer zu werden, dem Bild des anderen zu entsprechen, und wie zur Betonung des Aktes der Entfremdung stellt er sich in haargenau der gleichen Pose neben ihn: Du sollst mein Ebenbild sein. Ich dulde keine Abweichung. Doch zu dem zweiten Menschen gesellt

Thema Fremdbestimmung

sich ein dritter, der ihn wiederum zwingt seinem Bild zu entsprechen. Und so geht es weiter, keiner darf so sein, wie er will, der Nächste gibt sich erst zufrieden, wenn der andere sich seinem Bild angeglichen hat. Doch es gibt einen Weg aus der Fremdbestimmung: Die Mitspieler kriechen und klettern durch ein Netzwerk von gefährlichen Verstrickungen – und finden zusammen in einem dicht gedrängten Knoten – atmend wie ein einziger Körper. Auch hier ein Schluss, der die Kraft des Gemeinsamen betont: Die Spieler lösen sich aus dem Knoten und integrieren die Zuschauer in das stumme Spiel: Sie weisen den Weg durch das Netzwerk hin zur Mitte, durch Fallen hindurch, über Hindernisse hinweg – und schließlich findet sich in der Mitte ein Haufen miteinander verknüpfter Menschen.

Workshop Theater
Eine Übung, vorgestellt von der kolumbianischen Theaterpädagogin Luz Stella Garcia-Ocampo: Alle Teilnehmer denken sich ein Bild, das sie erlebt haben und das Unterdrückung ausdrückt. Jeder Teilnehmer vertieft sich drei Minuten lang in sein Bild. Ein Teilnehmer gestaltet anschließend sein Bild mit Hilfe anderer Mitspieler in Form einer mit Menschen gestalteten Szene. Nur er allein hat das Bild im Kopf, die anderen nehmen die Pose ein, die er anweist. Am Ende stehen die Spieler wie eine Skulptur à la Segal und stellen das Bild des ersten Teilnehmers dar. Beispiel: Ein Mann liegt am Boden, drei Männer treten und schlagen auf ihn ein, eine Frau steht hilflos daneben, die Hände in Entsetzen erhoben.
Die Zuschauer betrachten die Skulptur und beginnen sie einer nach dem anderen nonverbal so zu verändern, dass eine Lösung der Situation entsteht. Schließlich bringen auch die Mitspieler ihre Lösungsmöglichkeit ins Spiel. Der Autor der Skulptur beobachtet, ohne zu intervenieren. Am Schluss verbalisiert jeder Teilnehmer seine Lösung. Am Ende gibt der Autor des Bildes seine Interpretation der Situation.

Thema Unterdrückung

10.2 Werkstattbericht: Interkulturelles Kindertheater in der Erzieher(innen)fortbildung

Das in Trägerschaft des internationalen Vereins „European Centre for Community Education" (ECCE) in Mainz arbeitende Projekt „Interkulturelle Pädagogik im Elementarbereich" (IPE) hat die Aufgabe, deutsche und ausländische Erziehungskräfte von Kindertageseinrichtungen zu Fragen interkultureller Erziehung zu beraten und ihnen Fortbildungen und Arbeitsgemeinschaften anzubieten. Ein Schwerpunkt der praktischen Fortbildungen liegt im Bereich interkulturelles Kindertheater. Im jährlichen Rhythmus wird ein zweitägiges Seminar für Mitarbeiter/innen deutscher und ausländischer Herkunft in Mainzer Kindertageseinrichtungen ausgeschrieben. Während des Workshops wird experimentiert, wie der in den Einrichtungen existierende multikulturelle Alltag auf der Bühne thematisiert und gespiegelt werden kann und wie über das Medium Kindertheater anderskulturelle Elemente einbezogen werden können. Das Ergebnis der Arbeit wird seit 1989 anlässlich der interkulturellen Woche in Mainz öffentlich uraufgeführt und dann auch in den Kindergärten der beteiligten Erzieherinnen.

Ausgangsfragen des Projekts

Grundsatzüberlegungen und Ziele
Ausgangspunkt der Überlegungen, wie die Umsetzung des Vorhabens aussehen könnte, war die Diskussion folgender Fragen:
– Was ist denn eigentlich interkulturelles Theater?
– Wie muss interkulturelles Theater gestaltet sein, damit Kinder unterschiedlicher Kulturen sich damit identifizieren können?
– Wie können unterschiedliche kulturelle und religiöse Aspekte eingebracht werden?
– Wie können die verschiedenen Muttersprachen der Zuschauerkinder Berücksichtigung finden?

Aus der Diskussion der Fragen und den Erfahrungen der Mitwirkenden wurden folgende **Prinzipien und Zielvorstellungen** entwickelt:

Ziele in Bezug auf die Erziehungskräfte
Die unterschiedlichen kulturellen und religiösen Vorerfahrungen und Kenntnisse der Teilnehmerinnen sollen dazu beitragen, Elemente anderer Kulturen in das Theaterstück einzuarbeiten, und sollen helfen Klischees zu vermeiden.
Die Muttersprachen der Mitspielerinnen sollen in das Stück einbezogen werden.
Die Erzieherinnen sollen etwas über das Theatermachen lernen, indem sie selbst spielen und gemeinsam ein Stück entwickeln.
Sie sollen Hemmungen bei der Selbstdarstellung abbauen und lernen sich gestisch, mimisch, stimmlich und sprachlich auszudrücken.
Sie sollen mit einigen Theatertechniken vertraut gemacht werden und ein Bewusstsein dafür entwickeln, wie ein Stück aufgebaut sein sollte und was bei einer Aufführung berücksichtigt werden muss.
Die Teilnehmerinnen sollen Freude am Theaterspielen erfahren und motiviert werden, in ihren Einrichtungen gemeinsam mit Kolleginnen und Kindern vielfältige interkulturelle Theaterformen zu entwickeln.

Ziele in Bezug auf die zuschauenden Kinder
Das Theater soll den Zuschauerkindern Spaß bereiten und sie möglichst aktiv miteinbeziehen.
Der Inhalt des Stückes und die behandelten Themen und Probleme sollen für die Kinder nachvollziehbar sein.
Die sprachlich, religiös und kulturell unterschiedlichen Vorerfahrungen der Kinder sollten einbezogen und berücksichtigt werden.
Sprachliche Benachteiligungen ausländischer Kinder sollen, soweit möglich, vermieden werden.
Die Verwendung mehrerer Sprachen auf der Bühne soll die Muttersprachen ausländischer Kinder aufwerten und für deutsche Kinder soll eine Situation entstehen, die ihnen zumindest ansatzweise vermittelt, wie schwierig es sein kann, nicht zu verstehen.

Ziele in Bezug auf den Inhalt
Die Themen und Situationen können aus dem alltäglichen Leben entnommen sein, aber es können auch fantastische Elemente eingebaut werden.

Die Erfahrungen der Erzieherinnen mit Kindergartenkindern sollen dazu beitragen, dass die Zuschauer weder über- noch unterfordert werden und dass der Inhalt und die Dauer der Handlung altersgemäß ausfallen.

Bekannte Personen, Figuren, Geschichten, alltägliche Geschehnisse und Gegenstände aus verschiedenen Kulturen sollen in das Stück einbezogen werden, damit sich die Kinder mit Bekanntem identifizieren können und Aspekte anderer Kulturen kennen lernen.

Ziele in Bezug auf den organisatorischen Rahmen

Der Zeitaufwand zur Vorbereitung des Theaterstückes sollten möglichst so gestaltet sein, dass die Erzieherinnen nicht zu stark belastet werden und zu häufig in ihrer Einrichtung fehlen.

Die Bühnenausstattung und die Verwendung von Requisiten sollte auf ein Mindestmaß beschränkt werden, damit das Theater flexibel bleibt und ohne großen zeitlichen und personellen Aufwand an unterschiedlichen Orten aufgeführt werden kann.

Ziele in Bezug auf die Methode

Die Methode soll sich an den Prinzipien des Improvisationstheaters im Sinne der Commedia dell'Arte orientieren. Das heißt, dass es kein streng fixiertes Textbuch, sondern nur einen roten Faden für den Handlungsablauf gibt. Für die Mitspieler ist es am wichtigsten, sich in ihre jeweilige Rolle einzufühlen, deren Charakter mit ihren Stärken und Schwächen zu begreifen und zu üben, wie die von ihnen verkörperte Figur in unterschiedlichen Situationen reagiert. Dabei entwickeln sie eine zu ihrer Rolle passende Gestik, Mimik, Stimme und Sprache, die mit starkem Körperausdruck und zur Übertreibung neigender Tendenz gespielt wird.

Die Figuren sollen in Kontakt zu den Zuschauern treten, sie zu Reaktionen verleiten und auf ihre Zurufe oder sonstigen Äußerungen reagieren und sie ins Spiel miteinbeziehen. Dafür müssen sie lernen sich flexibel auf das jeweilige Publikum einzustellen und spontane Einmischungen des Publikums nicht als Störung, sondern als Teil der Theateraktion begreifen. Die Spieler können den Handlungsfaden, nicht aber ihre Rolle für einen Dialog mit den Zuschauern verlassen.

Da es keinen fixierten Text gibt, müssen die Mitspieler ein Gefühl dafür entwickeln, wann sie an der Reihe sind, damit sie nicht gleichzeitig auf der Bühne reden oder sich gegenseitig ins Wort fallen. Entsteht eine Situation, in der ein Mitspieler nicht mehr weiß, wie es weitergeht, können andere durch improvisierte Aktionen eingreifen und den Faden wieder aufnehmen.

Planung

Anfang des Jahres wird der Termin für die Interkulturelle Woche, die traditionell im September durchgeführt wird, festgelegt. So kann der Tag der Uraufführung schon in der Ausschreibung für den Theaterworkshop bekannt gegeben werden. Der Zeitplan für 1995 sah beispielsweise folgendermaßen aus:
– Ausschreibung des Theaterworkshops im Frühjahr
– Zweitägiges Intensivseminar 22.-23. August
– Generalprobe ca. 1 Woche vor der Premiere

- Uraufführung am 15. September
- Aufführung in den Tagesstätten der Mitspielerinnen in der Zeit von Oktober bis Dezember

Die Erledigung organisatorischer Aufgaben (Besorgung des Seminarraumes, Anmelden des Aufführungstermins, Antrag auf kostenlose Raum- und Bühnennutzung, Antrag auf Bezuschussung etc.) sollte so früh wie möglich vorgenommen werden. Es ist darauf zu achten, ob bestimmte Antragsfristen einzuhalten sind und dass bei Bedarf Ersatzräume beschafft werden können.

Der Seminarraum für den Theaterworkshop sollte genügend Platz bieten für Übungen mit der ganzen Gruppe oder auch für Aktivitäten in Kleingruppen.

Das Theaterstück sollte so angelegt sein, dass es zwischen 30 und 45 Minuten dauert, was erfahrungsgemäß der Konzentrationsspanne der zuschauenden Kinder entspricht.

Obwohl die Bühnenausstattung und die Requisiten auf ein Mindestmaß beschränkt werden sollten, ist es meist doch notwendig, bestimmte Gegenstände oder Materialien zu besorgen. Man sollte sich frühzeitig informieren, ob über Mittel verfügt werden kann oder ob beim Träger, beim zuständigen Ausländerbeirat oder anderen Stellen ein Zuschuss zu bekommen ist.

Teilnehmerinnen

Die Suche nach Mitspielerinnen übernahm durch Ausschreibung an alle im Projekt engagierten Kindertageseinrichtungen das ECCE-IPE.

Interessierte Erzieherinnen meldeten sich an, mussten aber vorher in ihrem Team abklären, ob es zeitlich und personell möglich war, an diesem Projekt teilzunehmen.

1995 beteiligten sich sieben Erzieherinnen aus fünf verschiedenen Einrichtungen (vier städtische und eine Kindertagesstätte in privater Trägerschaft).

Die Gruppe bestand aus Teilnehmerinnen, die schon Erfahrungen im Theaterspielen hatten, und einigen, für die es eine ganz neue Erfahrung war.

Angeleitet wurde die Gruppe von einer Projektmitarbeiterin, die selbst schon mehrfach gespielt hat und und seit Jahren Theatergruppen anleitet. Die Gruppe setzte sich wie folgt zusammen:

Emine, eine türkische Erzieherin, kam ohne jegliche Theatererfahrung.
Martina, eine deutsche Erzieherin, hatte schon mehrfach in der Gruppe mitgespielt.
Nurcan, eine türkische Mitarbeiterin, besaß Spielerfahrung in der Gruppe und außerhalb.
Sabine, eine Erzieherin aus der ehemaligen DDR, brachte Theatererfahrung aus der Schulzeit mit.
Silvia, eine deutsche Kollegin, nahm zum zweiten Mal mit großer Begeisterung teil.
Teresa, eine italienische Mitarbeiterin, verfügte über Spielerfahrung in der Gruppe und außerhalb.
Ülker, eine türkische Mitarbeiterin, hatte im Jahr zuvor an einem Theaterseminar eines anderen Trägers teilgenommen.

Durchführung des Theaterseminars

Der Theaterworkshop dauerte zwei Tage, begann jeweils um 8.30 Uhr und endete um 17.00 Uhr.

Die Ziele des Intensivseminares waren: **Seminarziele**
- Sich gegenseitig kennen lernen und zu einer Gruppe zusammenwachsen.
- Sensibilieren und Üben von körperlichem, stimmlichem und sprachlichem Ausdruck.
- Spielideen entwickeln und spielen, daraus Szenen formen und aus diesen dann ein Stück zusammenbauen, das schriftlich festgehalten wird, wobei es auf den roten Faden und nicht auf den Text im Detail ankommt.
- Üben des Stücks in einzelnen Szenen und im Ganzen.
- Eine passende Begrüßung und Einleitung für die Aufführung festlegen.
- Liste der Requisiten und Kostüme, die besorgt werden müssen, aufstellen.
- Aufträge verteilen, wer was besorgt und wer sich um welche Aufgaben kümmert.

Die Gruppe der sieben Mitspielerinnen wurde von der Leiterin darüber informiert, dass es noch kein fertiges Stück gab und dass infolgedessen auch keine Texte auswendig gelernt werden mussten. Die Teilnehmerinnen sollten gemäß ihren Fähigkeiten und Interessen am Theater beteiligt werden. Die Befürchtungen ausländischer Mitarbeiterinnen, auf der Bühne deutsch sprechen zu müssen und sprachliche Fehler zu machen, wurden vermindert, weil klar war, dass die Muttersprache auf der Bühne verwendet werden konnte oder sogar sollte. **Ablauf**

Der erste Tag wurde vornehmlich mit Aufwärm-, Kennenlern- und Vertrauensübungen begonnen, damit die Gruppe ein Wir-Gefühl und gegenseitige Vertrautheit gewinnen konnte. Des Weiteren wurde mit dem Körper, seinen gestischen, mimischen und stimmlichen Ausdrucksmöglichkeiten gearbeitet und die Sinneswahrnehmung trainiert. Hier ging es vor allem darum, dass jede Teilnehmerin ihren Körper bewusst wahrnimmt und auch die Unterschiede des eigenen Ausdruckes zu dem der anderen erkennt. Anfangs wurden Aufgaben gestellt, bei denen es nicht auf das Sprechen, sondern die Darstellung ankam. Es gab zunächst Übungen, die jede alleine ausführen musste, dann Aufgaben, die paarweise geprobt wurden, und noch später arbeitete man in Kleingruppen. Immer wurde das Erarbeitete dem Rest der Gruppe vorgeführt. Jede sollte von Anfang an daran gewöhnt werden, dem Blick anderer Menschen ausgesetzt zu sein, und die Angst, später vor Publikum aufzutreten, abgebaut werden.

Die durchgeführten Übungen wurden der im Anhang aufgelisteten Literatur entnommen.

Am Ende des ersten Tages stellte die Seminarleiterin einige Ideen vor, die als Anregung für das Theaterstück dienen sollten und die dann gemeinsam diskutiert wurden. Alle dabei eingebrachten Ideen und Vorschläge wurden weitergesponnen, diskutiert und die interessantesten Punkte notiert.

Bis zum nächsten Morgen konstruierte die Leiterin anhand der entwickelten Vorschläge zu Handlung und Figuren des Stückes eine Geschichte – sozusagen einen Rohentwurf –, in der die Anzahl der Mitspielerinnen schon berücksichtigt war und die sie am nächsten Morgen der Gruppe vorstellte. Wieder wurde der Vorschlag gemeinsam diskutiert und jede Teilnehmerin äußerte sich, welche Rolle sie interessieren würde.

Dann begannen die eigentlichen Proben für das Theaterstück. Alle Mitspielerinnen sollten anhand kleinerer Übungen versuchen in die von ihnen gewählte

Rolle zu schlüpfen und eine dem Charakter und Alter entsprechende Haltung, Bewegung und Stimme zu entwickeln. Hinterher stellte sich jede in ihrer Rolle der Gruppe vor und gemeinsam wurde die Darstellung besprochen. Wer sich in der gewählten Person nicht wohl fühlte, hatte noch die Möglichkeit, zu tauschen oder Änderungen vorzuschlagen. Nach der Phase der Rollenfindung wurden entsprechend dem bisher nur grob skizzierten Handlungsablauf kleine Szenen zu zweit ausgewählt und geübt. Wieder wurden die entwickelten Teile vorgespielt und mit der Gruppe diskutiert. Es folgte eine erneute Probenphase, in der die kritisierten Punkte oder die zu Darstellung und Text gemachten Vorschläge berücksichtigt wurden. Die Phasen des Übens immer komplexerer Szenen wurde von Phasen des Vorführens und Diskutierens abgelöst. Als jede Szene geübt war, wurde das Stück zum ersten Mal ganz und von vorne bis hinten durchgespielt. Wer gerade nicht auf der Bühne war, fungierte als Zuschauer und konnte für Vorschläge, Anregungen oder Kritik den Ablauf unterbrechen, sodass an dieser Stelle die zuletzt gespielte Szene wiederholt wurde, bis die Gruppe sowohl mit dem Handlungsablauf als auch der Darstellung zufrieden war. Während dieser Phase wurde auch der sog. rote Faden des Stückes schriftlich festgehalten.
Im Anschluss daran wurde das Stück erneut vollständig gespielt, diesmal allerdings ohne Unterbrechungen, um die Spieldauer festzustellen und um noch einmal die Logik und Verständlichkeit des Inhaltes zu überprüfen.

Zwischenreflexion/Bewertung
Zwei Tage Zeit waren in Anbetracht der gesteckten Ziele sehr knapp, weshalb das Seminar sehr intensiv und anstrengend verlief. Die Anfängerinnen fühlten sich zunächst unsicher, angespannt und gehemmt, bauten aber zunehmend Vertrauen auf und verloren ihre Hemmungen. Sie entwickelten mehr und mehr Freude, lernten ihren Körper besser kennen, erfuhren Stärken, entdeckten Talente und arbeiteten daran bzw. sensibilisierten sich dafür, welche Charaktere ihnen lagen. Die Spielerinnen, die schon vorher dabei waren, brachten vor allem Vorfreude, Offenheit und Energie mit.
Der schwierigste Teil des Seminares bestand darin, die zündende Idee zu finden oder aus mehreren Ideen die besondere zu entwickeln. Bei der gemeinsamen Diskussion wurden viele unterschiedliche Anregungen eingebracht, ein Feuerwerk aus Einfällen sozusagen, es war aber schwer, alles unter einen Hut zu bringen und eine Handlung zu finden, die schlüssig und nicht zu lange war, einen Spannungsbogen enthielt und genügend Rollen beinhaltete, die die Gruppenmitglieder übernehmen wollten.
Obwohl das Stück von der Gruppe entwickelt werden sollte, war es in den schwierigen Momenten wichtig und notwendig, dass die Leiterin die Ideen zusammenfasste und die einzelnen Vorschläge zu einem logischen Ganzen komponierte, um die Fortführung des Arbeitsprozesses in Gang zu halten.

Handlungsablauf und Inhalt des Stückes – Titel: „Krach im Kinderzimmer"

Figuren:
Petra – kleine Schwester
Thomas – großer Bruder
Pinocchio
Gameboy
Ayşe – Puppe
Petz – Teddybär
Spritzpistole

Kleidung und Charakterisierung:
Thomas trägt einen Schlafanzug. Seine Spielzeuge sind Petz, Gameboy und Pinocchio.
Charakter: selbstbewusster, großer Bruder, anfangs egoistisch, später kompromissbereit.
Petra trägt auch einen Schlafanzug. Ihre Spielzeuge sind die Puppe und die Wasserpistole.
Charakter: kleine Schwester, die weiß, was sie will, hilfsbereit und nicht nachtragend ist.
Pinocchio trägt eine grüne, kurze Hose, ein rotes Hemd mit weißem Kragen, einen spitzen roten Hut und hat eine spitze Nase, die beim Lügen länger wird.
Charakter: frech, zappelig, lustig, eifersüchtig, erzählt gerne Lügengeschichten und ist ein Feigling.
Die Puppe Ayşe trägt ein langes Spitzenkleid und goldene Schuhe. Ihre langen und lockigen Haare sind mit einer Schleife in der Farbe des Kleides versehen.
Charakter: verliebt in den Bären Petz, eitel, zart, gutmütig und mitfühlend.
Der Gameboy trägt einen selbstgebastelten grauen Karton, der versehen ist mit Knöpfen und Schaltern. Wichtig ist der große, sichtbare An- und Ausschalter. Auf dem Kopf trägt er eine schwarze Kappe. Ansonsten ist er grau angezogen und hat eine schwarze, runde Sonnenbrille auf.
Charakter: cool, eingebildet, intelligent, selbstbewusst, egoistisch, weiß alles besser.
Die Wasserpistole ist in den Farben der verwendeten Spielzeugpistole angezogen. Auf dem Rücken trägt sie einen Wasserkanister mit Spritzvorrichtung, auf dem Kopf eine Bademütze.
Charakter: albern, lustig, ärgert gerne andere, lässt sich gerne beeinflussen.
Der Bär Petz hat ein braunes Bärenkostüm an, ausgepolstert mit Kissen. Am Ohr ist ein großer, goldener Knopf befestigt. Das Gesicht ist braun geschminkt und er trägt ein Pappnase.
Charakter: gemütlich, liebenswert, gutmütig, vernünftig, verliebt in Ayşe.

Vorspann:
Alle Zuschauer erhalten beim Eintritt in den Saal einen Stempel auf die Hand, der einen Bären zeigt.
Wenn alle Zuschauer versammelt sind, begrüßt ein Mitglied der Gruppe das Publikum vor dem geschlossenen Vorhang. Sie fragt, warum so viele Kinder da sind, aus welchem Kindergarten oder Stadtteil sie kommen und ob sie schon einmal im Theater waren. Sie fragt, ob es wahr ist, dass sie kluge Kinder seien und dass es einige gäbe, die zwei Sprachen sprechen. Sie lässt die Kinder berichten, welche Sprachen sie können und wie man in ihrer Sprache „guten Morgen" oder „guten Tag" sagt. Dann fragt sie die Kinder, ob sie denn auch brave Kinder seien. Wenn die Kinder bejahen, wundert sie sich und fragt, ob sie denn noch nie gestritten hätten. Sie lässt sich berichten, warum die Kinder schon gestritten haben und mit wem. Dann erzählt sie, dass in dem Theaterstück auch einige Personen vorkommen, die sich miteinander streiten, und sie sollen zuschauen, wie das Ganze ausgeht. Sie wünscht den Kindern viel Spaß und das Theater beginnt.

1. Szene
Petra und Thomas, ein Geschwisterpaar, sitzen in ihrem Zimmer auf dem Boden.
Er spielt mit dem Gameboy, den er zum Geburtstag geschenkt bekommen hat, sie mit ihrer Puppe Ayşe. Thomas stellt sich den Kindern als der große Bruder von Petra vor. Er ist schon Schulkind, aber seine Schwester geht noch in den Kindergarten. Er hat seine Schwester gerne, aber manchmal nervt sie ihn. Er fragt die Kinder, ob sie auch Geschwister haben, die sie manchmal ärgern oder von denen sie geärgert werden, und lässt sie berichten.

Petra wendet sich an das Publikum und erzählt, dass sie ihren Bruder heute so doof findet, weil er gar nicht mit ihr spielt, sondern sich die ganze Zeit nur mit dem Gameboy beschäftigt. Sie kämmt ihre Puppe und erzählt, dass diese Ayşe heißt, genau wie ihre Freundin im Kindergarten, die ihr die Puppe aus der Türkei mitgebracht hat. Sie fragt, wer auch eine Puppe zu Hause hat und ob die auch so schön aussieht wie ihre. Petra hat noch ein anderes Spielzeug, eine Spritzpistole, mit der sie ihren Bruder bespritzt, wenn er sie ärgert. Sie fragt, ob die Kinder auch eine Spritzpistole haben und was sie damit alles schon gemacht haben. Dann möchte Petra von Thomas den Teddy haben. Er gibt ihn aber nicht her, denn den hat seine Oma nur ihm geschenkt und auch seinen Pinocchio, den er im Urlaub in Italien bekommen hat, gibt er nicht her. Er nimmt den Teddy und den Pinocchio, die bis dahin achtlos auf dem Boden gelegen haben, in den Arm und hält sie fest. Petra wird wütend und spritzt ihren Bruder mit der Spritzpistole nass. Die Kinder streiten immer lauter.
Die Mutter ruft von draußen die Kinder zur Vernunft und schickt sie ins Bett, weil es schon spät sei. Petra und Thomas legen sich auf die Kinderbetten im Hintergrund.

2. Szene
Die Kinder schlafen. (Ihre Anwesenheit in den Betten wird durch ausgestopfte Decken und als Köpfe dekorierte Luftballons nur vorgetäuscht, denn sie selbst treten in der 2. Szene nicht auf.) Die Spielsachen befinden sich nun in Lebensgröße auf der Bühne. Sie haben die Position und Haltung der Originalspielzeuge eingenommen und verharren zunächst starr.
Die Puppe Ayşe stellt sich dem Publikum vor (zunächst in Türkisch, dann in Deutsch). Sie zeigt stolz ihr schönes Haar, das Kleid, die goldenen Schuhe etc. Sie fragt die Kinder, ob sie Ihnen gefällt und ob sie auch so schöne Kleidung besitzen. Ayşe ist glücklich, weil sie verliebt ist. Sie mag den Bären Petz so gerne. Sie findet ihn kuschelig, weich, stark und lieb. Ayşe fragt, ob die Kinder auch jemanden so gerne mögen, und lässt die Kinder berichten. Dann erzählt Ayşe, dass sie manchmal auch traurig ist, denn sie kann den Teddy nur nachts sehen, weil Thomas den Teddy tagsüber nicht an Petra ausleiht. So sind Treffen nur nachts möglich.
Ayşe weckt Petz mit einem lauten Kuss. Der Teddy gähnt und streckt sich und schüttelt seinen dicken Po. Er stellt sich vor, zeigt, wie schön rund er ist und wie laut er brummen kann. Er lässt auch die Kinder brummen und fragt sie dann, ob sie schon wissen, in wen er verliebt ist. Dann nimmt er seine Ayşe in den Arm und singt mit ihr sein Lieblingslied: „Ich bin ein dicker Tanzbär". Tanzend und singend verlassen sie die Bühne.
Pinocchio wacht auf und singt sein Lied (in italienisch). Dann erzählt er (in Italienisch und Deutsch) von seinem Vater aus Italien und dass der ihn aus Holz geschnitzt hat. Pinocchio berichtet, dass beim Lügen seine Nase immer länger wird, dass er aber beschlossen hat, nicht mehr zu lügen. Als er dann eine fantastische Geschichte erzählt, wie er einen Drachen besiegt hat, wird die Nase immer länger und die Kinder ertappen ihn beim Lügen. Dann wird er wirklich ernst und erzählt, dass er eifersüchtig ist auf den Gameboy, weil Thomas nur noch mit diesem spielt und nicht mehr mit ihm. Deshalb hat er eine große Wut auf den Gameboy. Er fragt, ob die Kinder auch schon einmal wütend waren und auf wen.
Die Wasserpistole wacht im Hintergrund auf und spritzt mit Jubelgeschrei Pinocchio nass, sodass er wegrennt.
Die Wasserpistole stellt sich vor (in türkisch und in Deutsch), berichtet von ihrer Leidenschaft, andere zu ärgern. Sie fragt, wer von den Kindern eine Spritzpistole hat, was sie damit anstellen und ob ihnen das gefällt. Schließlich bespritzt sie die Kinder. Unter großem Geschrei geht sie raus, um den Pinocchio zu suchen und nass zu spritzen.
Der Gameboy wacht auf. Er begrüßt die Kinder mit „guten Tag" in Russisch, Italienisch und Türkisch.
Er ist stolz darauf, dass alle ihn kennen, dass jedes Kind ihn gerne mag und nur mit ihm spielen

möchte, weil er elektronisch ist und einen Computer hat. Auch Thomas spielt nur mit ihm, weil die anderen Spielsachen alt und dumm sind. Er führt den Kindern vor, was man mit ihm machen kann (Knöpfe ein- und ausschalten) und welche Geräusche er von sich geben kann. Dann geht der Gameboy schlafen, da Thomas ihn sonst vermissen könnte, wenn er aufwacht.

Pinocchio und die Wasserpistole kommen auf die Bühne gerannt. Die Wasserpistole verfolgt Pinocchio und bespritzt ihn. Pinocchio behauptet, er hätte auch eine große Waffe, weil aber seine Nase länger wird, bemerkt die Wasserpistole seine Lüge und spritzt weiter. Dann hat Pinocchio eine Idee und weil dies keine Lüge ist, wird die Nase wieder kurz. Pinocchio erzählt der Wasserpistole von seiner Eifersucht und Wut und stiftet die Wasserpistole dazu an, den Gameboy nasszuspritzen. Die Wasserpistole lässt sich gleich überzeugen. Außerdem findet sie, dass der Gameboy so seltsam piepst und nervt und dass er deshalb geärgert werden muss.

Der Teddy und die Puppe kommen tanzend herein. Sie werden über das Komplott informiert. Petz und Ayşe finden die Idee zunächst nicht so gut, als aber die Wasserpistole sie bespritzt, werden sie ärgerlich, wollen in Ruhe gelassen werden und gehen ab.

Pinocchio stachelt die Wasserpistole wieder gegen den Gameboy auf, bis diese ihn nassspritzt. Als der Gameboy aufwacht und sich drohend vor die beiden stellt, versteckt sich Pinocchio hinter der Wasserpistole. Als der Gameboy fragt, wer ihn nass gemacht hat, schiebt Pinocchio die Schuld auf die Wasserpistole. Vom Gameboy befragt, warum sie ihn bespritzt hat, antwortet die Wasserpistole wahrheitsgemäß, dass Pinocchio das wollte und sie nur mitgemacht hat. Jetzt knöpft sich der Gameboy den Pinocchio vor und fragt, was das soll. Pinocchio gibt sich vor Wut ganz selbstbewusst, gibt zu, dass die Idee von ihm war und dass er seinen Konkurrenten ärgern und verjagen wollte. Pinocchio steigert sich in seine Wut und schreit, er werde den Gameboy kaputtmachen. Als der Gameboy drohend auf ihn zugeht, bekommt es Pinocchio mit der Angst und versteckt sich hilferufend hinter der Wasserpistole. Diese kommt ihrem Freund zu Hilfe und bespritzt den Gameboy, der anfängt zu piepsen und zu torkeln und langsam zu Boden geht. Jetzt wird Pinocchio wieder mutiger, packt den Gameboy und schüttelt ihn an den Schultern, wobei er den Knopf zum An- und Ausschalten abreißt. Schließlich liegt der Gameboy regungslos am Boden und Pinocchio triumphiert.

Nun stellt die Wasserpistole erstaunt fest, dass der Gameboy kaputt ist, und macht Pinocchio darauf aufmerksam. Dieser bemerkt den Knopf in seiner Hand, wirft ihn schnell weg und beschuldigt die Wasserpistole, sie sei das gewesen. Diese gibt den Vorwurf wieder zurück und nun muss Pinocchio seine Missetat eingestehen. Er wird traurig und bekommt Angst, weil ihm nun bewusst wird, was er getan hat. Er ist sich bewusst, dass das großen Ärger geben wird, und läuft schnell mit der Wasserpistole davon.

Petz und Ayşe kommen verliebt tanzend und singend zurück und entdecken den Gameboy am Boden. Sie verdächtigen sofort Pinocchio und die Wasserpistole und fragen auch noch die Kinder, was passiert ist. Als Petz sieht, dass der Gameboy nass ist, trocknet ihn Ayşe mit ihrem Kleid ab. Doch der Gameboy funktioniert trotzdem nicht. Sie suchen nach dem Defekt und entdecken, dass der Knopf fehlt. Ihre Suche nach dem Knopf bleibt erfolglos, obwohl die Kinder ihnen helfen und beschreiben, wo der Knopf hingefallen ist.

Die Wasserpistole und der weinende Pinocchio kommen auf die Bühne. Pinocchio gibt sein Vergehen zu und bereut es zutiefst. Petz schimpft die beiden tüchtig aus und verlangt, dass sie die Sache wieder in Ordnung bringen müssten, sonst gäbe es großen Ärger mit Thomas. Petz verlangt, dass Pinocchio einen seiner Knöpfe zur Reparatur des Gameboy hergibt, aber der Knopf ist zu klein. Ayşe weigert sich einen Knopf von ihrem neuen Kleid herzugeben, denn sie hat schon mit dem Abtrocknen ihren Beitrag geleistet. Alle sind ratlos. Petz kratzt sich am Ohr und bemerkt seinen Knopf im Ohr, der die richtige Größe hätte. Pinocchio bettelt ihn an, dass Petz den Knopf abgibt. Petz ist einverstanden, doch Pinocchio und die Wasserpistole müssen ihm versprechen keinen Blödsinn mehr zu machen, nicht zu lügen oder rumzuspritzen, was beide sofort hoch und heilig versprechen.

Der Knopf wird eingesetzt und der Gameboy wacht wieder auf. Alle helfen ihm beim Aufstehen.

Der Gameboy ist noch etwas benommen und will wissen, was passiert ist. Als er hört, dass ihn Pinocchio und die Wasserpistole kaputtgemacht hatten, schimpft er über die Dummheit der alten, nicht-elektronischen Spielsachen, aber diese protestieren heftig und geben ihm zu bedenken, dass sie es geschafft haben, ihn wieder zu reparieren. Der Gameboy will dies zunächst nicht glauben und fragt die Kinder. Schließlich muss er zugeben, dass auch die anderen Spielzeuge schlau sind und Ideen haben, nicht nur er. Petz schlägt dem Gameboy vor die Entschuldigung der Missetäter anzunehmen und sich zu vertragen. Gameboy überlegt zusammen mit den Kindern, ob er dem Vorschlag zustimmen soll. Als er einverstanden ist, geben sich alle als Zeichen der Freundschaft die Hand. Als die Spritzpistole vor Übermut doch wieder zu spritzen anfängt, bekommt sie von Petz eine strenge Ermahnung zu hören und wird an ihr Versprechen erinnert. Der Gameboy bemerkt, dass die Nacht fast um ist und dass Thomas und Petra sicher bald aufwachen werden. Deshalb müssen nun alle auf ihre Plätze. Petz und Ayşe verabschieden sich liebevoll voneinander.

Wenn sich alle still auf ihren Plätzen befinden, geht der Vorhang zu.

3. Szene

Alle Spielzeuge liegen nun wieder im Original auf der Bühne.

Thomas schreit, denn er hat einen Alptraum. Petra wird wach, weckt ihren Bruder auf und tröstet ihn. Thomas erzählt, dass in seinem Traum sein Gameboy kaputtgegangen sei. Schnell schaut er nach, ob sein Gameboy noch funktioniert. Er wundert sich, dass der Einschalt-Knopf so anders aussieht als vorher, kann sich dies aber nicht erklären. Thomas bereut, dass er am Abend vorher nicht nett zu seiner Schwester gewesen ist, und gibt ihr den Teddy ab, solange er nicht selbst mit ihm spielt. Außerdem nimmt er seinen Pinocchio auf und lässt ihn auf seinem Schoß sitzen, während er Gameboy spielt. Petra bemerkt einen nassen Fleck auf dem Boden und dass ihre Wasserpistole leer ist. Sie wundert sich, wie das passieren konnte. Außerdem entdeckt sie, dass dem Bären der Knopf im Ohr fehlt, der am Abend vorher noch da war. Während sie und ihr Bruder sich noch wundern und etwas ratlos sind, wie das vor sich gegangen sein könnte, ruft die Mutter die Kinder zum Frühstück, denn es ist bald Zeit, in die Schule und den Kindergarten zu gehen. Die beiden verabschieden sich von den Zuschauerkindern und gehen ab.

Nachspann:

Thomas und Petra, die Originalspielzeuge und ihre lebensgroßen Doppelgänger sitzen und stehen für einen Moment reglos auf der Bühne. Nach ein paar Sekunden werden alle aktiv, stellen sich in einer Reihe auf und verbeugen sich vor den Zuschauern.

Nacheinander tritt jede Mitspielerin nach vorne und verabschiedet sich auf für ihre Rolle charakteristische Weise.

Thomas: „Kleine Schwestern können manchmal ganz schön nerven und dann gibt es Streit, aber dann versöhnen wir uns auch wieder. Aber der Teddy gehört trotzdem mir, auch wenn ich sie damit spielen lasse."

Petra: „Das ist doch nett, dass mir der Thomas den Teddy leiht. Am allerliebsten spiele ich aber mit meiner Freundin Ayşe im Kindergarten. Geht ihr auch so gerne in den Kindergarten wie ich?"

Ayşe: „Habt ihr auch einen Freund oder eine Freundin, die ihr so gern habt wie ich den Bären und er mich?"

> Gameboy: Verabschiedet sich in verschiedenen Sprachen und probiert noch einmal aus, ob alle seine Knöpfe noch funktionieren.
> Pinocchio: Singt gemeinsam mit den Kindern das Pinocchio-Lied.
> Wasserpistole: „Ich soll ja nicht mehr spritzen, aber wenn ihr das wollt, dann mache ich euch ein bisschen nass, okay?
> Bär: „Hat euch das Theater auch gefallen? Wenn ja, dann klatscht doch noch mal!"
>
> **Ende**

Kostüme und Requisiten

Nachdem der Inhalt und Verlauf des Stückes feststanden, wurde eine Liste der Materialien, Requisiten und Kostüme erstellt, die bei der Generalprobe vollständig vorhanden sein sollten. Die Besorgung der Spielzeuge (Teddy, Puppe, Spritzpistole, Gameboy, Pinocchio) wurde geregelt und entsprechend dieser Originalvorlagen die Kostümierung der Figuren in Lebensgröße diskutiert.

Außerdem mussten zwei Kinderliegen organisiert und zwei Luftballons als Köpfe von Petra und Thomas gestaltet werden.

Das Bärenkostüm wurde aus dem Theaterfundus entliehen. Bei der Puppe handelte es sich um eine, wie sie in türkischen Läden verkauft wird, mit langem Spitzenkleid und Lockenhaar. Die Spielerin trug ein farblich abgestimmtes Verlobungskleid und band sich und der Puppe gleichfarbene Bänder ins Haar. Bei der Spritzpistole handelte es sich um ein Modell mit großem Wasserspeicher. Die Mitspielerin kleidete sich in den gleichen Farben, trug auf dem Kopf eine Bademütze und auf dem Rücken einen Spritzkanister, dessen Spritze mit einem Schlauch in der Hand gehalten wurde. Die Pinocchio-Spielerin trug wie die vorhandene hölzerne Figur eine grüne, kurze Hose, ein rotes T-Shirt mit goldenen Knöpfen, einen weißen Kragen und eine rote spitze Mütze. Die veränderliche Nase wurde aus einem gerollten Papierband hergestellt, das eingerollt auf der Nasenspitze saß, festgehalten mit feinem Gummiband, das nach vorne ausgezogen und wieder zusammengesteckt werden konnte. Die Gameboy-Spielerin trug einen mit grauer Folie bespannten Karton über dem Oberkörper, auf den die dem Original entsprechenden Knöpfe gemalt waren. Der An- und Ausschaltknopf war mit Goldfolie umwickelt und per Klettband befestigt.

Auf der Bühne sollten nur zwei Kinderliegen im Hintergrund zu sehen sein. Für den Gameboy, der in seinem Karton recht unbeweglich und steif war, wurde außerdem ein Stuhl aufgestellt, weil er sich nicht wie die anderen auf den Boden setzen konnte. Dies war die gesamte Ausstattung.

Zur Begrüßung der Zuschauer wurde ein Stempel mit Bärenmotiv besorgt.

Generalprobe

In der Woche vor der Premiere traf sich die Gruppe für zwei Stunden in dem Saal der späteren Aufführung. Alle Mitspielerinnen mussten anwesend sein und die in Auftrag gegebenen Besorgungen mitbringen. Nach einer gemeinsamen Rekonstruktion des Stückes entlang dem schriftlich festgehaltenen roten Faden wurde das Stück zweimal gespielt. Der erste Durchgang konnte für Korrekturen unterbrochen werden, der zweite stellte die eigentliche Generalprobe ohne Unterbrechungen dar.

Uraufführung

Die Premiere war um 10 Uhr angesetzt. Die Gruppe traf sich zwei Stunden vorher. Zunächst wurde die Bühne inspiziert und alle notwendigen Ausstattungsgegenstände an ihre Plätze gestellt. Die Spieler zogen sich um und dann wurde das Stück noch einmal im Ganzen, aber in Schnellversion durchgespielt.

Der Zuschauerraum wurde vorbereitet. Da der Saal zu groß war, stellte man vor die Bühnen einen Halbkreis aus Stühlen für die Erzieherinnen. In den dadurch entstandenen Innenraum setzten sich später die Kinder auf den Boden. So wurde gewährleistet, dass kein Kind zu weit von der Bühne entfernt saß oder zu sehr auf der Seite. Somit hatten alle Zuschauer günstige Voraussetzungen zu sehen und zu hören, was auf der Bühne geschah. Die Erwachsenen nahmen den Kindern nicht die Sicht weg und konnten sie auch leicht beaufsichtigen.

Alle Zuschauer wurden von der Theatergruppenleiterin an der Eingangstür begrüßt und bekamen einen Eintrittsstempel mit Bärenmotiv auf die Hand. Nach einem offiziellen Begrüßungsgespräch zwischen den zuschauenden Kindern und der Regisseurin öffnete sich der Vorhang zur Premiere.

Bewertung aus der Sicht der Kinder

Die Kinder waren neugierig und gespannt. Die Situation war für sie etwas Besonderes. Sie staunten, als die Spielzeuge lebensgroß und lebendig wurden. Durch die direkte Ansprache der Zuschauer durch die Mitspielerinnen entstand sofort ein Dialog. Die Kinder erkannten alle Spielzeuge wieder. Sie waren in der Lage, den Text und die Handlung mitzuverfolgen, riefen Kommentare und zeigten Betroffenheit, als der Gameboy kaputtgemacht wurde. Ein Kind weinte sogar, weil ihm der Gameboy so Leid tat. Bei der Suche nach einer Lösung schlugen die Kinder vor sich bei der Knopfsuche zu beteiligen. Sie haben sich empört, als der Gameboy die anderen Spielzeuge beleidigte. Die Kinder stellten sich auf die Seite der Guten, waren aber auch fasziniert, wenn Streiche gemacht wurden (z.B. Wasser spritzen). Schlimme Streiche gefielen ihnen aber nicht. Sie identifizierten sich stark mit allen Figuren und zeigten auch Mitgefühl für die Missetäter, als diese weinten, weil ihnen ihr Streich Leid tat.

Bei den Passagen in nichtdeutscher Sprache antworteten die betreffenden Kinder auf Fragen gleich in Türkisch oder Italienisch. Alle versuchten das Pinocchiolied in italienisch mitzusingen und klatschten im Takt.

Gesamtreflexion –
Was ist interkulturell an diesem Theaterprojekt?

Die Spielerinnen

Die Gruppe setzte sich aus Personen verschiedener Nationalitäten, Muttersprachen und kultureller Erfahrung zusammen .

Es beteiligten sich vier ausländische Fachkräfte (drei Türkinnen und eine Italienerin), die schon als Kleinkind, Jugendliche oder junge Erwachsene nach Deutschland gekommen waren. Außerdem spielte eine Erzieherin aus der ehemaligen DDR mit, die über russische Sprachkenntnisse verfügte. Die beiden anderen deutschen Erzieherinnen brachten mehrjährige Erfahrungen im Bereich der interkulturellen Arbeit im Kindergarten mit. Die Theatergruppenleiterin verfügte über Erfahrung in der Commedia dell'arte, brachte Sprachkenntnisse in mehreren Sprachen mit und hatte schon mehrfach im Ausland gearbeitet.

Die Sprache
Folgende Sprachen kamen in dem Theaterstück vor: Türkisch, Italienisch, Deutsch und etwas Russisch. Der Text der mehrsprachigen Mitspielerinnen wurde von ihnen in Sinnabschnitte eingeteilt, die zunächst in der Muttersprache gesprochen und dann in Deutsch wiederholt wurden. Dabei ging es nicht darum, wortwörtlich zu übersetzen, sondern sinngemäß zu wiederholen. Es wurden bewusst zuerst die Minderheitssprachen gesprochen, damit besonders die deutschsprachigen Kinder in eine Situation versetzt wurden, in denen sie die Worte nicht verstanden, sich den Inhalt aber entweder über die Gestik und Mimik erschließen konnten oder die Geduld aufbringen mussten bis die deutsche Wiederholung kam. Es wurde allerdings darauf geachtet, dass die Dialoge in beiden Sprachen nicht zu lang waren, damit es für die Kinder nicht zu langweilig wurde.

Kostüme, Figuren
Da Spielerinnen aus verschiedenen Ländern teilnahmen, versuchten wir auch typische Figuren mit einzubeziehen, wie z.B. Pinocchio, ein Held der italienischen Literatur und international bekannt. Es gibt Pinocchio-Filme, die in vielen Sprachen synchronisiert wurden. Ein Teil der Kinder, nicht nur italienische, kannten Pinocchio bereits aus Erzählungen oder vom Fernsehen. Als Pinocchio ein in Italien bekanntes Lied über sich sang, stimmten einige italienische Kinder gleich mit ein, andere begannen sofort rhythmisch zu klatschen.
Bei den anderen Rollen ist die Zuordnung zu einem bestimmten Land oder Kultur schwieriger, denn es handelt sich um Spielzeuge, die häufig vorkommen, weit verbreitet und international bekannt sind. Die Puppe Ayşe glich zwar einem in türkischen Geschäften viel verkauften Modell. Sie erinnerte aber stark an die viel verbreiteten Barbie-Puppen, die allen Kindern bekannt sind. Gerade die Puppenrolle, die mit traditionellen weiblichen Eigenschaften ausgestattet wurde und von emanzipierten Erzieherinnen und Müttern sehr umstritten und trotzdem bei den Kindern außerordentlich beliebt ist, hätte deshalb auch in jeder anderen Sprache und nicht nur in Türkisch-Deutsch gespielt werden können. Bei der Wasserpistole handelt es sich ebenfalls um ein seit langem international verkauftes Spielzeug in unterschiedlicher Ausführung, dessen Gebrauch nicht immer gerne gesehen wird, das die Kinder in der Regel aber kennen und mit Spaß benutzen. Für den Teddy gilt: Er ist weit verbreitet und bei allen Kindern als Kuscheltier beliebt.
Der Gameboy ist ein Produkt der modernen Elektronik und gehört schon zur zeitgenössischen Kinderkultur in Deutschland. Der Gameboy übt auf fast alle Kinder eine hohe Anziehungskraft aus und unterscheidet sich von den anderen Spielsachen insofern, als er elektronisch ist und weil immer nur ein Kind mit ihm spielen kann. Der Gameboy ist begehrt, aber in der Anschaffung teuer und deshalb noch nicht in jedem Haushalt zu finden.
Wir wollten mit diesen Spielzeugen zeigen, dass Kinder verschiedener Herkunftsländer nicht unbedingt mit verschiedenen Sachen spielen, sondern dass im

Gegenteil vieles ähnlich ist. Deshalb kann die Puppe oder auch die Wasserpistole Türkisch und Deutsch sprechen oder der Gameboy in mehreren Sprachen. Die Zuordnung der Sprachen zu den Spielfiguren hatte mehr mit der Rollenwahl der Mitspielerinnen, als mit der Figur selbst zu tun, mit Ausnahme von Pinocchio, der eindeutig in seiner Sprache festgelegt war.

Die Zuschauer
Das Theater wurde von Kindern unterschiedlichster Muttersprachen angesehen. Die größte Gruppe bestand aus deutsch-, italienisch- und türkischsprachigen Kindern. Es gab aber auch eine große Bandbreite sonstiger Sprachen, von Russisch, Arabisch, Serbo-Kroatisch bis hin zu Polnisch oder Koreanisch. Die Tatsache, dass die Mitspieler auf der Bühne zum Teil zweisprachig waren und sich öfter mit einem Teil der Kinder in ihrer Muttersprache unterhielt war nichts Ungewöhnliches. Am ehesten wunderten sich noch die deutschen Kinder, denn wenn sie die Vielfalt der Sprachen auch aus dem Kindergarten kennen, so ist es für sie beim Theaterspielen dennoch ungewohnt.
Die begleitenden Erzieherinnen und Eltern waren auch multikulturell gemischt und besonders Kolleginnen, die aus Russland ausgesiedelt waren, betonten nachdrücklich ihre Freude und Verwunderung darüber, auf der Bühne Russisch zu hören.

Handlung
Die multikulturelle bzw. universale Zusammensetzung der Figuren spiegelt die Realität im Leben der Kinder wider. Es wurde darauf verzichtet, explizit auf kulturelle oder sprachliche Unterschiede einzugehen. Sie wurden als selbstverständliche Tatsachen dargestellt. Die Themen und Konflikte, die auftauchten, waren allen Kindern vertraut. Da ging es um Geschwisterrivalität, Eifersucht, geärgert werden oder andere ärgern, etwas kaputtmachen, Schuldgefühle haben, sich schämen und Dinge abstreiten, sich versöhnen, etwas abgeben und teilen.
Wie die Figuren in dem Theaterstück, so reagieren auch Kinder. In den Charakteren konnten sie sich wiedererkennen, weil diese in all ihrer Unterschiedlichkeit kindgemäß angelegt waren. Was Kinder bewegt, was sie mögen und was nicht, wie sie sich gegenüber anderen verhalten, hat mehr mit ihrem Kindsein zu tun, als mit der Tatsache, dass sie verschiedenen Kulturen angehören.

Reaktionen der Mitspielerinnen und Zuschauer
Die Kinder und auch die zuschauenden Erwachsenen waren begeistert. Obwohl die Handlung meist auf einer fantastischen Ebene ablief, waren die Geschehnisse doch aus dem Leben der Kinder gegriffen. Das Stück bot den Zuschauern die Gelegenheit mitzureden und einbezogen zu sein mit den eigenen Erfahrungen. Der Verlauf des Stückes war aktionsreich und sprachlich nicht überladen, trotz zweisprachiger Szenen. Die Handlung konnte auch ohne große Sprachkenntnisse im Deutschen, Türkischen oder Italienischen mitverfolgt werden. Die Kinder waren vom Geschehen auf der Bühne fasziniert und gingen aktiv mit, indem sie offen auf Fragen der Mitspielerinnen reagierten und auch sonst nicht mit Kommentaren sparten. Nach der Vorstellung waren sie begierig darauf, die Schau-

spielerinnen und ihre Kostüme anzufassen, und stellten viele Fragen.

Die zuschauenden Erzieherinnen und Eltern äußerten sich ebenfalls positiv. Sie berichteten, dass manche Kinder noch Wochen nach der Vorstellung von dem Theater erzählten und ganze Passagen wiedergeben konnten. Die Erreichung unseres Zieles, mit dem Theater für interkulturelle Aktivitäten von Erzieherinnen zu werben und Interesse an interkultureller Arbeit zu wecken, haben wir insofern erreicht, als sich immer wieder neue Kolleginnen melden, die gerne beim Theater mitmachen möchten und die Mitarbeiterinnen, die schon einmal dabei waren, häufig in ihren Einrichtungen Theaterprojekte mit Kindern und Kolleginnen starten. Das zeigt auch, dass die Lust auf das Medium Theater ansteigt und der Mut, neue Formen zu experimentiere,n ebenfalls. Mit der Theatererfahrung fiel es gerade den etwas zurückhaltenderen Mitspielerinnen leichter, sich im Team oder vor größeren Gruppen, z.B. Elternversammlungen, zu äußern.

Für einige ausländische Kolleginnen bedeutete die Mitarbeit in der Theatergruppe einen wichtigen Beitrag, selbstbewusster zu werden und größere Anerkennung durch die Kolleginnen zu erfahren. Oftmals staunten sie selbst darüber, welches Talent in ihnen steckte.

10.3 Werkstattbericht: Musical in der Grundschule – Das Musical „… und jetzt bist du hier"

Das Musical „…und jetzt bist du hier" wurde von Künstlerinnen und Künstlern des Projekts Interkulturelle Kommunikation und Kunst „Morgen-Land" e.V. konzipiert. Wir stellen im Folgenden die Vorüberlegungen zu einem Projekt dar, dieses Musical an einer Grundschule aufzuführen und dokumentieren das Projekt. Die einleitende (auszugsweise) Wiedergabe der Spielidee stammt aus der Projektbeschreibung „und jetzt bist du hier" des Projekts Interkulturelle Kommunikation und Kunst „Morgen-Land" e.V.

Zur Spielidee
Kinder verschiedener Nationalitäten bzw. Kulturen finden sich in fantastischen Welten ein:
1. im Reich der Wasser,
2. in den Jagdgründen des Waldvolkes,
3. in den Weiten der Wüste,
4. im ewigen Eis,
5. im Schattenland der Unterirdischen,
6. in Gesellschaft der Sterne.

Die Bewohner eines jeden Reiches entwickeln gemeinsam eine neue, ihnen ureigene Identität und Lebensweise:
Sie gestalten ihre Behausung und Umgebung, kleiden, schminken, schmücken sich; es gibt landestypische Gebrauchsgegenstände und Arbeitsweisen, Lieblingsspeisen und Getränke; sie sprechen, schreiben, begrüßen und bewegen sich auf ihre Art; jede Welt hat ihren Duft und ihren Klang, eigene Instrumente und Lieder, Geschichte(n), Spiele und Feiertage. Was hier erwünscht, ist dort verboten.

Lebensgefühl, Eigenschaften, Stärken und Schwächen der Regionen und ihrer Bewohner unterscheiden sich wie Feuer und Eis, Licht und Dunkelheit, Wasser und Wüste – ganz zu schweigen von den Abenteuern, die hier und da zu bestehen sind.

Die internationalen Beziehungen gestalten sich kulinarisch bis spannend: Die Völker begegnen sich in unterschiedlichen Situationen und Zusammenhängen.

(…)

Den Ausgang der Geschichte bestimmen die Völker, je nachdem ob sie miteinander oder gegeneinander spielen, ob sie produktiv mit ihren jeweiligen Stärken und Schwächen umgehen. Wenn z.B. die Eiskönigin den Besuchern Böses will (sie einfriert), dann helfen die Wüstenbewohner (durch Auftauen). Gerät die Expedition in Seenot, dann lässt das Eisvolk das Wasser gefrieren.
(...)
Da es sich hier um fiktive Kulturen handelt, fällt es leichter, sich auf eine Auseinandersetzung mit der eigenen und anderen Lebensweisen einzulassen. Im Spiel können die Kinder eher Distanz bewahren bzw. entwickeln. Sie brauchen ihre individuellen, nationalen kulturellen Eigenheiten weder zu verteidigen noch zu behaupten. Sperren, Vorurteile, Ängste wie im realen Kulturvergleich kommen weniger zum Tragen.

Kreative Fantasie ist gefragt. Es macht Spaß, sich fantastische Welten auszudenken und sich in diesem Prozess sachkundig zu machen: Wissen über andere Kulturen zu erwerben, Hintergründe und Sozialisationszusammenhänge aufzudecken und zu durchschauen. Es macht Spaß, selbst Regeln und Normen des Zusammenlebens aufzustellen, auszuprobieren und wieder in Frage zu stellen. Es macht Mut, Verhältnisse als gestaltbar, veränderbar zu erfahren. Die Bereitschaft und die Fähigkeit, sich in andere Lebensweisen einzufühlen und die eigene zu relativieren, sich Konflikten zu stellen und diese engagiert auszutragen, sich Vorurteile einzugestehen, wachsen
(...)
– und damit nicht zuletzt das eigene Selbstbewusstsein (Ich-Identität).

Überlegungen zur Umsetzung

Die Spielidee lässt sich am besten in einem Projekt realisieren.
Die Mindestzahl von 40 Mitspielerinnen und Mitspielern weist darauf hin, dass eine genügend große Anzahl von Spielern vorhanden sein muss, um ein Volk zu bilden. Mindestens zwei Völker müssten gebildet werden können, um die Idee der Begegnung, des Kennenlernens, der Auseinandersetzung mit den anderen Identitäten, Normen und Werten ausleben zu können.
Das Projekt verträgt eine große Zahl von Kindern, je mehr Kinder desto mehr Völker können kreiert werden, macht aber auch eine große Anzahl an Betreuern und eine zeitgenaue Planung des Einsatzes der Künstler notwendig.
Entscheidend sind auch die Rahmenbedingungen: Wo soll das Musical aufgeführt werden, gibt es eine Bühne, wird eine Aufführung vor Publikum geplant? Das Konzept sieht vor, dass die verantwortlichen Pädagogen das Projekt selber durchführen – also ihre erzieherische Verantwortung behalten und ihre Kompetenz durch die Zusammenarbeit mit den Künstlern erweitern.

Fortbildung involviert

Darum sieht das Projekt im Vorfeld eine dreitägige Fortbildung der beteiligten Pädagogen vor, in der nach dem Prinzip „Learning by doing" interkulturelle pädagogische und kreative Kompetenz mit der konkreten Spielidee vermittelt wird. Die Fortbildung wird von Künstlerinnen und Künstlern aus den Bereichen Musik, Tanz, Theater und Gestaltung des Morgen-Land-Projektes durchgeführt. Während der Fortbildung erhalten die an der Durchführung des Projektes interessierten Pädagogen Material , das Anregungen gibt
– zur Identitätsbildung der Völker,
– zur sinnlich-praktischen Umsetzung kultureller Identität in den Bereiche Musik, Tanz, Theater, Gestaltung, Kulinarisches,

– zur Gestaltung/Organisation des Projekt-/Spielverlaufs in mehreren Varianten.
Das Materialpaket umfasst einen Anleitungsteil mit didaktisch-methodischen Überlegungen, Notenmaterial, Rezepten, Spiel-, Tanz- und Gestaltungsvorlagen, Arbeitsblätter für die Schüler und Schülerinnen, Beispiele aus Projekten, eine Musikkassette mit Liedern, Playbacks und Atmos zu den unterschiedlichen Reichen bzw. Klangwelten.

Während der Durchführung des Projektes ist vorgesehen, dass die Künstler immer dann präsent sind, wenn ihre besondere Kompetenz gefragt ist. Der Spielprozess soll innerhalb einer Woche gestaltet werden, er kann aber durchaus mehr Zeit vertragen. Je mehr Zeit zur Verfügung steht, umso mehr können die Kinder selbst gestalten.

Eine Einbeziehung von Eltern und anderen Institutionen im Stadtteil (z.B. Nähkreise) ist wünschenswert.

Die Künstler legen für die Projektphase einen Projektplan vor, der Zeiten der Erarbeitung mit den Pädagogen im Gruppenverband und mit den Künstlern bezogen auf die Erfahrungsbereiche Tanz, Theater, Musik und Gestaltung präzise in 45-Minuten-Zeiteinheiten festlegt. Je mehr Gruppen/Völker beteiligt sind, umso komplizierter ist der Projektplan und zwingt alle Beteiligten zu seiner genauen Einhaltung.

Die Erarbeitung des Musicals erfolgt in zwei Spielphasen: Die Lebensweise der einzelnen Völker wird zunächst erarbeitet, gefolgt von der Begegnung der Völker.

Einmal am Tag sollten alle am Spiel Beteiligten zusammenkommen und sich gegenseitig den Fortlauf ihrer Arbeit präsentieren.

Der Abschluss des Projektes ist in der Regel eine Aufführung des Musicals, aber auch Spielfeste und Mitmachaktionen sind denkbar.

Bericht zur Umsetzung: Ein Ich-Du-Wir-Gefühl

Die Teilnehmer

Es bewarb sich die Grundschule Rosenhügel aus Gladbeck um das Musical. Das Kollegium hatte sich vorgenommen, die nächste pädagogische Konferenz und die Projektwoche zum Thema „Gewalt und Aggression an der Grundschule" durchzuführen.

„Wir hatten vor, zu diesem Thema mit unseren Kindern zu arbeiten, z.B. mit sozialem Lernen, Gesprächen, Spielen, verschiedenen Wahrnehmungsübungen, mit meditativen Übungen wie Tanz und Bewegung etc. Ziel dieser intensiven Beschäftigung mit den Kindern sollte es sein, Wege zu finden, gewaltfrei(er) mit anderen Kindern umzugehen und innerhalb der Klassengemeinschaft und der Schulgemeinde ein ‚Ich-Du-Wir-Gefühl' zu entwickeln." *(Bärbel Sump, Konrektorin der Grundschule)*

Die Schule mit 200 Schülerinnen und Schülern, davon 55 ausländischer Herkunft, und 10 Lehrerinnen und Lehrer machten sich in der Projektwoche im November daran, das Musical unter dem Motto „Miteinander leben" zu erarbeiten. Sie wurden dabei unterstützt durch den Pastor der benachbarten evangelischen Gemeinde, der die Rolle des Spielleiters übernehmen wollte. Vom Projekt Morgen-Land

e. V. kamen eine Musikerin und Projektleiterin, eine Tänzerin, eine Schauspielerin und ein Musiker. Zwei Mitarbeiterinnen der RAA Gladbeck vervollständigten das Team. Die Lehrerinnen und Lehrer hatten sich gut auf die Projektwoche vorbereitet. Sie hatten zwei Konferenzen zur Vorbereitung durchgeführt.

Die Zielsetzungen und Erwartungen der Lehrer und Lehrerinnen
„Wir versprachen uns von der Beteiligung an diesem Projekt vor allem, dass zusätzlich zu unseren Zielsetzungen/Durchführungen/Ideen/Fähigkeiten von den mitwirkenden freien Künstlern vollkommen andere Fähigkeiten (Tanz, Musik, Theater) einfließen würden. Wir hofften zusammen mit den Kindern einmal vollkommen andere Erfahrungen mit Lehrenden, die sich außerhalb von Schule bewegten und andere Erfahrungen mit Kindern gemacht haben als wir, zu sammeln und uns von ihnen ergänzen und anregen zu lassen. Im Laufe der Entwicklung und Planung dieser Projektwoche merkten wir, dass wir mit einer Woche nicht auskommen würden, wollten wir doch unseren hohen sozialen und kreativen Anspruch an dieses Thema auch erfüllt sehen. Wir beschlossen also die Identifikation mit den Einzellebewesen im Volk und des gesamten Volkes als eine in sich stimmige Welt mit all ihrer Geschichte, ihren Sitten und Gebräuchen etc. schon in der Woche vor der eigentlichen Projektwoche zu entwickeln. Das erwies sich auch als der richtige Weg, da die Zeit mit den entsprechenden Künstlern recht knapp bemessen war und viele verschiedene Dinge erst in der 2. Projektwoche geregelt werden mussten, z.B. Einüben der Tänze und Lieder für die Aufführung, Anfertigung der Kostüme, Einkaufen von Materialien, Ausgestaltung der Räume, das Leben im Volk, Üben der Aufstellung, des Einzugs, Einrichtung der Technik etc.
Auch wollten wir die Aufführung am letzten Tag der Woche noch mit einer Öffnung aller Welten (sprich Klassen) für die Eltern verbinden, damit auch die sich ein Bild von dem machen konnten, was während dieser beiden Wochen in der Klasse ihres Kindes gelaufen war, sodass wir auch den Ausfall des „normalen" Unterrichts rechtfertigen konnten." (*Bärbel Sump*)

Die Identität der Völker
Es entstanden sieben verschiedene Völker:
Das Feuervolk (1b) und das Maschinenvolk (3a) bildeten eine Einheit, denn das eine kam ohne das andere nicht aus. Die 1a wurde zum Sternenvolk, die 2 b zum Waldvolk, die 2 und 2 c taten sich zusammen und wurden ein großes Volk aus der Unterwasserwelt. Die 3 b wurde zum Eisvolk, die 4 a wurde zu den Außerirdischen und die 4 b zu den Unterirdischen.
Jedes Volk erarbeitete seine Identität und seine Welt in der eigenen Klasse. Das Eisvolk dokumentierte seine Arbeit aus der „Vorprojektwoche":
„Die Wände der Klasse tapezieren wir mit riesigen Papierbögen, die wir mit Eiskristallen und Eisbergen bemalen.
Die Fenster schmücken wir mit weißen Papiersternen (Eiskristallen) und Wattebällchenketten (Schneeflockenketten).
Wir bereiten unsere Eiskostüme vor, malen weißblaue Eisblumen auf blaue Plastikmüllsäcke.

Wir tragen Tücher und Musikkassetten zusammen, um einen Eistanz einzuüben.
Wir malen Eisbären und Pinguine auf die Wandtafeln.
Wir leihen uns Sachbücher zum Thema ‚Eis' aus.
Wir räumen Tische und Bänke aus dem Klassenzimmer und bauen zwei kleine Iglus und ein Familienzelt auf.
Wir bereiten unsere ‚Volksdecke' vor. Jeder Schüler bemalt ein kopfkissengroßes Stück Stoff und schneidet rundherum große Zacken heraus.
Wir bauen ein Iglu aus Styroporplatten.
Wir legen einen ‚zugefrorenen See' an."

Als die eigentliche Projektwoche begann, waren die Reiche der verschiedenen Völker schon weitestgehend fertig gestaltet, und mit der Gestaltung waren die Kinder schon einen Schritt weit in ihre neuen Rollen hineingewachsen.

Mit Beginn der Projektwoche kamen die Künstlerinnen und Künstler, der Pastor und die weiteren Helfer zur Unterstützung. Der Pastor übernahm die Rolle des Expeditionsleiters Prof. Hagenbrumm, die Schauspielerin die der Sekretärin. Die beiden entwickelten in der morgendlichen gemeinsamen Einstiegs- und der mittäglichen Ausstiegsphase mit den Kindern und alle Künstler in der anschließenden täglichen Nachbereitung mit den Lehrerinnen und Lehrern die Rahmengeschichte des Musicals. Die Künstlerinnen und Künstler übten mit den verschiedenen Gruppen Tänze, Bewegungen, Klangwelten und Songs. Die Lehrerinnen und Lehrer arbeiteten mit ihren Völkern weiter an ihrer Identität und ihren Besonderheiten, ihren Lebensweisen und Fähigkeiten, wozu der folgende Fragenkatalog hilfreich war.

Erarbeitet folgende Fragen gemeinsam!

1. Wie sprecht ihr? (schnell, langsam, hoch, tief, hastig, schrill etc.)
2. Wie steht ihr, sitzt und schlaft ihr?
3. Wie lange gibt es euer Volk schon? Entwerft die Geschichte eures Volkes.
4. Was für eine Staatsform gibt es? (Monarchie, habt ihr einen König, oder eine Demokratie, gibt es Parteien?)
5. Was für Gesetze gibt es beim Eisvolk? (Die goldenen Regeln)
6. Welche Berufe gibt es in eurem Land?
7. Entwerft eure Kostüme!
8. Wovon lebt euer Volk?
9. Wie und wo lebt euer Volk (Behausung)?
10. Was liebt ihr besonders gerne? (Essen, Kino, Spiele, u.a.)
11. Was mögt ihr überhaupt nicht?
12. Welche Tiere gibt es in eurem Reich?
13. Was sind die größten Gefahren eures Reiches?
14. Wer sind die größten Feinde eures Reiches?
15. Wovor habt ihr am meisten Angst?
16. Was sind die Stärken eures Volkes? Was könnt ihr am besten?

17. Was sind eure Schwächen?
18. Die wichtigsten Charaktereigenschaften eures Volkes!
19. Was für Fortbewegungsmittel habt ihr?
20. Wie verhaltet ihr euch Fremden und Unbekannten gegenüber?
21. Was findet euer Volk total witzig, lustig, komisch?
(entnommen aus dem Lehrermaterial „Schauspiel" der Gruppe Morgen-Land e.V.)

Das Eisvolk erarbeitete seine goldenen Regeln, die erkennen lassen, wie nah die neue Identität der eigenen sozial erwünschten entspricht:
1. Achtet fremdes Eigentum!
2. Die Eisbewohner sollen verständnisvoll miteinander umgehen!
3. Kleine Kinder finden Betreuung im Kindergarten!
4. Große Kinder gehen in die Schule!
5. Zum Kennenlernen fremder Völker werden mit ihnen Feste gefeiert.

Kinder im Grundschulalter haben es schwer, in eine völlig neue Identität zu schlüpfen, und so mussten die Lehrer immer wieder von der eigenen auf die neue Identität übergehen. So erarbeiten sie Identitätsaspekte des türkischen, des deutschen und des Eisvolks.
Neben den Festtagen des Eisvolkes berücksichtigte ein von den Kindern gestalteter Kalender die Feiertage der Deutschen und der Türken.

Mit der Musikerin erarbeiten die Kinder ihr Eisvolklied:
*„Wir decken die Stadt,
wir decken den Wald
mit schneeweißen Flocken.
Dann wird ihn'n nicht kalt.
In unseren Iglus ist es gemütlich
und warm,
kommst du mal verfroren
vom Schlittschuhfahr'n.
Im Winter,
im Winter,
zur Winterszeit!*

*Bei Geschichten und çay
geht der Winter vorbei.
Es taut und kracht!
Der Frühling erwacht.
Und kitzelt die Sonne
den Schneemann am Bauch.
Zieht aus eure Mützen,
die Handschuhe auch.
Der Sommer,
der Sommer,
der Sommer kommt."*

Die Rahmengeschichte, die alle Völker vereinte, entstand im Laufe der Projektwoche:

Auf dem Planeten Tumultanus ist das Chaos ausgebrochen. Der Planet ist in Not. Prof. Hagenbrumm und seine Sekretärin versuchen sein Geschick positiv zu beeinflussen. Dazu brauchen sie die Hilfe der Völker. Das Musical erhält seinen Namen: „Rettet Tumultanus" und es entsteht ein die Völker einendes Lied: „Tumultanus in Not".
„Heute erfahren wir von dem Professor Hagenbrumm und seiner Sekretärin, dass das Volk ‚Tumultanus', ein Volk der Außerirdischen, in Not geraten ist. Alle Völker werden dringend um Hilfe gebeten. Professor Hagenbrumm bereist die fremden Länder, um nach dem Fortschritt ihrer Hilfsprogramme zu sehen.
Wir, das Eisvolk, überlegen angestrengt und suchen nach Lösungen. Kurz entschließen wir uns – nach Befragen der Eisgötter – einen wunderschönen Eiskristall mit Zauberkraft zu suchen. Es ist ein Kristall, der einen einzigen Wunsch erfüllen kann. Und wirklich, wir finden ihn und sägen ihn vorsichtig aus einer Eisscholle aus." (Aus der Dokumentation der Klasse 3 b, das Eisvolk)

Ablauf und Bewertung
von Bärbel Sump (Konrektorin)

Bedenken
Einige Kolleginnen hatten bereits in der ersten Woche Bedenken, ob denn all das, was man sich vorgenommen hatte, und alle unsere Zielsetzungen, auch zum Thema „Gewalt" etc., erfüllt würden; ob es denn tatsächlich eine aufführbare Demonstration der Arbeit in den Klassen geben könnte und ob die stark vermehrte Arbeit während dieser beiden Wochen aller Kolleginnen und Kollegen noch verhältnismäßig zum erreichten Ergebnis sei.
Ängste und Fragen kamen auf, wie: Wir blamieren uns mit der Aufführung! Wir haben noch so viel zusätzliches Geld da hineingesteckt, hoffentlich lohnt es sich. Hatten die Kinder wirklich was davon? Verhalten sie sich denn tatsächlich gewaltfreier? Wo haben wir denn Gemeinschaft erlebt? Ein Ich-Du-Wir-Gefühl?

Verwirklichung
Und dann klappte doch alles gut:
– durch die intensive Vorbereitung aller Welten in den einzelnen Klassen in der ersten Woche,
– durch den großen und vermehrten Arbeitsaufwand, die pädagogischen und künstlerischen Fähigkeiten/Ideen/Erfahrungen aller Beteiligten (Mehrarbeit der Lehrer am Nachmittag, ihre kreativen Ideen und Begabungen, professioneller Einsatz der Künstler, Hilfe der Eltern, Freude und Begeisterung der Kinder, kreative Leistungen anderer Helfer, z.B. Prof. Hagenbrumm, dargestellt durch den Gemeindepastor F. Millrath),
– durch die täglichen Zusammenkünfte aller Beteiligten vor und nach dem „Unterricht",

- durch die enorme Motivation und den Spaß an der Musik und der Darbietung aller Teilnehmer,
- durch die Erfindung einer wunderschönen Fantasiegeschichte: „Rettet Tumultanus" und vieler zauberhafter Ideen (z.B. Geschenke, Kostüme, Beigaben) der einzelnen Welten.

Gedanken nach der Aufführung
Wir alle hatten das Gefühl, ein wichtiger Teil eines Ganzen zu sein, jedes Kind, jede Lehrerin, jeder Lehrer, jede Künstlerin und jeder Künstler. Wir gehörten am Ende der Aufführung alle zu einer Gemeinschaft, zu einer Schule. Wir hatten gemeinsam an der gleichen Idee gearbeitet, auch wenn jeder was anderes gemacht und oft alleine mit seinen Kindern in der Klasse gearbeitet hatte. Wir haben am gleichen Strang gezogen und haben vieles von dem erreicht, was wir erreichen wollten und gehofft haben. Das wichtigste erreichte Ergebnis war wohl, dass wir gemeinsame Lieder und Tänze hatten und noch haben, Gemeinsamkeit in der Gruppe und in der Schule erlebt haben, miteinander gegessen, gespielt und gelebt haben, Rücksicht auf das andere Kind genommen, Regeln eingehalten haben und ohne Streit und Zank ausgekommen sind.

Nachbereitung und Nachwirkungen
Besonders am Montag nach der Aufführung, aber auch noch Wochen danach klangen die Lieder und die Musik nach, Kinder sangen und tanzten immer wieder, auch die Musik der anderen Gruppen. Die Aufführung hatte ihre tiefen Spuren bei den Kindern hinterlassen. In einigen Klassen wurden auch noch Texte erarbeitet, Erfahrungen schriftlich ausgetauscht, Besuche gemacht in den anderen Reichen. Inzwischen sind die Fotos entwickelt und nachbestellt, einige Projekthefte oder -bücher sind entstanden, in den Klassen und auf den Fluren zeugen noch immer viele Überbleibsel von diesen kreativen und musikalischen Projektwochen.

Resümee: Die Lust auf das gemeinsame Spiel der großen Vielfalt

Den Lehrern und den Künstlern ist es gelungen, über das Spiel der Einübung und Präsentation anderer Identitäten ein großes Gefühl der Gemeinsamkeit aller Beteiligten herzustellen. Neugierde auf die anderen stellte sich im Laufe der Erarbeitung des Musicals ein. Dazu verhalf auch das organisatorische Hilfsmittel mit der täglichen gemeinsamen Ein- und Ausstiegsphase. Waren ganz zu Anfang der Projektwoche noch Rivalitäten und Konkurrenz spürbar – eine Grundstimmung, die die Lehrer wohl zu einem Projekt gegen Gewalt und Ausgrenzung veranlasst hatte –, verloren sich diese Gefühle bald und es dominierte die Lust auf das gemeinsame Spiel der großen Vielfalt.
Es wurde darauf verzichtet, dass die Völker nur sich selber darstellten, sondern die Rahmenhandlung bewirkte, dass alle für einen guten Zweck zusammentrugen, was das einzelne Volk an Positivem zu bieten hatte. Dies setzte eine intensive Arbeit in der jeweiligen Gruppe voraus – motivierte für den Prozess der Besinnung auf eine Identität, auf Regeln, Besonderheiten und Eigenheiten, eine

Abstraktionsleistung, die im Kindesalter nicht selbstverständlich ist. Durch das Zusammentragen lernten die Kinder die Identitäten der anderen von ihnen ganz verschiedenen als positive Werte kennen. Das Musical erlaubte mit weniger traditionellen und stereotypen Rollen zu experimentieren. Im Musical ging es um die Suche nach etwas, um die Überwindung von Hindernissen, um sichere und unsichere Welten, um Bekanntes und Unbekanntes.
Kinder versuchen durch das Spiel Konflikte aus dem größeren gesellschaftlichen Zusammenhang auszuleben und auch zu lösen. (Cohen, Philip: Verbotene Spiele. Argument. Hamburg, 1995, S. 92)
Ein spielerischer Zugang dieser Art befreit von Vorurteilen und Bewertungen, von Ausgrenzungen des Alltags. Die spielerische Erfahrung von Fremdheit in einer Ausgangssituation, in der alle gleich sind, befreit von Minderwertigkeits- und Angstgefühlen. So werden Voraussetzungen für die Ziele interkulturellen Lernens geschaffen, die Selbstbewusstsein für die positive Identifikation mit der eigenen Gruppe schafft, und die Fähigkeit aufbauen, auf andere eingehen und Ambiguitäten ertragen zu können.
Die Lehrer wählten den Lernweg über das Bekannte zum Neuen – und nutzten diesen Prozess für Selbsterfahrung und interkulturelle Kommunikation. Die Kinder ausländischer Herkunft in den Klassen konnten durch das Einbringen ihrer eigenen Identität und das spielerische Kennenlernen einer neuen Identität, das wiederum multikulturelle Realitäten widerspiegelt, erfahren, dass man **ohne Angst verschieden sein kann** (Adorno).
Die Konzentration des Projektes auf den überschaubaren Zeitrahmen zweier Projektwochen erlaubte die Einbeziehung von Eltern und des Gemeindepfarrers als Helfer und Impulsgeber.
Die Lehrer profitierten von der Zusammenarbeit mit den Künstlern, die durch ihren Ideenreichtum und ihre Angebote den affektiven Zugang zum Lernen erleichterten. Die Künstler dienten als positive Identifikationspersonen (z.B. die Tänzerin), oder verstanden es, mithilfe der Musik, Bewegung und Tanz die Kinder zu lustbetontem Lernen zu verführen. Ganz deutlich wurde aber auch die besondere Kompetenz der Grundschullehrerinnen und -lehrer, Kinder dazu anzuleiten, das Schulleben kreativ zu gestalten. Die optische Vielfalt der Völker und ihrer Reiche waren Augenschmaus und Beweis dieser oft übersehenen Fähigkeit der Lehrerinnen und Lehrer, die damit das optisch wahrnehmbare Schulleben in der Primarstufe prägen und Schülerinnen und Schülern kreative Bildungsangebote vermitteln.
Im Schulalltag dominiert oft die Methode der Aufklärung, auch in Bezug auf interkulturelle Erziehung. Lehrer und Lehrerinnen vermitteln Fakten über Migration, über Gründe für Wohnungsnot und Arbeitsplatzmangel, mit der Intention, gegen Vorurteile gegenüber Minderheiten anzugehen. Die Aufklärungsstrategie verkennt, wie sehr rassistische Sprüche, vermittelt über die Alltags- und Massenkultur, zur Erklärung allgemeiner Notlagen dienen und wie hilflos sich der aufklärerische Impetus geriert. Ebenso unwirksam ist der Zugang, Schülerinnen und Schüler andere Kulturen durch Feste oder Demonstrationen von positiven Bildern erleben zu lassen. Zu festgefahren erscheinen Alltagserklärungen und Fantasien in Bezug auf die Fremden, als dass sie mithilfe von positiven Bildern,

Festen und Aufklärung verändert werden können. (*Siehe auch Cohen 1995, S. 98 f.*)

Im Musical „Reise durch unbekannte Welten" wurde den Kindern ohne moralischen Zeigefinger oder Hinweise auf erwünschte Lernergebnisse ermöglicht, ihre gelebten Erfahrungen in das Erarbeiten einer neuen Identität einzubringen. Sie konnten erfahren, dass es eine Pluralität von Lebensweisen gibt. Sie konnten Neugier auf Anderes entwickeln. Vielleicht ist es ihnen aufgrund dieser Lernerfahrung sogar in Zukunft möglich, unvermeidliche Widersprüche im alltäglichen Miteinander reflektieren zu können. Vielleicht waren die Wochen zur Erarbeitung des Musicals für die 200 Schülerinnen und Schüler der Grundschule Rosenhügel kleine Schritte auf dem Weg zu einem besseren gegenseitigen Verständnis.

10.4 Werkstattbericht: Erproben von Identität durch Theaterspielen

10.4.1 Ungestört, unbeachtet – die Suche nach dem Ich

„Immer wieder passiert mir, dass ich nicht sein darf, wer ich wirklich bin", plötzlich brach es aus Ümit heraus. Ihre Freundinnen schauten sie erstaunt an. Gerade noch hatten sie sie gehänselt: „Ümit ist behindert. Ümit ist lieb." Und meinten: Ümit hat keine eigene Meinung. „Ich werde noch verrückt, wenn ich alles schlucke, was mich bedrückt. Wenn ich mit euch zusammen bin, bin ich überhaupt nicht ‚Ich' ", sagte Ümit jetzt.

Ümit, ihre türkische Landsmännin Zehra und sechs deutsche Mitschülerinnen aus dem zehnten Jahrgang einer Gesamtschule spielten seit einigen Wochen Theater – Szenen aus ihrem Leben: zunächst erzählt, dann im Rollenspiel nachempfunden, schließlich als Szene aufgeschrieben, in der die Aussage durch Reduktion auf das Wesentliche herausgearbeitet wurde.

Es gab eine Theater-AG im Wahlpflichtbereich, geleitet von einer Lehrerin, aber das Nachspielen fertiger Theaterstücke interessierte die Schülerinnen nicht – es war ganz offensichtlich, dass sie das Medium des Theaterspiels nutzen wollten, um die eigene Realität spielerisch aufzuarbeiten. Die Animateurin kam von außerhalb der Schule, aus der örtlichen Regionalen Arbeitsstelle zur Förderung ausländischer Kinder und Jugendlicher (RAA). Die Theatergruppe sollte zwar an der Schule stattfinden, aber in ihrer Freizeit am Freitagnachmittag, wenn kaum mehr ein Schüler oder Lehrer anwesend war. Sie wollten ganz unter sich sein, ungestört, unbeachtet …

„Ich" zu sein, wie Ümit es formuliert hatte, Identität zu haben, heißt zu wissen, wer man ist, auch wie andere einen sehen und einschätzen, Klarheit zu verspüren, wohin man gehört. In der Jugendzeit vermitteln die Interaktionen mit verschiedenen sozialen Partnern viele neue Bilder von einem selbst, die zu immer neuen Identitäten umgeschmolzen, erprobt, verworfen oder vorläufig angenommen werden. Identität muss sich bewähren, soll sich zur Ich-Identität prägen, die Einheitlichkeit und Kontinuität der Persönlichkeit vermittelt. Das ich-identische Individuum fühlt sich mit sich im Reinen, weiß, wer es ist, wohin es gehört, wohin es gehen wird.

Eltern und Pädagogen scheinen bei der Suche der Jugendlichen zu sich selber eher zu stören als zu helfen, weil sie dazu tendieren, zu massiv zu intervenieren, der Suche die Richtung geben zu wollen. Jugendliche brauchen viel Zeit und Gelegenheit, viele neue Bilder von sich selbst zu erproben. Theaterspiel ermöglicht es, Krisen, die sich bei der Suche nach Identität einstellen, nachzuspielen. Theaterspielen sollte also die Funktion einer Art therapeutischer Situation erhalten. Auf das spontane Rollenspiel würde die systematische Erarbeitung einer Szene folgen und eine Analyse der Situation nach sich ziehen. Das Theaterspiel sollte also dabei helfen, zu erkennen, dass sich die Suche nach Identität nicht im gesellschaftlichen Niemandsland abspielt, sondern die Erwartungen anderer widerspiegelt, mit denen man sich im Medium Theater spielerisch auseinander setzen kann.

10.4.2 Die Rolle der Animateurin

Theaterspielen ermöglicht, die Realität auf der Probebühne nachzustellen, Misserfolge im Spiel zu verschmerzen, frei von Kritik eine neue Rolle auszuprobieren. Die Agierenden können sich mehr Klarheit über das Wesen des Zusammenspiels verschaffen, über Stärken und Schwächen der Partner, über Dominanz und Rückzug, über die Chance eigene Vorstellungen ins Spiel bringen zu können.

Zur Rolle des Animateurs – im Unterschied zum Begriff des Regisseurs, der mehr vorgibt und gestaltet – gehört sicherlich die Ermutigung derjenigen, die sich schwer tun ihr persönliches Bild von sich und der Welt ins Spiel bringen zu können, aber genauso brauchen die Angehörigen der Mehrheit die Gelegenheit sich bemerkbar zu machen, denn auch sie haben Zweifel und Fragen, die sie bearbeiten wollen. Spannungen und Widersprüche sollen erlebt, Spielräume ausprobiert werden, um divergierende Erwartungen ausbalancieren zu können.

In dem nachfolgend geschilderten Rollenspiel geht es zwar auch um Techniken des Theaterspielens, die der Animateur an die Spieler weitergibt, denn schließlich soll am Ende eine Szenenfolge mit dem Anspruch des Künstlerischen stehen, aber die Bearbeitung widmet sich zuallererst dem therapeutischen Prozess der Identitätssuche. Das kann bedeuten, dass das Erspielen der Szenen sehr viel Zeit beansprucht – in unserem Fall etwa zwei Jahre, ehe wir uns mit der Aufführung einer Szenenfolge in die Öffentlichkeit wagten.

Die Mädchen sollten voneinander lernen können, die ausländischen Mädchen andere Entwürfe und Interpretationen ins Spiel bringen und somit ein interkultureller Lernprozess ausgelöst werden. Die Animation sollte sich der Wertung und der Richtungsweisung enthalten. Lösungen sollten sie in der Auseinandersetzung unter sich finden und jeder für sich akzeptieren.

Die Gruppe begann mit Gesprächen, Reminiszensen, Rekapitulationen. Einen breiten Raum nahmen Sexthemen ein, die, während sie die selbst gewählte Zurückhaltung der Animateurin auf die Probe stellten, für die Sechzehnjährigen eine wichtige Rolle spielten. Die erste Szene entstand, von der die Animateurin insgeheim hoffte, dass sie nie zur Aufführung würde kommen müssen. In ihrer Härte und Kompromisslosigkeit erschreckte sie die ausgeklammerte Pädagogin, reizte sie gar zum Abbruch des Experiments, zumal sie fürchtete, dass sich die türkischen Mädchen angesichts der sexualradikalen Aufarbeitung einer auf dem Schulhof erlebten Situation aus der Gruppe zurückziehen würden.

Die Geschichte ist kurz erzählt: Petra und Michael mögen sich, trauen sich aber nicht sich gegenseitig ihre Zuneigung zu zeigen. Die Gruppe der Mitschüler macht sich auf Kosten der beiden einen brutalen Spaß, der Petra und Michael auseinander statt zusammen bringt.
Auszug aus dem Dialog:

Machse an!
Packse!
Hol en raus!
Fickse!
Das brauchse!

Jemand steckt Michael eine brennende Zigarette in die Hosentasche:

Damit du Feuer fängst!
Michael zu Petra: Du, Petra.
Petra: Ja, Michael. Was ist?
Die anderen: Komm zur Sache!
Michael: Du, Petra! Ich, ich wollte, will mit dir reden!
Die Anderen: Scheiße reden!
Petra wird nervös: Was ist hier eigentlich los?
Michael leise: Kümmere dich nicht um die. Ich will doch mit dir reden.
Die anderen: Mann, ficken willstese!
Petra giftig: Ich aber nicht.
etc.

10.4.3   Die Erwartungen der anderen als Verhaltensdruck

Die Geduld der Animateurin sollte sich auszahlen. Als die Schülerinnen nach dieser Szene über die Chance des Einzelnen sprachen, seine Interpretation der Situation trotz übelster Beeinflussung durch andere ins Spiel bringen zu können, hatte Ümit den Mut, ihr Problem mit der Gruppe auszusprechen: „Wenn ich mit euch zusammen bin, bin ich überhaupt nicht ich. Ich darf nicht sein, wer ich wirklich bin!" Und sie entwarf eine Szene, der sie den Titel gab:

Die Geburtstagseinladung der Schulfreundinnen

Drei Schulfreundinnen sitzen zusammen und unterhalten sich.

Sabine sagt beiläufig:	Was machen wir denn nun am Samstag. Selma, du kommst doch jetzt auch, ne?!
Selma (sehr verschreckt):	Ja, weißt du ... (sie stottert) wir fahren am Samstag weg, ich weiß nicht ...

Sabine (dazwischen):	Ist doch nicht schlimm. Du kannst ja noch später kommen.
Selma (stotternd, verwirrt):	Das geht aber nicht. Das wird so knapp mit der Zeit. ich glaube nicht, dass das hinhaut. Wir fahren, glaube ich, nach Dortmund.
Sabine (ziemlich eingeschnappt):	Wenn du keinen Bock hast, dann sag das doch gleich!
Selma (erschrocken):	Nein, nein, so ist das nicht.
Sabine:	Ja, dann sag mir doch einen Grund. Warum du nicht kommen willst oder kannst.
Selma:	Meine Mutter, eh, wir kriegen noch Besuch, und da muss ich meiner Mutter helfen. (flehend) Sei nicht böse. Bitte, das geht wirklich nicht.
Christiane (mischt sich ein):	Du musst deiner Mutter aber verdammt oft helfen. Eigentlich immer, wenn wir was zusammen machen wollen.
Selma:	Aber wir kriegen doch auch oft Besuch, und da …
Sabine (fährt dazwischen):	Und außerdem hatten wir das alles schon besprochen. Mein Vater wollte dich abholen und du kannst auch bei uns übernachten. Dann braucht dich nachts keiner abzuholen. Ist doch kein Problem.
Christiane:	Und eigentlich wollten wir doch auch alles zusammen so schön vorbereiten. Was wollten wir denn noch mal zu essen machen?
Sabine:	Also Selma, jetzt macht keinen Scheiß. Ist doch klar: Du kommst! Meine Mutter kann ja auch bei euch noch mal anrufen.
Selma:	Nein, nein, das geht nicht. Ich meine, lieber nicht. Bitte, versteh mich doch, ich kann leider nicht kommen.
Sabine und Christiane sind eingeschnappt:	Ist o.k. Ist schon gut. Alles klar.

Selma geht unschlüssig, sehr hilflos ab.

Sabine (wütend):	Jetzt ist aber echt Schluss. Jetzt lad ich die nicht mehr ein. Ich hab doch keinen Bock, der ewig in den Arsch zu kriechen.
Christiane:	Ist ja scheißegal. Vergiss es. Was kaufen wir denn nun Samstag ein?

(Diese Szene ist schon einmal um den Schluss gekürzt als Übung 18 im Konflikttraining im 8. Kapitel abgedruckt; sofern Sie sie dort bearbeitet haben, ziehen Sie Ihre dortigen Ergebnisse vergleichend heran.)

Der Umgang mit Interaktionspartnern erlaubt zwar jedem einzelnen Individuum seine eigene Interpretation der Situation, aber es ist die Frage, ob es seine Interpretation der Situation erfolgreich anbringen kann, wenn die der Partner total abweicht. Das Komplizierte an Interaktionen ist ja, dass meine Partner, indem sie mit mir umgehen, ihre Sichtweise von mir an mich herantragen, sozusagen die soziale Identität, die Identität, die von außen an mich herangetragen wird und von der meine Partner erwarten, dass ich ihr entspreche. Vermag ich ihrer Sichtweise aber nicht zu entsprechen, werde ich meine Bezugspartner enttäuschen, jedenfalls nicht zufriedenstellen. Gesetzt den Fall, ich werde sie auf Dauer enttäuschen, werden sie mit Sicherheit das Miteinanderumgehen mit mir aufgeben, vielleicht werde ich sogar von ihnen als abweichend gegenüber den Erwartungen ihrer Gruppe beschrieben, möglicherweise schließlich als Außenseiter abgestempelt. Eine Situation, die sich in der obigen Theaterszene widerspiegelt.

In der Konfrontation der Mitschülerinnen mit dieser Situation, die sich tatsächlich in der Vergangenheit immer wieder so oder ähnlich abgespielt hatte, gelang es Ümit endlich, ihre Freundinnen zum Nachdenken zu bringen. Plötzlich fragten sie sich zum ersten Mal, warum Ümit ihren Erwartungen nicht entsprochen hatte. Erst jetzt vermochte Ümit ihre eigene Interpretation der Situation ins Spiel zu bringen und zu erklären, dass die anderen Regeln, die ihre Familie setzte, ihr nicht erlaubt hatten, die Einladung anzunehmen, weil die Familie dem Umgang mit den anderen misstraute, die sich so viel freier bewegen durften, eine Freiheit, die sie ihrer Tochter aus Angst vor Ehrverlust nie würden gestatten können.

10.4.4 Die Dominanz der Mehrheit verwehrt das Einbringen der Sichtweise der Minderheit

Die Animateurin lenkte die Aufmerksamkeit der Mitspielerinnen auf das Wesen der Interaktion zwischen Mehrheit und Minderheit, die in ihrem Dominanzgebaren der Minderheit die Chance verwehrt, die eigene Definition der Situation anzubringen. Den Mitspielerinnen fiel es wie Schuppen von den Augen. Wie sollte man es schaffen, angesichts widersprüchlicher sozialer Erwartungen mit sich selbst identisch zu werden? „Du müsstest lernen, den wahren Grund für dein Verhalten, das uns im Augenblick nicht einleuchten will, zu erklären", forderten sie die Freundin auf. „Ohne Ausflüchte sind die Widersprüche vielleicht leichter zu ertragen, weil du sie dir selber bewusst machst, indem du sie ins Spiel bringst."

Das Theaterspielen, das Erspielen von Situationen, half beim Bewusstwerden der widersprüchlichen Erwartungen und der eigenen Reaktion darauf, es half auch dabei, in der Analyse neue Verhaltensmuster zu erwägen.

Sollte es Ümit in Zukunft gelingen, nicht länger Ausflüchte zu finden, sondern den Grund für ihr Verhalten zu erklären, wäre sie auf dem Weg zu einer stabilen Ich-Identität, die ihr gestatten wird eher mit zukünftigen Widersprüchen fertig zu werden. Beim Aufbau einer stabilen Ich-Identität geht es ja um das Ausbalancieren der persönlichen und der sozialen Identität. Nur wenn ich meine persönliche Auffassung meiner Identität ins Spiel bringen kann und sie mit der Sichtweise meiner Partner konfrontiere, also ihr Bild von meiner Person mit meinem eigenen spiegele und in Einklang bringe, gelingt der Aufbau des Mit-mir-identisch-Seins.

Wie schwer dieser Prozess ist, wurde allen Mädchen durch folgende Szene bewusst, die Zehra ins Spiel brachte und mit der sich alle identifizieren konnten. Alle Mädchen erkannten sich in ihr wieder, weil sie eine alltägliche Konfrontation in der Familie abbildete, die alle auf ähnliche Weise erlebt hatten. Sie nannten die Szene

Mutter und Tochter: Du bist nicht so, wie ich es will

Streit zwischen Mutter und Tochter:

Mutter:	Gib das Handtuch her!
Tochter:	Warum, ich hab mir nur meine Haare damit abgetrocknet!
Mutter:	Das Handtuch muss in die Wäsche, es ist dreckig.
Tochter:	Nein, ich hab es gerade aus dem Schrank geholt. Hab mir nur die Haare damit abgetrocknet.
Mutter:	Es ist dreckig! Sieh dich an! Sieh dir dein Inneres an und dann weißt Du, wie das Handtuch aussieht!

Mutter und Tochter wechseln die Stellung. Das Folgende muss statisch, marionettenhaft wirken. Die Mutter hält sich eine Maske vor das Gesicht, die ein Gipsabdruck des Gesichtes der Tochter ist. Daher wirkt sie starr und unbeweglich – und ist doch sichtbar der Tochter ähnlich. Die Tochter steht vor ihr, etwas unterhalb, sodass das starre Gesicht der Mutter über der Tochter schwebt:

Mutter:	Ich möchte, dass du anders bist.
Tochter:	Mama!
Mutter:	Deine Pflanzen müssen weg, sie machen dich krank. Du kannst nicht 50 Pflanzen in deinem Zimmer halten.
Tochter:	Mama, die sind doch ein Stück von mir.
Mutter:	Ich mag auch deine Bilder nicht. Sie machen mir Angst.
Tochter:	Aber sie sind doch ein Stück von mir.
Mutter:	Du rauchst so viel. Immer Kippen, immer Gestank. Du musst dich nach uns richten.
Tochter:	Ihr raucht doch auch.
Mutter:	Und was du anhast. Lumpenweib. Warum bist du nicht wie andere?
Tochter:	Ich will nicht sein wie andere. Oder bin ich ein Stück Holz, das ihr zu Papier verarbeiten könnt?
Mutter:	Und deine Freunde! Eine Schande!
Tochter:	Wollt Ihr mir alles nehmen?
Mutter:	Und wo du dich rumtreibst. Wann du nach Hause kommst. So ein Kind wollen wir nicht.

Tochter:	Ich bin aber euer Kind.
Mutter:	Du bist so kalt. Du denkst nur an dich.
Tochter:	Ich bin deine Tochter.
Mutter:	Warum bist du nicht wie alle!
Tochter (schreiend):	Ich will ich sein!

Das Thema der widersprüchlichen Erwartungen nahm einen breiten Raum ein. Obwohl Ümit und Zehra zu den „modernen" Türkinnen gehörten, konnten sie ihren Mitschülerinnen während des Spiels verdeutlichen, dass auch sie Restriktionen unterschiedlicher kultureller Vorstellungen unterworfen sind, divergierenden Erwartungen, die sie ausjonglieren müssen. Zehra gab Einsicht in ihre zwei Welten. Es entstand die Szene

Zwei Ichs
Die Mädchen kommen in einer Gruppe aus der Schule, überqueren die Bühne von links nach rechts und bleiben dann so stehen, dass das türkische Mädchen im Halbprofil zum Publikum links von den anderen Mädchen steht, die anderen gruppieren sich halbmondförmig um sie herum, zur rechten Seite öffnet sich der Kreis, sodass man vom Zuschauerraum in den Kreis hineinschauen kann. Während des Gehens unterhalten sich die Schülerinnen, Zigarette rauchend.

S.:	Scheiß Schule, keine Lust mehr, immer das Gleiche, Scheiß Englischarbeit.
Schülerin A:	Kann mir einer bei Englisch helfen?
Schülerin B:	Ja, mal sehen, morgen, vielleicht.
Schülerin C.:	Warum machen wir Englisch nicht alle zusammen?
Schülerin A.:	Ja prima, morgen bei mir.
Schülerin D.:	A propos Englisch, hat einer von euch Rocky Horror gesehen?

Das türkische Mädchen (flippt aus):
„Ja, Rocky Horror, die absolute Härte. Der Brad, absolut super der Typ, wie der da rein kam, mit den Haaren und seiner Nase. Der stand da einfach und sagte nur: Hi, und die anderen kamen da überhaupt nicht mehr mit. Die Janet sagte einfach auch nur: Hi (ganz schüchtern) Und dann der Brad: (Sie nimmt die Hand von D., schüttelt sie ekstatisch und schreit wahnsinnig exaltiert) Hi!"

In diesem Moment nähert sich von links ein türkischer Junge der Gruppe, das türkische Mädchen sieht ihn, drückt der Schülerin A. die Zigarette in die Hand, ruft eindringlich: „Nimm mal" und versucht, hinter der Gruppe zu verschwinden. Inzwischen ist der türkische Junge bei der Gruppe angekommen und sagt laut:

Türkischer Junge:„Merhaba, Zehra. Ne yapıyorsun orada!" und geht weiter.

Das türkische Mädchen (geht hinter der Gruppe nach links ab und ruft leise mit verwirrter Stimme den anderen zu): „Also machts gut, ich muss nach Hause."

Die anderen (schauen ihr verständnislos nach und sagen):
„Was ist denn mit der los?" „Was ist denn jetzt passiert?"
Achselzuckend gehen sie nach rechts von der Bühne ab.

Kurze Zeit später erscheint das türkische Mädchen. Geht langsam mit sehr ernstem Gesicht bis zur Mitte. Schaut direkt in den Zuschauerraum wie in einen Spiegel, nimmt den Schal, den sie um den Hals geschlungen hat, ab und bindet ihn zum Kopftuch – dabei starr in den Zuschauerraum blickend. Dann wendet sie sich abrupt ab und geht raschen Schrittes mit gesenktem Kopf nach rechts ab.

Kommentar zum Spiel
Um nicht als Türkin stigmatisiert zu werden, wagte Zehra nicht in den Interaktionsprozess einzubringen, was ihre bisherige Identität ausmacht. Als „Deutschländerin" entfremdete sie sich immer mehr ihren eigenen Landsleuten, der Elterngeneration, deren Ablehnung sie zu spüren bekam. Ein junger Mensch, der in unterschiedlichen Wertesystemen lebt, divergierenden Erwartungen ausgesetzt ist, benötigt Hilfen bei der Bewältigung der unumgänglichen Identitätskonflikte. Die Theaterszenen machen deutlich, dass sowohl deutsche als auch ausländische Schüler die Fähigkeit der Distanz zu ihrer eigenen Rolle erwerben müssen. Distanz von der eigenen Biografie und den Erwartungen der anderen macht frei zum Ausprobieren anderer Verhaltensweisen, ohne dass die eigene Rolle dabei ganz aufgegeben werden muss.
Theaterspiel ist auch geeignet, eine weitere Fähigkeit zu entwickeln, die verhindert, dass der Interaktionspartner überfordert wird: Empathie, die Fähigkeit des sich Hineinversetzens in die Rolle des jeweils anderen. Empathie ist Voraussetzung für interkulturelles Lernen und geht wieder alle an, die an dem Prozess beteiligt sind. Das Sich-in-den-anderen-Hineinversetzen ist der erste Schritt zu einem besseren Verständnis, ohne dass man notwendigerweise die Rolle des anderen übernehmen muss. Der Interaktionspartner Lehrer oder Spielleiter oder Animateur spielt als „interkultureller Bildungshelfer" eine wichtige Rolle, indem er ein Voneinanderlernen initiiert. Theaterspielen in nondirektiver, selbstbestimmter Weise bildet Wirklichkeit ab und erlaubt gleichzeitig eine bewusstere Reflexion alltäglichen Handelns.

10.4.5 Die Eigenreflexion des Pädagogen
Interkulturelle Erziehung steht in der Gefahr, auf Kosten der Minderheit zu gehen, und zwar dann, wenn sie immer wieder als Beispiel und als Ziel des Lernprozesses angeführt wird. Am interkulturellen Lernprozess müssen alle teilhaben: der Pädagoge selber, die ausländischen und die deutschen Schülerinnen und Schüler und ihre Eltern. Interkulturelle Erziehung soll sich an der Lebenswelt aller orientieren, denn alle können voneinander lernen. Die Animateurin der Theatergruppe musste sich immer wieder in Erinnerung rufen, ihre eigenen Erwartungen und ihr eigenes Verhalten zu reflektieren: Das Einbringen von Erwartungen an den jeweils anderen und auch das Ziehen von Erkenntnissen aufgrund der Analyse, die das Theaterspielen im Gegensatz zu normalen Alltagsinteraktionen ermöglichen, muss auf Gegenseitigkeit beruhen. Es wäre genauso

fatal, sich nur den „armen türkischen Mädchen" zuzuwenden, an deren Schicksal alle teilzuhaben haben, wie die deutschen Mädchen als Muster für emanzipatorische Lösungsbeispiele heranzuziehen. Weder das eine noch das andere entspricht der Realität. Mädchen türkischer Herkunft können eine große Stärke entwickeln, von der die anderen profitieren; deutsche Mädchen können genau wie ihre ausländischen Freunde und Freundinnen in Identitätskrisen stecken. Der Pädagoge oder Animateur selber muss, genau wie die Jugendlichen, beständig seine Fähigkeit auf den Prüfstand stellen, andere auch ganz anders sein lassen zu können. Es geht nicht um die Beurteilung vor der Folie der eigenen Werte, sondern um den Versuch, andere Lebensäußerungen verstehen zu lernen – dies umso mehr in der Arbeit mit Jugendlichen in der Phase der Identitätssuche, da sie Bevormundung durch Eltern und Pädagogen zur Genüge erfahren, ihren Weg aber selbstbestimmt finden wollen. Darum muss sich der begleitende Pädagoge auch auf ihre Themen einlassen.

LITERATURVERZEICHNIS ZU KAPITEL 10

BATZ, M./SCHROTH, H.: Theater zwischen Tür und Angel, Handbuch für freies Theater, rororo, Hamburg 1983

BOAL, A.: Theater der Unterdrückten, Übungen für Schauspieler und Nichtschauspieler, edition suhrkamp, Frankfurt 1989, Neue Folge Band 361

KRENZER, R.: Wir spielen Theater, Band 1. Für Kinder von 3 bis 10 Jahren, Edition Kemper im Verlag Kaufmann 1986

MÜLLER, W.: Körpererfahrung und Commedia dell'arte, Eine Einführung für Schauspieler, Laienspieler und Jugendgruppen, Pfeiffer, München, 1984

Projektbeschreibung „und jetzt bist du hier…" des Projektes Interkulturelle Kommunikation und Kunst „Morgen-Land" e.V.

SPRINGER, Monika: Gestalteter Raum gegen Gleichgültigkeit und Feindseligkeit. In: gemeinsam 16/1993, Beltz-Verlag, Weinheim

SPRINGER, Monika: Künstlerische Projekte an multikulturellen Schulen. RAA (Hg.), 1996

SPRINGER, Monika: Theaterspiel, um die die eigene Realität aufzuarbeiten. In: Bildungsarbeit in der Zweitsprache Deutsch, Heft 2/1992

THIESSEN, P.: Drauflosspieltheater, Ein Spiel- und Ideenbuch für Kindergruppen, Hort, Schule, Jugendarbeit und Erwachsenenbildung, Beltz, Weinheim und Basel 1990

Teil III:
Konzepte zum Erwerb interkultureller Kompetenz

In diesem letzten Teil des Buches werden drei Modellprojekte für verschiedene Arbeitsfelder der Aus- und der Fortbildung vorgestellt.

Eine interkulturelle Grundqualifikation, wie sie in den in diesem Buch vorgelegten Ausführungen dargelegt ist, wird in der traditionellen sozialpädagogischen Ausbildung im Regelfall nicht vermittelt.
Diese Behauptung stützt sich auf mehrere Faktoren, die im 11. Kapitel zunächst skizziert werden sollen, um dann im weiteren Verlauf dieses Kapitels auf konzeptionelle Veränderungsmöglichkeiten im Rahmen der herkömmlichen Ausbildung einzugehen. Darin ist die Darstellung einer Modellsituation einbezogen: Vorgestellt wird das Modell interkultureller Erziehung als integrativer Bestandteil in der Erzieherausbildung am Sophie-Scholl-Berufskolleg in Duisburg. Das Konzept zeichnet sich u.a. dadurch aus, dass eine Vernetzung im Stadtteil erfolgt. Ferner gehört an dieser Schule ein Auslandspraktikum zur Ausbildung.

So wünschenswert es ist, interkulturelle Erziehung zum verbindlichen Aspekt der sozialpädagogischen Ausbildung zu machen – eine Veränderung der vorhandenen Praxis lässt sich nur bewirken, wenn sich die heute in der Arbeit stehende Generation der Erzieher/innen und Sozialpädagogen dem Thema öffnet. Pädagogisches Engagement für eine interkulturelle Erziehung muss sich deshalb auch und gerade der Fortbildung zuwenden.
Im 12. Kapitel wird ein Fortbildungskonzept für deutsche und ausländische Mitarbeiter/innen in Kindertagesstätten vorgestellt. Dieser Modellkurs „Europe Active" des Projekts „Interkulturelle Pädagogik im Elementarbereich" (IPE) wurde in Trägerschaft des Vereins „European Centre for Community Education" (ECCE) entwickelt. Das Projekt umfasst neben Informationsveranstaltungen, Seminaren und Arbeitskreisen auch konkrete Beratung bis hin zur individuellen Hilfe. Die in Modulen aufgebauten Seminare lassen sich auch mit einem Zertifikat abschließen.
Im 13. Kapitel schließt sich die Darstellung eines Aus- und Fortbildungskonzept an, das von den Regionalen Arbeitsstellen zur Förderung zugewanderter Kinder und Jugendlicher (RAA) entwickelt wurde. Diese in mehreren Bundesländern existierenden Stellen werden in NRW durch eine Hauptstelle in Essen koordiniert, wo der Arbeitskreis „Interkulturelle Erziehung im Elementar- und Primarbereich" (IKEEP) der nordrhein-westfälischen Arbeitsstellen dieses Ang ebot erarbeitet hat. Es besteht aus mehreren Bausteinen, zur Aus- und Fortbildung, die für die interkulturelle Bildung relevant sind. Sie sind in Modulen ausdifferenziert und geben Anregungen für eine Umsetzung in Fachschulen und durch Träger, die Fortbildung für Erzieherinnen vor Ort organisieren

11. Interkulturelle Erziehung in der Erzieherausbildung

11.1 Kritische Betrachtung der Erzieherausbildung im Hinblick auf interkulturelles Lernen

Bedingungsgefüge in der Ausbildung

In der schulischen Ausbildung herrscht in aller Regel eine Unterrichtsstruktur vor, die es verhindert, dass Lerninhalte kognitiver Natur mit solchen affektiven und sozialen Charakters miteinander vermittelt werden können. Als besonders problematisch erweist sich im Zusammenhang des interkulturellen Lernens die Zerstückelung der thematischen Einheiten in einzelne Unterrichtsstunden. Interkulturelle Erziehung erfordert jedoch länger andauernde, selbstreflexiv angelegte Lernprozesse *(vgl. Hinz-Rommel)*. Notwendig sind darüber hinaus offene Unterrichtsformen, die Raum geben für autonomes Handeln und Erproben gewaltfreier Kommunikation *(vgl. die Übungen im 8. Kapitel)*. Hierbei muss die strukturierende und vorgebende Lehrperson im Hintergrund bleiben, damit eine soziale Begegnung der Lernenden ermöglicht werden kann.

Die schulische Ausbildung zur Erzieherin/zum Erzieher, bietet auch deshalb keine wirksame Unterstützung und Förderung interkultureller Lernprozesse, weil sie keine hinreichende Hilfe bei der Identitätsfindung anbietet, sondern aufgrund von Konkurrenzsituationen, Leistungsdruck etc. eher zu Ängsten als zur Persönlichkeitsstärkung der Auszubildenden beiträgt. Vorurteile, Stereotypisierungen, rassistisches Denken und Handeln stehen aber häufig im Zusammenhang mit einer schwach ausgebildeten Identität, was im Jugendalter besonders stark zum Tragen kommt *(vgl. 7. Kapitel und Abschnitt 9.2)*.

Auszubildende als Persönlichkeit annehmen

Voraussetzung für interkulturelles Lernen ist die Erfahrung von Schülerinnen, und Schülern, selbst als Persönlichkeit angenommen und akzeptiert zu werden sowie in der sozialen Gruppe ohne Anpassungszwang integriert zu sein. Dies bedeutet für die pädagogische Ausbildung, dass nicht nur in erster Linie die verbalen und kognitiven Fähigkeiten Anerkennung finden dürfen, sondern Angebote geschaffen werden müssen, bei denen die Person als Ganzes sich darstellen kann. Unterrichtseinheiten zu einem interkulturellen Themenaspekt, z.B. über Asylproblematik, in einem im Stundenplan isolierten Fach vermittelt, führen meistens nicht zu dem erwarteten Erfolg, weil sie im herkömmlichen schulischen Alltag von Schülerinnen wie „normaler" Unterrichtsstoff eingestuft und gehandhabt werden, den man zu „pauken" hat, weil er abgefragt und benotet wird.

Herstellen größerer Zusammenhänge

Solche Themenaspekte müssten deshalb in einen größeren Zusammenhang gestellt und mit einer Handlungsorientierung verknüpft werden, z.B. Durchführung von Übungseinheiten in einem Asylbewerberheim, Literaturcafé, Erkundung „Sporthallen statt Spielhallen". Solches Lernen in Handlungszusammenhängen scheitert häufig an fehlenden organisatorischen Rahmenbedingungen, weil die zu beteiligenden Unterrichtsfächer scheinbar beliebig über die ganze Woche verteilt liegen und damit eine Verlagerung des Lernprozesses an den „Lernort Praxis" zeitlich unmöglich gemacht wird.

Eine Reformierung der traditionellen Erzieherausbildung von der traditionellen Unterrichtsstruktur hin zu einem erfahrungsbezogenen oder handlungsorientierten Unterricht (z.B. Projektunterrichts, vgl. dazu die neue Prüfungsordnung in NW) führt jedoch nicht zwangsläufig zu einer Aufhebung oder Verringerung der strukturellen Benachteiligung von Schülerinnen und Schülern ausländischer Herkunft. Diese Schüler/innen haben aufgrund der vorwiegend sprachlichen Ausrichtung der Wissensvermittlung sowie der Lernerfolgsüberprüfung (Klausuren, Referate, Berichte etc.) von vorneherein geringere Chancen, sich darzustellen, als Schüler/innen mit deutscher Muttersprache.

Würde Erzieherausbildung inhaltlich die interkulturelle Thematik stärker einbeziehen, so sähen Schüler/innen ausländischer Herkunft sich mit ihrer individuellen Problematik wahrgenommen und entwickelten Sebstbewusstsein, ihre Identität einzubringen und darzustellen.

In der Schule ist in der Regel ein großes Repertoire an kultureller Vielfalt vorhanden. Zählt man die Nationalitäten an einer Schule, kommt man oft zu überraschenden Ergebnissen. In den Unterrichtsfächern jedoch spielen die kulturellen und sozialen Erfahrungen der Schüler/innen ausländischer Herkunft gewöhnlich keine entsprechende Rolle. Hier einige Beispiele mit Bezug auf die Richtlinien der Unterrichtsfächer: Im Fach Religion ist lehrplanmäßig die Begegnung mit anderen Religionen angesiedelt, dies geschieht im Unterricht meist nur theoretisch-abstrakt. Für den Deutschunterricht stehen in der Regel deutsche Schriftsteller und deren Werke im Lehrplan; die umfangreiche Migrantenkultur wird selten zum Gegenstand des Unterrichts gemacht. Im Fach Erziehungswissenschaften (je nach Land Pädagogik/Psychologie) werden die Besonderheiten der Erziehungssysteme (Normen der Erziehung, Methoden, etc.) in anderen kulturellen Kontexten, wenn überhaupt, nur am Rande erörtert. Im Umfeld der zur Ernährungslehre gehörenden Fächer (je nach Land unterschiedlich) sind Besonderheiten anderer „Küchen" (Art der Zubereitung, der Zutaten, der hygienischen Vorstellungen etc.) kaum planmäßig Gegenstand des Unterrichts. Um die große Chance, die sich durch die vielen Nationalitäten an einer Schule ergeben, im Sinne des interkulturellen Lernens zu ergreifen, müsste der herkömmliche Unterricht sich nicht nur thematisch, sondern auch methodisch verändern. Andere Kulturen müssen sinnlich erfahrbar werden, z.B. durch Besuch von Moscheen, durch Benutzung ausländischer Musikinstrumente, durch Erprobung anderer Materialien und künstlerischer Stilrichtungen im Fach Kunst.

Vorhandene kulturelle Vielfalt nutzen

Um mehr soziale und affektive Lernprozesse in Gang zu setzen, müsste in den Ausbildungen stärker eine gezielte Begegnung von ausländischen und deutschen Schülern initiiert werden. Wird die multikulturelle Mischung einer Lerngruppe als Belastung eingestuft, so können die Chancen des Austausches und der Sensibilisierung nicht genutzt werden (z.B. gemeinsame Selbstdarstellung, visueller Ausdruck der kulturellen Vielfalt durch entsprechende Raumgestaltung, Festgestaltung, Solidaritätsaktionen gegen Diskriminierungen etc).

Interkulturelle Begegnungen initiieren

Voraussetzung für diesen Umdenkungsprozess ist jedoch auch die Herausbildung eines interkulturellen Bewusstseins bei den Lehrerinnen und Lehrern. Denn interkulturelle Zielsetzungen müssen sich im Alltag der Schule und im täglichen Schüler-Lehrer-Verhältnis selbstverständlich etablieren, sonst bleiben sie einer Feiertagsdidaktik überlassen und gehen im pädagogischen Alltag unter. Deshalb müssten die Kollegien sich über den Begriff der interkulturellen Erzie-

Notwendig: Bewusstsein für das Thema

hung Klarheit verschaffen und Zielsetzungen diskutieren und abstimmen. Entsprechende Fortbildungen sollten institutionenübergreifend (Teilnehmerinnen aus Praxiseinrichtungen, Lehrer, Behördenmitarbeiter etc.) angelegt sein, um dem Konzept der Schulöffnung von vornherein gerecht zu werden. Schulintern muss ein Kollege/eine Kollegin entlastet werden für die spezielle Aufgabe der Förderung von entsprechenden Aktivitäten (vielerorts gibt es die ausdrückliche Forderung nach internationalen Begegnungen und ganzheitlichen Lernangeboten, so zum Beispiel in NW im Runderlass des KM vom 16.6.87 über Jugendarbeit an Berufsbildenden Schulen).

Warnung vor unabsichtlicher Benachteiligung

Schulisches Lernen rückt seiner Struktur nach Individualität, Eigenverantwortlichkeit und Subjektivität in den Mittelpunkt. Entsprechende Leistungen werden gefordert und honoriert. Der kulturelle Hintergrund der ausländischen Schülerinnen betont demgegenüber häufig die soziale Bezugsgruppe (Familienorientierung) vor der Selbstverwirklichung des Individuums. Dieser kulturelle Unterschied findet in der Schule keine Berücksichtigung (vgl. beispielsweise zum Raum- und Zeitkonzept in Abschnitt 6.1). Um Benachteiligungen zu vermeiden, muss aufgrund der unterschiedlichen Kulturstandards den sozialen, emotionalen und affektiven Bedürfnissen und Fähigkeiten mehr Raum und Anerkennung zugebilligt werden. Zum Beispiel könnten im Unterricht nonverbale Methoden einen größeren Stellenwert erhalten (Erkunden, Spielen, Gestalten).

Fremde Kulturen anerkennen

Bei der Forderung nach Beseitigung von struktureller Benachteiligung sollte jedoch beachtet werden, dass es nicht zu einer offensichtlichen Bevorzugung schon Schüler/innen ausländischer Herkunft kommt, was einer „positiven Diskriminierung" gleich käme und neue Probleme mit sich brächte.

Die schulische Ausbildung muss sich den interkulturellen Problemen insgesamt öffnen, d.h. über die innerschulische Öffnung (bildungsgangsübergreifend, nationalitätenübergreifend) hinaus auch außerschulische Lernorte aufsuchen und außerschulische Experten hinzuziehen (z.B. Asylbewerber). Stichworte hierzu sind: Stadtteilorientiertes Lernen, Schulöffnung, Schule als kulturelles Stadtteilzentrum. Auf diesen Aspekt werden wir im Folgenden noch näher eingehen.

11.2 Interkulturelle Erziehung als integrativer Bestandteil in der Erzieherausbildung des Sophie-Scholl-Berufskollegs

11.2.1 Einbindung des interkulturellen Erziehungsgedankens in das Schulprogramm

Beispiel einer konkreten Schule

Im Folgenden beziehen wir uns auf die Erzieherausbildung am Sophie-Scholl-Berufskolleg in Duisburg. Das Konzept stammt in seinen Ursprüngen noch aus der Phase, als diese berufliche Schule als Kollegschule einen Ausbildungsgang bis zur 14. Jahrgangsstufe hatte. Nach der Überführung ins schulische Regelsystem als Berufskolleg mussten einige organisatorische Veränderungen erfolgen, während das Konzept an sich aber beibehalten werden konnte. Wir möchten an diesem Beispiel verdeutlichen, welche Möglichkeiten für interkulturelle Erziehung im Rahmen einer berufsbildenden „Bündelschule" gegeben sind.

Das Sophie-Scholl-Berufskolleg ist im Stadtteil sehr zentral gelegen und pflegt auf vielen Ebenen eine Öffnung hin zu Institutionen in der Nachbarschaft und zum Stadtteil insgesamt. Diese Kooperation und der Austausch mit anderen Institutionen ist ein konzeptioneller Bestandteil des Schulprogramms. Der Ansatz der Schulöffnung bezieht in einem Stadtteil mit einem überdurchschnittlich hohen Ausländeranteil die interkulturellen Probleme selbstverständlich mit ein.

Vernetzung der Schule im Stadtteil

Im Stadtteil sind Pädagoginnen in sehr unterschiedlichen Institutionen tätig und sollten im Zusammenhang des interkulturellen Lernens die gleichen pädagogischen Ziele verfolgen, sodass es nahe liegt, dass die sozialen und pädagogischen Institutionen ihre Kräfte bündeln und sich vernetzen. Hier ein Beispiel: Insbesondere den weiblichen Jugendlichen ausländischer Herkunft ist es häufig nicht möglich, Freizeitangebote wahrzunehmen. Verbieten die Eltern türkischen Mädchen auch häufig den Zutritt zu Freizeitheimen, so gilt diese Einschränkung nicht für den Bewegungsraum Schule. Aufgrund dessen halten diese Schülerinnen sich häufig auch nachmittags so lange wie nur möglich auf dem Schulgelände auf. Eine Freizeitpädagogik innerhalb der Schule würde jedoch die Möglichkeiten der Lehrkräfte sprengen, sodass eine Kooperation mit der benachbarten Arbeiterwohlfahrt zur Einrichtung eines Schülerclubs auf dem Schulgelände führte. Dieser Treffpunkt ist Anlaufstelle für Schülerinnen und Schüler aus allen Bildungsgängen, die von Schülerinnen ohne Ausbildungsvertrag bis hin zu doppeltqualifizierenden Ausbildungen mit allgemeiner Hochschulreife reicht, von Kosmetikerinnen über Erzieher bis hin zu Köchen und Fleischereifachverkäuferinnen.

Schule als Lebensraum öffnen

Im Schülerclub wird die Trennung zwischen schulischem und außerschulischem Lernen und den entsprechenden Experten („Schulpädagogen", „Sozialpädagogen", „Vorschulpädagogen", „Sonderpädagogen" etc.) überwunden. Eine Vorschulpädagogin türkischer Herkunft koordiniert gemeinsam mit der Schülervertretung (SV), engagierten Schüler/innen und einem Sozialarbeiter eines Wohlfahrtsträgers (in diesem Fall der AWO) die interkulturelle Arbeit des Schülerclubs. Das Engagement beschränkt sich nicht nur auf den Kreativbereich und die Anregung von Eigenaktivität bei den Clubbesucher/innen, z.B. Theatergruppe, Märchengruppe, Musik-Band, der Club fungiert auch unweigerlich als Anlaufstelle für schulische und persönliche Belange. In solchen Fällen werden die Kooperationspartner im Stadtteil zwecks Rat und Hilfe in Lebens- oder Ausbildungsfragen angesprochen (z.B. streetworker, Rechtsberatung).

Trennung zu Außerschulischem überwinden

Ein weiterer Aspekt des Schulöffnungsprogramms ist die Tatsache, dass Schule materielle (z.B. räumliche) und personelle Ressourcen zur Verfügung stellt und ein kulturelles und soziales Netzwerk zwischen Ethnien, sozialen Gruppen, Altersgruppen, Fachleuten, Institutionen, „Maßnahmen" etc. knüpft. Z.B. ist der „Lernort Studio" des Sophie-Scholl-Berufskollegs als Angebot an Bewohner des Stadtteils oder Schülerinnen anderer Schulen zu verstehen, die vorhandenen Mittel im Kreativbereich zu nutzen. An diesem Beispiel wird deutlich, dass ein zentrales Prinzip der Öffnung darin besteht, das Lernen nicht nur auf das Schulgebäude als Ort und die Lehrerinnen als Experten zu begrenzen. Partnerschaften mit anderen Einrichtungen, Kooperation zwischen Menschen mit gleicher pädagogischer Zielsetzung bedeutet: Sammeln gemeinsamer Erfahrungen, Erprobung neuer Handlungs- und Lernformen, Flexibilität in Bezug auf finanziel-

Schule als Lernort im Stadtteil öffnen

le, materielle und personelle Ressourcen. Öffnung von Schule ist im Zusammenhang des interkulturellen Lernens unabdingbare Voraussetzung für die Überwindung von Ethnozentrismus und Vorurteilen, denn die Begegnung, die Kommunikation und das Einbeziehen anderer kann nur durch praktisches Handeln erlernt werden.

Probleme des Konzepts

An dieser Stelle soll auch erwähnt werden, auf welche Schwierigkeiten das Konzept der Schulöffnung im Zusammenhang der interkulturellen Zielsetzung stößt. Da ist erstens das Berufsrollenverständnis von Lehrern und die Definition ihres pädagogischen Auftrages. Nach wie vor steht gezwungenermaßen der Bewertungsaspekt neben dem Bildungs- und Erziehungsauftrag, wodurch die Kolleginnen und Kollegen sich dem Druck ausgesetzt fühlen, das vorformulierte Lehrpensum erfüllen zu müssen. Andere Lernformen gelten dann häufig als zeitraubend oder wenig effektiv.

Zweitens wird Öffnung noch häufig im Sinne eines „Tags der offenen Tür" oder von Sonderveranstaltungen verstanden und betrieben, d.h., sie ist zu wenig in den Schulalltag integriert. Die schulorganisatorischen Belange stehen häufig im Widerstreit zu den inhaltlichen Aspekten des interkulturellen Lernens und der Öffnung des Unterrichts. Die Interpretation der Veranstaltung „Unterricht" wird aber nicht nur von Lehrern selbst, sondern auch vonseiten der Schulaufsicht im tradierten Sinne vorgenommen.

11.2.2 Förderung von Migrantenschülerinnen und -schülern

Im Kontext der interkulturellen Erziehung sind Ausbildungsstätten besonders aufgefordert, Schüler und Schülerinnen ausländischer Herkunft zu beraten und zu fördern. Diese Schülergruppe gehört immer noch zu den weniger gut informierten, wenn es um die schulischen Ausbildungswege geht. Darüber hinaus ist aber auch häufig Beratung und Unterstützung vonnöten, damit trotz guter Eignung die Ausbildung nicht abgebrochen wird.

Förderung der Migranten durch Beratung

Da Sozialpädagogen in aller Regel nicht zur personellen Ausstattung im berufsbildenden Schulwesen gehören, sind die Schulen darauf angewiesen, mit anderen Institutionen zu kooperieren, um dem Förderungsbedarf gerecht zu werden. Das Sophie-Scholl-Berufskolleg arbeitet auch in dieser Hinsicht eng mit der benachbarten Arbeiterwohlfahrt zusammen. Wie schon erwähnt hat die Wahl dieses konkreten Kooperationspartners regionale Gründe, was deshalb an anderer Stelle ein anderer Träger sein könnte. Als vertraute Kontaktstelle für ausländische Klienten ist aber gerade die AWO-Beratungsstelle in unserem Stadtteil ein Sammelbecken für viele Sorgen und Nöte. Die Beraterinnen und Berater informieren gezielt über die pädagogische Ausbildung als Erzieher/in (Dauer, Voraussetzungen, Chancen auf dem Arbeitsmarkt, Berufsbild, Anforderungen der Ausbildung etc.). Sie stehen in engem Kontakt zur Schule und sind daher über alle Veränderungen innerhalb der Ausbildung auf dem aktuellsten Stand.

Da die Beratungsstelle auch ausbildungsbegleitende Hilfen anbietet – meist vermittelt über den Schülerclub – z.B. Prüfungsvorbereitung, Hilfen bei der Erstellung von Praxisberichten etc., begleitet sie die Migrantenjugendlichen auch in Ausbildungskrisen. Hierbei ist der Kontakt zu den Familien von ausschlaggebender Bedeutung. Oft halten die Eltern noch an einer Rückkehr in ihr Heimatland fest und stufen deshalb eine langjährige Ausbildung ihrer Kinder als fragwürdig ein. Auf manchen Schülerinnen und Schülern ausländischer Herkunft lastet aber auch ein besonders starker Leistungs- und Anpassungsdruck, sodass persönliche Krisen, die im Rahmen einer pädagogischen Ausbildung nicht selten auftreten, oder auch Leistungsprobleme oft auf völlige Akzeptanzlosigkeit der Eltern stoßen. Die Aufklärung über Anforderungen an die Persönlichkeit in einem pädagogischen Beruf, von dem die Eltern in der Regel eine kulturspezifisch geprägte Vorstellung haben, ist deshalb ein wesentlicher Bestandteil der Beratungsarbeit.

Die sozialpädagogischen Fachkräfte klären die Lehrer und Lehrerinnen sowie die Praxisanleiter darüber hinaus in speziellen Gesprächskreisen über grundlegende soziale und kulturelle Hintergründe der Auszubildenden auf.

11.2.3 Konzeption einer besonderen Akzentuierung „Interkulturelle Erziehung" im Bildungsgang Erzieher/Allgemeine Hochschulreife

Die Akzentuierung „Interkulturelle Erziehung" war in der damaligen Sophie-Scholl-Kollegschule Teil eines kollegschulspezifischen Bildungsgangs Erzieher/Allgemeine Hochschulreife, eine Modellphase, die besondere Chancen bot. In diesem Bildungsgang wurde den Schülerinnen und Schülern eine Doppelqualifikation angeboten (berufliche plus allgemeine Ausbildungsinhalte). Konkret erwarben sie nach drei Jahren vollzeitschulischer Ausbildung die allgemeine Hochschulreife (Abitur) und konnten nach einem weiteren Ausbildungsjahr, der 14. Jahrgangsstufe, den Erzieherabschluss erwerben.

Ursprüngliche Ausgangsbedingungen

Die Sophie-Scholl-Kollegschule füllte diese 14. Jahrgangsstufe, als sogenannte Akzentuierungsphase, mit einem interkulturellen Ausbildungskonzept. In diesem zusätzlichen Ausbildungsjahr sollten die Schüler/innen ein tragfähiges Konzept der interkulturellen Erziehung entwickeln, wodurch sie befähigt werden in interkulturellen Handlungszusammenhängen professionell zu handeln. Durch eine Integration der Kollegschulen ins (nordrhein-westfälische) Berufskolleg wird dieser Bildungsgang nun zukünftig in etwas veränderter inhaltlicher und zeitlicher Form (Wegfall der 14. Jahrgangsstufe) angeboten. Die bisherigen Erfahrungen werden selbstverständlich aufgegriffen und diese sind auch ein gutes Anschauungsmodell für alle, die interkulturelle Qualifikation zum festen Bestandteil der Ausbildung machen möchten.

Bei der Entwicklung des Lehrplanes für die ursprüngliche Akzentuierungsphase wurde von einem Verständnis von interkulturellem Lernen ausgegangen, das nicht bloß die ausländischen Kinder und Jugendlichen zu Adressaten der Pädagogik macht (etwa im Sinne von Integration oder sogar Assimilation), sondern die Nicht-Deutschen und die Deutschen als Zielgruppe sieht. Das Ziel interkultureller Erziehung wurde darin gesehen, die Adressaten zu einem Nebeneinander der verschiedenen Kulturen und zu einem Miteinander-Leben in einer multikulturellen Gesellschaft zu befähigen. Hieran orientieren sich die Qualifikationsanforderungen des Ausbildungskonzeptes, die sich wie folgt darstellen:

– Sich-Bewusstmachen der eigenen kulturellen Handlungs- und Deutungsmuster

Grundlegende Ziele

- Auseinandersetzung mit eigenen Ängsten und Vorurteilen
- Umgehen-Können mit dem Gefühl der Befremdung
- Tolerieren andersartiger kultureller Lebensformen, auch wenn diese mit den eigenen Orientierungen nicht übereinstimmen
- Wahrnehmen der Chancen kultureller Bereicherung und Förderung entsprechender Aktivitäten
- Vernünftiges Umgehen mit Kulturkonflikten
- Abwenden der Gefahr kultureller Assimilation der Migranten

Gliederung der Ausbildung

Die Ausbildung wurde in zwei große Themenbereiche untergliedert:
- Fremdheit als soziale Erfahrung (Arten und Merkmale von Fremdheitsgefühl bei Migranten, eigene Erfahrung von Fremdheit im Auslandspraktikum, theoretische Grundfragen des Fremdheitsgefühles, Identität etc.)
- Bewältigung von Fremdheit als pädagogische Aufgabe (theoretische Grundfragen der interkulturellen Erziehung, Entwicklung und Erprobung eines pädagogischen Handlungskonzeptes)

Die Akzentuierung „Interkulturelle Erziehung" ist in Phasen untergliedert. Die Ziele und Inhalte der Praxisphasen werden in einem Praxispapier für die Praktikantinnen und Praxisanleiterinnen erläutert (*siehe weiter unten*).

- **Praxisphase:**
  3-wöchiges Vorbereitungspraktikum in Einrichtungen, in denen interkulturelle Erziehung erprobt oder praktiziert wird (Schulen, Kindergärten, Jugendzentren, Kulturzentren u.a.). Ziel: Erkunden der Praxis und Entwickeln eines Erkenntnisinteresses für die Ausbildung

- **Theoriephase:**
  Auswertung der Praxiserfahrungen, Themen: Migration, Vorurteilsbildung, Vorbereitung des Auslandspraktikums

- **Praxisphase:**
  3-wöchiges Auslandspraktikum in Institutionen mit interkultureller Konzeption

- **Theoriephase:**
  Fremdheitserfahrung und Identität, Theorien und Ansätze zur interkulturellen Pädagogik, praktische Handlungsansätze

- **Praxisphase**
  8-wöchiges Praktikum: Erprobung eines konkreten pädagogischen Handlungskonzeptes auf der Basis der aktuellen Situation in der gewählten Institution

- **Theoriephase:**
  Analysieren und Bewerten der Arbeitsergebnisse, Entwickeln alternativer Lösungen und weiterführender Fragestellungen

11.2.4 Praxispapier für Schülerinnen und Schüler im Rahmen der Akzentuierung interkulturelle Erziehung

Das Praxispapier für die Hand der Schüler/innen und für die anleitende Praxis gibt Aufschluss über die Ziele und Inhalte der Praktika in multikulturellen Praxisfeldern.

Nachfolgend stellen wir das sog. „Praxispapier" vor; dieses ist ein Brief an die Praktikantinnen und Praktikanten mit einer Erläuterung der Aufgaben für das Praktikum in der jeweiligen Ausbildungsphase. Dieses Praxispapier erhalten auch die Einrichtungen, in denen die Schülerinnen und Schüler praktizieren.

Praxispapier als Brief an die Praktikanten

Das im Praxispapier angesprochene Szenenbuch ist eine Ansammlung von Beobachtungen, Eindrücken, Interpretationsansätzen, Gesprächsprotokollen etc., die möglichst täglich von den Praktikanten notiert werden. Das Szenenbuch stellt einen Fundus dar, aus dem schließlich die „Geschichten" zu den jeweiligen Aufgaben entnommen werden.

Einführungspraktikum

Liebe Praktikantin, lieber Praktikant,

interkulturelle Erziehung richtet sich an Kinder/Jugendliche deutscher und ausländischer Herkunft gleichermaßen, sodass ein Austausch zwischen den Kulturen und ein gegenseitiger Lernprozess stattfinden kann. Das 3-wöchige Einführungspraktikum soll Ihnen einen Einblick in die Möglichkeiten und Chancen sowie in die Schwierigkeiten der Praxis interkultureller Erziehung vermitteln.

Sie praktizieren in Duisburger Kindertageseinrichtungen und Jugendzentren, die sich zum Ziel gesetzt haben eine interkulturelle Pädagogik zu realisieren. Sie sollen sich im Praktikum mit den vorgefundenen Rahmenbedingungen dieses Praxisfeldes im Hinblick auf interkulturelle Erziehung auseinander setzen. Die Erkundung besteht aus:

- der Beobachtung von speziellen Reaktions- und Aktionsweisen der Erzieherinnen,
- Gesprächen über die konzeptionellen Vorstellungen der Erzieherinnen,
- der Exploration der Lebenssituation sowie des Spiel-, Sprach- und Sozialverhaltens der Kinder/Jugendlichen,
- der Beobachtung der Kontakte zwischen Kindern/Jugendlichen deutscher und ausländischer Herkunft,
- der Auseinandersetzung mit den Normen, Werten, Erziehungsstilen, Alltagsbräuchen, den Sprachen, kulturellen und religiösen Praktiken der Eltern der Kinder/Jugendlichen,
- Gesprächen über die Zusammenarbeit mit den Eltern,
- der Exploration der Kooperation mit anderen Institutionen des Stadtteils/der Stadt.

Praktikumspapier

Praktikumspapier (Fortsetzung)

Die erste Aufgabe lautet: Erkunden Sie Ihr Praxisfeld und stellen Sie Ihre Erkundung schriftlich dar. In diese Darstellung sollen Ihre Vorstellungen von interkultureller Erziehung einfließen.

Dabei sollen Sie in der Praxisstelle nicht distanziert beobachten und die Ansprechpartner befragen, sondern sich aktiv in den pädagogischen Arbeitsalltag einbringen, Kontakte zu den Kindern/Jugendlichen aufbauen, sich an der Durchführung von Aktionsweisen beteiligen etc.

Wir erwarten selbstverständlich auch, dass Sie selbst aktiv werden, indem Sie Aktionsweisen mit Kindern/Jugendlichen durchführen. Hierbei sollen Sie versuchen, ansatzweise eine interkulturelle Zielsetzung zu verfolgen. Eine dieser Aktionsweisen muss differenziert schriftlich geplant und reflektiert werden. Bei der Planung, Durchführung und Reflexion sollten Sie die Interaktion zwischen allen Beteiligten in den Vordergrund rücken. So richtet sich diese Aufgabe auch auf Ihre Fähigkeit zur pädagogischen Fremdwahrnehmung.

Die zweite Aufgabe lautet: Planung, Durchführung und Reflexion einer Aktionsweise mit interkultureller Zielsetzung

Darüber hinaus sind Sie verpflichtet ein Szenenbuch zu führen, in dem Sie alle Situationen festhalten, die Sie als kulturell befremdend, faszinierend oder besonders beeindruckend erlebt haben. Diese Aufgabe umfasst auch die Reflexionen Ihrer Gefühle auf Ihre Erfahrungen. Die Situationen sollen Sie möglichst anschaulich, lebendig und detailliert schildern, denn auch diese Szenen sollen im Unterricht ausgewertet werden.

Die dritte Aufgabe lautet: Schildern Sie in Ihrem Szenenbuch detailliert und anschaulich „besondere Geschichten".

Das Szenenbuch muss bei den Praxisbesuchen vorliegen, sodass es Gegenstand des Reflexionsgespräches sein kann. Zur Auswertung wird es entsprechend im Unterricht nach den Sommerferien benötigt. Ausgehend von Ihren Erfahrungen und Berichten werden dann die Grundlagen interkultureller Erziehung im Rahmen der Akzentuierung in der Jahrgangsstufe 14 gemeinsam erarbeitet.

Auslandspraktikum

Im Auslandspraktikum bewegen Sie sich in einem fremden sozialen Umfeld und verständigen sich in einer fremden Sprache. Wir gehen deshalb davon aus, dass Sie auf dieses Praktikum mit ambivalenten Gefühlen zugehen. Wahrscheinlich vermischen sich positive Gefühle wie Neugierde und Abenteuerlust mit negativen Empfindungen und Ängsten. Weder vor noch während des Auslandsaufenthaltes sollten Sie diese Gefühle verdrängen. Vielmehr fordern wir Sie auf ihnen nachzuspüren und sie zu reflektieren. Wie lassen sie sich charakterisieren? In welchen Situationen und welchen Formen treten sie auf? Welche Reaktionen lösen Sie bei Ihnen aus? Wie kommen Sie damit zurecht? Ausgehend von Ihren Reflexionen sollen Sie versuchen Strategien zu entwickeln, wie diese Fremdheitsgefühle überwunden werden können, z.B. durch das Überwinden einer Sprachbarriere oder durch die Klärung einer Ihnen unverständlichen Situation. Zudem sollen Sie reflektieren, welche Faktoren generell Fremdheitsgefühle reduzieren helfen. Hierzu ist es notwendig, dass Sie wieder kontinuierlich, und zwar schon vor Ihrem Auslandsaufenthalt beginnend, Ihr Szenenbuch führen, in dem Sie detailliert diese Situationen festhalten und reflektieren. Diese Aufzeichnungen sind Grundlage der ersten Aufgabe.

<u>Die erste Aufgabe lautet: Schildern Sie in einer Geschichte eine Situation, in der Sie sich fremd gefühlt haben, und reflektieren Sie Ihren Umgang mit dem Gefühl von Fremdheit und Möglichkeiten der Überwindung von Fremdheitsgefühlen.</u>

Nachdem Sie ansatzweise eine Vorstellung von interkultureller Erziehung in der vorherigen Unterrichtsphase entwickelt haben, lernen Sie nun im Auslandspraktikum Institutionen kennen, die ebenfalls über Erfahrungen mit interkultureller Arbeit verfügen. Durch Hospitationen und Mitarbeit in diesen Einrichtungen werden Sie die im Ausland praktizierten Handlungskonzepte erleben, die sich gegebenenfalls in ihren Zielen, Inhalten, Methoden und Organisationsformen von hier bekannten Formen pädagogischer Arbeit unterscheiden. Sie sollen also die Institutionen und ihre Arbeitsformen erkunden und schriftlich festhalten.

<u>Die zweite Aufgabe lautet: Darstellung von und kritische Auseinandersetzung mit der interkulturellen Arbeit der Praxisstelle im Ausland sowie ihren Zielen, Inhalten, Methoden und Organisationsformen.</u>

Projektpraktikum

Sie haben sich mit theoretischen und praktischen Fragen der interkulturellen Erziehung auseinander gesetzt und inzwischen eine Perspektive entwickelt, wie Sie in der Praxis pädagogisch sinnvoll handeln könnten. Das bevorstehende Projektpraktikum dient dazu, ihr vorläufig entwickeltes Handlungskonzept in der sozialpädagogischen Praxis zu erproben und auf dessen Umsetzbarkeit zu überprüfen. Hierfür wird es sicherlich erforderlich werden, dass Sie den Kolleginnen und Kollegen, Eltern und Institutionen Ihre Vorstellungen verständlich machen und sie gegebenenfalls hierfür gewinnen, d.h. Sie müssen eine Strategie entwickeln, im Rahmen der vorgefundenen Bedingungen Ihre eigenen Ziele durchsetzen zu können.

Praktikumspapier (Fortsetzung)

Praktikumspapier (Fortsetzung)

Die erste Aufgabe lautet: Protokollieren einer Szene über das Durchsetzen und Umsetzen eigener pädagogischer Ziele.

Die bisherigen Aufgaben zur Übung der Wahrnehmungsfähigkeit im Rahmen der Akzentuierung interkultureller Erziehung dienten primär der Fremd- und Selbstbeobachtung unter dem Aspekt der Fremdheit. Um praktisch-pädagogisch sinnvoll handeln zu können, ist es darüber hinaus notwendig, sich Verhaltensweisen von Adressaten und Handlungssituationen erklären zu können. Ausgehend von einer konkreten Situation, in der Sie zu handeln aufgefordert sind, sollen Sie den oder die betreffenden Adressaten analysieren und Ihr Handeln darauf kritisch reflektieren.

Die zweite Aufgabe lautet: Schildern einer Geschichte und Diagnostizieren von Verhaltensweisen eines oder mehrerer Adressaten und des eigenen pädagogischen Reagierens oder/und Agierens.

Folgende Fragestellungen sollen Sie in der Diagnose berücksichtigen:
– Welche Motivation haben Sie, diese Geschichte zu schreiben? (Was hat Sie an dem Verhalten des/r Adressaten so beeindruckt? Ist die Geschichte beispielhaft für eine gelungene, misslungene oder ambivalente Handlungsweise?) - Was ist Ihr übergreifendes Ziel in dieser Situation? – Welche von Ihnen realisierten Kompetenzen werden deutlich? Welche fehlen noch? – Wie erklären Sie sich das Verhalten des/r Adressaten und Ihr Handeln darauf? (Erklärungsversuche unter Berücksichtigung der Sozialisationsbedingungen, gegebenenfalls einer fremden Kultur, unter Anwendung von Alltagstheorien und erziehungswissenschaftlichen Theorien) – Welche Handlungs- oder/und Planungsalternativen können Sie sich vorstellen?

In diesem Projektpraktikum geht es nicht mehr nur darum, Ziele durch einzelne Aktionsweisen zu erreichen, vielmehr sollen Sie nun mit einem Handlungsplan eine pädagogische Aufgabe lösen. Ein Handlungsplan stellt sich in der Praxis als eine Kette von Reaktionsweisen und Aktionsweisen dar, abgestimmt auf eine Kleingruppe ausgewählter Kinder/Jugendlicher. Dabei sollen Sie auch die spezifischen Bedürfnisse und Probleme der einzelnen Adressaten berücksichtigen. Die jeweiligen Reaktionsweisen und Aktionsweisen müssen zielgerecht geplant werden und sinnvoll aufeinander aufbauen. Sie sollen nun versuche, ihre Vorstellungen von interkultureller Erziehung durch einen Handlungsplan in der sozialpädagogischen Praxis umzusetzen.

Die dritte Aufgabe lautet: Aus einzelnen Reaktionsweisen und Aktionsweisen einen Handlungsplan entwickeln.

Netzwerk-Praktikum

Sie haben im Projektpraktikum Ihr pädagogisches Handlungskonzept erproben können und Ihre Erfahrungen mit interkultureller Erziehung anschließend reflektiert und dokumentiert. Darüber hinaus haben Sie sich im Unterricht auch mit den Erfahrungen Ihrer Mitschüler/innnen auseinandergesetzt. Wenn Sie in dem bevorstehenden Praktikum Ihre/n Kollegin/Kollegen aus dem Ausland in die Einrichtungen des nordrhein-westfälischen Netzwerkes für interkulturelle Erziehung begleiten, werden Sie sich sicherlich professioneller als in den ersten Praktika mit der dort praktizierten interkulturellen Pädagogik auseinander setzen können. Ihre Tätigkeit in den Praxisstellen soll sich nicht nur auf die Begleitung unserer Gäste beschränken, sondern es wird erwartet, dass Sie sich pädagogisch handelnd in den laufenden Arbeitsalltag einbringen und mit den Mitarbeitern über deren Arbeit und Konzeption diskutieren.

<u>Die erste Aufgabe lautet: Auseinandersetzung mit dem interkulturellen Handlungskonzept der Praxisstelle und Darstellung der eigenen Tätigkeiten.</u>

In Ihrem Szenenbuch sollen Sie weiterhin alle bedeutsamen Situationen festhalten, die im Zusammenhang stehen mit der Begleitung der/s Kollegin/Kollegen aus dem Ausland in einem für sie/ihn fremden sprachlichen Umfeld. Diese Begleitung gestaltet sich nur dann für Sie und Ihren Gast effektiv, wenn Sie sich mit Ihrem ausländischen Gast über Erlebnisse, Eindrücke und das Handlungskonzept der Praxisstelle austauschen. Sie sollten hier Ihre eigenen Erfahrungen aus dem Auslandspraktikum für die Begleitung nutzen. Halten Sie in Ihrem Szenenbuch aber auch alle Probleme fest, die sich ergeben haben, und stellen Sie dar, wie Sie diese zu lösen versucht haben.

<u>Die zweite Aufgabe lautet: Darstellung der Erfahrungen mit der Begleitung einer/s ausländischen Kollegin/Kollegen in einem fremden sprachlichen und sozialen Umfeld.</u>

Der Inhalt Ihres Szenenbuches sollte sich aber nicht nur auf die oben genannten Aspekte beziehen, sondern Sie sollten hier auch alle für Sie wichtigen Beobachtungen und Erfahrungen sammeln. Wählen Sie bitte eine für Sie besondere Situation aus und reflektieren Sie sie. Diese Aufgabe ist wie üblich getippt abzugeben. Schließlich sei noch einmal betont, dass das Szenenbuch sowohl bei den Praxisbesuchen als auch während der Praxisauswertung vorliegen muss.

<u>Die dritte Aufgabe lautet: Schildern Sie eine „besondere Geschichte".</u>

Praktikumspapier (Fortsetzung)

Grundgedanken der Ausbildungsakzentuierung	Zusammenfassend lassen sich die folgenden wesentlichen Grundgedanken der Akzentuierung hervorheben:

- **Projektlernen:** Durch die Erarbeitung der interkulturellen Inhalte in Form von Projektlernen wird neben den bekannten Zielsetzungen der Projektmethode die Notwendigkeit des gemeinsamen Lernens von Schüler/innen und Lehrer/innen hervorgehoben. Auch erleben Schüler/innen dadurch Organisationsprobleme und -notwendigkeiten, wodurch ihre Fähigkeit zur Toleranz ausgebildet wird.
- **Außerschulische Experten:** Durch das Hinzuziehen außerschulischer Experten (Referenten), oft nicht-deutscher Nationalität, im Unterricht können Inhalte praxisnäher dargeboten werden und die Schüler/innen erleben auch hier die Lehrer/innen in einer anderen Rolle (der der Lernenden).
- **Exkursionen** zu Institutionen mit interkulturellem Arbeitsansatz: Der Kontakt und die Diskussion mit gestandenen Praktikern veranlasst die Schüler/innen zu einer bedeutend ernsthafteren Auseinandersetzung mit der Berufsrolle und deren Anforderungen.
- **Auslandspraktikum** in Institutionen der interkulturellen Erziehung (*siehe hierzu auch 7. Kapitel*). Neben der Schulung der pädagogisch gelenkten Wahrnehmungsfähigkeit und der Auseinandersetzung mit den eigenen Befremdungserfahrungen werden durch dieses Praktikum auch Relativierungen erreicht in Bezug auf ethnozentrische Sichtweisen und Wertungen. Zusätzlich lernen die Schüler/innen im Ausland andere pädagogische Arbeitsansätze und Erziehermodelle kennen.
- **Seminare** von Schüler/innen in außerschulischen Institutionen, durchgeführt von außerschulischen Fachkräften (Mädchenzentrum, Jugendamt, Regionale Arbeitsstelle zur Förderung zugewanderter Kinder und Jugendlicher). Die Fachkompetenz nichtschulischer Fachkräfte stößt erfahrungsgemäß bei den Schüler/innen auf eine hohe Akzeptanz und das Verlassen des Schulgebäudes bewirkt ein Ablegen der Schülerrolle.
- **Gemeinsames Lernen** von Schüler/innen und Praktiker/innen (z.B. ein Workshop Kindertheater): Indem die Schüler/innen sich gemeinsam mit gestandenen Kolleg/innen aus der Praxis als Lernende auf eine Ebene gestellt sehen, wachsen ihre Motivation und ihr Selbstbewusstsein. Sie fühlen sich nicht in einer schulischen, sondern in einer Situation mit Ernstcharakter.
- **Beteiligung** der Schüler/innen **an Solidaritätsveranstaltungen** zur interkulturellen Verständigung und Mitarbeit der Schüler/innen in Multiplikatorengruppen gegen Ausländerfeindlichkeit: Diese Aktivitäten besitzen ebenfalls Ernstcharakter und stellen wesentliche Erfahrungen dar im Sinne des interkulturellen Lernens .

Permanente Weiterentwicklung	Kerngedanke der Konzeption der Akzentuierung „Interkulturelle Erziehung" am Sophie-Scholl-Berufskolleg ist die permanente Begleitung und Weiterentwicklung des Konzeptes durch eine Vernetzung und intensive Zusammenarbeit mit der Praxis in Bezug auf Inhalte, Praktikumsdurchführung sowie Vor- und Nachbereitung der Praktika.

11.2.5 Vernetzung der Lernorte Praxis und Schule

Ausgehend von ersten Kooperationen im Zusammenhang der Praktikantenausbildung schlossen sich die an der Ausbildung Beteiligten und Interessierten auf städtischer und auf Landesebene zu einem „Interkulturellen Netzwerk" zusammen, um Theorie und Praxis der interkulturellen Erzieherausbildung systematisch miteinander zu verbinden.

Interkulturelles Netzwerk

Grundgedanke der Vernetzung ist der Austausch über Ziele, Inhalte, Konzepte, die Ausbildung und Begleitung von Praktikanten sowie gemeinsame Fortbildungen und Referententätigkeit im Rahmen der Ausbildung. Zu diesem Verbundsystem gehören die Regionalen Arbeitsstellen zur Förderung zugewanderter Kinder und Jugendlicher (RAA) sowie deren Hauptstelle, das Jugendamt, unterschiedliche interkulturelle Projekte, Kindertageseinrichtungen, Jugendzentren, Grund- und Hauptschulen, Kulturzentren etc. Durch gemeinsame Fortbildungen der Mitarbeiterinnen befindet sich der Diskussions- und Kenntnisstand in den Lernorten Schule und Praxis auf dem gleichen Level, wodurch eine effektivere Praxisbegleitung der Schülerinnen ermöglicht wird. Ein weiterer wichtiger Gesichtspunkt ist das Bemühen darum, den Schülerinnen ein möglichst breites Praxisstellenangebot zur Verfügung zu stellen, damit sie während der Ausbildung möglichst unterschiedliche Konzeptionen und Institutionen kennen lernen und institutionenübergreifende Praktika absolvieren können. Angestrebt ist eine breit gefächerte Vernetzung von städtischen und Einrichtungen in freier Trägerschaft. Ziel der Vernetzung ist neben der effektiveren Ausbildungssituation auch die Herausbildung eines „interkulturellen Bewusstseins". So ist mittlerweile der interkulturelle Gedanke in den Kindertageseinrichtungen und Jugendzentren in Duisburg flächendeckend, es existieren besondere Fachaufsichten bei der Jugendbehörde, zahlreiche interkulturelle Projekte werden durchgeführt, es wurde eine spezielle Konzeption für die städtischen Kindertageseinrichtungen vorgelegt etc. Diese Arbeit ist wesentlich durch die Kooperationsstruktur des Netzwerkes zustande gekommen.

Institutionelles Verbundsystem

Breitere Diffusion im Stadtbereich

11.2.6 Interkulturelles Lernen in der Regelausbildung zur Erzieherin/ zum Erzieher am Sophie-Scholl-Berufskolleg

Wo immer der Lebensraum der Mehrzahl der Kinder multikulturell geprägt ist, muss im Sinne des situationsbezogenen Arbeitens in der Sozialpädagogik auf diese Ausgangsbedingung eingegangen werden. Das ist insbesondere im großstädtischen Einzugsgebiet der Fall. Die sozialpädagogischen Angebote und Reaktionsweisen müssen sich an den individuellen Voraussetzungen der Adressaten ausrichten, was bedeutet, dass jedes Kind sich mit seiner kulturellen Herkunft in der Institution repräsentiert fühlen muss. Neben der durchgängigen interkulturellen Erziehung sollte auch weiterhin an dem Ziel der besonderen Förderung der Chancengleichheit für Kinder aus ethnischen Minderheiten festgehalten werden.

Ein solcher professioneller Auftrag erfordert selbstverständlich die vertiefte Vorbereitung der zukünftigen Erzieher/innen auf diese berufliche Herausforderung. Die Berufsausbildung muss die interkulturelle Thematik zu ihrem integralen Bestandteil machen. Am Sophie-Scholl-Berufskolleg ist die Ausbildung

Konzept der Entwicklungsaufgaben

seit vielen Jahren nach dem Konzept der Entwicklungsaufgaben strukturiert, welches auch in die neuen Richtlinien einiger Bundesländer (zuerst in NW) für die Fachschulen für Sozialpädagogik eingeflossen ist, ein noch nicht abgeschlossener Prozess.

Grundgedanke: Persönlichkeitsbildung

Das Konzept geht von dem Grundgedanken aus, dass jeder Erzieher/jede Erzieherin als Persönlichkeit erzieht, dass also ihre persönliche Präsenz, ihre besondere Art, der entscheidende Faktor für das pädagogische Verhältnis und das pädagogische Handeln ist.

Die Schülerinnen bringen, wenn sie die Ausbildung beginnen, diese ihre persönlichen Eigenarten mit. Sie besitzen bereits grundlegende Vorstellungen hinsichtlich des Umgangs mit Kindern, sie besitzen auch die mehr oder weniger ausgeprägte Fähigkeit, sich in das Erleben und Empfinden von Kindern hineinversetzen zu können.

Die Erzieherausbildung verfolgt davon ausgehend folgende Zielsetzungen:
1. Jeder Schülerin müssen ihre vorhandenen Fähigkeiten, die im Zusammenhang des pädagogischen Berufes relevant sind, bewusst gemacht werden, z.B. besonders gut zuhören können.
2. Die Ausbildung muss Möglichkeiten aufzeigen, wie die einzelnen Schülerinnen ihre vorhandenen Kompetenzen weiterentwickeln und nicht vorhandene erwerben können, z.B. die Bedürfnisse von Kindern erfassen können.
3. Die scheinbar unbegrenzte Vielfalt an praktischen Situationen, pädagogischen Problemen, Handlungsweisen muss strukturiert werden, um die zentralen Problembereiche sozialpädagogischen Handelns aufzuzeigen und exemplarisch zu bearbeiten, was durch die Praxisaufgaben erfolgt.

Ausgehend von dem didaktischen Grundgedanken, dass der Entwicklungsprozess zur Erzieherin ein persönlicher Lernprozess ist, ergeben sich bestimmte Konsequenzen für die Anleitung und Begleitung der Praktikantinnen.

Ein Lernprozess nach Plan, für den Ausgangspunkt, Verlauf und Ergebnis feststehen, ist damit weitgehend ausgeschlossen. Vielmehr sind die Erfahrungen der Schülerinnen, die persönlichen Stärken und Schwachpunkte, ihre Orientierung insgesamt einzubeziehen. Wie oben bereits angesprochen, gliedert sich die Ausbildung in Phasen, welche auch als Entwicklungsaufgaben beschrieben werden können. Der Begriff der Entwicklungsaufgabe (EA) leitet sich ab aus der Entwicklungspsychologie (Erikson) und Sozialisationstheorie. Der Mensch wird danach als tätiges Subjekt verstanden, das sich in unterschiedlichem Grade zu sich selbst und zu seiner Umwelt ins Verhältnis setzt. Der Mensch erzeugt in dieser Auseinandersetzung mit der äußeren Welt und den anderen seine innere Welt, seine Persönlichkeit (Prozess der Vergesellschaftung). Die psychische Entwicklung stellt sich somit dar als eine Folge von Koordinierungsleistungen mit wachsendem Komplexitätsgrad (Entwicklungsaufgaben). Am Beispiel der Entwicklungsaufgabe „Identitätsbildung im Jugendalter" soll dieser Vorgang kurz illustriert werden: Jugendliche müssen verschiedene soziale Rollen, Motive, Wertvorstellungen etc. koordinieren. Sie müssen ihren sozialen Ort definieren, sich mit sozialen Zuschreibungen und mit ihrer Geschlechtsrolle auseinandersetzen. Der Ablöseprozess von der Familie verlangt die Auseinandersetzung mit

Ausbildungsgliederung nach Phasen

der Kindheit. Der Entwurf eines Zukunftsmodells erfordert, dass man sich zu
seiner Vergangenheit verhält, usw. Die Lösung der komplexen EA „Identitätsbildung" ist krisenbehaftet und von Widersprüchen gekennzeichnet.

Um Lösungsansätze und -elemente zu strukturieren, um diese für sich selbst und für andere darstellbar und handhabbar zu machen, braucht es einer Orientierung, eines Ordnungssystems. Das sind z.B. bei Jugendlichen häufig Symbole, Stile, Leitbilder. Mit Hilfe von Orientierungsmustern (OM) kann man seinen individuellen Problemlösungsweg strukturieren, man kann sich darüber darstellen und verständigen, letztlich sich seiner selbst vergewissern. OM ermöglichen es also, in unterschiedlichen Situationen Bewertungen, Handlungen, Planungsentwürfe vornehmen zu können, ohne permanent verunsichert zu sein und so zu wirken, sondern vielmehr das Gefühl zu haben mit sich selbst identisch zu bleiben und so zu erscheinen. Die Lösungsmöglichkeiten der Entwicklungsaufgaben in der Erzieherausbildung sind individuell unterschiedlich ausgeprägt, die Aufgaben müssen aber im Verlaufe der Ausbildung (einschließlich Berufspraktikum) alle gelöst werden, um die Erzieherqualifikation zu erlangen.

Orientierungsmuster

Die Schüler/innen durchlaufen im Verlaufe der Erzieherausbildung bestimmte Entwicklungsphasen bzw. müssen Entwicklungsaufgaben lösen.

Voraussetzung für die individuellen Lösungswege der Entwicklungsaufgaben, welche als Orientierungsmuster bezeichnet werden, ist die Konfrontation mit Unterrichtsinhalten und -verfahren, aber auch anderen individuellen Lösungsmustern von z.B. Mitschülern oder Kolleginnen aus der Praxis.

Konfrontation mit Praxis

Darüber hinaus fordern die Aufgabenstellungen, die den Schülerinnen/Schülern in den Praktika gestellt werden, diese heraus, die eigenen Leitideen und Orientierungen zu überprüfen und Handlungskompetenz in bestimmten Bereichen zu erwerben. Diese Aufgaben werden nachfolgend kurz skizziert und auf die Anforderungen einer Ausbildung interkultureller Kompetenz bezogen.

1. Entwicklungsaufgabe: Auseinandersetzung mit der Berufsrolle und mit dem Berufswahlmotiv

➜ Die erste Frage, die Schüler/innen an die Ausbildung stellen und die sie sich beantworten müssen, ist: Ich will Erzieher/in werden – warum eigentlich? Und welcher Erzieher/welche Erzieherin will ich werden?

Durch intensive Auseinandersetzung mit der Lebenswelt von Kindern, durch Auseinandersetzung mit eigener und pädagogischer Kommunikation, durch die Überprüfung der Möglichkeiten der Erweiterung von pädagogischen Handlungsräumen sowie durch die Reflexion des Berufsrollenverständnisses wird das Berufswahlmotiv auf eine sichere Grundlage gestellt.

Bezieht man die Thematik der interkulturellen Erziehung mit ein in die Aufgabe, so lautet der Auftrag an die Praktikantinnen beispielsweise, mit einem nichtdeutschen Kind in dessen Muttersprache Kontakt aufzunehmen. Die Praktikantinnen und Praktikanten werden aufgefordert in ihrer Praxisgeschichte genau über diese Kontaktaufnahme zu berichten; diese Erfahrung wird im Unterricht anderen gegenübergestellt, die unterschiedlichen Vorgehensweisen können verglichen werden (z.B. der Weg sich fremdes Vokabular anzueignen, die Auswahl der Kontaktsituation, z.B. Begrüßung).

2. Entwicklungsaufgabe: Fremdwahrnehmung

➜ Die zweite Frage lautet: Ich will mit Kindern arbeiten – was ist das Besondere an ihnen? Wie kann ich sie verstehen?

Der Unterricht muss Informationen über die Entwicklung von Kindern, ihre Wahrnehmung, Fähigkeiten etc. vermitteln, damit die Bedürfnisstruktur von Kindern nachvollzogen werden kann.

Im Zusammenhang der zweiten Entwicklungsaufgabe ist die sensible Wahrnehmung der speziellen Probleme ausländischer Kinder zu schulen. Beispielsweise können Beobachtungen durchgeführt werden, wie ein ausländisches Kind den Vormittag in der Einrichtung „bewältigt", z.B. mit wem es Kontakt hat, zu welchen Anlässen es mit der Erzieherin kommuniziert, welche Spiele es bevorzugt etc. Die gemeinsame Auswertung im Unterricht zielt darauf ab, die Strategien der Kinder in einem nicht-muttersprachlichen Umfeld genauer zu betrachten und daraus Schlüsse für die Pädagogik und Didaktik-Methodik zu ziehen.

3. Entwicklungsaufgabe: Entwicklung eines pädagogischen Handlungskonzeptes

➜ Als dritte taucht die Frage auf: Ich will pädagogisch handeln – wie mache ich das? Wie begründe ich das?

Die Schüler/innen müssen sich auseinander setzen mit der Übereinstimmung zwischen den eigenen Motiven pädagogisch zu arbeiten und der Erziehungsbedürftigkeit, die sie bei den Adressaten identifizieren. Von einem pädagogischen Konzept erwarten die Schüler/innen die möglichst widerspruchsfreie Verbindung zwischen eigenen Interessen und den Bedürfnissen der Kinder. Die Entwicklung von Handlungskompetenz ist für die Schüler/innen nicht nur bezogen auf die Erfüllung der Aufgaben in der Praxis, vielmehr wollen sie handlungsfähig in einem prinzipiengeleiteten Sinne sein. Zwar ist ihnen für ihre erste Sicherheit wichtig, aufgabenorientiert und funktional mit den Kindern interagieren zu können, langfristig suchen sie aber eine Orientierung, die ihnen zeigt, dass sie auf dem Weg der Findung und Umsetzung eines Konzeptes pädagogischen Handelns sind. Die objektiven Anforderungen an die Schülerinnen zur Lösung der EA bestehen darin, pädagogische Standardprobleme zu identifizieren und zu bewältigen und zentrale pädagogische Grundsatzentscheidungen zu treffen.

Bezogen auf die interkulturelle Erziehung müssen sich die Schülerinnen bei der Lösung der dritten Entwicklungsaufgabe auf die Entwicklung spezieller Angebote konzentrieren (z.B. Feiern eines muslimischen Festes, Förderung von Zweisprachigkeit durch ein zweisprachiges Bilderbuch) und diese planen, durchführen und reflektieren. Hierfür sind Kenntnisse über kulturspezifische Besonderheiten etc. grundlegende Voraussetzung.

4. Entwicklungsaufgabe: Professionalisierung

➜ Die vierte Frage ist: Wie kann ich in meinem pädagogischen Alltag überleben? Wie kann ich meine Grenzen aufzeigen, damit ich mich nicht überfordere?

Das letzte Praktikum während der schulischen Ausbildungsphase soll den Schülern/Schülerinnen die Möglichkeit geben Erfahrungen mit der gezielten

Umsetzung eigener pädagogischer Vorstellungen zu sammeln: Analyse komplexer Handlungssituationen, Erprobung von Handlungsalternativen zur Bewältigung einer Aufgabe, Übungen zum Abbau eigener Kompetenzdefizite, Erweiterung der Planungskompetenz.

Die Professionalisierung für das Berufspraktikum zeigt sich im vollen Engagement am Arbeitsplatz, einem guten und unproblematischen Zugang zu den Kindern und Jugendlichen, in Eigenständigkeit und Teamfähigkeit. Inhaltliche Schwerpunkte der vierten EA sind dementsprechend die Sicherung der pragmatischen pädagogischen Handlungskompetenz, der Erwerb der Fähigkeit, die pädagogischen Zielvorstellungen in kontinuierliche und sinnvolle Aktionen umzusetzen sowie die Entwicklung eines Weges, mit Schwierigkeiten der Realisierung des pädagogischen Konzeptes fertig zu werden und die eigenen pädagogischen Ziele abzusichern.

Diese Entwicklungsaufgabe der Professionalisierung verlangt im Kontext interkultureller Erziehung z.B., dass Elterngespräche mit nicht-deutschen Eltern geführt werden, dass die speziellen Berufsrollenprobleme, die im Kontext der interkulturellen Erziehung auftreten, vertieft thematisiert werden, etwa: Was tue ich, wenn eine Gruppe von türkischen Vorschulkindern sich völlig aus dem gemeinsamen Gruppengeschehen ausgegrenzt und mich als weibliche Betreuungsperson nicht akzeptiert?

Das Tempo, in dem die Schüler/innen diese Entwicklungsphasen durchlaufen, ist individuell unterschiedlich, es richtet sich nach den persönlichen Ausgangsbedingungen.

Zusammenfassend kann das Konzept der Entwicklungsaufgaben als eine Strukturierung der Komplexität der beruflichen Qualifikation im Erzieherberuf aufgefasst werden, d.h. die Fähigkeit zur Lösung typischer Handlungsprobleme im pädagogischen Alltag (Handlungskompetenz), die Fähigkeit zur Überprüfung der erworbenen Handlungskompetenz auf ihre Leistungsfähigkeit hin (Reflexionskompetenz) und die Fähigkeit zur Bildung einer beruflichen Identität werden in überschaubaren und überprüfbaren Einheiten erworben, wobei die individuelle Persönlichkeit der angehenden Erzieherin aber nicht unberücksichtigt bleibt.

Strukturierung der komplexen Qualifikation

Die Praxisaufgaben, die die Schüler/innen in der Ausbildung in Anlehnung an die zu lösenden Entwicklungsphasen gestellt bekommen, sind als Herausforderungen zu betrachten, die bereits vorhandenen Problemlösungsmuster, die die Auszubildenden schon besitzen, weiterzuentwickeln oder neue zu erarbeiten. Dementsprechend müssen die Aufgaben von den Ausbildern individuell angepasst bzw. bewertet werden, z.B. indem eine Aufgabe wiederholt gestellt wird, aber mit der Auflage, eine pädagogische Handlungsweise besser umzusetzen. Die Schüler/innen berichten über die Bewältigung ihrer Praxisaufgaben in den schon erwähnten Geschichten, in denen das Erlebte so detailliert und mit einem so hohen persönlichen Anteil wie möglich geschildert wird. Die Erlebnisse mit Kindern bzw. in der Erzieherrolle müssen basierend auf dem erworbenen Fachwissen reflektiert werden.

Praxisaufgaben als Herausforderung

LITERATURVERZEICHNIS ZU ABSCHNITT 11.2.6

GRUSCHKA, Andreas/HESSE, Cordula/MICHELY, Hildegard/SCHOMA-
CHER, Hedwig: Aus der Praxis lernen. Methodenhandbuch für Lehrer und
Pädagogen. Cornelsen Verlag, Berlin, 1995

GRUSCHKA, Andreas: Wie Schüler Erzieher werden. Studie zur Kompetenz-
entwicklung und fachlichen Identitätsbildung in einem doppelqualifizieren-
den Bildungsgang des Kollegschulversuchs NW. Verlag Büchse der Pandorra,
Wetzlar, 1985

11.2.7 Interkulturelle Thematik in den Unterrichtsfächern

Kulturelle Mehrdimensionalität in den Fächern

Eine weitergehende Integration der interkulturellen Thematik als durchgängiges Prinzip in der pädagogischen Ausbildung muss auch über die jeweiligen Unterrichtsinhalte der Fächer vorgenommen werden. Ziel ist dabei neben der umfassenden Wissensvermittlung auch die Überwindung des Wunsches nach eindeutigen Erklärungen und Wahrheiten, welche ja oft nur vor einer bestimmten kulturspezifischen Folie Gültigkeit besitzen. Widersprüche und Mehrdeutigkeiten sollten in den Unterrichtsfächern als Chance begriffen werden den eigenen Verstehenshorizont zu erweitern. In den in den Stundentafeln festgelegten Unterrichtsfächern bieten sich unter Berücksichtigung der Anforderungen der Richtlinien zahlreiche Ansatzmöglichkeiten, das interkulturelle Lernen prinzipiell mit zu verankern. Die folgende Auflistung nennt einige Möglichkeiten, auf die das Lehrpersonal des Sophie-Scholl-Berufskollegs sich verständigt hat; die Fachbezeichnungen sind in den einzelnen Bundesländern nicht identisch und wir bitten Sie als Leser die Vorschläge sinngemäß auf Ihre Stundentafel zu übertragen.

– Erziehungswissenschaften: Theoretische Grundlagen der interkulturellen Pädagogik, z.B. pädagogische Ziele und Normen, Sensibilisierung für die spezifischen Probleme ausländischer Kinder und Jugendlicher und deren Auswirkungen auf die Identitätsbildung, Vorurteilsbildung, Umgang mit Befremdung

– Didaktik/Methodik: Interdependenz der Situation der Kinder, der Erzieherinnen, der Ziele, Inhalte und Methoden, Reflexion des eigenen Sprachverhaltens und der pädagogischen Kommunikation, begegnungs- und konfliktorientierte Konzepte interkulturellen Handelns, Elternarbeit und Arbeit mit Müttern, Öffnung der Einrichtung und Kooperation mit den Institutionen im Stadtteil, Entwicklung von Konzepten zur Förderung von Sprache, Identitätsdarstellung etc.

– Deutsch mit Kinder- und Jugendliteratur: Bedeutung der Muttersprache für die kindliche Entwicklung, Zweisprachigkeit, Kennenlernen fremder Lebens- und Denkweisen durch literarische Werke aus anderen Kulturkreisen, Literatur in der Migration und über Migrationserfahrungen, Kinderliteratur und Märchen aus anderen Kulturkreisen

– Gesellschaftslehre: Gesellschaftliche und politische Bedingungen der Ausländer in der Bundesrepublik Deutschland, multikulturelle Gesellschaft, Rassismus und Nationalismus, Auseinandersetzung mit anderen gesellschaftlichen, rechtlichen und normativen Systemen, Jugend und Familie in der Migration, deutsche Emigrationsgeschichte, Europäisches Denken und weltweite Solidarisierung

– Religion: Grundlagen des Islam und anderer Weltreligionen, Auswirkungen der jeweiligen Religionen auf die Lebens- und Denkweise, Gemeinsamkeiten und Unterschiede sowie Möglichkeiten des Dialoges, Religionsgemeinschaften innerhalb des Islam und deren Ausprägungen in Deutschland

– Kunst: Kunstverständnis anderer Kulturen und andersartige ästhetische Qualitäten, Darstellung von Fremdheit in Kunstwerken, Erstellen interkultureller Kunstwerke

– Spiel: Landestypische Spiele und Spielfiguren, Spiel und Ernst in der Sozialisation von Kindern im Verständnis anderer Kulturen, interkulturelle Spiele und Spielfeste

– Sport: Landestypische Sportarten der Herkunftsländer der Migranten, Konfliktbewältigung und Begegnung durch Sport in multikulturellen Gruppen, Bewegungsspiele, die nur eine geringe Sprachkompetenz erfordern

– Musik: Unterschiedliche Stilrichtungen und Harmoniebegriffe, Lieder und Instrumente fremder Kulturen, Entwickeln eines interkulturellen Musicals

– Medienerziehung: Muttersprachliche Medien der Migranten, Einsatz von Medien in interkulturellen Projekten

– Jugendhilfe/-recht: Ausländerrecht, Partizipation ausländischer Eltern in den Mitwirkungsgremien der Einrichtungen

– Biologie mit Gesundheitserziehung: Reflexion des Begriffes „Rasse" im Zusammenhang der Genforschung, Zusammenhang von Krankheitsbildern und Migration

11.2.8 Eine Migrantensprache im Lehrangebot

Zusätzlich bietet das Sophie-Scholl-Berufskolleg den Auszubildenden im Rahmen des Wahlbereiches Unterricht in Türkisch an, wobei auch kulturspezifische Aspekte in diesem Kurs mit thematisiert werden. Die Grundkenntnisse der türkischen Sprache werden in den Praktika genutzt (z.B. zweisprachiges Bilderbuch zur Kontaktaufnahme mit Kindern und Jugendlichen), ermöglichen aber auch ein grundlegendes Verständnis für die Ausdrucks- und Verständigungsprobleme der Adressaten türkischer Herkunft.

Sprache für Anwendung und Sensibilisierung

11.2.9 Auslandspraktikum

Da im Rahmen des Berufskollegs die zusätzliche 14. Jahrgangsstufe entfällt (*siehe Bemerkung im Abschnitt 11.2.1*), ist zukünftig vorgesehen das Auslandspraktikum in die „normale" Erzieherausbildung einzubinden (*zum Thema Auslandspraktikum im Allgemeinen siehe 7. Kapitel*). Da es wenig sinnvoll ist, den Aufenthalt im Ausland bindend für alle Auszubildenden zu machen, wird dieses Praktikum nur für Interessierte angeboten. Ein Zwang würde dem interkulturellen Ausbildungsziel entgegenstehen.

11.2.10 Interkulturelles Projektthema

Eine weitere Zugangsweise zum interkulturellen Lernen besteht darin, im Rahmen des Projektunterrichtes ein Thema zu diesem Bereich in einer Projektgruppe zu bearbeiten. Das Einzugsgebiet des Sophie-Scholl-Berufskollegs ermöglicht eine multikulturelle Mischung (Schülerinnen türkischer und weiterer Nationalitäten, Aussiedlerinnen aus osteuropäischen Staaten) der Projektgruppen, welche gezielt für Lernprozesse genutzt werden kann.

Projektunterricht nutzen

Auch im Rahmen der Projektarbeit kommt die Methode des Lernens aus Geschichten zum Tragen. So bringen z.B. Schülerinnen türkischer Nationalität über ihre Geschichten die besonderen Problemstellungen, die sich für sie z.B. im Rahmen eines Projektes „Mädchenarbeit mit türkischen Mädchen im Jugendzentrum" ergeben, in die Gruppe hinein. Wäre eine Projektarbeit rein ergebnisorientiert, ohne auf die individuellen Lernerfahrungen speziell einzugehen und würde diese Individualität nicht in Form der biografischen Begleitung des Lernprozesses erfasst, gingen sehr zentrale Fragestellungen im Kontext der interkulturellen Thematik verloren und blieben unbearbeitet.

Da der Projektgedanke am Sophie-Scholl-Berufskolleg als durchgängiges Prinzip in der gesamten Ausbildung zur Erzieherin konzeptionell verankert ist, ist ein interkulturelles Projektthema im Verlaufe der Ausbildung obligatorisch von den Schülerinnen zu belegen. Diese Projekte werden real in der Praxis im Stadtteil umgesetzt, in der Schule einer weiteren Öffentlichkeit präsentiert und dokumentiert.

12 Fortbildungskonzept Interkulturelle Erziehung im Elementarbereich

12.1 Modulkurs „Europe Active" des ECCE/IPE, Rheinland-Pfalz

Im April 1989 wurde das Projekt „Interkulturelle Pädagogik im Elementarbereich – IPE" in Trägerschaft des Vereins „European Centre for Community Education – ECCE" gegründet. Aufgabe des Projekts ist es, ein Fortbildungskonzept für deutsche und ausländische Mitarbeiter/innen in Kindertagesstätten zu entwickeln und in Praxismodelle umzusetzen. Ausschlaggebend für die Schaffung des Projektes waren zwei Motive: die multikulturelle Wirklichkeit, die sich auch in den Kindertageseinrichtungen widerspiegelt, und die mangelnde Vorbereitung der pädagogischen Fachkräfte in der Ausbildung. Hinzu kam das Fehlen eines kohärenten Fortbildungskonzeptes für sozialpädagogische Fachkräfte in der Praxis. Die multikulturelle Zusammensetzung von Kindergruppen ist zu einer Selbstverständlichkeit in Kindertageseinrichtungen geworden. Nicht nur in Ballungsgebieten, sondern auch in den ländlichen Bereichen ist die Anwesenheit von Migranten sichtbar. Die Entwicklung zeigt, dass sich zudem die Vielfalt der Migrantengruppen verstärkt. Neben den Kindern der zweiten oder dritten Generation von Arbeitsmigranten aus den klassischen Anwerbeländern (Italien, Türkei, Griechenland, früheres Jugoslawien, Spanien, Portugal, Marokko) kommen zunehmend Kinder deutscher Aussiedlerfamilien aus Polen, Rumänien und Staaten der früheren Sowjetunion nach Deutschland. Eine weitere vielschichtige Gruppe stellen Flüchtlinge aus unterschiedlichen Krisengebieten dar, wobei kroatische und bosnische Kinder in der Mehrzahl sind. Wenn auch die Gründe, warum Kinder anderer Muttersprache, Religion oder auch Nationalität nach Deutschland kommen, vielschichtig sind, so besteht doch kein Zweifel, dass sie alle in eine multikulturelle Gesellschaft hineinwachsen. Kindergärten sind in der Regel die erste außerfamiliäre Erziehungsinstitution, mit der Kinder und Eltern in Berührung kommen. Das Alter zwischen drei und sechs Jahren hat in der persönlichen Entwicklung und Sozialisation eines Kindes eine wichtige Bedeutung, denn in dieser Zeit werden grundlegende Fundamente für die Sprache, die Identität und Persönlichkeit des Kindes gelegt bzw. gefestigt. Der Kindergarten begleitet alle Kinder in einer wichtigen Phase ihres Lebens, die – anders als Schule – noch frei sein kann von Leistungsdruck und Konkurrenz und die Möglichkeit hat, auf die individuelle Entwicklung einzugehen und auf das Zusammenleben in einer Gruppe, die nicht die Familie ist, vorzubereiten. Es stellt sich die Frage, inwieweit die pädagogischen Fachkräfte auf diese Arbeit vorbereitet sind, wenn sie auf Kinder mit unterschiedlichsten Vorerfahrungen in ihren Familien stoßen, auf Kinder, die verschiedene Erstsprachen, unterschiedliche kulturelle, religiöse und erzieherische Vorstellungen in die Einrichtung mitbringen. Eine Erziehung, die sich an einer homogenen und deutsch ausgerichteten Gesellschaftsvorstellung orientiert, führt zwangsläufig zu einem Anpassungs- und Assimilationsdruck gegenüber den Migrantenkindern und ihren Familien, der die tatsächliche Situation Deutschlands als eine multikulturelle Gesellschaft leugnet und ihr nicht gerecht wird. Erzieherinnen sehen sich im

Zielgruppe: deutsche und ausländische Mitarbeiter/innen

Chancen der Arbeit im Kindergarten

Umgang mit Kindern anderer kultureller Herkunft, Sprache oder Religion Situationen gegenüber, auf die sie die bisherige Ausbildung nicht oder nicht ausreichend vorbereitet hat. Der Bedarf an Fortbildung in diesem Bereich zeigt schon seit Jahren steigende Tendenz.

12.1.1 Situation Ausbildung

Defizit zum Thema in der Ausbildung

Die Ausbildung der im Kindergarten tätigen pädagogischen Fachkräfte liegt in der Regie der Länder. Am Beispiel Rheinland-Pfalz lässt sich jedoch feststellen, dass interkulturelle Inhalte oder Lernziele zu kurz kommen, dass sie meist nur auf Initiative engagierter Lehrkräfte oder zu besonderen Gelegenheiten wie Projekttagen aufgegriffen werden. Ein Blick in den rheinland-pfälzischen Lehrplanentwurf für die Fachschulen für Sozialwesen, Bildungsgang Erzieher, zeigt, dass die Thematik unter dem Stichwort Ausländerkinder aufgegriffen wird, dass sie aber nur unter einer Problemoptik gesehen wird. Die genannten Themen und ihre systematisch-didaktische Einordnung in den Lehrplan passen eher zu einem Konzept der „Ausländerpädagogik", das die Migranten als Zielgruppe anvisiert, sie als defizitär im Hinblick auf die deutsche Sprache und ihre Fähigkeiten, sich in der deutschen Gesellschaft zurechtzufinden, definiert und kompensatorische Hilfestellungen empfiehlt. Es werden keine Perspektiven im Sinne interkultureller Pädagogik entwickelt.

12.1.2 Situation in der Fortbildung

Fortbildung kann noch zu wenig leisten

Die Fachberater und Fortbildungsträger bieten aufgrund der Nachfrage durch die Praxis immer wieder Fortbildungen an, die hauptsächlich von den dringendsten Fragen aus dem pädagogischen Alltag bestimmt werden und sich vor allem um den Themenbereich Sprachentwicklung und die Zusammenarbeit mit den ausländischen Eltern, aber auch um religiöse und kulturelle Besonderheiten im Umgang mit den verschiedenen Migrantengruppen drehen. Allerdings werden diesen positiven Ansätzen Grenzen gesetzt, dadurch dass die Fachberatungen sowohl bei den freien als auch bei den öffentlichen Trägern personell schlecht ausgestattet sind, sodass bei der Masse an Aufgaben die interkulturelle Beratung oft zu kurz kommt. Die Fortbildungseinrichtungen sind aufgrund unterschiedlicher Organisations- und Territorialstruktur kirchlicher und staatlicher Verwaltungen zudem sehr verschiedenartig organisiert und erschweren eine trägerübergreifende Fortbildung im interkulturellen Bereich. Die Angebote haben in der Regel einen sporadischen Charakter und kein umfassenderes Grundkonzept, das die Vielfältigkeit der Themen und die Bearbeitung grundlegender Fragen berücksichtigt. Beklagt wird auch ein Mangel an Fortbildungsangeboten für die Fortbildner selbst.

12.1.3 Entwicklung eines Curriculums durch das IPE

Ausgehend von den beschriebenen Bedingungen stellte sich das Projekt „Interkulturelle Pädagogik im Elementarbereich – IPE" die Aufgabe, ein Fortbildungs- und Beratungskonzept für deutsche und ausländische Fachkräfte in Kindertageseinrichtungen zu entwickeln und in Kooperation mit ihnen Praxismodelle zu erproben. In der Stadt Mainz wurden, unterstützt durch das Jugendamt, die Stiftung Jugendmarke, das Arbeitsamt und die Landesfortbildungszentren in einer zweijährigen Phase thematisch gebundene Seminare und kontinuierliche Arbeitsgruppen angeboten. Das Konzept des Projektes sieht in Mainz Angebote vor, die nach Inhalten, Lernzielen und Adressaten differenziert sind. Die Trennung von Angeboten mit inhaltlichem, didaktisch-methodischem Schwerpunkt (**Seminare und Informationstage**) von Arbeitstreffen mit mehr organisatorischem Inhalt (**AG Interkulturelle Arbeit**) hat sich als günstig erwiesen. Neben gemeinsamen Fortbildungsmaßnahmen für deutsche und ausländische Mitarbeiterinnen sind auch spezielle Angebote für die als Zusatzkräfte eingestellten Ausländerinnen und Aussiedlerinnen erforderlich (**AG der Zusatzkräfte**). Schlüsselthemen und Dauerbrenner sind nach wie vor die Bereiche „Sprache" (Sprachentwicklung, Sprachförderung, Zweisprachigkeit) und „Elternarbeit". Neben den Informationsveranstaltungen, Seminaren und Arbeitskreisen bieten wir auch Gruppen- und Einzelberatung nach Bedarf und Nachfrage an. Wir differenzieren hierbei zwischen:

– Teamberatung,
– Einzelberatung, insbesondere der Zusatzkräfte, und
– individuellen Hilfen.

Das Projekt stand darüber hinaus als **Informationszentrale** zur Verfügung und konnte so vielfältige Kontakte zwischen interessierten Erzieherinnen oder Einrichtungen herstellen und zur Kooperation anregen. Insbesondere die trägerübergreifende Öffnung unserer Angebote erwies sich als günstig und motivierend für die Zusammenarbeit städtischer und konfessioneller Einrichtungen in den Stadtteilen. Als weiterer Beitrag zur interkulturellen Arbeit im Kindergarten ist der Ausbau unserer **Bibliothek und Materialsammlung** zu betrachten, die den Erzieherinnen und Erziehern unbürokratisch und kostenlos zur Ausleihe zur Verfügung steht und rege in Anspruch genommen wird.

Gemeinsam mit den in Mainz teilnehmenden Fachkräften wurde nach zwei Jahren Projektarbeit ein Katalog an Themen und Qualifikationsmerkmalen für die interkulturelle Arbeit in Kindertagesstätten zusammengetragen und in einem Curriculum systematisiert. Dieses war Grundlage zur Entwicklung des **Zertifikatskurses „Europe Active"** in Modulform, in dem Erziehungskräfte aus dem Elementarbereich eine Basisqualifikation für die Arbeit mit multikulturellen Kindergruppen erwerben und sich besser auf die von ihnen geforderten Aufgaben qualifizieren können. Der Kurs wird in Kooperation mit dem Sozialpädagogischen Fortbildungszentrum des Landes angeboten.

12.2 Zertifikatskurs „Europe Active"

12.2.1 Ziele des Zertifikatskurses

Erzieherische Fachkräfte, die mit multikulturellen Gruppen arbeiten, sollen durch die Fortbildungskurse mit dem Konzept interkultureller Pädagogik vertraut gemacht werden. Dies beinhaltet den Erwerb von Grundlagenwissen, die Analyse und Erweiterung persönlicher und fachlicher Kompetenzen und Einstellungen sowie die Aneignung und Verbesserung von praktischen Fertigkeiten und Methoden. In methodisch vielfältiger Form soll Wissen erworben und interkulturelle Lernerfahrungen ermöglicht werden.

12.2.2 Zielgruppe

Deutsche und ausländische Fachkräfte

Das Fortbildungsangebot richtet sich an deutsche und ausländische Fachkräfte aus dem Kindertagesstättenbereich, an Grundschullehrer, Fachberater und Personen, die in und mit der Erzieherausbildung beschäftigt sind.

12.2.3 Inhalte der Module

Geschlossene Themenkreise pro Modul

Der Kurs setzt sich aus vier Modulen zusammen die einen jeweils in sich geschlossenen Themenkreis behandeln und unabhängig voneinander konzipiert sind, sodass die Teilnehmerinnen und Teilnehmer an keine Reihenfolge gebunden sind, mit Ausnahme des Sprachkurses, der vor dem Auslandsaufenthalt zu absolvieren ist. Interkulturelle Pädagogik ist keine Sonderpädagogik, sie kann nicht als ein besonderes Fach vermittelt werden, sondern wird als grundlegende Sichtweise verstanden, die als durchgehendes Prinzip in der täglichen pädagogischen Arbeit zum Ausdruck kommen soll.

Gliederung in Lernbereiche

Zur Strukturierung der Fortbildungsinhalte werden fünf Lernbereiche unterschieden:
- Grundlagenwissen
- Persönliche und fachliche Kompetenzen und Einstellungen
- Methoden und Fertigkeiten
- Sprachkenntnisse in einer Migrantensprache
- Praktische Auslandserfahrung

12.2.4 Kursaufbau

Die Themenkreise der vier Module:
Modul A: Multikulturelle Gesellschaft und interkulturelle Pädagogik
Modul B: Sprache und Kommunikation
Modul C: Sprachkurs in einer Migrantensprache
Modul D: Praktische Auslandserfahrung

Grundschema der Module			
A	B	C	D
5h	5h	5h	1. Woche
10	10	10	2.
15	15	15	3.
20 I	20	20	4. ....
25	25	25	5.
30	30	30	6.
35	35	35	7.
40		40	8. ....
45		45	9.
50		50	10.
55 II		55	11.
60		60	12. ....
65			
70			

Modul A:

Thema: Multikulturelle Gesellschaft und interkulturelle Pädagogik
Umfang: 70 Stunden = 2 Wochenkurse zu 5 Tagen
Methode: Theorieseminare mit praktischen Übungen

Inhalte:
Teil I:
a) Grundlagenwissen:
– Migration (Ursachen und Folgen weltweit, europaweit, in Deutschland; Geschichte)
– rechtliche Grundlagen zum Aufenthalt und zur Arbeitserlaubnis für EG-Ausländer, Nicht-EG-Ausländer, Asylsuchende, Aussiedler
– Deutschland als multikulturelle Gesellschaft
– Was ist Kultur?
– Sozialisation in einer multikulturellen Gesellschaft, zwischen zwei Kulturen
– Identitätsentwicklung

b) Persönliche und fachliche Kompetenzen
– Bereitschaft zu interkultureller Arbeit
– Einstellungen überprüfen, Relativieren von Werten und Normen
– Selbstreflexion
– Einfühlungsvermögen

c) Methoden und Fertigkeiten
– Formen und Planung von Elternarbeit
– Einbeziehung ausländischer und deutscher Eltern in die pädagogische Praxis
– Spiele, Lieder, Tänze aus anderen Kulturen

Teil II:
a) Grundlagenwissen:
– Länderkunde (exemplarisch an 1–2 Beispielen)
– andere Kulturen mit unterschiedlichen Familienstrukturen und Wertvorstellungen
– Vorurteile, Ausländerfeindlichkeit und Rassismus (Entstehen, Umgang und Bekämpfung)
– Religionen und religiöse Erziehung im Kindergarten
– pädagogische Konzepte zur multikulturellen Situation

b) Persönliche und fachliche Kompetenzen
– Einfühlungsvermögen
– Offenheit und Toleranz
– Umgang mit eigenen Vorurteilen und Unsicherheiten
– Umgang mit Ausländerfeindlichkeit
– Konfliktfähigkeit

c) Methoden und Fertigkeiten
- Feste, Bräuche, Essen aus anderen Kulturen
- didaktische Einheiten und Projekte entwerfen
- Formen religiöser Erziehung im Kindergarten

Modul B:

Thema: Sprache und Kommunikation
Umfang: 35 Stunden = 1 Wochenkurs zu 5 Tagen
Methode: Praxisorientiertes Seminar mit theoretischem Input

Inhalte:
a) Grundlagenwissen
- Kommunikation: Formen, Störungen
- Sprachentwicklung: Einsprachigkeit, Zweisprachigkeit, Muttersprache, doppelte Halbsprachigkeit
- Sprache und Identität
- Sprachstörungen und Sprachförderung

b) Persönliche und fachliche Kompetenzen
- Einfühlungsvermögen in die Situation anderssprachiger Kinder und Eltern
- Mehrsprachigkeit als positiv annehmen und Gleichwertigkeit von Sprachen akzeptieren
- Offenheit für verschiedene Sprach- und Kommunikationsformen
- Hemmungen abbauen im nonverbalen Kommunikationsprozess
- nonverbale Kommunikation stärker wahrnehmen und selbst einsetzen
- eigene Sprach- und Verständigungsgrenzen erkennen

c) Methoden und Fertigkeiten
- nonverbale Kommunikation üben: Körpersprache, Mimik, Gestik, stimmlicher Ausdruck
- visuelle Kommunikation
- Theateranimation: z.B. mehrsprachiges Theater, Pantomime, Schattenspiel, Improvisationstechniken, Puppenspiel etc.
- mehrsprachiges Erzählen
- fremd-, mehrsprachige Verse, Abzählreime, Lieder, Gedichte
- Sprachförderung durch Projekte und didaktische Einheiten:
  in der Muttersprache
  in der deutschen Sprache

Modul C:

Thema: Sprachkurs in einer Migrantensprache
Umfang: 60 Stunden

Inhalte:
- Einführung in die Grammatik und den Grundwortschatz einer Migrantensprache (z.B. Türkisch, Italienisch, Polnisch)
- ein auf die Erfordernisse der täglichen Kindergartenarbeit zugeschnittener Sprachkurs in einer der Migrantensprachen, in dem ein im Kindergarten anwendbarer Wortschatz vermittelt wird

Modul D:

Thema: Praktische Auslandserfahrung
Umfang: mindestens 3 Monate
Form: Praktikum, Hospitationsaufenthalt, Studienfahrt, internationale Seminare, bi- oder multilaterale Austauschprogramme

Inhalte:
a) Grundlagenwissen:
- Information über politische, wirtschaftliche und soziale Situation des Gastlandes
- Kenntnisse über die Organisation des Schul- und Vorschulbereichs
- Ausbildung des pädagogischen Personals in vorschulischen Einrichtungen
- pädagogische Konzepte in Kindertageseinrichtungen

b) Persönliche und fachliche Kompetenzen
- Erfahrung des „selbst Ausländer sein"
- Sprachbarrieren erleben, eigene Reaktionen beobachten, Entwickeln von Kommunikationsstrategien
- sich in einer Umgebung mit einer anderen Kultur und anderen Wertvorstellungen zurechtfinden
- Lernen durch Erleben, Mitmachen, Ausprobieren und sprichwörtliches Begreifen, nicht nur kognitive Aneignung
- Selbstreflexion
- sich in fremdsprachige Kinder und Eltern hineinversetzen lernen
- Freude sich Neues zu erschließen

c) Methoden und Fertigkeiten:
- Fachaustausch mit ausländischen, anderssprachigen Kolleginnen
- Nonverbale Kommunikationsmöglichkeiten erfahren und ausprobieren
- Organisieren von Lern- und Erfahrungsmöglichkeiten in einer multikulturellen Gruppe

Die Anerkennung bereits vorhandener Kenntnisse oder gleichwertiger bei anderen Institutionen erbrachter Leistungen kann beantragt werden. Eine Entscheidung erfolgt nach Prüfung des Einzelfalles.

12.3 Zwischenauswertung nach vier Jahren Erprobung

Resonanz in einem breiten Kreis

Seit dem Jahr 1994 bis Ende 1997 führte das IPE neun je einwöchige Fortbildungsveranstaltungen mit insgesamt 124 Teilnehmerinnen durch. Während die Modulteile A1 und A2 sowie das Modul B je zweimal durchgeführt wurden, fand Baustein C, d.h. der Sprachkurs für Erzieherinnen, dreimal statt, wobei ein Türkischkurs in Mainz und zwei Italienischkurse in Italien organisiert wurden.

Die überwiegende Mehrheit der Teilnehmerinnen war bei der Berufgruppe der Erzieherinnen zu verzeichnen, es kamen aber auch Sozialpädagoginnen, Kinderpflegerinnen, ausländische Mitarbeiterinnen, Studentinnen und jeweils eine Studienrätin, eine Sonder- sowie eine Musikerzieherin. Bei den Mitarbeiterinnen aus den Kindertageseinrichtungen waren alle Funktionen vertreten: Leiterinnen, Gruppenleiterinnen, Mitarbeiterinnen in der Gruppe, muttersprachliche und deutsche Zusatzkräfte. Die Kurse wurden aber auch von Fachschullehrerinnen, Sozialpädagogikstudentinnen und einer arbeitslosen Diplompädagogin besucht.

Die Teilnehmerinnen kamen zwar vorwiegend aus Rheinland-Pfalz, aber auch aus Hessen, dem Saarland, Nordrhein-Westfalen und Schleswig-Holstein.

Hoher Migrantinnenanteil

Interessant war bisher auch die bei ca 50 % liegende enorm hohe Beteiligung von Migrantinnen aus der Türkei, Holland, Italien, Spanien, Frankreich, England und Rumänien. Es gab auch Deutsche, die längere berufliche Aufenthalte im Ausland angeben konnten.

Obwohl das Modul D (Auslandsaufenthalt) sicherlich am schwierigsten zu erwerben ist, weil es den höchsten zeitlichen, persönlichen und auch finanziellen Aufwand mit sich bringt und immer nur ganz individuell organisierbar ist, haben bisher insgesamt 7 Personen den Baustein erworben, wobei die Mehrzahl sich bereits im Ausland gemachte berufliche Erfahrungen als Modul anerkennen ließ.

Von insgesamt 124 Teilnehmern haben 6 Personen sämtliche Module absolviert und das Zertifikat erworben.

Hauptmotiv: persönliche Betroffenheit

Bei der Frage, welche Gründe die Teilnehmerinnen motiviert haben den Kurs mitzumachen, stand bei den meisten die persönliche Betroffenheit (z.B. selbst Migrant sein; der Partner oder ein Familienmitglied ist Migrant) und Erfahrungen mit Migration und dem Leben im Ausland im Vordergrund. Erst an zweiter Stelle kamen Gründe wie multikulturelle Situation in den Gruppen oder spezielle Aufgaben zur Integration ausländischer Kinder.

Neben dem Wunsch, Anregungen für die praktische Arbeit in Kindertageseinrichtungen zu erhalten, gab es ein großes Bedürfnis nach Information und theoretischem Input, gepaart mit der Offenheit sich auf Übungen einzulassen, die eigene Haltungen und Einstellungen bewusst machten bzw. in Frage stellten. Die multikulturelle Mischung der Gruppe und der dadurch mögliche breite Austausch zwischen Migrantinnen und Nicht-Migrantinnen verdeutlichte quasi exemplarisch die Chancen des gemeinsamen interkulturellen Lernens.

Problem: Transfer im Alltag

Die Sensibilisierung und Selbstreflexion führten dazu, dass viele mit neuer Motivation in die Praxis zurückkehrten und dort Veränderungen in Gang brachten. Manche kamen allerdings frustriert zum nächsten Modul, weil sie sich als Einzelkämpfer für die Sache in ihren Teams erlebt hatten und durch die gleichgültige oder gar ablehnende Haltung der Kollegen gebremst worden waren. Eine türkische Mitarbeiterin formulierte es so: „Seit ich mir durch die Fortbildungen bewusst bin, was in der Arbeit mit den Kindern und Familien, vor allem der Migranten, alles notwendig und machbar wäre, kann ich es immer schlechter ertragen, dass die Kolleginnen immer weiter in ihrem alten Trott arbeiten und jeden Veränderungsvorschlag, den ich bringe, abblocken."

Insgesamt hat der Modulkurs nach unserer Ansicht sein Ziel erreicht, denn die Teilnehmerinnen haben im Laufe der Module eine Basiskompetenz zur interkulturellen Erziehung entwickelt, die sie nicht nur offener und sensibler für das Thema werden ließ, sondern ihnen auch Hintergrundinformation und praktische Hilfestellungen und Anregungen für die Umsetzung in die Praxis bot.

Hier zeigt sich ein altes Dilemma der Fortbildungsarbeit: dass in der Regel die daran teilnehmen, die bereits eine gewisse Offenheit und Interesse mitbringen, die anderen aber in ihren Positionen verharren. Wichtig für die Entwicklung interkultureller Erziehung in Kindertageseinrichtungen ist es, dass das Team als Ganzes sich mit der Thematik beschäftigt. Hier wäre das Angebot von Teamberatung ein geeignetes Mittel, den interkulturellen Lernprozess zu initiieren und voranzutreiben.

Als notwendig erkannt: Teamberatung

13 Bausteine der RAA zur Aus- und Fortbildung von Erzieherinnen und Erziehern für eine interkulturelle Arbeit

13.1 Die RAA

Vorstellung der Institution RAA

Die Regionalen Arbeitsstellen zur Förderung zugewanderter Kinder und Jugendlicher sind Einrichtungen in 25 Städten bzw. Kreisen in Nordrhein-Westfalen (Stand Januar 1998). Sie werden durch die Kommunen, die Ministerien für Arbeit, Gesundheit und Soziales und für Schule und Weiterbildung finanziert. Eine RAA ist eine offene Kontaktstelle für alle, die sich in ihrer Kommune oder dem Kreis um die Integration von Kindern und Jugendlichen aus Zuwandererfamilien kümmern, um bei Problemlösungen zu helfen und Fördernotwendigkeiten zu ermitteln. Sie arbeitet in der Regel netzwerkorientiert mit dem Ziel der Bündelung aller Anstrengungen.

Ziel ihrer Arbeit ist die Herstellung von Chancengleichheit bei gleichberechtigter Teilhabe am Bildungssystem der Bundesrepublik Deutschland. Die Bandbreite ihrer Arbeit reicht vom Elementarbereich bis zum Übergang von der Schule in den Beruf.

Die RAA werden koordiniert und unterstützt durch eine Hauptstelle in Essen.

Die RAA sind in NRW in Facharbeitskreisen verbunden, die die Konzentration der Arbeit auf die verschiedenen Bildungslaufbahnphasen widerspiegeln: der Arbeitskreis Interkulturelle Erziehung im Elementar- und Primarbereich, der Arbeitskreis Schule und der Arbeitskreis Übergang Schule/Beruf.

13.2 Der Schwerpunkt der Arbeit in der Elementarerziehung

Der Arbeitskreis der RAA „Interkulturelle Erziehung im Elementar- und Primarbereich" (IKEEP) nimmt seit einigen Jahren neben der Versorgungsfrage der Kinder ausländischer Herkunft in den Einrichtungen ihrer jeweiligen Kommune die interkulturelle Erziehung im Elementarbereich in den Blick.

Multikulturelles Miteinander ist eine Chance für die Entwicklung aller Kinder. Als Chance stellt sich interkulturelles Lernen allerdings nicht von selber ein, sondern muss initiiert werden, damit aus einer multikulturellen Gruppe gleichberechtigte Teilhabe, gegenseitiger Respekt, Bereicherung und Konfliktfähigkeit erwachsen. Erzieherinnen und Erzieher müssen auf diese Aufgabe vorbereitet sein, um Antworten zu kennen auf die Fragen, die den Alltag in einer multikulturell zusammengesetzten Einrichtung bestimmen:

Die Fragestellungen des Arbeitskreises

– Wie kann man den täglichen Ablauf interkulturell gestalten?
– Wie geht man mit der Mehrsprachigkeit der Kinder um?
– Wie sind die Vorstellungen der Eltern von Kindern ausländischer Herkunft mit denen der Kindertageseinrichtung zu vereinbaren?
– Wie gehe ich mit Konflikten um, die entstehen, wenn sich verschiedene Wertevorstellungen aneinander reiben?
– Welches geeignete pädagogische Material gibt es für die interkulturelle Arbeit?
– Was und wer hilft bei der konkreten Umsetzung?

Welches sind nun förderliche Blickwinkel, die der interkulturellen Pädagogik zu Substanz verhelfen?

In erster Linie ist dies das Wissen um die Notwendigkeit interkultureller Pädagogik für alle Kinder einer Einrichtung (ebenso: Schule, Freizeiteinrichtung etc.). Adressaten sind also hier geborene, hier aufgewachsene und nach hier zugewanderte Kinder, gleich ob sie deutscher oder anderskultureller Herkunft sind. Aufgrund der Priorität der individuellen Wahrnehmung steht das Kind in der interkulturellen Pädagogik als Person mit jeweils eigenen Bedürfnissen, Interessen, Eigenschaften, Einstellungen oder Handlungsweisen im Mittelpunkt: Gruppen- oder gar „rassen"-pezifische Sichtweisen treten in den Hintergrund bzw. werden von vornherein als „rassistisch" ausgeklammert.

13.3 Interkulturelles Lernen im Elementarbereich

In der Interkulturellen Pädagogik sind alle Lernende: Kinder, Jugendliche, ihre Eltern und die Erzieher, Pädagogen, Lehrer. Denn jeder an einer interkulturellen Interaktionssituation Beteiligte muss sich der Tatsache bewusst sein, dass er oder sie in seinem oder ihrem Sozialisationsprozess kulturelle Standards verinnerlicht hat, die Wesen und Werte der Gruppe bestimmen, der er oder sie angehört. Nach Thomas (1993) sind die eigenen kulturellen Standards nicht bewusst .
Und dennoch beeinflussen sie das Wahrnehmen, Denken, Werten und Handeln. Orientierungssysteme schaffen Handlungsanreize und Handlungsmöglichkeiten, stellen aber auch Handlungsbedingungen und Handlungsgrenzen. In einer interkulturellen Interaktion gilt es genau wie in jeder Interaktionssituation die eigenen kulturellen Standards zu kennen und Bedingungen und Grenzen des Handelns aufgrund der eigenen Orientierungsmuster bewusst zu machen als auch die Kulturstandards der (fremden/anderen) Interaktionspartner herauszufinden, um Verhalten professionell deuten zu könen.

Alle Beteiligten sind Lernende

In diese Gesellschaft sind Menschen zugewandert, die aus Gesellschaften kommen, die im Gegensatz zu unserer individualistisch orientierten Gesellschaft kollektiv orientiert sind (vgl. S. 94). Aus diesen zwei Wertemustern entspringen manchmal gegensätzliche Orientierungen, die es Zugezogenen und Einheimischen schwer machen, einander zu verstehen. Andere gegensätzliche Wertemuster, wie z.B. unterschiedliche Zeit- und Raumkonzepte, kommen hinzu (vgl. S. 89/93). Ohne interkulturelles Lernen, das zwischen divergierenden Wertemustern auf eine Weise vermittelt, dass sich die Beteiligten gegenseitig respektieren können, würde die gegenseitige Fremdheit bestehen bleiben und zu Ausgrenzung führen.

Interkulturelles Lernen zielt auf Vermittlung, ohne dem anderen Werte aufzuzwingen. Der Migrationsprozess ist von sich aus durch einen ständigen Wandel gekennzeichnet: Dem Verlust von Heimat folgt ein lang andauernder Einfindungs-, Orientierungs-, Gewöhnungs- und Veränderungsprozess, der stressbelastet sein kann. Prinzipiell bietet ein interkultureller Lernprozess auch die

Interkulturelles Lernen bietet Entfaltungschancen

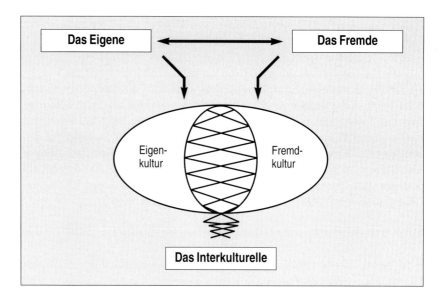

Chance für die einheimischen Beteiligten, ihr Gewordensein zu hinterfragen und geltende Werte auf den Prüfstand zu stellen.

Interkulturelles Lernen darf nicht von einer defizitären Betrachtungsweise geleitet sein. Nur in einer gleichberechtigten, gleichwertigen Interaktionssituation kann Lernen als Bereicherung angenommen werden. „Zwei Sprachen, zwei Menschen" heißt ein türkisches Sprichwort und will sagen, dass man mit dem Erlernen einer weiteren Sprache auch eine weitere Kultur aufnimmt. Manche Angehörige einer anderen Ethnie betonen die Bereicherung, die sie dadurch erfahren, dass sie in zwei Sprach- und kulturelle Wertesysteme hineinsozialisiert worden sind und aus zwei Wertesystemen das für sie Beste auswählen können. Wer sich selbst angenommen und respektiert fühlt, kann sich am ehesten frei machen für einen Blick über den persönlichen Tellerrand. Neue von tradierten Haltungen abgehobene, zukunftsträchtige Formen des gesellschaftlichen Lebens zu finden und zu leben, sollte das Recht eines jeden Mitglieds unserer Gesellschaft sein.

Toleranz oder noch besser Respekt entsteht nur dann, wenn jeder Einzelne zu dem Bewusstsein findet, dass der andere ein bisschen anders ist, als man selber meint – egal woher er kommt und wie fremd oder vertraut er scheint. Eine solche Haltung macht offen und baut Enttäuschungen im Miteinander vor.

Auernheimer sagt: Respektiere die Menschen mit anderen, u.U. befremdlichen Wertevorstellungen und Verhaltensmustern. Das muss dich aber nicht hindern, dich mit ihnen auseinander zu setzen, gerade weil du sie ernst nimmst!

Diese Aufforderung zur Auseinandersetzung kann auch die Bearbeitung von Konflikten einschließen, die durch eine multikulturelle Situation entstehen können. Konfliktfähigkeit ist ein Wert, den alle an einem Erziehungsprozess Beteiligten erwerben müssen. In der interkulturellen Pädagogik gilt es Konflikte wahrzunehmen und sich einer Bearbeitung zu stellen. Die Fähigkeit dazu müssen vor den Kindern und Jugendlichen die Erzieher und Pädagogen erwerben, damit sie in der Lage sind, interkulturelle Konfliktfähigkeit zu entwickeln.

Interkulturelles Lernen heißt auch, dass Erzieher und Lehrer die Möglichkeiten bereitstellen, dass Kinder und Jugendliche einer anderen Herkunft Sprache und Wissen erwerben, die ihnen eine gleichberechtigte Teilhabe in unserem Bildungssystem ermöglichen. Das Bildungssystem muss sich auf die Vielfalt der je besonderen Bedürfnisse von Kindern unterschiedlicher kultureller Hintergrunds einstellen. Die Kinder müssen lernen, in der Vielfalt zurechtzukommen. Schule und Kindergarten sollen die Mittel zur Kommunikation, zum Sprachkontakt, zur Verständigung und die Chancen zur Entwicklung bereit stellen. Kind zu sein und Entwicklungschancen zu benötigen, sollte immer im Vordergrund des pädagogischen Interesses stehen. Nicht die Kinder gilt es dem Kindergarten oder der Schule anzupassen, sondern Schule oder Kindergarten den Kindern. **Chancengleichheit als Zielvorstellung**

In diesen Prozess sollten ihre Eltern einbezogen sein. In Kindertageseinrichtungen, die viele Kinder unterschiedlicher kultureller Herkunft besuchen, ist die notwendige Erziehung zur Zweisprachigkeit manchmal nur möglich, wenn die Eltern einbezogen werden können, weil es für manche Familiensprachen keine Experten außer den Müttern gibt. Als wichtige Sozialisationspartner ihrer Kinder dürfen sie nicht aus dem Bildungsprozess ihrer Kinder außerhalb der Familien ausgeschlossen bleiben. Nicht nur ihre Kinder, sondern auch die Eltern sollen eine Unterstützung erhalten, die Gesellschaft mit zu gestalten. Eine Kontaktaufnahme zu den Migranteneltern erscheint manchmal schwer und ein Vertrauensverhältnis nur mühsam herstellbar. Um zu verstehen, warum Migranteneltern zurückhaltend und manchmal misstrauisch auf Kontaktangebote reagieren, sollten Erzieher und Erzieherinnen sensibel sein für ihre oftmals erfahrenen Benachteiligungen, für ihre manchesmal schlechten Erfahrungen mit deutschen Institutionen, für die Asymmetrie der Beziehung, die ein unbekümmertes Aufeinanderzugehen erschweren. **Eltern einbeziehen**

Für den interkulturellen Lernprozess sind sie aber wichtige Partner der Pädagogen als Experten ihrer Kulturen. Sie sollen sich mit dem Recht auf ihre persönliche, kulturelle, ethnische und religiöse Identität angenommen fühlen. Wenn sie erleben, dass alle unterscheidenden Merkmale auf ebenso viele verbindende Merkmale treffen können, ist es möglich, dass sie sich respektiert und frei fühlen für den selbstbestimmten Prozess der Integration.

Mitarbeiter/innen ausländischer Herkunft in den Kindertageseinrichtungen wären der beste Garant für ein Angebot von Mehrsprachigkeit. Da sie selbst Migrationserfahrungen haben, wären sie darüber hinaus besonders geeignet, um eine Integration der Eltern in die Einrichtung sensibel voranzutreiben. Auch wären sie die besten Vermittler bei der Auseinandersetzung mit befremdenden Verhaltensweisen. Dies setzt voraus, dass sie verstärkt in der Ausbildung zu Erzieherinnen und Erziehern berücksichtigt und gefördert werden, dass die Träger sie einstellen und die Kolleginnen sie in ihrer besonderen Kompetenz schätzen. **Migranten als Mitarbeiter einbeziehen**

Interkulturelle Erziehung ist ohne Öffnung der Einrichtung zur Lebenswelt aller Kinder nicht denkbar. Daher sind Stadtteilöffnung und interkulturelle Erziehung eng miteinander verbunden. Kindertageseinrichtungen sollten einerseits die Le- **Einrichtungen öffnen** benswelt aller Kinder in die Einrichtung „hineinholen" und andererseits in diese Lebenswelt „hinausgehen", um die Lebenswirklichkeiten der zugezogenen Menschen nicht aus dem Blick geraten zu lassen. Die gesellschaftliche Wirklichkeit ist multikulturell, und so soll sie sich in den Einrichtungen widerspiegeln.

Der Ethnisierung der Zugezogenen kann man zum Beispiel durch eine Orientierung an einem biografischen Ansatz entgehen, der die Lebens- und Fallgeschichte und die lebensweltliche Situation eines jeden einzelnen Kindes in den Mittelpunkt stellt (vgl. z.B. Diehm 1995).

Interkulturelles Lernen als ganzheitlicher Ansatz

Ein Grundaspekt interkultureller Pädagogik ist sie als ganzheitlichen, interaktiven Ansatz zu verstehen. Indem interkulturelle Pädagogik zum didaktischen Prinzip und nicht zu einer punktuell eingeschobenen Aktion wird, entgeht man der Gefahr, sie als folkloristische Sonderaktion oder Sonderpädagogik misszuverstehen. Eine interkulturell ausgerichtete Einrichtung löst also keine herkömmlichen Methoden der Elementarerziehung ab, sondern integriert den interkulturellen Ansatz.

13.4 Bausteine zum Erwerb interkultureller pädagogischer Kompetenz

Kompetenzerwerb angestrebt: Erzieher, Berater, Lehrer/innen

Der RAA-Arbeitskreis Interkulturelle Erziehung im Elementar- und Primarbereich erarbeitete Bausteine für die Aus- und Fortbildung von Erziehern/Erzieherinnen zur interkulturellen Arbeit. Diese Bausteine dienen als Angebot für Fachberater/innen in den Jugendämtern und den Verbänden und Lehrer und Lehrerinnen in den Fachschulen für Sozialpädagogik. Ihre Inhalte sollten in Fortbildungsangebote in interkultureller Erziehung einfließen und in die Lehrpläne der Ausbildungsschulen integriert werden.

Das Fortbildungsangebot für Erzieherinnen und Erzieher mit interkulturellen Inhalten ist in der Regel noch immer spärlich, in der Ausbildung der angehenden Erzieher findet interkulturelle Erziehung kaum statt.

Die Bausteine sollen den Verantwortlichen dabei helfen, interkulturelle Erziehung in die herkömmlichen Angebote der Fort- und Ausbildungsinhalte zu integrieren, denn interkulturelle Erziehung ist kein einmaliger Schwerpunkt, der durch ein gesondertes Angebot oder ein einmaliges Projekt „abgearbeitet" werden kann, sondern ein durchgängiges Prinzip der vermittelten Lehrinhalte.

Es gilt also, nicht die Inhalte zu verändern, sondern sie interkulturell anzulegen. Themenbereiche, wie z.B. „Kommunikation", „Sozialisation", „Rollenverhalten", „Identitätsbildung", „Stereotypisierungen/Vorurteile", „Recht", „Religion", der „situationsorientierte" oder „lebensweltorientierte" Ansatz etc. werden häufig noch unter allgemeinen Gesichtspunkten behandelt; vor dem Hintergrund der Entwicklungstendenzen einer multikulturellen Gesellschaft sollten interkulturelle Schwerpunkte Berücksichtigung finden. Die Bausteine sollen den Lehrer/innen und Ausbilder/innen Hilfestellungen geben, die verschiedenen Themen auch aus interkultureller Sicht im Unterricht (z.B. in den Fächern Erziehungswissenschaft bzw. Pädagogik oder Didaktik/Methodik, Recht und Verwaltung) bzw. in der Fortbildung zu bearbeiten.

Einführung in die Bausteine

Für eine interkulturelle Aus- und Fortbildung von Erziehern und Erzieherinnen haben wir verschiedene Bausteine unterschieden, die wir, wenn nötig, in unterschiedliche Module ausdifferenziert haben:

Baustein 1:	Interkulturelle Sensibilisierung
Baustein 2:	Migration und Gesellschaft
	Modul: Migrationsgeschichte und Ausländerpolitik in Deutschland
	Modul: Information über Herkunftskulturen
	Modul: Stereotype, Vorurteile und rassistisches Denken
	Modul: Ausländerrecht
	Modul: Religion in der multikulturellen Gesellschaft
Baustein 3:	Kommunikation und Konfliktlösung im interkulturellen Feld
	Modul: Interkulturelle Kommunikation
	Modul: Sensibilisierung für Konfliktlösungsstrategien
Baustein 4:	Interkulturelle Erziehung des Kindes
	Modul: Sozialisation und Rolle
	Modul: Identitätsentwicklung
	Modul: Sprachentwicklung – Zweitsprachenerwerb – Förderung von Mehrsprachigkeit
Baustein 5:	Interkulturelle Elternarbeit
Baustein 6:	Grundsätze der Didaktik und Methodik
Baustein 7:	Praktika im interkulturellen Feld
Baustein 8:	Informationen zu Herkunftsländern
Baustein 9:	Exemplarische Umsetzung einer interkulturellen Einrichtung
Annex:	Interkulturelle Material- und Literaturliste

Jeder einzelne Baustein und jedes Modul ist extensiv aufbereitet und skizziert das Ideal einer umfassenden Umsetzung. Er ist gegliedert in das jeweilig vorgenommene Modul (linke Spalte), das zu behandelnde Thema (mittlere Spalte) und gibt Hinweise auf die Inhalte, die im jeweiligen Thema behandelt werden können (rechte Spalte). Jedem Modul ist eine kurze Einführung vorangestellt, die den Aufbau und die Ziele erklärt.

Im folgenden Abschnitt 13.5 sind beispielhaft Baustein 1: Interkulturelle Sensibilisierung und Baustein 3: Kommunikation und Konfliktlösung im interkulturellen Feld mit den Modulen „Interkulturelle Kommunikation" und „Sensibilisierung für Konfliktlösungsstrategien" aufgeführt. Diese Bausteine finden Sie in den Kapiteln 6 und 8 des vorliegenden Buches ausdifferenziert. Bei Interesse kann die Zusammenstellung aller Bausteine über die *Hauptstelle RAA, Tiegelstr. 27, 45141 Essen* bezogen werden. Die RAA stehen in ihren Kommunen interessierten Trägern für die Durchführung eines Fortbildungsangebotes bzw. interessierten Fachschulen für die Einbindung der Interkulturellen Erziehung in das Curriculum beratend oder als Kooperationspartner zur Verfügung.

LITERATURVERZEICHNIS ZU ABSCHNITT 13.1–13.4

AUERNHEIMER, Georg: Einführung in die Interkulturelle Erzieung, Primus-Verlag: Darmstadt, 1996

DIEHM, Isabell: Erziehung in der Einwanderungsgesellschaft, IKO-Verlag für Interkulturelle Kommunikation: Frankfurt, 1993

HOFSTEDE, G.: Interkulturelle Zusammenarbeit, Wiesbaden 1993

NIEKE, Wolfgang: Interkulturelle Erziehung und Bildung, Opladen: Leske + Budrich, 1995

THOMAS, A.: Psychologie interkulturellen Lernens und Handelns, in: A. Thomas (Hrsg.), Kulturvergleichende Psychologie, Göttingen, 1993

13.5 Exemplarische Darstellung von Bausteinen

Baustein 1: Interkulturelle Sensibilisierung

Die interkulturelle Kompetenzaneignung ist sowohl für den Pädagogen und die Pädagogin als auch für die Schüler/Studenten/Auszubildenden ausgesprochen vielseitig: Im Zentrum des Erarbeitungsprozess stehen
- die Aufgaben der pädagogischen Fremdwahrnehmung,
- das Erfassen der Bedürfnisse und Interessen der Adressaten,
- das Erklären der persönlichen und gruppenspezifischen Besonderheiten,
- das praktisch-pädagogische Handeln und
- das Entwickeln eines Konzeptes zur Reaktion auf das Wahrgenommene, bestehend aus Inhalten, Zielen und Methoden.

Stärker als in herkömmlichen Erziehungssituationen korrespondiert in interkulturellen Aneignungssituationen für den Pädagogen die Fremdwahrnehmung mit der Fähigkeit, sich selbst mit seinen Vorerfahrungen, Einstellungen und Ängsten, Vorurteilen und normativen Orientierungen wahrzunehmen und zu kennen.

Voraussetzung für die notwendige Selbstreflexion ist die Bereitschaft, seine eigenen im Verlaufe der Sozialisation erworbenen Normen und Werte kritisch zu hinterfragen, die Welt mit den Augen der anderen zu sehen, sich in die Lebenslage anderer einzudenken und einzufühlen.

Wurde in der Bundesrepublik bislang interkulturelle Erziehung vorwiegend praktiziert, indem viel Gewicht auf Information über andere kulturelle Systeme gelegt wurde, so möchten wir uns hier davon abgrenzen und betonen, dass interkulturelles Lernen viel wahrscheinlicher wird, wenn an der Selbsterfahrung der Pädagogen angesetzt wird. Die Wahrnehmung des eigenen stereotypen Bewertens und Verhaltens, die Kommunikationsfähigkeit im interkulturellen Kontext, die Entwicklungsfähigkeit von Ich-Identität angesichts von Widersprüchlichkeiten und Rollendiffusionen, die Interaktionen im interkulturellen Bereich mit sich bringen, müssen im Fokus der interkulturellen Kompetenzaneignung stehen.

Das Interkulturelle Sensibilisierungstraining folgt weitgehend einem biografischen Ansatz, der die Sozialisationsgeschichte des einzelnen in den Blick nimmt.

Und so steht das Training unabdingbar im Mittelpunkt von Aus- und Fortbildung für interkulturelle Pädagogen, sollte wenn möglich an den Anfang einer Ausbildungsreihe rücken.

Die Module des Bausteins Interkulturelle Sensibilisierung erfolgen im Wechsel von Übung und theoretischer Reflexion. Es wurde in der Regel eine Übung zum jeweiligen Themenkomplex vorgestellt. Die Übungen können durch andere ersetzt werden, die den gleichen theoretischen Kontext betreffen, sie sollten aber unabdingbar eine interkulturelle Reflexion ermöglichen.

Baustein 1: Interkulturelle Sensibilisierung

Modul: *Reaktion auf Interkulturalität und das Eigene*	Thema:	Inhalt:
		1. Übung: Das Eisbrecherspiel (Eine Empathieübung zum Kennenlernen)
Interkulturelle Selbst- und Fremderfahrung	Konflikte aufgrund von Ethnizität und Verhalten	Sensibilisierung für den Stress der Migranten und Mehrheitsangehörigen im Umgang mit dem Fremden
		2. Übung: Das Assimilierungs-Spiel (Auseinandersetzung mit der Sichtweise der anderen)
	Kulturelle Standards	Monochrone und Polychrone Zeit
		Kollektivistische und individualist. Gesellschaften
		Das westliche und das muslimische Raumkonzept
	Kulturelle Identität	Das Leben in zwei Kulturen
Persönlichkeitsqualifikation im interkulturellen Lernen	Reflektion eigener Werte und Normen	3. Übung: „Mein Lebensbaum" (Sensibilisierung für das eigene Gewordensein)
Sensibilisierung für das andere	Was ist besser/schlechter oder richtig/falsch?	4. Übung: „Die Podiumsdiskussion" (Wahrnehmung verschiedener Orientierungssysteme)
Sensibilisierung für Konflikte		5. Übung: „Dienstschluss in der Kindertagesstätte" (Konflikt durch zwei verschiedene Orientierungssysteme)

Modul: **Reaktion auf Interkulturalität und das Eigene**	Thema:	Inhalt:
	Identitätsbildung	(Ich-Identität, persönliche Ident., soziale Identität)
		6. Übung: Die Identität der Kartoffel (Zuschreibung der sozialen Identität, Stereotypenbildung)
		7. Übung: Treff mich am Flughafen (persönliche Ident.)
		8. Übung: Was mir an mir gefällt (Darstellung der persönlichen Id.)
		9. Übung: Was mir an meiner ethnischen Gruppe gefällt (Wir-Identität)
	Die Auseinandersetzung mit eigenen Vorurteilen	10. Übung: Vorurteile hinterfragen (Sozialisation, Wertesysteme, Vorurteile)

LITERATUR ZUM BAUSTEIN 1

AUERNHEIMER, Georg: Einführung in die Interkulturelle Erziehung, Primus-Verlag: Darmstadt, 1996
DIEHM, Isabell: Erziehung in der Einwanderungsgesellschaft, Iko-Verlag für Interkulturelle Kommunikation: Frankfurt, 1993
HOFSTEDE, G.: Interkulturelle Zusammenarbeit, Wiesbaden, 1993
MIHCIYAZGAN, Ursula: Zusammenleben im multikulturellen Stadtteil – über differente Raumkonzepte und ihre Wirkung in der sozialpädagogischen Arbeit, in: Dokumentation Forum Gemeinwesenarbeit in NRW, Einmischen Handeln Verändern, November 1995. S. 47 – 61
VON OECH, R.: Der kreative Kick, Paderborn, 1994
SCHROLL-MACHL, Sylvia: Grundlagen Interkulturelle Psychologie, Seminarpapier

Spiele, Impulse und Übungen zur Thematisierung von Gewalt und Rassismus in der Jugendarbeit, Schule und Bildungsarbeit, Arbeitsgruppe SOS – Rassismus NRW, 1996

SPRINGER, Monika: Erproben von Identität durch Theaterspielen, in: gemeinsam Nr. 20/1991: Lernen in der multikulturellen Gesellschaft

THOMAS, Alexander: Psychologie interkulturellen Lernens und Handelns, in: Thomas, A. (Hrsg.), Kulturvergleichende Psychologie, Göttingen, 1993

Baustein 3: Kommunikation und Konfliktlösung im interkulturellen Feld

Modul „Interkulturelle Kommunikation"
Modul „Sensibilisierung für Konfliktlösungsstrategien"

Kommunikationsfähigkeit ist eine Schlüsselqualifikation in der interkulturellen Begegnung. Die multikulturelle Gesellschaft ist keine friedliche, bunte Gemeinschaft, in der Menschen sich durch ihre Vielfalt anregen und gegenseitig bereichern. Sie steckt voller Missverständnisse, weil Menschen aufeinandertreffen, die auf der Basis unterschiedlicher Orientierungsmuster agieren.

Das nachfolgende Konflikttraining führt in eine Methode ein, die dazu geeignet ist, interkulturelle Konfliktsituationen zu bearbeiten. Das Training will Fähigkeiten aufbauen, mithilfe derer man Konflikte konstruktiv lösen kann.

Schwerpunkte liegen auf der Kommunikation in der multikulturellen Gesellschaft und der Fähigkeit, Konflikte bearbeiten zu können, die im interkulturellen Feld entstehen können.

Baustein 3: Kommunikation und Konfliktlösung im interkulturellen Feld

Modul: Kommunikation im multikulturellen Alltag	Thema:	Inhalt:
		1. Übung: Unterschiede (Sensibilisierung für die Zugehörigkeit zu ständig wechselnden Gruppen)
	Grundeinheit der Kommunikation	Wie funktioniert Kommunikation? 2. Übung: „Stille Post" (Wahrnehmung, Stereotypenbildung)

Exemplarische Darstellung von Bausteinen

Modul: *Kommunikation im multikulturellen Alltag*	Thema:	Inhalt:
		Die Kommunikationskette: Meine Wahrnehmung Meine Vermutung Mein Gefühl Meine Reaktion Die Kommunikationskette meines Partners
		3. Übung: Vorurteile, Witze, die Vorurteile transportieren
Konflikte in der multikulturellen Gesellschaft	Interkulturelle Missverständnisse	Wahrnehmung von Missverständnissen im interk. Kommunikationsprozess

Baustein 3: Kommunikation und Konfliktlösung im interkulturellen Feld

Modul: *Sensibilisierung für Konfliktlösungsstrategien*	Thema:	Inhalt:
	Einführung in die Methode der Mediation	Konfliktregelung in verschiedenen Kulturen

Vorstellung der Methode

4. Übung: Problemlandkarte Herausarbeiten wesentlicher Konfliktpunkte in der – Einrichtung oder – Gruppe |

Modul: *Sensibilisierung für Konfliktlösungsstrategien*	Thema:	Inhalt:
	Mediation als Methode zur Lösung interkultureller Konflikte	Einsatzmöglichkeiten in der Kindertageseinrichtung 5. Übung: Gleichheiten – Ungleichheiten (aktives Zuhören) 6. Übung: Podium: „Meine Herkunft" (Sensibilisierung für die Geschichte des anderen, Wahrnehmung des anderen als Individuum)
	Die vier Konfliktlösungsstrategien	7. Übung: Das Netz der persönlichen Beziehungen (persönliche Konfliktstrategie) 8. Übung: Sensibilisierung für die vier Konfliktlösungsstrategien an einem interkulturellen Konfliktbeispiel (Empathie für interk. Konflikte und Lösungsmöglichkeiten)
	Schritte eines Mediationsverfahrens Regeln für das Mediationsgespräch	
	Grenzen eines Mediationsverfahrens	
	Übungen zum Aufbau von kommunikativen Kompetenzen zur Bewältigung des Mediationsgesprächs	9. Übung: Schlechtes und gutes Zuhören 10. Übung: Paraphrasieren 11. Übung: Ich-Aussage

Modul: Sensibilisierung für Konfliktlösungsstrategien	Thema:	Inhalt:
		12. Übung: Nonverbale Kommunikation
		13. Übung: Offene Fragen
		14. Übung: Der gemeinsame Nenner
		15. Übung: Verborgene Themen
	Die Mediation: Vermittlung im interkulturellen Konflikt	16. Übung: Das Konfliktlösungsgespräch im Rollenspiel

LITERATUR ZU MODUL 3

BESEMER, C.: Mediation, Vermittlung in Konflikten, Königsfeld/2: Karlsruhe, 1994

CREIGHTON, Allan/KIVEL, Paul: Die Gewalt stoppen. Ein Praxishandbuch für die Arbeit mit Jugendlichen (Handbuch mit Übungsanleitungen zum Thema Gewalt, Sexismus, Rassismus etc.), Verlag an der Ruhr: Mülheim, 1993

EIKMANN, Jörg: „Kann ich helfen?" Verlag Gelnhausen: Freiburg/Nürnberg, 1979

EYBISCH, Cornelia: Mediation: Wenn zwei sich streiten ..., in Psychologie Heute, März 1995

FALLER, K./KERNTKE, W./WACKMANN, M.: Konflikte selber lösen, Mediation für Schule und Jugendarbeit, Verlag an der Ruhr: Mülheim, 1996

JEFFERYS, Karin u. NOACK, Ute: Streiten – Vermitteln – Lösen, Das Schüler-Streit-Schlichter-Programm für die Klassen 5 – 10, AOL-Verlag: Lichtenau, 1995

Konflikte selber lösen – Soziales Lernen, Arbeitshilfe in der Klasse 7 an der Weibelfeldschule/Dreieich

KOPTAGEL-ILAL, Günsel: „Meine Tochter, Dir sage ich es, meine Schwiegertochter, Du sollst es verstehen!", in gemeinsam 5/1987, Spannungsfeld Gesundheit

Reader zu den Ergebnissen der Tagung „Interkulturelle Konfliktbearbeitung" vom 30.11. bis 2.12.1994 im Haus der Kulturen der Welt in Berlin

Resolving Conflict Through Mediation, An Educational Program for Middle School Students, Developed by Aetna Life and Casualty Company, 1992, 1993, Aetna Live Insurance Company, U.S.A.

SPRINGER-GELDMACHER, Monika: Theaterspiel, um die eigene Realität aufzuarbeiten, in: Bildungsarbeit in der Zweitsprache Deutsch, Heft 2/1992